Lauri Hakulinen

HANDBUCH DER FINNISCHEN SPRACHE

1. Band

HANDBUCH DER FINNISCHEN SPRACHE

VON

LAURI HAKULINEN

1. Band

Aus dem Finnischen übersetzt
und herausgegeben im Auftrag und mit Unterstützung
der Societas Uralo-Altaica

1957

Otto Harrassowitz · Wiesbaden

Dieses Werk erschien in 1. Auflage 1941 in finnischer Sprache im Verlag Otava, Helsinki unter dem Titel „Suomen kielen rakenne ja kehitys, I osa, Äänne- ja muoto-oppia" und wurde vom Verfasser für die vorliegende deutsche Ausgabe (zugleich 2. Auflage) neu bearbeitet und erweitert.

© Otto Harrassowitz, Wiesbaden 1957
Alle Rechte vorbehalten
Photomechanische und photographische Wiedergaben jeder Art
nur mit ausdrücklicher Genehmigung des Verlages
Gedruckt mit Unterstützung der Societas Uralo-Altaica
aus Mitteln des Bundesinnenministeriums
Gesamtherstellung: BoD, Hamburg
Printed in Germany

Otto Harrassowitz GmbH & Co. KG
Kreuzberger Ring 7c-d, D-65205 Wiesbaden,
produktsicherheit.verlag@harrassowitz.de

Vorwort

Das finnische Original des vorliegenden Werkes „Suomen kielen rakenne ja kehitys, I osa, Äänne- ja muoto-oppia" erschien 1941 (Helsinki, Verlag Otava). Für die deutsche Ausgabe habe ich die relativ zahlreichen Korrekturen vorgenommen, die insbesondere durch die Fortschritte der lautgeschichtlichen Forschung auf dem Gebiete der Fenno-Ugristik in den letzten 15 Jahren notwendig geworden sind. Bei dieser Arbeit habe ich wertvolle Ratschläge von meinem Kollegen Professor Dr. Erkki Itkonen (Helsinki) erhalten. Ich habe auch eine Reihe kleinerer Versehen und Mängel des Originals verbessert. Dem Wunsche meiner Rezensenten Rechnung tragend, sind die bibliographischen Hinweise wesentlich vermehrt. Einige weniger wichtige Beispiele, besonders aus den Dialekten, sind in der Ableitungslehre weggelassen worden. Lic. phil. Terho Itkonen hat mir beim Korrekturlesen geholfen und außerdem manche in Betracht zu ziehende sachliche Bemerkungen im Text gemacht.

Die Übertragung des Werkes ins Deutsche wurde durch die Unterstützung ermöglicht, die das Komitee des 'Fonds zur Förderung der finnischen Literatur' bewilligt hat.

Helsinki, im Januar 1957. Lauri Hakulinen

Inhaltsverzeichnis

Vorwort V
Inhaltsverzeichnis . . . . VII–X
Abkürzungen . . . . XI–XII
Einleitung 1–3

I. Die lautliche Struktur des Finnischen 4–15

1. Anzahl der Laute. 2. Vokalreichtum; Häufigkeit der verschiedenen Vokale; Anzahl der Diphthonge. 3. Relative Häufigkeit der Laute; das Häufigkeitsverhältnis von Dentalen, Labialen und Palatalen. 4. Das Streben nach müheloser Artikulation. 5. Die Vokalharmonie. 6. Vermeidung von Konsonantengruppen im Silbenanfang. 7. Konsonantengruppen und Einzelkonsonanten am Silbenende. 8. Das Häufigkeitsverhältnis von offenen und geschlossenen Silben. 9. Der Silbenakzent („Übergang", „Anschluß"); Besonderheit der Klusile. 10. Besonderheit des *s*-Lautes und der Hintervokale. 11. Phonologische Auswertung von kurzer und langer Quantität. 12. Quantität des silbenschließenden Konsonanten und der zweiten Diphthongkomponente. 13. Gegenseitige Unabhängigkeit von Quantität und Betonung. 14. Aufbau und Anzahl der einsilbigen Wortstämme. 15. Ausdrucksintensität (Expressivität) der Silben; Silbenzahl des Mattheusevangeliums. 16. Akustischer Eindruck des Finnischen; Widerspiegelung der finnischen Artikulation in den Eigenheiten des Finnland-Schwedischen.

II. Die Geschichte der finnischen Laute 16–43

17. Das Fehlen alter Sprachdenkmäler und die nachteiligen Folgen dieses Mangels. 18. Seltenheit des Schwundes von Auslautvokalen. Vergleiche mit den verwandten Sprachen. 19. Lange Vokale in nichterster Silbe. 20. *e* und *i* in hintervokaligen Wörtern. 21. Entwicklung des *i* vor *s* in Nomina und Verba auf *-ise-* und im Konditionalformans *-isi-*.

22. Vokalveränderungen in der ersten Silbe 19–22
A) Entstehung der Diphthonge *uo, yö* und *ie*; B) Entwicklung von langem Vokal nach Konsonantenschwund zwischen zwei Vokalen; C) Kürzung von langem Vokal vor Diphthong auf *i*; einige *ei* < *ai*-Übergänge; D) Schwund von *v* im Wortbeginn vor Labialvokal; E) Schwund von *j* im Wortbeginn vor Vordervokal; F) Schwinden von wortbeginnendem *h*; G) *i* sekundär als zweite Diphthongkomponente; H) *u* sekundär als zweite Diphthongkomponente; I) *y* sekundär als zweite Diphthongkomponente; J) Ursprung des Diphthongs *öy*; K) Vorkommen von *ö* < *e* und *y* < *i*.

23. Vokalveränderungen in nichterster Silbe 22–28
A) Auslauts-*i* < *e*; B) Auslauts-*i* < *a*; analogischer Übergang zweisilbiger *a*-Stämme in *e*-Stämme; C) *i* < *ei*, *ei* < *ai*, *ei* < *äi*; D) *o* < *oi*; E) *oi* < *ai*; F) *a, ä, o, ö, u, y, i* (nach dem *h* eines Flexions- oder Derivationssuffixes) < *e*; G) *ö* < *e*; H) *i* < *ji*; *i* nach Konsonant < *j*; I) *i* < *e* im gen. pl.; J) *u, y* in den refl. Verba < *v*; K) *e* < *je*.

24. Die ursprünglichen Stammesvokale in zweiter und folgenden Silben. 25. Weiter fortgeschrittener Schwund beim Konsonantismus als beim Vokalismus.
26. Veränderungen des Anlautskonsonanten 28–29
A) Hypothetisches Vorkommen der stimmhaften Mediae *g, d, b* in einigen Wörtern; B) *p* an Stelle von *f* in Lehnwörtern; C) nichtmouilliertes *l, n, s, t* an Stelle des entsprechenden mouillierten Lautes; D) Entstehung von *h*; *k* als Entsprechung von *h* in den alten germanischen Lehnwörtern; E) Entwicklung von *s* aus Affrikate und * *t*; F) Entwicklung von *v* vor Labialvokal; *v* statt *f* in Lehnwörtern.
27. Veränderungen der Konsonanten im Wortinnern und am Wortende 29–38
A) Entwicklung von *t* aus Affrikate, Dentalspirant und * *nt*; B) „Schlußhauch" oder „Aspiration" < -*k*, -*h*, -*t*, -*n*; C) Auslautendes *n* < * *m*; *n* als Entsprechung von urspr. mouilliertem *n*; D) *l* als Entsprechung von urspr. mouilliertem *l*; E) Entwicklung von *s* aus * *t*, Konsonantenverbindung oder mouilliertem *s*; F) Entstehung von *h*; G) Entwicklung von *v* aus dem Palatalnasal; H) Entwicklung von *v* aus dem bilabialen Spiranten; I) Assimilationsfälle: *kk* < * *pk*, * *hk*; *tt* < * *kt*; *nt* < *mt*; *nn* < * *tn*, * *kn*; *mm* < * *km*; *ll* < * *ln*, *rr* < * *rn*; *ss* < * *sn*.
28. Der Stufenwechsel 38–43
A) Der radikale Stufenwechsel; B) der suffixale Stufenwechsel.

III. Die gegenseitigen Beziehungen der Wortklassen 44–52
29. Das gegenseitige Verhältnis von Wort und Satz. 30. Die Wortbedeutung als logischer Begriff. 31. Wort als morphologische Kategorie. 32. Beispiele für das Schwanken der Grenze zwischen Verb und Nomen. 33. Beispiele für das Schwanken der Grenze zwischen Substantiv und Adjektiv. 34. Zeugnisse für den substantivischen Ursprung der Zahlwörter. 35. Ursprung und Alter der Pronomina. 36. Ursprung der Partikeln, insbesondere der Konjunktionen. 37. Entwicklung des Satzes mit finitem Verbum.

IV. Flexion und Derivation 53–230
A) **Allgemeines über die Entstehung der Endungen** 53–57
38. Veraltete Klassifikation der Sprachen nach Rangklassen der Flexion. 39. Beispiele für die Entstehung finnischer Endungen aus Wörtern. 40. Beispiele für die Abspaltung von Endungen.
B) **Die grammatischen Ausdrucksmittel für die Mehrzahl** . . 57–61
41. Die verschiedenen Pluralzeichen; Dualschwund. 42. Der *i*-Plural. 43. Der *t*-Plural. 44. *k*- und *n*-Plural. 45. Reste des kollektiven Singulars.
C) **Über die Kasus** 62–71
46. Anzahl der finnischen Kasus; Vergleiche mit anderen Sprachen; die Zunahme der Kasus. 47. A) Nominativ; B) Akkusativ; C) Genitiv; D) die allgemeinen Lokalkasus: Essiv, Partitiv, Translativ; E) die inneren Lokalkasus: Inessiv, Elativ, Illativ; F) die äußeren Lokalkasus: Adessiv, Ablativ, Allativ; G) Abessiv; H) Instruktiv; I) Komitativ. 48. A) Prolativ; B) Lativ; C) Lokativ.

Inhaltsverzeichnis IX

D) **Die Ableitungssuffixe der Nomina** 72–163
1. **Die Possessivsuffixe** 72–74
  49. Die Possessivsuffixe und ihre Entwicklung.
2. **Komparation** 74–77
  50. Der Komparativ und seine Entwicklung. 51. Der Superlativ und seine Entwicklung.
3. **Andere Nominalderivantia** 77–163
  52. Die einfachen denominalen Ableitungssuffixe der Substantiva und Adjektiva 77–99
  1. -e'; 2. -ea, -eä; 3. -i; 4. -inen; 5. -isa, -isä; 6. -ja^I, -jä^I; 7. -ja^{II}, -jä^{II}, -va^I, -vä^I; 8. -ka, -kä; 9. -kka, -kkä; 10. -la, -lä, -l; 11. -ma, -mä, -n : -me-; 12. -na, -nä, -n : -ne-; 13. -nka; 14. -nta, -ntä, -s : -nte-; 15. -ra, -rä, -r : -re-; 16. -s : -(h)-; 17. -s : -kse-; 18. -s : -nte-; 18a. -sa, -sä; 19. -tsa; 19a. -tta; 20. -ut, -yt; 21. -(u)us, -(y)ys; 22. -va^{II}, -vä^{II}.
  53. Zusammengesetzte oder auch sonst relativ spät entstandene denominale Ableitungssuffixe von Substantiven und Adjektiven 99–130
  1. -hinen; 2. -hka, -hkä, -hko, -hkö; 3. -iainen, -iäinen; 4. -ias; 5. -i(m)mainen, -i(m)mäinen, -mainen, -mäinen; 6. -intima, -intimä; 7. -io, -iö; 8. -iso, -isö; 9. -kainen, -käinen; 10. -kalainen, -käläinen; 11. -kas, -käs; 12. -ke'; 13. -kkainen, -kkäinen; 14. -kki; 15. -kko, -kkö; 16. -koinen; 17. -lainen^I, -läinen^I; 18. -lainen^{II}, -läinen^{II}; 19. -las, -läs; 20. -le'; 21. -li; 22. -lias, -liäs; 23. -listo, -listö; 24. -llinen; 25. -lloinen, -llöinen; 26. -lma, -lmä; 27. -lo, -lö; 28. -loinen; 29. -läntä; 30. -mainen^I, -mäinen^I; 31. -mainen^{II}, -mäinen^{II}; 32. -mo, -mö; 33. -moinen, -möinen; 34. -mus, -mys; 35. -nainen, -näinen; 36. -ne'; 37. -nkainen, -nkäinen; 38. -nki; 39. -nko, -nkö; 40. -nne'; 41. -nnes; 42. -noinen; 43. -nto, -ntö; 44. -o, -ö; 45. -re'; 46. -ri; 47. -ro, -rö; 48. -sin : -sime-; 49. -sto, -stö; 50. -tar, -tär; 51. -ton, -tön; 52. -ttainen, -ttäinen; 53. -tuinen, -tyinen; 54. -u, -y; 55. -uainen; 56. -ue', -ye'; 57. -uinen, -yinen; 58. -us : -ukse-, -ys : -ykse-; 59. -usta, -ystä; 60. -ustin, -ystin.
  54. Einfache deverbale Nominalderivantia 131–142
  1. -e'; 2. -i; 3. -in : -ime-; 4. -ja, -jä; 5. -kka, -kkä; 6. -ma, -mä; 7. -na, -nä; 8. -nta, -ntä; 9. -pa, -pä, -va, -vä; 10. -s : -kse-.
  55. Zusammengesetzte oder sonst sekundäre deverbale Nominalderivantia 142–162
  1. -ias, -iäs; 2. -io, -iö; 3. -(j)a(i)n, -(j)ä(i)n, -ia(i)n, -iä(i)n; 4. -jainen, -jäinen, -iainen, -iäinen; 5. -kas, -käs; 6. -ke'; 7. -kki; 8. -kko, -kkö; 9. -las, -läs; 10. -lis; 11. -mainen, -mäinen; 12. -maton, -mätön; 13. -minen; 14. -mo, -mö; 15. -mus, -mys; 16. -nki; 17. -nko; 18. -nne'; 19. -nnos, -nnös; 20. -ntainen, -ntäinen, -nnainen, -nnäinen; 21. -nti; 22. -nto, -ntö; 23. -nut, -nyt; 24. -o, -ö; 25. -os, -ös; 26. -ri; 27. -tti; 28. -tu, -ty, -ttu, -tty; 29. -tuinen, -tyinen; 30. -u, -y; 31. -ue', -ye'; 32. -us : -ukse-, -ys : -ykse-; 33. -uu, -yy; 34. -vainen, -väinen, -painen.
  56. Wechselfälle der stammauslautenden Klusile bei der Nominalderivation 162–163
E) **Über Ableitungssuffixe und Enklitika der Partikeln** . . . 163–173

Inhaltsverzeichnis

57. Partikelderivantia 163–170
1. -kali(’), -käli(’); 2. -kkain, -kkäin; 3. -tti’; 4. -nne’; 5. -nnes; 6. -(n)ni(’), -(n)nis; 7. -oin, -öin, -en; 8. -sti’; 9. -tellen; 10. -ten; 11. -ti'ᴵ; 12. -ti'ᴵᴵ; 13. -tta, -ttä; 14. -ttain, -ttäin; 15. -tuksin, -tyksin; 16. -tusten, -tysten.
58. Enklitika (Anhängesilben) 170–173
1. -han, -hän; 2. -ka, -kä; 3. -(k)aan, -(k)ään; 4. -(k)in; 5. -ko, -kö; 6. -pa, -pä.

F) Die Verbalflexion 173–190
1. **Das Passiv und seine Formantia** 173–178
   59. Die Passivformantia; unpersönlicher Charakter; sog. Personalendung; schwache Stufe des Formans im Präsens; analogisches *t* vor dem Imperfekt-*i*; *e* statt *a* oder *ä* vorm Passivformans; die Ursache des zwiefachen Charakters des Klusilelements im Passivzeichen *(-tt-~-t-)*; Ursprung des Passivs.
2. **Modi und Moduszeichen** 178–180
   60. A) Indikativ; B) Imperativ; C) Potential; D) Konditional.
3. **Tempora und Tempuszeichen** 180–183
   61. A) Die Präsenszeichen: 1. -*k*-; 2. -*pi*, -*va*-, -*vä*-, -*vi*; Dehnung des Auslautvokals; B) das Imperfektzeichen; C) zusammengesetzte periphrastische Tempora
4. **Personalendungen** 183–185
   62. a) 1. Pers. sg.; b) 2. Pers. sg.; c) 1. Pers. pl.; d) 2. Pers. pl.; e) 3. Pers. sg.; f) 3. Pers. pl.; g) Personalendung des Passivs.
5. **Hilfsverb und negative Flexion** 185–187
   63. A) Flexion von *olla*; B) negative Flexion.
6. **Die Nominalformen des Verbs** 187–190
   64. A) Die Infinitive: 1. der I. Inf., 2. der II. Inf., 3. der III. Inf., 4. der IV. Inf., 5. der sog. V. Inf.; B) die Partizipien: 1. das I. Partiz., 2. das II. Partiz. des Aktivs, 3. das II. Partiz. des Passivs.

G) Die Ableitungssuffixe der Verba 190–228
   65. Einfache deverbale Verbalderivantia 190–204
   1. -*ahta*-, -*ähtä*-; 2. -*alta*-, -*ältä*-; 3. -*ele*-, -*ile*-; 4. -*i*-ᴵ; 5. -*i*-ᴵᴵ ~ -(*i*)*te*-; 6. -*ise*-; 7. -*itse*-; 8. -*ks*-; 9. -*nt*-; 10. -*pu*-, -*py*-, -*u*-, -*y*-; 11. -*sk*-; 12. -*ta*-, -*tä*-, -*a*-, -*ä*-; 13. -*tta*-, -*ttä*-.
   66. Zusammengesetzte oder sonst sekundäre deverbale Verbalderivantia 204–212
   1. -*a(hd)utta*-, -*ä(hd)yttä*-; 2. -*aise*-, -*äise*-; 3. -*aja*-, -*äjä*-, -*a*-, -*ä*-; 4. -*elehti*-; 5. -*htu*-, -*hty*-; 6. -*ntele*-; 7. -*o*-; 8. -*skele*- 9. -*skentele*-; 10. -*stu*-, -*sty*-; 11. -*tta*-, -*ttä*-; 12. -*tu*-, -*ty*-; 13. -*untu*-, -*ynty*-, Vokaldehnung + -*ntu*-, -*nty*-; 14. -*utta*-, -*yttä*-; 15. -*utu*-, -*yty*-.
   67. Einfache denominale Verbalderivantia 212–222
   1. -*a*-, -*ä*- : -*t*-; 2. -*i*- ~ -(*o*)*i*-, -(*ö*)*i*; 3. -*itse*-; 4. -*ne*-; 5. -*pu*-, -*py*- ~ -*u*-, -*y*-; 6. -*ta*-, -*tä*- ~ -*a*-, -*ä*-; 7. -*tta*-, -*ttä*-.
   68. Zusammengesetzte oder sonst sekundäre denominale Verbalderivantia 222–228
   1. -(*eh*)*ti*-; 2. -(*h*)*tu*-, -(*h*)*ty*-; 3. -(*i*)*sta*-, -(*i*)*stä*-; 4. -*ksi*-; 5. -*ksu*-, -*ksy*-; 6. -*o*-; 7. -*rta*-, -*rtä*-; 8. -*ti*-; 9. -*tu*-, -*ty*-.

H) Allgemeine Bemerkungen zur Derivationslehre 228–230
   69.

Abkürzungen

Büchertitel:

Ahlqvist SKR	Suomen kielen rakennus (= Bau der finnischen Sprache. Vergleichende grammatische Untersuchungen von Aug. Ahlqvist. I. Ursprung und Flexion der Nomina. Finnische Poetik.) Helsinki 1877.
FUF	Finnisch-ugrische Forschungen, Zeitschrift für finnisch-ugrische Sprach- und Volkskunde. Helsinki 1901–.
Grotenfelt: Hist. asiakirjoja	Suomenkielisiä historiallisia asiakirjoja Ruotsin vallan ajalta (vuosilta 1548–1809), julkaissut Kustavi Grotenfelt (= Historische Urkunden in finnischer Sprache aus der Zeit der Schwedenherrschaft [1548–1809]. Herausgeber Kustavi Grotenfelt.) Helsinki 1912, Veröffentlichungen der Finnischen Literaturgesellschaft, 130. Teil.
MNy	Magyar Nyelv, Közérdekű folyóirat a művelt közönség számára (Ungarische Sprache, Allgemeinverständl. Zeitschrift f. d. gebildete Publikum. Budapest 1905–).
NyK	Nyelvtudományi közlemények. Kiadja A Magyar Tudományos Akadémia Nyelvtudományi bizottsága (Sprachwissenschaftliche Mitteilungen, hrsgegeb. von der Ung. Akad. d. Wiss., Sprachwissenschaftl. Kommission). Budapest 1862–.
Nyr.	Magyar Nyelvőr (Ungarischer Sprachwächter). Budapest 1872–.
Ojansuu: Pronominioppia	Itämerensuomalaisten kielten pronominioppia, Heikki Ojansuu. (= Pronominallehre der ostseefinnischen Sprachen.) Turku 1922. Turun (Suom.) Yliopiston julkaisuja, sarja B, osa I, n:o 3 = Publikationen der Turkuer (Finn.) Universität, Serie (Reihe) B, Teil 1, Nr. 3.
Rapola SKH 1	Suomen kirjakielen historia I (= Geschichte der finnischen Schriftsprache I von Martti Rapola). Helsinki 1933. Suom. Kirj. Seuran Toim. 197. osa (Veröffentlichungen der Finn. Literaturgesellschaft, 197. Teil).
Setälä TuM	Zur Geschichte der Tempus- und Modusstammbildung in den finnisch-ugrischen Sprachen, E. N. Setälä, Helsinki 1887. SUSA 2.
Setälä ÄH	Yhteissuomalainen äännehistoria (Gemeinfinnische Lautgeschichte), E. N. Setälä, Helsinki 1890–1891.
SF	Studia Fennica, Revue de linguistique et d'ethnologie finnoises. Helsinki 1933–.

Suomi	Suomi („Finnland"), Tidskrift i fosterländska ämnen (schwed., „Zeitschrift über vaterländische Themen"), seit 1868: Kirjoituksia isänmaallisista aiheista (finn., „Aufsätze über vaterländische Themen"). Helsinki 1841–. (Seit 1844 Jahrbuch der Finnischen Literaturgesellschaft.)
SUSA	Suomalais-ugrilaisen Seuran aikakauskirja („Zeitschrift der Finnisch-ugrischen Gesellschaft"), auch mit franz. Titel: Journal de la Société Finno-ougrienne. Helsinki 1886–.
SUST	Suomalais-ugrilaisen Seuran toimituksia („Publikationen der Finnisch-ugrischen Gesellschaft"), auch mit franz. Titel: Mémoires de la Société Finno-ougrienne. Helsinki 1890–.
Szinnyei NyH[7]	Magyar nyelvhasonlítás (=„Ungarische Sprachvergleichung"). Zusammengestellt von József Szinnyei. Siebente, verbesserte und erweiterte Auflage. Budapest 1927.
Toivonen SKES	Y. H. Toivonen, Suomen kielen etymologinen sanakirja I (= „Etymologisches Wörterbuch der finnischen Sprache". 1. Teil). Helsinki 1955.
Vir.	Virittäjä (=„Der Anreger"). 1897–1934: Uusi jakso („Neue Folge"). Kotikielen Seuran aikakauslehti („Zeitschrift der Gesellschaft für Muttersprache"). Helsinki 1897–.
VR	Suomen Kansan Vanhat Runot („=Die alten Lieder des finnischen Volkes") I, 1–XIII, 3. Helsinki 1908–1939. Suom. Kirjall. Seuran Toimituksia 121–150 („Publikationen der Finnischen Literaturgesellschaft 121–150").

Einleitung

Als 'Urfinnisch' pflegt man diejenige Sprachform zu bezeichnen, auf die die jetzigen ostseefinnischen Sprachen Finnisch – einschließlich der ostkarelischen Dialekte, auch „Olonezisch-karelische Sprache" genannt –, Wotisch, Wepsisch, Estnisch und Livisch am nächsten zurückgehen. Ihre Sprecher wohnten nach allgemeiner Ansicht südlich vom Finnischen Meerbusen, möglicherweise im Süden des jetzigen Estland sowie südlich und östlich davon auf einem relativ ausgedehnten Gebiet. Die Verzweigung des Urfinnischen in die genannten Tochtersprachen dürfte in den ersten Jahrhunderten unserer Zeitrechnung vor sich gegangen sein, aber die Sprachform, die wir gegenwärtig als Finnisch bezeichnen, hat zweifellos erst in der zweiten Hälfte des ersten Jahrtausends deutlichere Gestalt angenommen, und vielleicht erst in den auf das Jahr 1000 folgenden Jahrhunderten hat das Finnische sich endgültig herausgebildet. Dies ging in der Weise vor sich, daß die ursprünglichen „finnischen", d. h. die vom Stamme der „eigentlichen Finnen" gesprochenen Dialekte, die in vieler Beziehung dem Estnischen nahestanden, in immer innigere Berührung und dadurch bedingte Wechselwirkung mit den Dialekten des Häme-Stammes gerieten. Nach der früher allein herrschenden und auch heute noch als dominierend anzusehenden Meinung bildeten neben den eigentlichen Finnen und dem Häme-Stamm die östlich von ihnen wohnenden Karelier den dritten „vorfinnischen" Stammesbestandteil. In letzter Zeit sind jedoch auch Gründe für eine solche Meinung vorgebracht worden, daß es ursprünglich keinen besonderen karelischen Stamm, ebensowenig wie eine „karelische Sprache" gegeben habe und daß die Karelier hauptsächlich westfinnischen Ursprungs seien. Erst später hätten sie ihren offensichtlichen Eigencharakter durch vorhistorische Berührungen u. a. mit den Wepsen herausgebildet[1]. Nach einer schon seit langem allgemein gebilligten Ansicht sind die Savolaxer wiederum aus einer Vermischung von Kareliern und Häme-Stamm hervorgegangen[2].

Will man sich ein Urteil über das Kulturerbe der Ostseefinnen in sprachlicher und sonstiger Hinsicht bilden und diesbezügliche wissenschaftliche Schlußfolgerungen ziehen, so muß man sich ihre jetzigen Bevölkerungszahlen vor Augen halten: Finnen (einschl. Karelier) gibt es 3,75 Mill. und Esten 1,2 Mill., aber Wepsen nur 35 000, Liven etwa 800 und Woten etwa 100. Obwohl nun die Sprachen der letztgenannten drei Volkssplitter, deren Angehörige in einem Kirchspiel oder gar nur einem Dorf Platz fänden, anerkanntermaßen wertvolles Material, speziell in laut- und formenge-

---

[1] Siehe Kettunen: Suomen murteet II (1930) S. 177 ff., Õp. Eesti Seltsi Aastaraamat 1938 S. 100 ff., Vir. 1940 S. 129 ff., 281 ff. und die dort angeführte Literatur.

[2] S. zuletzt Kettunen: Savolaismurteiden ala (Savolaisen Osakunnan 25-vuotisjulkaisu, 1930).

schichtlicher Hinsicht, für die Forschung überliefert haben, so muß doch andererseits – besonders auf Grund der volkskundlichen Materialsammlungen in Finnland und Estland aus der letzten Zeit – festgestellt werden, daß ein 100-, 1000- oder 3000mal größeres Volk schon aus rein physischen Ursachen ein ungeheuer viel größeres Kulturerbe, z. B. an lexikalischem Material, an Wortbedeutungen und Redewendungen, geraden Wegs aus der Vergangenheit herüberretten kann.

Die urfinnische Periode wurde in ihrem Beginn spätestens auf zwei Jahrhunderte v. Chr. angesetzt, aber einige Untersuchungen der neuesten Zeit weisen in der Richtung, daß dieser Beginn wohl sogar um mehrere Jahrhunderte früher anzunehmen ist. In frühurfinnischer Zeit muß noch ein fester Zusammenhang mit den Urlappen angenommen werden. Diese, ihrer Rasse und ihrer ursprünglichen Sprache nach ein nicht-finnischugrisches, möglicherweise samojedisches Volk, haben ihre Sprache wahrscheinlich gerade gegen eine im großen ganzen frühurfinnische Sprachform eingetauscht[1]). Lappen gibt es gegenwärtig etwa 30000. Ihre Sprache hat im Laufe der Jahrhunderte reichlich finnische Einflüsse, besonders lexikalische, aufgenommen.

Ist schon das Bild, das uns die Forschung vom Urfinnischen vermittelt, unvollkommen, so gestaltet sich die Rückschau in noch weiter zurückliegende Perioden aus natürlichen Ursachen immer lückenhafter. Die nächste Vorstufe der ostseefinnischen Spracheinheit war das sog. **Wolgafinnisch**. Diese Spracheinheit fand ihr Ende, als sich die Vorfahren der gegenwärtigen **Mordwinen** (etwa 1,25 Mill.) und **Tscheremissen** (ihr eigener Name ist *mari*; ihre Anzahl beträgt etwa 0,43 Mill.) von den Urfinnen (genauer Urostseefinnen) trennten. Abgesehen von den ostseefinnischen Schwestersprachen und dem Lappischen stehen also Mordwinisch und Tscheremissisch dem Finnischen in ihrem Aufbau am nächsten.

Vor der wolgafinnischen Periode liegt die sog. **finnisch-permische** Spracheinheit, die mit der Lostrennung der Vorfahren der jetzigen **Syrjänen** (eigener Name *komi*, etwa 0,37 Mill.) und **Wotjaken** (*udmurt*, etwa 0,5 Mill.), der sog. Urpermier, von den Wolgafinnen ihren Abschluß fand.

Noch weiter zurück liegt die Periode der finnischugrischen Spracheinheit, an deren Ausgang – vielleicht um ca. 2500 v. Chr. – sich die Urugrier, d. h. die Vorfahren der heutigen **Ungarn** (Magyaren, etwa 12 Mill.), **Ostjaken** (*handa-hui*, etwa 22000) und **Wogulen** (*manši*, etwa 5000) von dem finnisch-permischen Urvolk trennten.

Als Vorläufer der finnischugrischen können wir sicherlich noch eine **uralische** Periode ansetzen, die – vielleicht 4000 v. Chr. – mit der

---

[1]) Ravila: FUF 23 S. 63; vgl. Erkki Itkonen: Vir. 1941 S. 76 ff. (frz. Referat S. 152) und 1955 S. 174 (dtsch. Referat S. 175). Nach einer anderen Ansicht, die als völlig veraltet gelten kann, würde die von den Lappen übernommene Sprachform eine ungemein weit zurückliegende, ja im wesentlichen urfinnischugrische Phase widerspiegeln. Vgl. auch Toivonen: Sitzungsber. d. Finn. Akad. d. Wiss. 1949 S. 161–189, Irene N. Sebestyén: Acta Linguist. (Budapest 1953) III S. 291–322, Collinder: Språkvetensk. Sällsk. i Uppsala Förhandl. 1952–1954 S. 91–118.

Lostrennung der Ursamojeden von den Urfennougriern endete. Die Ursamojeden sind die Vorfahren der heutigen samojedischen Völker (Juraken, Jenissei-Samojeden, Tawgy-Samojeden und Ostjak-Samojeden, insgesamt 21 000)¹).

Im folgenden nennen wir die ostseefinnischen Schwestersprachen des Finnischen der Kürze halber einfach „Schwestersprachen" und die übrigen finnischugrischen Sprachen „verwandte Sprachen".

---

¹) Über die noch strittigen verwandtschaftlichen Beziehungen zwischen den uralischen Sprachen und einigen anderen Sprachfamilien s. insbes. Björn Collinder: Indo-uralisches Sprachgut (Uppsala 1934), Jukagirisch und Uralisch (Uppsala 1940), La parenté linguistique et le calcul des probabilités (Uppsala 1947); Paavo Ravila: FUF 23 Anz. S. 238 ff.; Juho Ankeria: Das Verhältnis der tschuktschischen Sprachgruppe zu dem uralischen Sprachstamme (Uppsala 1951).

Die Frage der finnischugrischen Urheimat haben zuletzt behandelt u. a. Kustaa Vilkuna: Kalevalaseuran Vuosikirja 27–28 S. 244–290, Folk-Liv 1948–1949 S. 15–33; Irene N. Sebestyén: Acta Linguist. (Budapest 1952) I S. 274 ff.; Y. H. Toivonen: JSFOu 56 S. 1–41, Vir. 1953 S. 5–35; Erik Molnár: A magyar nép östörténete (Budapest 1953); Péter Hajdú: A magyarság kialakulásának előzményei (Budapest 1953); Edit Vértes: Acta Linguist. Acad. Scient. Hungar. IV: 3–4 S. 427–462.

I.

Die lautliche Struktur des Finnischen

1. Die finnische (dialektfreie) Sprache weist 13 Konsonanten[1] und 8 Vokale auf. Die geringe Zahl der Konsonanten ist auffällig. So gibt es z. B. im Schwedischen 19, im olonezisch-karelischen Dialekt 21 und im Ungarischen 24 Konsonanten. Die Zahl der Vokale entspricht ungefähr derjenigen, wie wir sie im allgemeinen in den europäischen Sprachen antreffen (abgesehen vom Französischen mit seinen 16 Vokalen. Vgl. § 24).

2. Zu den charakteristischsten Zügen des Finnischen gehört die relativ hohe Anzahl der Vokale im Vergleich zu der der Konsonanten. Daß Finnisch in dieser Hinsicht tatsächlich von besonderer Eigenart ist, zeigt folgende Tabelle über die verhältnismäßige Häufigkeit von Vokalen und Konsonanten im Finnischen und 15 anderen Sprachen mit eindringlicher Anschaulichkeit[2] (Anzahl der Konsonanten pro 100 Vokale):

Finnisch	96	Ungarisch	141
Italienisch	108	Französisch	141
Altgriechisch	117	Kasan-Tatarisch	141
Spanisch	122	Altgotisch	144
Kymrisch	122	Russisch	150
Latein	127	Schwedisch	161
Türkisch	132	Deutsch	177
Altindisch	138	Tschechisch	188

Unter allen Sprachen, aus denen uns Berechnungen zur Verfügung stehen, nimmt Finnisch an Vokalreichtum die erste Stelle ein, und überdies ist es die einzige Sprache, in der die Frequenz der Konsonanten geringer als die der Vokale ist.

Unter den Vokalen ist *i* im Finnischen am häufigsten (ca. 27% von allen Vokalen), und in der Häufigkeitsfolge kommen danach *a* (23%), *e* (16%), *o* (10%), *u* (10%), *ä* (9%), *y* (3%) und *ö* (1%). Die Proportion zwischen den Frequenzen von hinteren und vorderen Vokalen beträgt also etwa 43:57 (im Ungarischen beträgt das entsprechende Verhältnis 50:50, im Altgriechischen war es 48:52 und im Sanskrit 80:20). Alle finnischen Vokale, auch am Wortende und in sonstiger unbetonter Stellung, sind sog. Vollvokale, d. h. unter ihnen finden sich keinerlei „mangelhaft artikulierte", indifferente, überkurze, ganz oder halb tonlose usw.

Die Vorliebe für Vokale zeigt sich auch darin, daß es Diphthonge in der beträchtlichen Menge von 16 Vertretern gibt, d. h. viele Male mehr als

---

[1] Über die Aspiration, welche der 14. wäre, s. die Bemerkung in § 7 sowie § 25 B 2.

[2] Siehe Tolnai: Nyr. 35: 421; MNy 17: 28; 20: 51, Simonyi: Nyr. 25: 325, Förstemann: Kuhns Zschr. 1: 165.

in den sonstigen modernen europäischen Sprachen (genau dieselbe Anzahl wie im Altfranzösischen). Die Gesamtfrequenz der langen Vokale und verschiedenen Diphthonge verhält sich zu der der kurzen Vokale etwa wie 23 : 77 (= ca. 1 : 3,3). Im Altgriechischen betrug vergleichsweise diese Proportion von langem zu kurzem Vokal etwa 54 : 46 (= 1 : 0,9) und im Altindischen in den fünf ersten Rigveda-Hymnen ca. 1 : 1,9[1]).

3. Der Vokal *i* ist auch der häufigste finnische Laut überhaupt (ca. 12% von allen Lauten). Der Häufigkeit nach folgen *t* (11,5%), *a* (10,4%), *e* (9,4%), *s* (8,5%), *n* (8,4%), *ä* (5,7%), *l* (5,7%), *k* (5%), *o* (4,9%), *u* (4,8%). Zum Vergleich sei erwähnt, daß im Ungarischen die 11 häufigsten Laute in folgender Ordnung aufeinanderfolgen: *e* (14%), *a* (13%), *t* (8%), *l* (6%), *n* (5,5%), *k* (5,3%), *o* (5,1%), *i* (4,5%), *r* (4,2%), *m* (4,1%), *s* (3,8%). Im Sanskrit betrug langes und kurzes *a* zusammen ca. 28% von allen Lauten, *i* ca. 6%[2]).

Die Besonderheit in dem Häufigkeitsindex der finnischen Laute wird zum Teil auch durch den Umstand beleuchtet, daß in acht europäischen Sprachen, nämlich im Französischen, Deutschen, Englischen, Italienischen, Spanischen, Keltischen, Russischen und Ungarischen, jeweils zwischen den Frequenzen der dentalen, labialen und palatalen Konsonanten das Verhältnis 6 : 2 : 1[3]), im Finnischen aber 4 : 1 : 1 (im Estnischen 3 : 1 : 1) herrscht. Die starke Abweichung der finnischen Verhältniszahlen von den übrigen rührt natürlich nicht von einer größeren Häufigkeit der Palatale, sondern von der größeren Seltenheit der Dentale und Labiale her, was sich teilweise aus der historischen Entwicklung erklärt. Der Umstand wiederum, daß die Dentale trotzdem im Finnischen wie vermutlich in allen Sprachen die absolut höchste Frequenz aufweisen, erklärt sich aus der lautphysiologischen Tatsache, daß die Zungenspitze, mit deren Hilfe alle Dentale hervorgebracht werden, das schnellste und beweglichste Artikulationsorgan ist.

4. Als durchgehendes Prinzip bei der Verwendung der einzelnen Laute zum Aufbau der Wörter läßt sich feststellen, daß **alle Phoneme mit schwieriger Artikulation und solche, die eine relativ angespannte Verwendung des Sprechorgans voraussetzen, möglichst gemieden werden.**

5. Dieses für das Finnische so charakteristische Prinzip zeigt sich an erster Stelle in der Vokalharmonie, d. h. in der nach Meinung der meisten

---

[1]) Henrik Junker: M Ny 36: 221–222.
[2]) Die Lautstatistik s. Vihtori Peltonen: Puhetaito[3] 91, K. A. K. Uusi Suomi 18. III. 1928, Ruoppila: Vir. 1936 S. 127 f., Lepistö: Vir. 1938 S. 45 f., Jonne Anttonen: Talous ja Koti 1938 nr. 19, Hermann Hirt: Indog. Grammatik I 253 (1927), Hans Gross: Handb. f. Untersuchungsrichter als System der Kriminalistik, 5. Aufl., München 1907, Edit Vértes: Ny K 54 S. 96 f., 55 S. 138 f., 56 S. 215 f., dies.: Acta Linguist. III S. 125 f., S. 411 f., IV S. 193 f., beim Ungarischen sind die Frequenzwerte von kurzem und langem Vokal zusammengezählt, obwohl diese Vokale qualitativ nicht immer identisch sind.
[3]) Siehe Bourdon: L'expression des émotions et des tendances dans le langage, Paris 1892. Zitat bei Hermann Gutzmann: Psychologie der Sprache, 17 (Ernst Reinhardt, München, o. J.).

Forscher wenigstens auf die finnischugrische Ursprache zurückgehenden Eigenschaft, daß in ein und demselben nicht zusammengesetzten Wort nur Hinter- oder nur Vordervokale auftreten, wobei freilich die Vordervokale *e* und *i* auch in hintervokaligen Wörtern auftreten können, vgl. *tait-tu-mat-to-ma-na* 'unzerbrechlich', Essiv, dagegen *hel-ty-mät-tö-mä-nä* 'unerbittlich', Essiv, *ku-me-am-pi-a* 'dumpfer', Part. Pl., aber *ki-me-äm-pi-ä* 'greller', Part. Pl., vgl. auch *mitaton* 'ohne Maß' : *mitätön* 'unbedeutend'. Den Sprechern der meisten europäischen Sprachen bereitet zwar das Aussprechen eines Phonems ohne Vokalharmonie keine Schwierigkeiten – gibt es doch im Estnischen, das zu den Schwestersprachen des Finnischen gehört, Wörter von der Art wie *häda* (fi. *hätä* 'Not') –, gleichwohl aber ist es eine lautphysiologische Tatsache, daß die Anwendung der Vokalharmonie eine ähnliche Ersparnis an artikulatorischen Bewegungen darstellt wie die Assimilations- oder Homorganisierungserscheinungen überhaupt.

6. Zweitens spiegelt sich dieses Streben nach leichter Aussprechbarkeit im Finnischen auch in der wohl ebenfalls aus der finnischugrischen Ursprache ererbten Besonderheit wider, daß die Silbe (und somit auch das Wort) nie mit Konsonanz (Konsonantenverbindung) beginnt. Dies ist natürlich vom phonemökonomischen Standpunkt ein Mangel und begrenzt u. a. die Anzahl der einsilbigen Wortstämme bedeutend. Bei der Entlehnung von Wörtern mit zwei oder drei Konsonanten im Wortanfang hat das Finnische (und auch schon das Urfinnische) nur den letzten Konsonanten aus der Konsonantenverbindung übernommen bzw. bewahrt. So entspricht z. B. den Verbindungen *skr-*, *str-*, *spr-*, *kr-*, *tr-*, *pr-*, *gr-*, *dr-*, *br-*, *fr* (natürlich auch dem einfachen *r*) im Anfang des Originals der entlehnten germanischen Wörter im Finnischen lediglich einfaches *r*.

7. Die dritte in diesen Bereich der Ausspracheerleichterungen gehörende Erscheinung ist die beschränkte Anzahl von Konsonantenverbindungen am Silbenende. In finnischen Wörtern kann – abgesehen von jungen Entlehnungen – nur am Ende der ersten Silbe eine Konsonantengruppe, und zwar auch hier nur eine solche von zwei Konsonanten, stehen, wobei die erste Komponente immer eine Liquida oder ein Nasal ist, d. i. ein solcher stimmhafter Konsonant, der in seiner Artikulationsweise den Vokalen am nächsten verwandt ist, während *k*, *t*, *p* oder *s* als zweite Komponente auftreten. Somit kommen nur folgende Gruppen am Silbenende vor:

lk	*rk*	*ŋk*
lt	*rt*	*nt*
lp	*rp*	*mp*
ls	*rs*	*ns*

Überdies wird die Artikulation dieser an sich schon leicht aussprechbaren Gruppen (von denen die auf *-s* selten sind und meist nur in deskriptiven und Lehnwörtern vorkommen) noch dadurch erleichtert, daß die folgende Silbe meist mit demselben Konsonanten beginnt, auf den die Konsonanz ausgeht, so daß auch in solchen Konsonanzfällen nicht drei verschiedene Konsonanten nacheinander artikuliert werden müssen: *nilk-ka* 'Spann des

Fußes', *sork-ka* 'gespaltener Huf', *loŋk-ka* 'Hüfte', *kurs-si* 'Kurs'; selten sind Fälle von der Art wie *pals-ta* 'Streifen, Parzelle', *vils-ke* 'Gewimmel', *kars-ta* 'Ruß'. Zu dem Obigen ist noch hinzuzufügen, daß auch die erste Silbe im allgemeinen nicht auf Konsonanz ausgeht, wenn sie die einzige Wortsilbe bildet (Ausnahme sind höchst seltene Interjektionen und Adverbien: *mars* 'marsch!', *rits*, *puks* (Lautnachahmungen) usw. So läßt sich die nahezu allgemeingültige Regel aufstellen, daß im Finnischen am Wortende keine Konsonantengruppe auftritt[1].

Das Prinzip der Erleichterung der Aussprache zeigt sich auch darin, daß im heutigen Finnisch – von einigen deskriptiven und gewissen anderen Interjektionen abgesehen – als Auslautskonsonant nur Dentale: *l, n, r, s, t* auftreten. Wie oben § 3 schon bemerkt wurde, kann man vom allgemeinphonetischen Standpunkt die Dentale als die am leichtesten artikulierbaren Konsonanten ansehen (die Aspiration, die auch am Wortende auftreten kann, ist praktisch kein Laut).

8. Das Verhältnis zwischen offenen und geschlossenen Silben beträgt in gewöhnlichem finnischen Prosatext ca. 1,11 : 1. Dieselbe Proportion ist im Estnischen 1,16 : 1[2], im Französischen 5 : 1 und im Deutschen 1 : 3. Wir sehen also, daß Finnisch (und Estnisch) mit seinem geradezu idealen Gleichgewicht in der Mitte steht zwischen Französisch, das in so seltenem Maße offene Silben begünstigt, und Deutsch, das geschlossene Silben weitgehend bevorzugt.

9. Unter dem Anschluß oder dem Silbenakzent versteht man die Art und Weise, wie der Vokal sich mit dem folgenden Konsonanten oder ein stimmhafter Konsonant mit dem folgenden stimmlosen Konsonanten verbindet. Wenn z. B. in der Lautverbindung *at* oder *nt* das *t* das *a* oder *n* im Moment der kräftigsten Artikulation abbricht, sagt man, daß es sich um einen festen Anschluß handelt. Hat dagegen *a* oder *n* bereits seinen Sonoritätsgipfel bei Einsatz des *t* überschritten, so spricht man von einem losen Anschluß. Die Phonetiker pflegen die bekanntesten europäischen Sprachen nach Art dieses Anschlusses in der Weise in zwei Gruppen zu teilen, daß die germanischen Sprachen zu dem Typ mit festem, die romanischen und slavischen dagegen zu dem mit losem Anschluß gerechnet werden. Die Sprachen des ersteren Typs, also diejenigen mit festem Anschluß, kennen sowohl den festen als den losen Anschluß, die Sprachen des zweiten Typs dagegen weisen nur den losen Anschluß auf. Nur in Sprachen mit festem Anschluß treffen wir aspiriertes *k, p, t*. Im Finnischen ist zweifellos der Anschluß z. B. in den Wörtern *katto* 'Decke, Dach' und *maattu* (part. praet. pass. von *maata* 'liegen, ruhen') viel fester als in den Wörtern *kato* 'Schwund' und *maatuu* 'wird zu

---

[1]) Als Kuriosität sei erwähnt, daß das Finnische in dieser Hinsicht lebhaft an gewisse afrikanische Sprachen erinnert. So kann im Bantu eine Silbe auf keinen anderen Konsonanten als Nasal ausgehen und es kennt nur die Konsonantengruppen Nasal + Konsonant und Konsonant + Halbvokal. Meinhof a. a. O. 42.

[2]) Nach W. von Wartburg finden sich in einem gelesenen neufranzösischen Prosatext 82% offene und 18% geschlossene Silben (Einführung in Problematik und Methodik der Sprachwissenschaft, Halle 1943 S. 165).

Erde', m. a. W. (besonders nach kurzem Vokal) findet sich vor Geminata ein festerer Anschluß als (besonders nach langem Vokal) vor einfachem Konsonanten. Ebenso ist der Anschluß zwischen erster und zweiter Silbe in finnisch *sadon* (gen. von *sato* 'Ernte') fester als im Mordwinischen, das einem starken phonetischen Einfluß des Russischen ausgesetzt war, in dem Worte *śado* 'hundert'; ebenso ist der Anschluß zwischen *a* und *r* im Worte *Narva* in dessen finnischer Lautung entschieden fester als in der russischen (wobei sich der südwestfinnische Anschluß noch deutlicher vom russischen unterscheidet als der südostfinnische)[1].

Trotz alledem kann das Finnische nicht nach Art der germanischen Sprachen als eine Sprache „mit festem Anschluß" charakterisiert werden. Vielmehr muß gesagt werden, daß abgesehen von den Geminatafällen das Finnische seinem Anschluß nach den slawischen und romanischen Sprachen näher steht. Dies ist auch gar nicht überraschend nach alledem, was wir oben über die allgemeine Tendenz des Finnischen vorgebracht haben, Phoneme zu meiden, die eine energische Artikulation voraussetzen[2]. Ganz zu schweigen davon, daß die finnischen einfachen *k*, *t* und *p* nicht aspiriert sind, sind sie nicht einmal völlig stimmlos, sondern – wie experimentelle Untersuchungen gezeigt haben – sowohl im Anfangs- als auch im Schlußteil ein kurzes Stück stimmhaft, m. a. W. sind finnisch *k*, *t*, *p* in ihrer Artikulation noch 'weicher' als die entsprechenden Klusile der slawischen und romanischen Sprachen. Dies erklärt sich daraus, daß bei dem völligen Fehlen der stimmhaften Klusile *g* und *b* (das im Schriftfinnischen auftretende *d* ist eine künstliche Schöpfung und hatte als solche keinen Einfluß auf das phonologische System der gesprochenen Sprache) für das Finnische nicht wie bei vielen anderen Sprachen irgendwelcher Anlaß vorlag, einen möglichst schroffen Unterschied zwischen den Gegensätzen *k* und *g*, *t* und *d*, *p* und *b* aufrechtzuerhalten[3]. Es ist somit natürlich, daß im Finnischen nach dem Gesetz des geringsten Widerstandes *k*, *t* und *p* mit möglichst geringem Kraftaufwand artikuliert werden. Als Folge davon werden *k*, *t* und *p* von den Finnen so weich artikuliert, daß der germanische Hörer sie mit *g*, *d* und *b* seiner Muttersprache verwechselt.

---

[1] Siehe Hakulinen: Vir. 1922 S. 49 f., MSFOu 67 S. 120 f.

[2] Die relative Schlaffheit des finnischen Silbenakzentes wird auch durch die häufigen dialektischen Svarabhakti- oder Schwa-Vokale erwiesen, durch die besonders die Konsonantengruppen *hj*, *hl*, *hm*, *hn*, *hr*, *hv*, *lh*, *lk*, *lm*, *lp*, *ls*, *lv*, *nh* erleichtert, d. h. aufgelöst werden: *tyhjä* > *tyhyjä* 'leer', *kahle* > *kahale* 'Fessel', *lehmä* > *lehemä* 'Kuh' usw.

[3] In den germanischen Sprachen geschieht diese deutliche Unterscheidung mit solcher artikulatorischer Vehemenz, daß auf diese Laute beinahe wie ein selbständiger Laut jener scharfe Hauch folgt, dessentwegen man sie als 'aspirierte' Laute bezeichnet. In den romanischen und slawischen Sprachen wird der Gegensatz dadurch vertieft, daß *g*, *d* und *b* sehr stimmhaft ausgesprochen werden. Dasselbe Ergebnis der Verschärfung des Gegensatzes wird also in den Sprachen verschiedenen Typs (mit festem resp. loserem Anschluß) mit teilweise verschiedenen Mitteln erreicht.

Es ist jedoch festzustellen, daß in der Sprache der finnischen Gebildeten infolge des schriftsprachlichen *d* und wegen der zahlreichen Fremdwörter mit *g*, *b* und *d* die Tenues eine schärfere Artikulation angenommen haben. Diese spontane phonetische Entwicklung, durch die die Aussprache der Gebildeten sich von der der breiten Massen distanziert, ist natürlich vom Zweckmäßigkeitsstandpunkt zu begrüßen.

10. Dieselbe Ursache, das Fehlen des „phonologischen Gegensatzes", erklärt auch die Besonderheit des finnischen *s:* da im Finnischen dem *s* nicht wie in vielen anderen Sprachen ein *ʃ* gegenübersteht (vgl. z. B. das dtsch. Gegensatzpaar: *wissen : wischen*), liegt kein Anlaß vor, die Artikulation des *s* von der des *ʃ* zu distanzieren. Diese Notwendigkeit hat in den anderen Sprachen den scharfen, kräftigen Zischlaut *s* entwickelt, während das Finnische auch hier das Prinzip der mühelosen Artikulation befolgen konnte. Das Resultat ist ein mit einer relativ breiten Zungenrinne zustande kommender, nur schwach sibilantischer *s*-Laut, der im Ohr des Ausländers mehr nach *ʃ* als wie *s* klingt. Die Richtigkeit dieser Erklärung wird auch dadurch bestätigt, daß z. B. in den karelisch-olonezischen Dialekten sowie im Lappischen und Ungarischen, deren Lautsysteme auch ein *ʃ* aufweisen, sich ein vollkommen „scharfes" *s* wie in den sonstigen europäischen Sprachen findet. Ebenso verhält es sich im finnländischen Schwedischen, dessen Phonetik sonst vom Finnischen stark beeinflußt ist.

Dagegen stehen den hinteren Vokalen des Finnischen wegen der Vokalharmonie besonders scharf erfaßte vordervokalische Pendants gegenüber *(a ~ ä, o ~ ö, u ~ y)*. Diese Gegensätzlichkeit ist ausgiebig — auch bei den langen Vokalen — phonologisch verwertet, vgl. z. B. *haka* 'Haken' ~ *häkä* 'Kohlengas', *soi* (3. sg. praet. von *suoda* 'gönnen') ~ *söi* (3. sg. praet. von *syödä* 'essen'), *saa* 'er bekommt' ~ *sää* 'Wetter', *puu* 'Baum, Holz' ~ *pyy* 'Haselhuhn'. Das Streben nach einer solchen Gegensätzlichkeit macht es wenigstens zum Teil erklärlich, daß die finnischen hinteren Vokale *a*, *o* und *u*, kurze wie lange, in selten ausgeprägtem Maße weit hinten im Munde artikuliert werden und im Vergleich zu den entsprechenden Lauten der bekanntesten westeuropäischen Sprachen eine sehr dumpfe Klangfarbe aufweisen.

11. Die Morphemarmut des Finnischen infolge des geringen Konsonantenbestandes und der weitgehenden Ausmerzung der Konsonantengruppen wird dadurch aufgewogen, daß das Finnische den Quantitätsunterschied von Konsonanten und Vokalen in höherem Maße als die übrigen europäischen Sprachen phonologisch auswertet (wenn auch bei weitem nicht im theoretisch möglichen Ausmaß): es gibt nebeneinander die Phoneme *muta* 'Schlamm' nom. sg. ~ *mutaa* id., part. sg. ~ *muuta* part. sg. von *muu* 'der andere' ~ *muutta* id., abess. sg. ~ *muuttaa* 'ändern' ~ *mutta* 'aber', oder *tule* 'komm' ~ *tulee* 'er kommt' ~ *tulle* (neg. pot. dess. Verbs) ~ *tullee* 'er dürfte kommen' ~ *tuule* neg. praes. ind. von *tuulla* 'wehen' ~ *tuulee* 3. sg. praes. dess. Verbs ~ *tuulle* neg. pot. dess. Verbs ~ *tuullee* 3. sg. pot. dess. Verbs. Die Bedeutungen resp. Funktionen sind also jeweils verschieden; vgl. noch *aatelinen* 'adlig' ~ *aatteellinen* 'ideell'. Dies setzt natürlich voraus, daß kurzer und langer Laut in allen Stellungen exakt unterschieden werden. In diesem Punkte verlangt denn auch das Finnische größere Präzision als die übrigen europäischen Sprachen.

Obwohl also das Finnische *k*, *t*, *p* einerseits und *g*, *d*, *b* (soweit überhaupt vorhanden) andererseits nicht zu unterscheiden brauchte, um so mehr mußten *k* und *kk*, *t* und *tt* und *p* und *pp* sich voneinander abheben. Diese Klarheit fußt einerseits darauf, daß ein intervokalischer oder zwischen stimmhaftem Konsonanten und Vokal stehender Einzelkonsonant wegen seines schwachen Ein- und Absatzes immer relativ schlaff artikuliert wird (wobei *k*, *t* und *p* somit teilweise auch Stimmton aufweisen) und ihrem quantitativen Eindruck nach sehr kurz erscheinen, andererseits darauf, daß die Artikulation der Geminaten energischer ist (bei den geminierten Klusilen tritt auch nicht eine Spur von Stimmhaftigkeit zutage) und ihre Dauer gewöhnlich 2-, ja oft 2½- und sogar 3mal so lang ist wie bei einem silbenbeginnenden Einzelkonsonanten.

Es ist interessant, daß der Finne, dessen Ohr an die „Weichheit" der intervokalischen Einzelkonsonanten seiner Sprache gewöhnt ist, die entsprechenden Einzelkonsonanten des Reichsschwedischen als Geminaten apperzipiert; so hört er statt des schwedischen *vika* 'wenden, weichen' etwa *viikka*. Darum ist schon in den alten germanischen Lehnwörtern germ. *k*, *t* und *p* im Finnischen durch die entsprechenden Geminaten substituiert worden (z. B. *haukka* 'Habicht', *lautta* 'Floß', *kauppa* 'Handel'). Auf das finnländische Schwedisch hat die finnische Aussprache in der Weise eingewirkt, daß hier die schwedischen Wörter *vika*, *bita* 'beißen' und *köpa* 'kaufen' tatsächlich wie *viikka*, *biitta*, *tšööppa* ausgesprochen werden. Entsprechend lauten die schwedischen Wörter *tanten* und *dansa* im Finnland-Schwedischen *tantten* und *danssa* ('tanzen'), ein Fennismus, der z. B. für die Phonetik der germanischen Sprachen völlig fremdartig ist und schon lange das Aufsehen der nichtfinnischen Phonetiker erweckt hat[1]).

Der Quantitätsunterschied zwischen kurzem und langem Vokal ist ebenso schroff wie der zwischen einfachem und Doppelkonsonanten: das Verhältnis ist gewöhnlich 1:2 oder 1:2½, kann aber oft auch 1:3 betragen. Dagegen ist keinerlei Auswertung irgendwelcher Qualitätsverschiedenheit zur Unterscheidung von langem und kurzem Vokal in der Sprache der Gebildeten zu bemerken.

12. Es bleibt noch zu bemerken, daß im Finnischen der Quantität des silbenschließenden Konsonanten oder der zweiten Diphthongkomponente keinerlei semantische Funktion zukommt wie etwa im Estnischen, wo z. B. schriftspr. *ilma* 'Luft' je nach der verschiedenen Quantität des *l* am Ende der ersten Silbe entweder genitivische oder partitivische oder illativische Funktion hat. Das Wort *taevas* 'Himmel' weist je nach der Länge der zweiten Diphthongkomponente *e* entweder nominativische oder inessivische Funktion auf. Im Finnischen kann dagegen im Unterschied zum Estnischen die Qualität des silbenschließenden Konsonanten oder der (silbenschließenden) zweiten Diphthongkomponente ohne Gefahr für die Verständlichkeit bedeutend variieren. Nach kurzem, hauptbetontem Vokal ist silbenschließender

---

[1]) Siehe z. B. Jespersen: Lehrbuch der Phonetik[2] 188–189.

Konsonant im Finnischen übrigens immer länger als der Anlautskonsonant einer Silbe; so kann *l* in *ilma* 'Luft' sogar von doppelter Länge sein gegenüber dem *l* in *lima* 'Schleim' (bei gleichem Sprechtempo).

13. Im Zusammenhang mit dieser reichlichen semantischen Zunutzemachung der Quantitätsunterschiede steht die Eigenheit der finnischen Lautstruktur, daß die Quantitäts- und Betonungsverhältnisse voneinander unabhängig sind. So können in betonter offener Silbe kurze und in tonloser Silbe lange Vokale auftreten, eine Eigenart, die vom allgemein europäischen Standpunkt aus die Aussprache des Finnischen keineswegs erleichtert; vgl. *sa-taa* 'regnen', *ko-koon-nu-taan* praes. pass. von *kokoontua* 'sich versammeln'. Dieselbe Eigenschaft war freilich z. B. im Urnordischen sowie im Altgriechischen und Lateinischen bekannt, aber im heutigen Europa ist sie recht selten (immerhin kennen sie wenigstens das Lettische, Tschechische und Serbische). In den ostseefinnischen Sprachen begegnet sie uns nur im Finnischen, aber von den entfernteren verwandten Sprachen im Ungarischen; diese Gleichartigkeit in der prosodischen Struktur ist die Ursache für den eigenartigen Sachverhalt, daß ein Ungar die richtige finnische Aussprache leichter erlernt als z. B. ein Este, obwohl Ungarisch dem Verwandtschaftsgrade nach dem Finnischen ebenso fern steht wie das Schwedische dem Russischen, während das Estnische beinahe zu den finnischen Dialekten zu zählen ist. Beachtenswert ist jedoch, daß selbst in den finnischen Dialekten die in Rede stehende Eigenheit als solche gegenwärtig relativ selten ist[1]): in den meisten finnischen Dialekten ist die Notwendigkeit, eine kurze betonte offene Silbe und eine langvokalige unbetonte Silbe hintereinander auszusprechen, durch die sog. Gemination beseitigt worden: *pa-taa* (part. sg. von *pata* 'Topf') > *pat-taa*, *ko-koon-nu-taan* 'man versammelt sich' > *kok-koon-nut-taan*; in den südwestfinnischen Dialekten sind überdies wie im Estnischen alle langen Vokale in den hinteren Silben (also nach der ersten Silbe) gekürzt worden.

14. Oben in § 6 haben wir auf einen Umstand hingewiesen, durch den die Anzahl der einsilbigen Wortstämme im Finnischen stark eingeschränkt wird, nämlich auf das Fehlen von Konsonantengruppen im Wortanfang. Da die Lautstruktur der Sprache natürlich nicht das Werk systematischer Überlegung darstellt, sondern aus historischer Entwicklung resultiert, ist verständlicherweise diese Anzahl auch nicht im Rahmen der gegenwärtigen phonologischen Möglichkeiten annähernd optimal. Zunächst ist zu vermerken, daß das Finnische kein einziges Wort aufweist, das lediglich aus einem kurzen Vokal bestände, und weiterhin haben wir nur etwa 10 Vertreter des Morphemtyps *Konsonant + kurzer Vokal* (die Pronomina *me* 'wir', *te* 'ihr', *he* 'sie' (pl. Personen), *se* 'das' und *ne* 'sie' (pl. sächl.) sowie drei entlehnte Partikeln *ja* 'und', *jo* 'schon' und *no* 'na'; beachte auch die Interjektionen *he* 'da hast du! (beim Anbieten)' und *ka* 'aha, sieh da').

Die Tabelle gibt einen Überblick darüber, in welchem Umfange die Sprache den Morphemtyp *Konsonant + langer Konsonant* oder nur *langer Kon-*

---

[1]) Siehe z. B. Kettunen: Suomen murteet III A, Karte 2.

sonant verwirklicht hat, wobei die spätere Diphthongierung von langem *o*, *ö* und *e* (§ 22A) berücksichtigt ist.

	aa = ā	ie < ē	ii = ī	uo < ō	uu = ū	yy = ǖ	ää = ǟ	yö < ȫ
h						hyy		
j	jaa			juo			jää	
k					kuu	kyy		
l		lie		luo	luu			lyö
m	maa				muu	myy		myö
n				nuo				
p			pii		puu	pyy	pää	
r								
s	saa			suo	suu	syy	sää	syö
t		tie		tuo				työ
v		vie		vuo				vyö

Aus der Tabelle geht hervor, daß von 96 theoretischen Möglichkeiten nur 33, d. h. ca. ⅓, ausgenutzt wurden. Der entsprechende Überblick auf den Morphemtyp *Konsonant + Diphthong auf -i* oder *Diphthong auf -i* allein ergibt folgendes:

	ai	oi	ui	ei	(äi)	(öi)	(yi)
h	hai	hoi	hui	hei			hyi
j		joi			jäi		
k	kai	koi					
l		loi				löi	
m						möi	myi
n	nai						
p			pui				
r							
s	sai	soi				söi	
t	tai	toi			täi		
v	vai	voi		vei			

Diese Tabelle vermittelt uns dieselbe Beobachtung wie die erste, daß nämlich von den 84 theoretisch möglichen einsilbigen Phonemen nur 28, d. h. genau ⅓ in Gebrauch sind. Einsilbige Wortstämme *Konsonant + Diphthong auf -u* gibt es nur einen (das Lehnwort *tiu* 'Stiege, zwanzig Stück'), wenn wir ein paar unwichtige Interjektionen beiseite lassen, und Wortstämme aus *Konsonant + Diphthong auf -y* gibt es zwei: *käy* 'er geht' und *näy* neg. praes. von *näkyä* 'sichtbar sein' (letztere Form nach der jetzt üblichen Aussprache).

Die Anzahl der einsilbigen Wortstämme ist in der finnischen Verkehrssprache auf 50 beschränkt[1]). Da diesen Stämmen, ebenso wie den zwei- und mehrsilbigen, bei dem synthetischen Charakter des Finnischen noch relativ reichlich Ableitungs- und Beugungsendungen, die meist silbenbildenden Vokal aufweisen, angefügt werden, wird es so begreiflich, daß die **finnischen Wörter im allgemeinen relativ viel Silben enthalten.**

15. Die **Ausdrucksintensität** der Silben ist im Finnischen geringer als in vielen anderen Sprachen. Dies geht aus folgender Übersicht über die Silbenanzahl des Matthäus-Evangeliums in den Bibelübersetzungen einiger Sprachen hervor[2]):

Finnisch	ca. 40 500
Altgriechisch	,, 39 000
Schwedisch	,, 35 000
Deutsch	,, 33 000
Dänisch	,, 32 500
Englisch	,, 29 000
Chinesisch	,, 17 000

Dabei ist jedoch zu beachten, daß die finnischen Silben vielfach sozusagen leichter sind als die anderer Sprachen. Oft bestehen sie ja nur aus **einem** kurzen Vokal (*a-ja-u-tu-a* 'treiben, intr.' usw.), ein Sachverhalt, der bei Berücksichtigung dessen, was oben §§ 6 und 7 über das Vorkommen (oder besser Nichtvorkommen) von Konsonantengruppen im Silbenbeginn und am Silbenende gesagt wurde, sehr gut verständlich ist.

16. Wenden wir uns nun der allgemeinen finnischen Sprechart, ihrer dynamischen Kraft, dem Satzakzent und dem melodischen Verlauf zu, so stehen unsere diesbezüglichen Beobachtungen im Einklang mit dem Prinzip des geringsten Kraftaufwandes bei der Artikulation, das wir oben betreffs des allgemeinen Charakters der Lautstruktur des Finnischen und bei der Hervorbringung der einzelnen finnischen Laute konstatiert haben. Da die finnische Sprache in dieser Beziehung dieselben Besonderheiten aufweist wie das Finnland-Schwedische, wenn man dieses gegen das Reichsschwedische hält, und da diese Eigenart des Finnland-Schwedischen sich gerade aus dem phonetischen Einfluß des Finnischen erklärt, zitieren wir hier die Schilderung Hugo Bergroths von diesen eigenartigen Charakterzügen des Finnland-Schwedischen (Finlandssvenska[2]) 1928, § 3):

---

[1]) Man vergleiche hiermit die hohe Anzahl der einsilbigen Wörter im Deutschen: mindestens ca. 2200 (nach Paul Menzerath: Die Architektonik des deutschen Wortschatzes, Bonn 1954 S. 98).

[2]) Siehe Jespersen: Die Sprache 316. Die finnische Silbenzahl habe ich auf Grund der von Juhani Aho durchgesehenen Übersetzung des Neuen Testamentes von 1913 festgestellt. In der Übersetzung von 1936 ist die Silbenzahl noch bedeutend größer, da in dieser noch haufenweise Pronomina der 1. und 2. Person (unnötigerweise!) zugefügt sind.

„Wer die Redeweise von Reichs- und Finnland-Schweden oft und aufmerksam anhört (und miteinander vergleicht), kommt zu der Feststellung, daß der Reichsschwede durchschnittlich in höherer Tonlage spricht als der Finnland-Schwede. Da die Schwankungen der Tonhöhe der menschlichen Stimme von der Gespanntheit der Stimmbänder des Kehlkopfes abhängen, läßt sich leicht beobachten, daß die höhere Tonlage der Rede des Reichsschweden von dem höheren Einsatz an Kraft und Energie herrührt, mit der er dieses Organ in Funktion setzt. Dieser energischere Gebrauch der Stimmbänder zeigt sich auch sonst: in dem relativ stärkeren Druck (exspiratorischen Akzent), mit dem die sinntragenden Worte des Vortrags hervorgehoben werden, einem Akzent, der um so stärker anschwillt, je mehr die Muskelanspannung die Stimmritze verengert. Wegen dieser erwähnten Umstände klingt die Rede des Reichsschweden regelmäßig heller, sonorer und nuancierter als die des Finnland-Schweden, die überhaupt farblos, trocken und monoton anmutet[1]). Im tiefsten Grunde resultiert der Unterschied wohl aus der Verschiedenheit der Charaktere: der Reichsschwede hat teils ein lebhafteres Temperament, teils ist er selbstsicherer, oft posierend; der Finnland-Schwede dagegen ist im allgemeinen still, verschlossen, bescheiden und schreitet nur widerwillig auf dem Kothurn einher."

Bei einem Vergleich von Finnland-Schwedisch und Finnisch fällt die Beobachtung nicht schwer, daß Bergroths Charakteristik noch besser gerade auf das Finnische paßt. Für die Mehrzahl der Finnen sind ein relativ geringer Stimmaufwand, eine tiefe Tonlage, kleine Intervalle, sparsame Gefühlsbetonung, relative Enge der Mundöffnung infolge knapper Lippenbewegung charakteristisch. Die Folge von alledem und von der lockeren Aussprache der einzelnen Laute ist der sprechmelodische Gesamteindruck eines schüchternen Murmelns, kurz gesagt: einer **bequemen, wenig energischen Sprechweise**.

Wir haben damit den bemerkenswerten Sachverhalt konstatiert, daß das Finnische, das bei seinem Übergewicht an Vokalen und bei seiner Armut an Konsonantenhäufungen in seltenem Maße sonor und für musikalische Zwecke geeignet ist[2]), im allgemeinen in einer Art und Weise artikuliert wird, die diese Möglichkeiten zu ästhetischer Wirkung ganz und gar ungenutzt läßt. Zum Teil erklärt sich dies freilich aus dem Volkscharakter, wie Bergroth dies auch bei den Finnland-Schweden annimmt. Aber **eine Ursache zur Vernachlässigung solcher Möglichkeiten dürfte auch in der Lautstruktur der finnischen Sprache selbst liegen**, da sie als relativ sonores Zeichensystem auch bei schwacher Artikulation es erlaubt, mit unge-

---

[1]) „Hierbei wirkt ein gewisser musikalischer Akzent mit. Daß dieser aber nicht die Hauptsache darstellt, ersieht man daraus, daß die Finnland-schwedischen Schauspieler, die eine gut geschulte Aussprache haben, trotz ihrer finnischen Sprechmelodie ebenso sonor und nuanciert sprechen wie die reichsschwedischen Bühnenkünstler."

[2]) Die Verständlichkeitsskala der Laute nach Hermann Gutzmann: Vokale und Liquidae > Halbvokale > Nasale > Frikativa > Mediae > Tenues. Siehe Poirot: Phonetik 75.

mein geringen phonetischen Anstrengungen das Verständigungsminimum zu erreichen[1]. Die Wahrscheinlichkeit spricht dafür, daß die Verbreitung der bewußten Sprechkultur unter den Gebildeten mit der Zeit dahin führt, daß das ästhetisch-phonetische Charakterbild des Finnischen sich von seinem überlieferten Niveau, wie es den breiten Volksschichten eigen ist, zu einer edleren Ausprägung erhebt.

---

[1] Es ist nicht unmöglich, daß ein instinktives Erfassen dieser Tatsache sich hinter der ziemlich weitverbreiteten Ansicht, „Finnisch ist leichter zu sprechen als Schwedisch" verbirgt. Diese Ansicht herrscht in den zweisprachigen Gegenden des schwedischen Vesterbotten u. a. nach Björn Collinder (NyK 50: 61–62).

II.

Die Geschichte der Laute

17. Über die Laute des Finnischen und deren Vorgeschichte können aus Mangel an alten Texten und sonstigen schriftlichen Quellen im allgemeinen keine exakten Zeit- und sonstige Angaben gemacht werden. Zum Vergleich sei erwähnt, daß die ältesten englischen Denkmäler bis ins 7., die deutschen ins 8., die französischen und schwedischen ins 9., die italienischen ins 10. und die ungarischen ins 11. Jh. zurückreichen, während die ersten finnischen Aufzeichnungen erst aus dem 14. Jh. stammen. So müssen wir uns zumeist auf die Vergleichung der Dialekte und Sprachen und auf die lautgeschichtlichen Rückschlüsse verlassen, ein Verfahren, das nur relative und summarische Chronologien aufzustellen erlaubt. Eine ins Detail eindringende Aufklärung der Geschichte der Vokale ist noch schwieriger als die der Konsonanten, da die ersteren sich im allgemeinen noch schneller als die letzteren verändert haben.

18. Untersuchen wir zunächst die Geschichte der finnischen Vokale. Hier ist wohl die sonst so seltene Erscheinung am augenfälligsten, daß der Abfall der Auslautvokale ganz selten eingetreten ist (vgl. den letzten Absatz dieses § sowie § 19 und § 23 A, B, C, E). Dies ist eine von den Ursachen, die der finnischen Sprache das bekannte archaistische Gesamtgepräge hat aufdrücken helfen. In diesem Punkte befindet sich das Finnische auch im Vergleich zu den verwandten Sprachen in einer Sonderstellung. Selbst auf ostseefinnischem Gebiet stehen nur die karelisch-olonezischen Dialekte und das Wotische ungefähr auf der gleichen Stufe. Sonst hat nur das Lappische denselben Konservatismus gezeigt, in gewissem Maße findet er sich im Mordwinischen. Folgende etymologische Vergleichstabelle zeigt eindringlich die „Abnutzung" der Endvokale in einigen entfernteren finnischugrischen Sprachen:

finnisch:	lappisch:	finnisch:	mordwinisch:
kaari 'Bogen'	*kuoŋar* 'dass.'	*kala* 'Fisch'	*kal* 'dass.'
jalka 'Fuß'	*juölgge* 'dass.'	*kota* 'Hütte'	*kud* 'Wohnhaus'
lehti 'Blatt'	*lasta* 'dass.'	*pilvi* 'Wolke'	*ṕel* 'dass.'
mieli 'Sinn'	*miella* 'dass.'	*veri* 'Blut'	*v́eŕ* 'dass.'
sompa 'Ring (des Skistabes)'	*soabbe* 'dass.'	*vesi* 'Wasser'	*v́ed* 'dass.'

finnisch:	tscheremissisch:	finnisch:	wotjakisch:
ikä 'das Alter'	*i* 'Jahr, Alter'	*ilma* 'Luft'	*in* 'dass.'
järvi 'der See'	*jär* 'dass.'	*joki* 'Fluß'	*ju* 'dass.'
luku 'Zahl'	*lu* 'zehn'	*löyly* 'Dampf'	*lul* 'Seele, Atem'
uusi 'neu'	*u* 'dass.'	*sata* 'Hundert'	*śu* 'dass.'
		uksi 'Tür'	*ös* 'dass.'

finnisch:	ungarisch:
antaa 'geben','er gibt'	*ad* 'dass.'
jousi 'Bogen'	*íj* 'dass.'.
pelkää 'er fürchtet'	*fél* 'dass.'
poika 'Knabe'	*fi* 'dass.'
tuntee 'er kennt'	*tud* 'dass.'

Bekanntlich haben z. B. die alten germanischen Lehnwörter im Finnischen ihren Auslautsvokal bewahrt, während dieser in den germanischen Sprachen selbst nach der Entlehnung abgefallen ist: fi. *kauppa* 'Handel' < altskand. *kaupa* > schwed. *köp*; fi. *multa* 'Humuserde' < got. *mulda* > schwed. *mull*; fi. *patja* 'Polster, Matratze' < altgerm. * *baðja-* > schwed. *bädd* und nhd. *Bett*; fi. *rauta* 'Eisen' < altgerm. **rauda-* > schwed. *röd*, nhd. *rot*. Infolge sog. Systemzwangs ist an konsonantisch auslautende Lehnwörter, soweit sie sich an die wenig zahlreichen konsonantisch ausgehenden finnischen Wörter (meist auf -*s*) in ihrer Flexion anpassen konnten, ein „nichtetymologisches" *i* angetreten: *arkki* 'Blatt Papier', *hovi* '(Fürsten-)Hof', *kompassi* 'Kompaß', *pankki* 'Bank (Geldinstitut)', *paperi* 'Papier' usw. Auch dieser Umstand trägt zu dem altertümlichen Eindruck unversehrter Fülle des finnischen Lautbildes bei.

In grauer Vorzeit muß jedoch der wichtige vokalische Auslautsschwund stattgefunden haben, der dazu geführt hat, daß die erste Silbe des Pronomens der 1. und 2. Person zu den Personalsuffixen -*n* und -*t* wurde (s. § 39, § 62). Es gibt ferner Anhaltspunkte dafür, daß im frühen Urfinnischen eine Apokope in drei- und mehrsilbigen Wörtern stattgefunden hat; so würden sich z. B. die gegenwärtigen Nominalparadigmata auf -*n* :-*me*-,-*ma*-,-*mä*- (§ 52.11, § 53.51) auf natürliche Weise erklären, wenn man folgende Entwicklungsreihen ansetzt: *hapan* 'sauer' < * *śańpam* < * *śappama*, *asen* 'Lage' < * *aśem* < * *aśema*, *pistin* 'Stechwerkzeug' (heute meist: 'Bajonett') < * *pisteim* < * *pistäim* < * *pistämä*, *kalaton* 'ohne Fische' < * *kalaľtoim* < * *kalaľtaim* < * *kalattama* usw. Dasselbe gilt für solche morphologische Beziehungen wie -*la* ~ -*l* (*käpälä* 'Pfote' ~ *nivel* 'Gelenk'), -*na* ~ -*n* (*ihana* 'wunderbar' ~ *tyven* 'Windstille, ruhig'), -*ra* ~ -*r* (*vaahtera* 'Ahorn' ~ *vaahder* 'dass.'), über die § 52.9, 11, 14 gehandelt wird. Diese Erscheinung ist vorderhand zu mangelhaft erforscht, so daß es mit dieser knappen Erwähnung sein Bewenden haben muß[1].

19. Eine zweite wichtige lautgeschichtliche Erscheinung wird von folgender Regel erfaßt: **lange Vokale in nichterster Silbe sind sekundär**. Sie sind das Resultat der letzten Lautwandlungen aus der Zeit der finnischen Sonderentwicklung. Meist sind sie so entstanden, daß der Konsonant zwischen zwei kurzen Vokalen geschwunden ist und die so unmittelbar nebeneinander geratenen Vokale kontrahiert wurden, z. B. *kankaat* (pl. von *kangas* 'Heide(land)' oder von dem Homonym *kangas* 'Stoff') < *kankahat* (heute noch dial.), *saaliin* (gen. sg. von *saalis* 'Beute') < *saalihin*, *tultiin* (pass. praet. von *tulla* 'kommen') < *tultihin*, *kasteen* (gen. sg. von *kaste* 'Tau') <

---

[1] Vgl. Ravila: FUF 25 S. 45.

kastehen, kalaa (part. sg. von *kala* 'Fisch') < * *kalaδa, metsää* (part. sg. von *metsä* 'Wald') < * *metsäδä, makuu* 'das Liegen, das Ruhen' << * *makaδo,* *ehtoo* 'Abend' << * *jektaүo, kevään* (gen. sg. von *kevät* 'Frühling') << * *keväδen, olleet* (nom. pl. von *ollut* 'gewesen') << * *olnuδet, avaan* 'ich öffne' < *avajan, palaan* 'ich kehre zurück' < *palajan, harjaa* (imperat. von *harjata* 'bürsten') < *harja'a* < * *harjaδak, kokoontui* (3. sg. praet. von *kokoontua* 'sich versammeln') < *kokountui* < * *kokoδuntui, kahtaalla* 'an zwei Stellen' < *kahtajalla* (heute noch dial.), *toisaanne* 'in die andere Richtung' < *toisajanne* usw. In der Endung des 3. sg. praes. erklärt sich der lange Vokal folgendermaßen: *kasvaa* 'er wächst' < *kasvau* (bei Agricola *caswau*) < * *kasvav* < *kasvavi* (noch heute vereinzelt), *pitää* (er hält) < *pitäy* (Agr. *pitey*) < * *pitäv* < *pitävi*. Auch in diesen Fällen mit *-vi* handelt es sich also um Schwund von Endvokal (vgl. auch § 23C). Das *-ee-* im Vokalstamm des 2. partic. act. ist folgendermaßen entstanden: < *-ue-* resp. *-ye-*, vgl. *kuolleen* gen. sg. von *kuollut* 'gestorben' < *kuolluen* (noch heute dial.) < * *koolnuδen, syöneet* (nom. pl. von *syönyt* 'gegessen habend') < *syönyet* (noch heute dial.) < * *söönyδet*. Ausnahmsweise findet sich auch veralt. *neitseet* < *neitsyet* 'die Jungfrauen', woraus das heutige *neitseellinen* 'jungfräulich' (also nicht *neitsyellinen*) gebildet ist. Über die Entstehung des langen Vokals im Suffix der sog. Eigenschaftsnamen (*vanhuus* 'das (Greisen-)Alter', *hyvyys* 'die Güte') s. unten § 52.21.

20. Nach einer Ansicht, die früher allgemein herrschte und von E. N. Setälä entwickelt worden ist, hat es eine Periode in der vorfinnischen Sprachgeschichte gegeben, in der die Vokalharmonie vollständig durchgeführt war. Diese Ansicht setzt voraus, daß die Vokale *e* und *i*, soweit sie in hintervokaligen Wörtern vorkommen und somit die Vokalharmonie durchbrechen, auf die entsprechenden, weiter hinten in der Mundhöhle artikulierten Vokale, d. h. auf die sog. mittleren Vokale * $ẹ$ und * $ị$, zurückgehen. Man glaubte, daß *i* < * $ị$ schon im frühen Urfinnischen in allen Silben vor sich gegangen sei, ebenso *e* < * $ẹ$ in nichterster Silbe, während *e* < * $ẹ$ in erster Silbe erst nach der urfinnischen Zeit eingetreten sei. Nach dieser Ansicht würde also gelten: *mela* 'Steuerruder' < * *mẹla, leuka* 'Kinn' < * *lẹuka, unen* 'des Schlafes' < * *unẹn; kita* 'Schlund' < * *kịta, laiva* 'Schiff' < *lạiva*. Demgegenüber ist jedoch zu bemerken, daß keine direkten Belege für *i* < * $ị$ vorliegen (ein solches hinteres *i* ist in keiner ostseefinnischen Sprache vorhanden) und daß der zum Beweis für *e* < * $ẹ$ abgeführte Mittelvokal $ẹ$ (õ der estnischen Schriftsprache) umgekehrt als sekundäres Assimilationsergebnis in hintervokaligen Wörtern zu erklären ist, wie u. a. einige baltische und germanische Lehnwörter des Urfinnischen zeigen. Also ist der jetzige Standpunkt des Finnischen, daß *e* und *i* indifferent sind und somit ebensogut in hinter- wie in vordervokaligen Wörtern auftreten können, für ein Erbe aus der finnischugrischen Ursprache anzusehen[1].

21. Im Formans *-isi-* des Konditionals, in dem Verbalableitungsformans *-i(t)se-* und dem Nominalderivativum *-i(t)se-* hat sich das *i* vor dem *s* resp.

---

[1] Diesen Gedanken hat Erkki Itkonen vorgetragen und überzeugend begründet: Vir. 1945 S. 158 f. (dtsch. Referat S. 298 f.), Vir. 1948 S. 124 f. (dtsch. Referat S. 200 f.).

§ 22   Vokalveränderungen in der ersten Silbe   19

ts vor der Sonderentwicklung des Finnischen (aber später als der § 23 sub E erwähnte Übergang *a* > *o* vor *i*) < * ń entwickelt: *saisi* (cond. von *saada* 'bekommen') < * *saańśi*, *toisi* (zu *tuoda* 'bringen') < * *toońśi*, *veisi* (zu *viedä* 'fahren, führen, fortschaffen') < * *veeńśi*, *antaisi* (zu *antaa* 'geben') < * *antańśi*, *lentäisi* (zu *lentää* 'fliegen'), *tulisi* (zu *tulla* 'kommen') < * *tuleisi* (s. § 23C) < * *tuleńśi*, *menisi* (zu *mennä* 'gehen') < * *meneisi* < * *meneńśi* ; *havaitsen* 'ich bemerke' < * *śavańt́śem* oder besser * *śamańt́śem*, *potkaisen* 'ich versetze einen Tritt' < * *potkańt́śem*, *kiskaisen* 'ich reiße plötzlich los' < *kiśkańt́śem* ; *naiset* 'die Frauen' < * *naińt́śet*, *soiset* (pl. von *soinen* 'sumpfig') < * *soońt́śet*, *suitset* 'Mundstück am Zaum' < * *suuńt́śet*, *päitset* 'Halfter' < * *pääńt́śet*, *kalaiset* (pl. von *kalainen* 'fischreich') < * *kalańt́śet*, *metsäiset* (pl. von *metsäinen* 'waldig') < * *metsäńt́śet*, *talviset* (pl. von *talvinen* 'winterlich') < * *talveiset* < * *talveńt́śet*, *totiset* (pl. von *totinen* 'ernsthaft') < * *toteiset* < * *toteńt́śet*, *vetiset* (pl. von *vetinen* 'wässerig') < * *veteiset* < * *veteńt́śet* ; *seisoa* 'stehen' < * *sańt́śa-*. Beachte das Wort *suitsu* 'Rauch' < *sıńt́śu*.

22. Im folgenden soll noch die Entwicklung einzelner Vokale der ersten Silbe beleuchtet werden, wobei von der jetzigen Vertretung ausgegangen wird.

A) Die Diphthonge sind folgendermaßen entstanden: *uo* < * ō, *yö* < * ő und *ie* < * ē: Suomen *työmies* 'der finnische Arbeiter' (wörtl. „der Arbeiter Finnlands") < * *soomen töömees*, *vieras* 'Fremder' < * *veeras*. Diese Fälle von Lautwandel liegen diesseits der urfinnischen Periode. Ganz späte Sonderfälle sind: *siellä* 'dort' < *siällä* (z. B. Savodialekte, in denen *ie* sonst erhalten ist) < * *siyälnä* (vgl. *sikäläinen* 'dortig'), *rientää* 'eilen' < *ri-entää* < * *riyentädäk* (vgl. dial. *rikenesti* 'schnell'), *nietos* 'Schneewehe' < (dial.) *nijatos*, *vyöryä* 'sich wälzen' < (dial.) *vieryä* (vgl. *vieriä* 'herabrollen').

B) Langer Vokal (in den unter sub A angeführten Fällen der Vorläufer des gegenwärtigen Diphthongs) ist in vielen Wörtern noch in der urfinnischen Periode durch Verschmelzung zweier Vokale u. a. nach Wegfall des trennenden Konsonanten entstanden. So z. B. nach Schwund von * η oder * ń: *hiiri* 'Maus', *jää* 'Eis' < * *jäηe* oder * *jänä*, *kaari* 'Bogen' < * *kaηer-*, *kuu* 'Mond', *luoda* 'werfen, ab-, auswerfen, schaffen', *myös* 'auch' (*myötä* 'gemäß, längs', *myöntää* 'zugeben'), *pii* 'Zahn z. B. beim Rechen', *pyy* 'Haselhuhn', *pää* 'Kopf' < * *päηe* oder * *pänä*, *sää* 'Wetter' und (anderes Semem) 'Strähne', *viime* 'vergangen', *vuo* 'Strom, Strömung' (hiervon *vuotaa* 'fließen, leck sein'), *vyö* 'Gürtel' ; *j* geschwunden: *häät* 'Hochzeit' < * *häjet*, *kuu* 'Fett' < * *kıje*, *kyy* 'Natter' < * *kyje*, *syy* 'Ursache' < * *syje*, *tie* 'Weg' < * *teje*, *yö* 'Nacht' < * ő < * *yje* ; * v geschwunden: *luu* 'Knochen' < * *luve*, *lyö-* (Stamm von *lyödä* 'schlagen'), *suu* 'Mund' < * *śuve*, *syö-* (Stamm von *syödä* 'essen') < * *sō* < * *sövö-* < * *sev(e)-*, *työ* 'Arbeit' < * *tō* < * *tövö* < * *tev(e)*, *juo-* (Stamm von *juoda* 'trinken') < * *jō* < * *jou-* << * *juuγ-*, *myy-* (Stamm von *myydä* 'verkaufen') < *myö-* << * *meeγ-*, *saa-* (Stamm von *saada* 'bekommen'), *vie-* (Stamm von *viedä* 'führen, fortschaffen') < *vee-* << * *viiγ*, *maa* 'Land' << * *maaγe-*[1]). Auch nach Vokalisierung des silbenschließenden Spiranten ist langer Vokal in erster Silbe während der finnischen Sonderentwicklung

---
[1]) Siehe Erkki Itkonen: FUF 29 S. 222 f., 30 S. 1–54.

in Fällen folgender Art entstanden: *laaja* 'weit, ausgedehnt' < *laŋja, *myyrä* 'Maulwurf' < *myγrä, *raaja* 'Extremität' < *raŋja, *uuni* 'Ofen' < *uγni, *vaaja* 'Keil' < *vaŋja. Auf altes *γv* dürfte langes *y* in *tyyni* '(wind)still' zurückgehen (vgl. *tyven* 'dass.').

Zur finnischen Sonderentwicklung gehört auch die Entstehung von *yy* aus *iy* in *kyyti* 'Fuhre' < *kiyti* (noch dial.), *vyyhti* 'Docke Garn, Knäuel' < *viyhti* (noch dial.); beachte *lyhde* 'Garbe' < *lyyhde* < *liyδeh (vgl. dial. *liyheh*).

Später Übergang *yy* < *yi* muß in folgenden Wörtern angenommen werden: *kyynel* 'Träne' < *kyinel* (noch dial.) (< urfi. *kyńel), *kyynär(ä)* 'Elle' < **kyinär(ä)* (< urfi. *kyńär).

Ganz jungen Datums sind die langen Vokale erster Silbe in solchen Stufenwechselfällen wie *jaan* 'ich teile' ∼ *jakaa* 'teilen', *maata* 'liegen, ruhen' ∼ *makaa* 'er ruht', *teen* 'ich tue' ∼ *tekee* 'er tut', *reen* 'des Schlittens' ∼ *reki* 'Schlitten', *siitä* 'gezeugt werden' ∼ *sikiää* 'wird gezeugt', *koossa* (iness. von *koko* 'Haufe; Größe') ∼ *koko*, *syys* 'Herbst' (vgl. *sykysy* im Kalevala), *sees* 'klar vom Wetter' ∼ *sekeen* gen. davon, *täällä* 'hier' ∼ *täkäläinen* 'hiesig'. Man beachte auch das zunächst rein dialektische *aatella* (< *ajatella* 'denken') und das darauf fußende *aate* 'Idee', *mutta* 'aber' << *muuta* part. von *muu* 'anderer' (s. § 36), *nyt* 'jetzt' < *nyyt < *nyγyt (vgl. *nyky-*); beachte dial. *nyytinen* entspr. schriftspr. *nykyinen* 'jetzig', *(sen) koommin* 'seitdem' < *(sen) kovemmin* (noch dial.).

C) In Diphthong auf *-i*, der paradigmatisch oder etymologisch mit langem Vokal wechselt, ist spätestens im Frühurfinnischen die erste Komponente gekürzt worden: von *maa* 'Land' part. pl. *maita* < *maaita, *maiset* (pl. von *mainen* adj. von *maa*) < *maaitset, *saisi* cond. von *saada* 'bekommen' < *saaiśi, *toisi* cond. von *tuoda* 'bringen' < *tooiśi* (vgl. *tuo* 'er bringt' < **too-* und *toi* 'er brachte' < *tooi), *söi* 'er aß' < *sööi (vgl. *syö* 'er ißt' < **söö-*), *vie* 'er führt' < *vee, *vei* 'er führte' < *veei, *(puu* 'Baum'): *puita* part. pl. < *puuita, *puiset* (pl. von *puinen* 'hölzern') < *puuitset, *(pyy* 'Haselhuhn'): *pyitä* part. pl. < *pyyitä. Ein später Sonderfall ist *suinkin* '(wenn) irgend (möglich)', *suinkaan* 'keineswegs' < **suuin-* < *suvuin-* (instr. pl. von *suku* 'Art, Gattung, Geschlecht'; vgl. südösterbott. *ei suunkaan* vom instr. sg. *suvun*).

ei < *ai zum mindesten in folgenden Wörtern: *heinä* 'Heu' < *haina < *šaina, *reisi* 'Schenkel' < *raite, *seinä* 'Wand' < *saina, *seisoa* 'stehen' < **saiso-* (< **sańtśa-*, s. § 21).

D) Heutiger Labialvokal repräsentiert die ursprüngliche Verbindung *v + Vokal wenigstens in den Wörtern *odottaa* 'warten', *olka* 'Schulter', *olla* 'sein, esse', *oppia* 'lernen', *ostaa* 'kaufen', *uusi* 'neu', *ydin* 'Mark', *ylä-* resp. *yli* 'Ober-, über', *ottaa* 'nehmen'. Im letzten Falle dürfte der Wandel erst nach der urfinnischen Periode eingetreten sein (vgl. estn. *võtta* 'dass.'), sonst ging er aber bereits im Frühurfinnischen vor sich.

E) In einigen Fällen repräsentiert wortanlautender Vordervokal die ursprüngliche Verbindung *j + Vokal: *ehtoo* 'Abend', *iho* 'Haut', *imelä* 'widerlich süß'. Das anlautende *j* ist spätestens im Frühurfinnischen geschwunden.

F) In einigen Einzelfällen dürfte heutiger Anlautvokal auf die Verbindung *h* + Vokal zurückgehen: *aamu* 'Morgen (Tageszeit)' möglicherweise

< *haamu* (heute 'Gespenst', urspr. 'Dämmerung'); der Schwund von *h* vielleicht infolge Dissimilation in Fällen wie * *huomenhaamu* 'Morgendämmerung', *aave* 'Gespenst' < *haave* 'Phantasie, Phantasterei' und *aavistaa* 'ahnen' < * *haavistaa* (verwandt mit *aamu* und *haamu*), *aisti* 'Sinn, Gefühl' < *haisti* (vgl. *haistaa* 'riechen', *haju* 'Geruch'). Diese sporadischen Lautübergänge gehören der finnischen Sonderentwicklung an.

G) Die 2. Diphthongkomponente *i* ist im Imperfekt der gegenwärtig einsilbigen (wie aller anderen) Verba möglicherweise aus früherem *a*, *ä* z. B. auf folgende Weise entstanden: *sai* (zu *saada* 'bekommen') < * *saai* < * *saaji* < * *saaja*, *söi* (zu *syödä* 'essen') < * *sööi* < * *sööji* < * *sööjä*; s. § 23B. Einzelfälle: *eilen* 'gestern' < * *eylein* (vgl. dial. *eklen*), *rainta* 'Melkeimer' < *raenta* (noch dial.) < * *rayenta*, *teini* 'mittelalterl. Vagant, wandernder Schüler o. Student' < * *teyni* (< schwed. *djekne*), *vaihtaa* 'wechseln' < *vaehtaa* < *vajehtaa*, *vaihe* 'Phase, Wechsel' < *vaeheˀ* < *vajehˀ*.

H) Die 2. Diphthongkomponente *u* ist entstanden:

1) spätestens im Frühurfinnischen aus * *η* wenigstens in den Wörtern *jauhaa* 'mahlen' (*jauhot* 'Mehl' usw.), *jousi* '(Schieß-) Bogen' (davon z. B. *joustava* 'elastisch'), *joutsen* 'Schwan';

2) während der finnischen Sonderentwicklung aus dem Spiranten * *γ* u. a. in *kaula* 'Hals', *kaura* 'Hafer', *naula* 'Nagel', *nauraa* 'lachen', *neula* 'Nadel', *seula* 'Sieb', *taula* 'Zunder', *vaunu(t)* 'Wagen' (*t* Pl.-Zeichen, da meist pl. tant.), aus dem Spiranten * *δ*, jedenfalls in den Wörtern *aura* 'Pflug' und *peura* 'wildes Renntier', aus dem Spiranten * *β* u. a. in den Wörtern *hauras* 'mürb', *kauris* 'Ziegenbock', *seura* 'Gesellschaft', *teuras* 'Schlachttier', *vauras* 'wohlhabend'; in dieser letzten Gruppe verdienen besondere Beachtung *auttaa* 'helfen' < *avuttaa* (vgl. *apu* 'Hilfe'), *haukka* 'Habicht' < *havukka* (< altgerm. * *haβuka-*), *hius* '(einzelnes) Haar' < *hivus* (vgl. *hipiä* 'Haut, Teint'), *liukas* 'glatt' < *livukas* (vgl. *lipu* 'Schlüpfrigkeit, das Ausgleiten'); aus dem Spiranten *v* u. a. in *auki* 'offen' (*aukaista* 'öffnen', vgl. *avata* 'öffnen', *avoin* 'offen') *kaukaa* 'aus der Ferne' (*kaukana* 'fern' usw.).

3) Gesonderte Beachtung verdient *soutaa* 'rudern' << frühurfi. * *suuγta-*.

I) Die 2. Diphthongkomponente *y* ist während der finnischen Sonderentwicklung aus Spirant *γ* entstanden in dem Worte *köyri* 'der Beschützer des Viehes und das Fest zu seinen Ehren' < *keyri* < * *keγri*, aus dem Spirant * *δ* in *nöyrä* 'demütig, bescheiden' < *neyrä* < * *neδrä*, aus dem Spirant * *β* in *käyrä* 'krumm' (vgl. *käpristyä* 'sich krümmen'), *äyräs* 'steil, jäher Abhang' (dial. *äpräs*). Beachte insbes. *käydä* 'gehen' < * *kävδäk* (dial. *kävvyö* d. h. *kävee* statt schriftspr. *käy* 'er geht'), *näyttää* 'zeigen, scheinen' < * *näyyttädäk*.

J) Diphthong *öy* < *ey* während der finnischen Sonderentwicklung. Also z. B. *höyhen* 'Daune' < *heyhen*, *köyhä* 'arm' < *keyhä*, *löyly* 'Badestubendampf' < *leyly*, *löytää* 'finden' < *leytää*; vgl. auch im vorigen Absatz *köyri* < *keyri* und *nöyrä* < *neyrä*. Sonderfall: *köykäinen* 'leicht, insbes. von unbedeutendem geistigen oder moralischen Gehalt' < * *keykäinen* < *kevykäinen* (noch dial.) < veralt. *kevikäinen* (vgl. *keveä*, *kevyt* 'leicht').

K) Einige vereinzelte Fälle, meist aus der finnischen Sonderentwicklung:

1) *ö* < *e* u. a. in *höltyä* 'sich lockern' < *heltyä* heute schriftspr. 'weich o.

empfindsam werden' (Assimilation an das *y* der folgenden Silbe, danach analogisch auch *höllä* 'locker' pro *hellä* 'zärtlich, liebevoll' (beide schriftspr.), *pölkky* 'Klotz' < * *pelkky*, *törmä* 'Hügel insbes. am Flußufer' < *termä* (noch dial.); 2) *y* < *i* in den Wörtern *jyvä* 'Samenkorn' < *jivä* (dial.), *pysty* 'aufrecht' (*pystyä* 'sich aufrecht halten', *pystyttää* 'errichten' usw.) < *pisty, pysyä* 'verbleiben, fest stehen' > *pisyä* (dial.); relativ alt, vielleicht schon frühurfinnisch, ist *y* < *i* in *syvä* 'tief' < * *sivä* < * *tivä* (s. § 26E).

23. **Fälle von Vokalwandel in nichterster Silbe.**

A) In Fällen, wo wortauslautendes -*i* im Paradigma mit Stammauslaut *e* abwechselt, ist im Urfinnischen -*i* < * *e*, und zwar schon vor dem § 27E1 zu erwähnenden *si* < * *ti*, z. B. *uni* 'Schlaf' < * *une*, *kuusi* 'sechs' < * *kuuti* < * *kuute*, *pieni* 'klein' < * *peene*, *maaksi* (transl. von *maa* 'Land') < * *maakse*.

Besonders genannt seien 1) die sog. Eigenschaftsnamen, *vanhuus* 'Alter', *hyvyys* 'Güte' u. a. (s. über diese § 27E1); 2) die Ordinalia, z. B. *kolmas* 'der dritte' gen. *kolmannen* usw.; in diesen beiden Gruppen ist nach dem jetzigen Auslaut-*s* des nom. sg. *i* (< * *e*) schon vor der finnischen Sonderentwicklung geschwunden[1]). 3) Die Lativadverbien auf -*s* wie *alas* 'hinunter', *ylös* 'herauf', *ulos* 'hinaus', *lähemmäs* 'näher', *lähes* 'nahe', *edes* 'wenigstens', *taas* 'wiederum', *myös* 'auch', *siis* 'also', *joskus* 'bisweilen', *jos* 'wenn' (über diese jetzige Konjunktion s. § 36); wenn das *s* dieser Adverbien aus der Translativendung -*ksi* (< * -*kse*) hervorgegangen ist, wie für möglich gehalten wurde, so muß auch hier schon im Frühurfinnischen Auslaut-*i* geschwunden sein[2]).

B) Das Auslauts-*i* des nom. sg. vom Komparativ auf -*mpi* und der 3. sg. praes. auf -*pi*, -*vi* der Verba ist vor der finnischen Sonderentwicklung (aber erst nach Lostrennung der Lappen von den Urfinnen) aus * -*a*, * -*ä* entstanden, z. B *kumpi* 'welcher von beiden' < * *kumpa*, *enempi* 'mehr' < * *enempä*[3]); *tuopi* 'er bringt' < * *toopa*, *menevi* 'er geht' < * *menebä* (über die Weiterentwicklung dieser Verbalform auf -*vi* s. § 19). Dies sind Zeugnisse für den Wandel von wortauslautendem * *a* > *i*, * *ä* > *i*, der im Urfinnischen in solchen zweisilbigen Wörtern angenommen wurde[4]), deren erste Silbe lang ist, sowie in allen mehr als zweisilbigen Wörtern. Der Umstand wiederum, daß in der heutigen Sprache z. B. der sg. nom. des I. part. *saapa* 'be-

---

[1]) Die Dialektformen aus Kainuu, wie *pahusi* schriftspr. *pahuus* 'Schlechtigkeit', *kuivusi* schriftspr. *kuivuus* 'Trockenheit' und *pyhysi* schriftspr. *pyhyys* 'Heiligkeit', hält Rapola – Vir. 1934 S. 328 – für ein Erbe aus dem Urfinnischen. – Die Form *kolmansi* 'dritter' wiederum der alten Schriftsprache und in Dialekten hat ein ursprüngliches Aussehen, kann aber trotzdem eine späte analogische Restitution darstellen. Siehe Wiklund: M Ny 23 S. 326.

[2]) S. zuletzt Wiklund: M Ny 23 S. 321 f., Ravila: FUF 23 S. 45 f. Anders Paul Ariste: Eesti NSV Teaduste Akadeemia toimetised 1 (1954) S. 41–48. Er, wie auch einige frühere Forscher, hält dieses *s* für vorurfinnisch, da es möglicherweise auch eine Entsprechung im Mordwinischen hat. Er hält es mit dem Kennzeichen *s* der inneren Lokalkasus für identisch.

[3]) Die dial. Komparative auf -*a* : *kumpa*, *parempa* 'besser' usw. sind vom starkstufigen Vokalstamm veranlaßte späte Formen.

[4]) Ojansuu: SUSA 30: 17 S. 13–16, Ravila: Vir. 1939 S. 107–112.

§ 23   Vokalveränderungen in nichterster Silbe

kommend' und *menevä* 'gehend' lautet (und nicht * *saapi*, * *menevi*) erklärt sich aus der überwältigenden Mehrzahl der paradigmatischen Formen mit lautgesetzlich erhaltenem *a*; die aus dem Paradigma herausgelöste 3. pers. sg. praes. behielt dagegen ihr lautgesetzliches *i* (*saapi*, *menevi*). – Über die Ausnahme *on* 'ist' << ?* *omi* < * *oma* s. § 63.

Da das Formans der Ordinalia -*s*: -*nte*-, obgleich nicht überzeugend, mit dem aufs Urfinnischugrische zurückgehenden denominalen Deminutivsuffix -*nta*, *ntä*- (z. B. in den Wörtern *emäntä* 'Hausfrau', *isäntä* 'Hausherr', *vihanta* 'grün, blühend', s. § 52.14) identifiziert worden ist, darf man vielleicht nach dem Obigen für die Ordinalia folgende Entwicklungsreihe ansetzen: -*s* < * -*nsi* < * -*nte* < * -*nta*, * -*ntä*, z. B. *kolmas* < *kolmansi* < * *kolmanti* < * *kolmante* < * *kolmanta*. Die Flexion wäre somit später *e*-stämmig geworden (nach dem Muster solcher Stämme wie *ponsi* : *ponnen* 'Stiel[knopf]'), im Unterschied zu den Verhältnissen beim Komparativ, wo der -*a*- resp. -*ä*-Stamm erhalten blieb[1]).

C) In bestimmten Flexionsformen und Suffixen von *a*-, *ä*- und *e*-Stämmen ist *i* < * *ei* meist schon im Urfinnischen entstanden (in den verschiedenen Fällen vielleicht zu verschiedener Zeit, wenigstens in vielen Formengruppen früher als der unter § 27E1 erwähnte Lautwandel *si* < * *ti*). Nomina: *lokki* 'Möwe' < * *lokkei*, *luokki* 'Kumtbogen' < * *luokkei*, *koppi* 'kleine Kammer, Zelle' < * *koppei*, *mökki* 'Hütte' < * *mökkei*, *punikki* 'die Rote' z. B. Kuh, auch 'der Rote' als Schimpfwort < * *puneikkei*, *kasvatti* 'Zögling' < * *kasvattei*, *elätti* 'Pflegekind' < * *elättei*, *uinti* 'das Schwimmen' < * *uintei*, *muisti* 'das Gedächtnis' < * *muistei*, *eri* 'verschieden' < * *erei*, *kudin* : *kutimen* 'Strickarbeit' nom. u. gen. < * *kuδeim* : * *kuteimen*, *kytkin* : *kytkimen* 'Kuppelung' nom. u. gen. < * *kytkeim* : * *kytkeimen*, *mustissa* (iness. pl. von *musta* 'schwarz') < * *musteissa*, *munilla* (adess. pl. von *muna* 'Ei') < * *muneilla*, *korvista* (elat. pl. von *korva* 'Ohr' oder *korpi* 'Bruchwald') < * *korveista*, *pesiä* (part. pl. von *pesä* 'Nest') < * *peseiδä*, *kiviksi* (transl. pl. von *kivi* 'Stein') < * *kiveikse*, *kuumin* (sup. von *kuuma* 'heiß') < * *kuumeim*, *kylmin* (sup. von *kylmä* 'kalt') < * *kylmeim*, *huhtikuu* 'April' < * *šukteikuṇe*, *metsikana* 'Waldhuhn' < * *metseikana*, *silmitön* 'blind („augenlos")' < * *silmeiťöim*, *lepikko* 'Erlenwald' < * *leppeikkoi*, *talviset* (nom. pl. zu *talvinen* 'winterlich') < * *talveiset* (< * *talveńťset*, s. § 21), *pilviset* (nom. pl. von *pilvinen* 'wolkig') < * *pilveiset* (< * *pilveńťset*); Verba: *poimia* 'pflücken' < * *poimeiδak*, *kuokkiva* 'hackend, schmarotzend' < * *kookkeiβa*, *pesinyt* 'eingenistet' < * *peseinyt*, *kukkimasta* (elat. zu inf. III von *kukkia* 'blühen') < * *kukkeimasta*, *juominen* 'das Trinken' < * *joomeinen*, *syöminen* 'das Essen' < * *söömeinen*, *tulisit* 'du würdest kommen' < * *tuleisit* (< * *tuleńśit*, s. § 21), *menisit* 'du würdest gehen' < * *meneisit* (< * *meneńśit*), (*juostiin* 'es wurde gelaufen' <) *juostihin* < * *joosteihen* (< * *jookšteiẑen*), (*päästiin* 'es wurde entschlüpft u. ä.' <) *päästihin* < * *päästeihen* (< * *pääšteiẑen*); Partikeln: *julki* 'offen, adv.' < * *julkei*-, *ilmi* 'sichtbar, klar' < * *ilmei*-, *yli* 'über' < * *ylei*-, *ääneti* 'lautlos' <

---

[1]) S. zuletzt Paavo Ravila: Vir. 1939 S. 107 f. – Er erklärt auf Grund des gleichen Übergangs *a > i* die lautlichen Probleme einiger finnischer Wörter. Vgl. E. Itkonen: Archiv f. vgl. Phonetik (Berlin) 5 S. 146, Lauri Posti: SUST 85 S. 51 f.

* *ääneťteik.* – Dieser Lautübergang von *i* < * *ei* ist vermutlich über langes *i* gegangen, so ist im Imperfekt und Konditional der *i*-stämmigen Verba gerade die Entstehung *i* < *ii* vorauszusetzen: *etsi* 'er suchte' < * *etsii*, *etsisi* < * *etsiisi* (< * *etsińśi*).

Von diesen *ei*-Diphthongen haben die, welche in Flexionsformen und Ableitungssuffixen von zweisilbigen *a*-Stämmen auftreten und deren Wortstamm in der ersten Silbe *o* oder *u* aufweist, spätestens im frühen Urfinnischen den Übergang * *ei* < *ai* erlitten; dagegen haben diejenigen, welche in Flexionsformen und Ableitungssuffixen von zweisilbigen *ä*-Stämmen auftreten, den Übergang * *ei* < *äi* erfahren[1]). Also z. B. *lokki* 'Möwe' < * *lokkei* < * *lokkai*, *munilla* (adess. pl. von *muna* 'Ei') < * *muneilla* < * *munailna*, *kuokkiva* 'hackend, schmarotzend' < * *kookkeiβa* < * *kookkaiβa*, *pesiä* 'nisten' < * *peseiδäk* < * *pesäiδäk*, *juominen* 'das Trinken' < * *joomeinen* < * *joomainen*, *metsikana* 'Waldhuhn' < * *metseikana* < * *metsäi*- usw. Solche Pluralformen wie *uusina* ess. pl. von *uusi* 'neu', *kynsiin* ill. pl. von *kynsi* 'Kralle', *kirkkokunsin* instr. pl. von *kirkkokunta* 'Pfarrei, Kirchgemeinde', *maakunsin* von *maakunta* 'Gouvernement', *pariskunsin* zu *pariskunta* 'das Ehepaar' (instr. pl.-Formen der Folklore) zeigen, daß der Wandel *i* < * *ei* zum mindesten in gewissen Fällen bereits vor der Entstehung von *si* < * *ti* (§ 27E1) stattgefunden hat; somit beruhen Formen wie *sotia*, *sotiin* (pro * *sosia*, * *sosiin*) part. resp. ill. pl. von *sota* 'Krieg' auf späterer Analogie, ebenso offenbar *tuotiin* (pro * *tuosiin*) praet. pass. von *tuoda* 'bringen', *lyötiin* 'wurde geschlagen' pro * *lyösiin*, *vetinen* 'wässerig' pro * *vesinen*, *uinti* 'das Schwimmen' pro * *uinsi*, *syönti* 'das Essen' pro * *syönsi* usw.[2]).

D) *o* < * *oi* in offenen Silben bereits urfinnisch, aber in geschlossenen Silben (von wo das *oi* später oft wieder auf offene Silben zurückgriff) erst in der finnischen Sonderentwicklung.

Nomina: *talo* 'Haus' < *taloi* (noch dial.), *eno* 'Mutterbruder' < *enoi*, *kanto* 'Baumstumpf' < * *kantoi*, *kuusikko* 'Fichtengehölz' < * *kuusikkoi* (< * *kuuseikkoi*), *heikko* 'schwach' < * *heikkoi*, *hevonen* 'Pferd' < *hevoinen*, *vihollinen* 'Feind' < *vihoillinen*, *avopää* 'barhäuptig' < *avoipää*, *aitovieri* 'Feldstreifen am Zaunrand' < *aitoivieri*, *osattoman* gen. sg. von *osaton* 'ohne Anteil' < * *osattoiman*, *onnettoman* gen. sg. von *onneton* 'unglücklich' < * *onnettoiman*, *osaton* 'ohne Anteil' < *osatoin*, *onneton* 'unglücklich' < *onnetoin*.

Verba: *pakottaa* 'zwingen' < *pakoittaa*, *erottaa* 'unterscheiden' < *eroittaa*, *lihoa* 'dick werden' < * *lihoiδak*, *eroan* 'ich scheide (aus)' < * *eroiδan*.

Über Tätigkeitsbezeichnungen, wie *kaato* 'das Fällen', *raato* 'Arbeit; Kadaver' *anto* 'das Geben', s. speziell § 24.

E) *o* vor erhaltenem oder geschwundenem *i* ist im Frühurfinnischen aus *a* entstanden (über *o* < * *oi* s. vor. Absatz D und über *i* < * *η* § 21).

Nomina: *sanoina* ess. pl. von *sana* 'Wort' < * *sanaina*, *jalkoja* part. pl. *jalka* 'Fuß' < * *jalkoiδa* < * *jalkaiδa*, *vastoin* 'gegen' < * *vastain*, *aitovieri* 'Feldstreifen am Zaun' < *aitoivieri* < * *aitaiveere*, *avopää* 'barhäuptig' <

---

[1]) Siehe Erkki Itkonen: Vir. 1942 S. 117 f., dtsch. Referat S. 205 f.
[2]) Über die Parallelformen *vastoin* ~ *vasten* 'gegen', *muutoin* ~ *muuten* 'sonst, übrigens' s. § 57.7.

avoipää < * *avaipäŋe*, *sanko* 'Eimer (mit Griff)' < *saŋkoi* < * *saŋkai*, *(puun) kanto* 'Baumstumpf' < * *kantoi* < * *kantai*.

Verba: *sanoa* 'sagen' < * *sanoiðak* < * *sanaiðak*, *eroan* 'ich scheide (aus)' < * *eroiðan* < * *eraiðan*, *sitoa* 'binden' < * *sitoiðak* < * *sitaiðak*, *haravoida* 'rechen' < * *šaravaiðak*, *ahavoidun* 'ich bekomme ein abgehärtetes Aussehen' < *ašavaiðum*.

Die jetzigen *ai*-Gruppen in unbetonten Silben sind somit sämtlich spät entstanden, z. B. *avain* 'Schlüssel' (zunächst * *avajin*), *varpaita* part. pl. von *varvas* 'Zehe' (< *varpahita*), *poikain* gen. pl. von *poika* 'Bursche, Knabe' (< *poikaen* < * *poikaðen*), *muurain* (analog. pro *muuran*, das ebenfalls vorkommt, 'Sumpfbrombeere'), *ottaisi* cond. von *ottaa* 'nehmen' < * *ottańśi*, *punaiset* 'rote' < * *punańtśet*.

Als analogische sind solche Formen der jetzigen Sprache anzusehen wie *sadin* : *satimen* 'Falle, nom. sg. u. gen. sg.' (pro * *sadoin* : * *satoimen*[1]), *kannin* : *kantimen* 'Tragriemen, Koppel u. a.' (vgl. noch dial. *kannoin* : *kantomen*); besonders zu erwähnen ist, daß der nom. sg. des Superlativs immer analogisches *-in* aufweist, selbst wenn vom Standpunkt der regelmäßigen Lautentwicklung *-oi* zu erwarten wäre: z. B. *ala* – *alin* 'unterster' (pro * *aloin*), *vanha* 'alt' : sup. *vanhin* (pro * *vanhoin*), *laiska* 'faul' : sup. *laiskin* (pro * *laiskoin*), *tarkka* 'genau' : *tarkin* (pro * *tarkoin*). Andererseits gibt es ebenfalls solche Formen wie *korvo* 'Zuber (mit zwei „Ohren")' von *korva* 'Ohr' (pro * *korvi*, vgl. dial. *korvee* < * *korvei*), *keitto* 'Suppe' (pro *keitti*), *peitto* 'Decke, Deckung' (pro * *peitti*), *luonto* 'Natur' (pro *luonti* oder * *luonsi*); so lautet denn auch das Imperf. von *heittää* 'werfen': *heitti* und nicht * *heittoi*).

In den Wörtern mit mehr als zwei Silben sind die Verhältnisse so verworren, daß die Entscheidung darüber, wann lautgesetzliche Entwicklung, wann Analogie vorliegt, sehr schwierig ausfällt: *katajia* oder *katajoita* part. pl. von *kataja* 'Wacholder', *tavaroita*, dial. *tavaria* (*tavara* 'Ware'), *mansikoita* (*mansikka* 'Erdbeere'), *mustikoita*, nie * *mustikkia* (*mustikka* 'Heidelbeere'), *kauheita*, selt. *kauheoita* (*kauhea* 'schrecklich'), *ompelijoita* (nicht * *ompelijia*) (*ompelija* 'Näherin'), *parantajia*, selt. *parantajoita* (*parantaja* 'der Heilende'); der Plural von Komparativ und Superlativ ist zu ein und demselben Typ erstarrt: *alempia* 'unterer' part. pl. (nicht * *alemmoita*), *vanhimpia* zu *vanhin* 'ältester' part. pl. (nicht * *vanhimmoita*).

F) Die Vokale *a, ä, o, ö, u, y* und *i* nach *h* in Flexions- oder Derivationssuffixen sämtlich < * *e* vor der Sonderentwicklung des Finnischen: *maahan* ill. sg. *maa* 'Erde, Boden' < * *maahen*, *päähän* (ill. sg. *pää* 'Kopf, Ende') < * *päähen*, *suohon* (*suo* 'Sumpf' ill. sg.) < * *soohen*, *työhön* (*työ* 'Arbeit') < * *tööhen*, *puuhun* (*puu* 'Baum') < * *puuhen*, *pyyhyn* (*pyy* 'Haselhuhn') < * *pyyhen*, *maihin* (*maa* 'Land' ill. pl.) < * *maihen*; (*varpaan* <) *varpahan* (*varvas*

---

[1] Einige Forscher halten es für möglich, daß die völlig lautgesetzliche Proportion lauten müßte * *sadoin* ~ *satamen*, ebenso *kannoin* ~ *kantamen* usw., vgl. in der alten finnischen Schriftsprache *hapoin* ~ *happamen* 'sauer' nom. u. gen. sg. Solche Paradigmen sind im allgemeinen wohl schon im Urfinnischen zu *o(i)*-Formen ausgeglichen worden. Siehe Rapola: Suomi IV: 17 S. 253 f., Vir. 1920 S. 59.

'Zehe' gen. sg.) < * *varpahen*, (*kirkkaan* <) *kirkkahan* (*kirkas* 'klar' gen.sg.) < * *kirkkahen*, (*mättään* <) *mättähän* (*mätäs* 'Erdhügelchen' gen. sg.) < * *mättähen*, (*rukiin* <) *rukihin* (*ruis* 'Roggen' gen. sg.) < * *rukihen*, (*valmiin* <) *valmihin* (*valmis* gen. sg.) < * *valmihen*, (*kalastaan* <) *kalastahan* (elat. sg. *kala* 'Fisch' + 3. poss.) < * *kalastahen*, (*kaloistaan* <) *kaloistahan* (elat. pl. *kala* + 3. poss.) < * *kaloistahen*, (*tultiin* <) *tultihin* (pass. praet. *tulla* 'kommen') < * *tultihen*, (*tulkoon* <) *tulkohon* (opt. *tulla*) < * *tulkohen*, (*tultaisiin* <) *tultaisihin* (cond. pass.) < * *tultaisihen*.

G) *ö* < *e* nach der urfinnischen Zeit infolge Labialvokal: *ylös* 'herauf' < *yles* (dial.), *tykönä* 'bei' < * *tykenä*.

H) *i* > *ji* während der finnischen Sonderentwicklung: *veli* 'Bruder' < * *velji* (gen. *veljen*, pl.-Stamm *velji*-), *väli* 'Zwischenraum' < * *välji* (demin. Ableitung von *väljä* 'weit und geräumig'), *neli*- < * *nelji*- (von *neljä* 'vier', z. B. *nelikko* 'Viertelmaß', *nelimiehinen* „viermännig" = 'aus vier Männern bestehend', *nelistää* 'galoppieren' („vierern"), *nelittäin* 'zu vieren'), *nurin* 'verkehrt' < * *nurjin* (von *nurja* 'verkehrt'), *kuhilas* 'Getreidehocke' < * *kuhjilas* (vgl. *kuhja* 'dass.'); -*lainen* (Adj.-Suff.): 'von der Art des vom Stammwort bezeichneten Gegenstandes' < -*lajinen* in: *sellainen* 'solch', *tällainen* 'solch', *millainen* 'was für ein', *jollainen* relat. Entsprechung zu 'solch', 'von welcher Art', *kaikenlainen* 'aller Art', *samanlainen* 'gleichartig' (s. § 53.18). Auch die Ansicht ist geäußert worden[1]), daß dieser *j*-Schwund lautgesetzlich in allen ursprünglichen *lji*- und *rji*-Gruppen zu erwarten ist. Dann wären solche modernen Formen wie *kuljin* (1. sg. praet. *kulkea* 'gehen'), *poljin* (*polkea* 'treten'), *syljin* (*sylkeä* 'spucken'), *särjin* (*särkeä* 'zerbrechen'), *kurjilla* (adess. pl. *kurki* 'Kranich'), *särjistä* (elat. pl. *särki* 'Rotauge'), *oljille* (allat. pl. *olki* 'Stroh'), *soljiksi* (transl. pl. *solki* 'Spange') usw. Analogiebildungen von entsprechenden Formen, in denen auf das *j* kein *i* folgt.

In einigen Wörtern ist heutiges *i* ebenfalls während der finnischen Sonderentwicklung aus *j*, das die folgende Silbe einleitet, durch Vokalisierung entstanden: *avulias* 'hilfreich' < *avuljas* (dial.), *häveliäs* 'schamhaft' < veralt. *häveljäs*, *sovelias* 'passend' < veralt. *soveljas*; *asia* 'Sache' < *asja* (dial.), *autio* 'öde' < * *autjo*, *haasia* 'Gestell zum Heutrocknen' < * *haasja*, *hartia* 'Schulter' < * *hartja*, *hipiä* '(Ober-) Haut' < * *hipjä*, *kallio* 'Fels' < * *kaljo*, *kavio* 'Huf' < * *kaßjo* < * *kapjo*, *lantio* 'Lende' < * *lantjo*, *lattia* 'Fußboden' < * *latja*, viell. auch *miniä* 'Schwiegertochter' < *minjä* (< * *miñä*). Viele unter diesen Wörtern sind germanische Lehnwörter. Ebenso ist es in dem Suffix der Bezeichnung des Täters von *e*-Stämmen ergangen, z. B. *menijä*, eig. *meniä* (so auch in der alten Schriftspr.; das *j* nach *i* ist rein orthographisch) < * *menjä*, *olija* 'der Seiende [meist in Zusammensetzungen mit Lokalkasus]' (*olia*) < * *olja*, *tekijä* 'Täter, Verfasser' *(tekiä)* < *tekjä, *tuntija* 'Kenner' (*tuntia*) < * *tuntja* usw. (s. § 55.4).

I) *i* < *e* im finnischen gen. pl. *honkain* (*honka* 'Föhre') < veralt. *honkaen* < * *hoŋkaðen*, *märkäin* (*märkä* 'feucht') < veralt. *märkäen* < * *märkäðen* usw. und instr. 2. inf. in Dial. u. Folkl.: *laulain* (*laulaa* 'singen') < *laulaen* < * *laulaðen*, dial. u. folkl. ebenfalls iness. 2. inf.: *lentäissä* (*lentää* 'fliegen') <

---

[1]) Setälä: ÄH 431.

lentäessä < * *lentäδessä, tultaissa* (*tulla* 'kommen', 2. inf. pass. iness.) < *tultaessa* < * *tultaδessa* u. a.

J) *-u-, -y-* im Suff. der reflexiven Verba (*kuul-u-n* 'ich werde gehört, man hört mich'), *kanta-u-*[*du-*]*n* 'ich werde getragen (nicht von einer Person, sondern von einer Naturkraft, z. B. Wind oder Wasser)', *väs-y-n* 'ich werde müde', *vetä-y-*[*dy-*]*n* 'ich ziehe mich (zurück, beiseite)', *kuiv-u-n* 'ich trockne aus', *yhd-y-n* 'ich vereinige mich mit . . .') dürfte im Späturfinnischen aus Kontraktion des frühurfinnischen Formans * *-v* mit dem vokalischen Stammesauslaut entstanden sein: * *-av-* > * *-au-* > * *-uu-* > *-u-*, * *-ev-* > * *-eu-* > * *-uu-* > *-u-*, * *-ev-* > * *-ey-* > * *-yy-* > *-y-* usw.[1]). Die *p*-Varianten desselben Formans *-pu-* und *-py-* (§ 65.7) dürften auf Grund des Stufenwechsels sekundär analogisch entstanden sein.

K) *e* < *je* während der finnischen Sonderentwicklung in *vaeltaa* < veralt. *vajeltaa*[2]).

24. Im unabgeleiteten Wortstamm dürften in nichterster Silbe ursprünglich von den Vokalen nur *a, ä* oder *e* aufgetreten sein. Alle übrigen Vokale, also *o, ö, u, y* und *i*, sind somit in zweiter und den folgenden Silben relativ späten Datums, Ergebnisse frühurfinnischer oder späterer Lautwandlungen oder sie gehören zu Derivations- und Flexionssuffixen oder sie sind erst durch dieselben entstanden[3]).

Der relativ jüngste Vokal in nichterster Silbe, der vermutlich erst nach der urfinnischen Periode auch in die Endungen eingedrungen ist, dürfte *ö* sein.

Im heutigen Finnisch tritt *u* oft neben *o* (< *a*) in Fällen wie *kaivo* 'Brunnen' ~ *kaivu*, 'das Graben, (dial.) Brunnen', *ketto* 'äußerste Haut' ~ *kettu*, *kielo* 'Maiglöckchen' ~ *kielu*, *makso* 'Zahlung' ~ *maksu*, *peso* 'Wäsche' ~ *pesu* usw. Als Erklärung wurde vorgebracht, daß es sich dabei um einen urfinnischen lautgesetzlichen Übergang von Auslaut-*o* > *-u* handle (vgl. Auslaut-*e > *-i* § 23A) und daß die jetzige Buntheit auf analogischem Ausgleich beruhe[4]).

Andrerseits sind für die Möglichkeit Gründe angeführt worden, daß *o* und *u* nebst *y* in deverbalen Nomina aus Kontraktion des Stammesauslautvokals mit dem frühurfinnischen Formans *v* (vgl. § 23J) lautgesetzlich hervorgegangen seien: * *av* > * *au* (? > * *ou*) > * *oo* > * *o*, (in hintervok. Wörtern) * *ev* > * *eu* > *uu* > *u*, (in vordervok. Wörtern) * *ev* > * *ey* > * *yy* > *y*, also: *palo* 'Feuersbrunst' << * *palav* (oder Vokalstamm * *palave-*), *luku* 'Lesen, Zahl' << * *luɣev* (oder Vokalstamm * *lukeve-*). Diesen hätte sich im Späturfinnischen das analogisch entstandene *ö* angeschlossen[5]).

25. Während der finnische Vokalbestand während der unserer Forschung zugänglichen Periode höchstens zwei Laute * *ẹ* und * *ị*, sofern diese überhaupt je wirklich existiert haben, verloren hat, ist auf dem Gebiete des Konsonantismus eine beträchtliche Verarmung zu konstatieren: außer

---

[1]) E. Itkonen: Scandinavica et Fenno-ugrica (Uppsala 1954) S. 183 f.
[2]) Rapola: SKH I S. 223.
[3]) Ravila: FUF 23 S. 60, 25 S. 24.
[4]) Ravila: Vir. 1937 S. 398 f.
[5]) E. Itkonen: Scandinavica et Fenno-ugrica (1954) S. 188.

den heutigen 13 Konsonanten sollen in dem Lautsystem der finnischugrischen Ursprache noch 15 weitere Konsonanten vertreten gewesen sein. Die Verminderung würde also über 53% betragen.

26. Von dem jetzigen Sprachzustand ausgehend sollen hier die Punkte vermerkt werden, in denen der finnische Konsonantismus nach dem heutigen Stand der Forschung nicht mehr den ursprünglichen Lautstand vertritt. Dieser Paragraph behandelt die Veränderungen des Anlautskonsonanten.

A) Die stimmlosen Klusile repräsentieren in einigen, wenn auch ganz seltenen Wörtern auch die entsprechenden stimmhaften Klusile des Urfinnischugrischen.

1) *k-* < **g-*: *kansa* 'Volk' incl. Postpos. *kanssa* 'mit', *kuoppa* 'Grube', *kynsi* 'Kralle'; 2) *t-* < **d-*: *tyvi* 'unteres Stammende'; 3) *p-* < **b-*: *paras* 'bester' (auch *parempi* 'besser', *parantaa* 'heilen' usw.), *perä* 'Hinterteil', *pieli* 'Pfosten'. Bemerkenswert sind 2 *t-* < **δ-*Fälle: *tuomi* 'prunus padus', *tymä* 'Leim' (heutiger Ausdruck hierfür das späte Lehnwort *liima*). Über einen Spirantenfall ähnlicher Art unten D3.

Derartige Beispiele gibt es jedoch nur so spärlich, daß sich mit ihnen nicht das Auftreten von stimmhaften *g, d, b* neben den stimmlosen *k, t, p* in der finnischugrischen Ursprache beweisen läßt. Auf jeden Fall ist es sicher, das das Urfinnische eine solche Lautreihe (*g, d, b*) nicht mehr gekannt hat, wie die baltischen und alten germanischen Lehnwörter beweisen, in denen diese Laute der Herkunftssprache im Urfinnischen durch *k, t, p* substituiert wurden.

B) Über die *k-* < **h-*Fälle, bei denen es sich nicht um Lautwandel, sondern um Lautsubstitution des germanischen *h* handelt (und zwar durch den urfinnischen Klusil *k*), s. unten D 2.Absatz. Der Laut *f* der Ausgangssprache ist durch *p* substituiert: *paasto* 'Fasten', *pesti* 'Pest', *porstua* '„Vorstube", Vorraum' (alle aus dem Schwedischen).

C) Heutiger unpalatalisierter (unmouillierter) Laut vertritt den entsprechenden palat. Laut der finnischugrischen Grundsprache: 1) *l-* < **ľ-*: *lykätä* 'schieben, stoßen'; 2) *n-* < **ń-*: *niellä* 'schlucken, verschlingen', *nuoli* 'Pfeil', *nuolla* 'lecken', *nurmi* 'Rasen'; 3) *s-* < **ś-*: *sarvi* 'Horn', *savi* 'Lehm, Ton', *silmä* 'Auge', *suoli* 'Darm', *suomus* 'Schuppe', *suu* 'Mund', *sydän* 'Herz', *sylki* 'Speichel'; 4) über 2 Fälle mit *t-* < **δ'* s. ob. A4. Die sub 2 und 3 erwähnten Wandlungen sind spätestens im Frühurfinnischen vor sich gegangen, offensichtlich aber erst, nachem die Beziehungen zwischen Ostseefinnen und Lappen abgebrochen waren.

D) *h* ist in allen Fällen spät entstanden. Im Frühurfinnischen nämlich 1) *h-* < **š-*: z. B. *haamu* 'gespensterhafte Erscheinung', *haapa* 'Espe', *halki* 'entzwei' (*haljeta* 'entzweigehen', *halko* 'Holzscheit' usw.), *hapan* 'sauer', *harva* 'undicht, selten', *hauta* 'Grab', *hieroa* 'massieren', *hiili* 'Kohle', *hiiri* 'Maus', *hiiva* 'Hefe', *hinta* 'Preis', *hioa* 'schleifen', *huhmar* 'Stampftrog, hölzerner Mörser', *huhta* 'Schwendenland', *hyvä* 'gut', (in balt. Lehnwörtern:) *halla* 'Bodenfrost, Nachtfrost', *hanhi* 'Gans', *harja* 'Bürste', *harmaa* 'grau', *heimo* 'Geschlecht, Stamm, Verwandte', *heinä* 'Heu', *hihna* 'Riemen', *hirvi* 'Hirsch', *härmä* 'Reif'; 2) *h-* < **ž-* auf jeden Fall in folgenden baltischen Lehnwörtern: *hako* 'abgehauener Zweig, Reisig', *haljakka* 'hellgrau', *hammas* 'Zahn', *herne* 'Erbse', *härkä* 'Ochse'; 3) *h-* < *ṯṣ*[1]), z. B. in den Wörtern *hanki* 'Schneekruste', *huosiain* 'Waschwedel, -wisch', *häntä* 'Schwanz'; 4) *h-* < *ʒ-* in *hän* Personalpron. 3. sg. *he* 3. pl.; 5) *h-* (vereinzelt prothetisch vor Vokal infolge von *h* nach dem Vokal), *haahka* '(Vogel nach Art der) Eidergans' < *ahka* (dial.), * *aahka* (< * *aaška*), *hiha* 'Ärmel' (< * *iša*).

Bei der Übernahme der ältesten germanischen Lehnwörter, d. h. um Christi Geburt, besaß das Urfinnische offenbar noch kein *h*, da das germanische *h* durch *k* substituiert wurde: *kallio* 'Fels' < * *halljoo-*, *kana* 'Huhn' < * *hana*, *kaura* (*kakra*) 'Hafer' < * *hagra-* usw.

E) *s-* vertritt außer ursprachlichem * *s* und * *š* (über dieses s. ob. sub C) auch Affrikate und in gewissen Fällen * *t*. Im Frühurfinnischen ging nämlich vor sich: 1) *s-* < * *tš-* (*tś-*), z. B. in *sirkka* 'Grille', *solmu* 'Knoten', *sonni* 'Stier', *sukkela* 'schlagfertig', *syylä* 'Warze'; 2) *s-* < * *t-* in gewissen Wörtern vor *i*, z. B. *sika* 'Schwein', *silta* 'Brücke' (balt. Lehnwort), *sinä* (s. § 20), *syvä* 'tief' (< * *sivä* < * *tivä*).

F) *v-* 1) im Frühurfinnischen prothetisch vor Labialvokal, wenigstens in den baltischen Lehnwörtern *vuohi* 'Ziege', *vuona* 'Lamm' und *vuota* 'rohe Pferde- o. Rinderhaut' (deren Original war also ohne *v*) sowie in den finnischugrischen Wörtern *vuo* 'Strömung, Fluß(bett)' (Ableitungen davon *vuolas* 'reichlich fließend', *vuotaa* 'lecken, fließen', vgl. das ohne *v* erhaltene Derivativum *uoma* 'das Tälchen', s. § 52.11) und *vuosi*[2]), deren entferntere finnischugrische Entsprechungen vokalisch anlauten;

2) *v-* ersetzt *f-* der Herkunftssprache in folgenden jungen Lehnwörtern: *vaara* < schwed. *fara* 'Gefahr' (*vaara* 'bewaldeter Hügel o. Berg' ist selbstverständlich ein anderes Wort), *vanki* 'Gefangener', *viikuna* 'Feige', *viila* 'Feile', *vormu* 'Uniform', *vuori* (gen. *vuorin* 'Futter') < schwed. *foder* (*vuori*, gen. *vuoren* 'Berg' ist natürlich davon verschieden).

27. Konsonantenveränderungen im Wortinnern und am Wortende (der Stufenwechsel wird im folgenden Paragraphen behandelt).

A) *t* geht 1) auf die vor der finnischen Sonderentwicklung liegende Affrikate * *tš*, zum mindesten in folgenden Wörtern, zurück: *etäinen* 'fernliegend' (natürlich auch in anderen Ableitungen von *etä-* 'fern-'), *kataja* 'Wacholder', *kateus* 'Neid' (und in den starkstufigen Beugungsformen von *kade* 'Neid'), *keto* 'Grasland', *kevät* 'Frühling', *kietoa* '(ein)wickeln', *kiteet* (und in den übrigen starkstufigen Formen von *kide*) 'Schneeflocke, Kristall', *kitua* 'kränkeln, kärglich leben', *kuitu* 'Faser', *kyteä* 'glimmen', *mätä* 'verfault, Fäule', dial. *neiti* 'Feuchtigkeit', *otava* 'Großer Bär, Lachsnetz', *paatua* 'verstockt werden', *potea* 'krank sein', *putoaa* 'er fällt', *puutua* 'verholzen, steif o. gefühllos werden', *päteä* 'tauglich sein', *sataa* 'regnen', *sato* 'Ernte', *setä* 'Onkel, Vaterbruder', *säteet* 'die Strahlen' (ebenso in den anderen

---

[1]) Die (mit Punkt darunter markierten) kakuminalen Laute unterscheiden sich durch ihre Artikulation (mit weit zurückgebogener Zungenspitze) mit größter Deutlichkeit von den mouillierten (palatalen) Lauten (durch kleinen Beistrich markiert).

[2]) Über das Wort *vuosi* 'Jahr' Toivonen: Suomi 101 S. 267 f.

starkstufigen Formen dieses Wortes), *vaatia* 'fordern', *viti* 'Neuschnee', *haahtena* (ess. sg. von *haaksi* 'Schiff' und die übrigen *t*-Formen des Wortes), *häntä* 'Schwanz', *kunto* 'Tauglichkeit', *kuontua* 'genesen', *kyntenä* (ess. sg. von *kynsi* 'Klaue' und die übrigen t-Formen), *kyntää* 'pflügen', *kääntää* 'wenden', *vanteet* (nom. pl. von *vanne* 'Faßreifen' und die übrigen starkstufigen Formen dieses Wortes), *katkaista* (*katketa* usw.) 'abbrechen', *katku* 'Brandgeruch' (*katkera* 'bitter' usw.), *kitkeä* 'jäten', *pitkä* 'lang', *putkahtaa* 'plötzl. hervorsprossen o. hervorschießen u. ä.', *putki* 'hohler Stengel, Röhre', *vatkata* 'schmeißen'; auch *d* vertritt bisweilen frühere Affrikate * *t͡s*, z. B. in *odottaa* 'warten' sowie in der für *kynnys* 'Schwelle' anzusetzenden Ausgangsform * *kyndys* (s. § 28A2);

2) *t* geht auf die frühere erste Komponente * *t* der Affrikate * *t͡s* in vielen heutigen *ts*-Vertretungen zurück: *itse* 'selbst', *kammitsa* 'Fußeisen, Fessel, Sprungriemen', *karitsa* 'Lamm', *kutsua* 'einladen, nennen', *loitsia* 'zaubern', *metso* 'Auerhahn', *seitsemän* 'sieben', *vatsa* 'Magen', *viitsiä* 'der Mühe wert halten, etwas zu tun', ebenso in der Prolativ-Endung *-tse*' (< -*t͡tsek*): *ylitse*' 'drüber hinweg', *meritse*' 'zur See', 'auf dem Seewege', *maitse*' 'zu Lande, 'auf dem Landwege' usw.;

3) *t* geht auf * δ zurück, zumindest in folgenden Wörtern: *kutoa* 'weben, stricken', *nitoa* 'binden', *pato* 'Damm', *täyte-* (Stamm von *täysi* 'voll', hierzu auch *täytyä* 'müssen', eig. 'sich (er)füllen'), *uutime-* (Vokalstamm zu *uudin* 'Bettvorhang'), *vuote-* (Vokalstamm von *vuosi* 'Jahr'), *ytime-* (*ydin* 'Mark'); eine besondere Stellung nimmt der alte δ-Repräsentant *sydän* 'Herz' ein (gen. *sydämen*). Hier tritt auch im Beginn von offener Silbe *d* an Stelle von zu erwartendem *t* auf, weil an Stelle von schriftsprachlichem einfachem *m* in der Verkehrssprache geminiertes *m* wie in sehr vielen Dialekten (vgl. *syrämmen, sylämmen, syvämmen*) gesprochen wird, also *sydämmen, sydämmessä* usw. So geriet der aus * δ entstandene Laut stets nur in den Anfang von geschlossener Silbe und *d* wurde so zu seinem einzig berechtigten Nachfolger. Jedoch ist das geminierte *m* etymologisch nicht berechtigt, und so weist die Schriftsprache nur einfaches *m* auf unter (inkonsequenter) Beibehaltung des *d* auch im Beginn von offener Silbe (s. § 28A2)[1];

3a) *t* geht auf mouilliertes * δ' zurück, jedenfalls in den Wörtern *katoan* 'ich verschwinde', *kutea* 'laichen', *syte-* (*sysi* 'Schmiedekohle'), *uute-* (*uusi* 'neu');

4) *t* geht auf *-nt-* in dem Suffix des part. sg. der Ordinalia zurück: *kolmatta* < * *kolmantta* (part. sg. von *kolmas* 'dritter') usw. sowie in einigen Einzelwörtern: *kattaa* 'decken' (davon *katto* 'Decke, Dach' usw.) < * *kanttaδak* (vgl. *kansi* 'Deckel'), *tuta* 'kennen' (davon *tuttava* 'Bekannter', *tuttu* 'bekannt' usw.) < * *tunĭtak* (vgl. *tuntea* 'kennen'), *kitsas* 'knickerig' < * *kintsas*, *otsa* 'Stirn' < * *ontsa*, *patsas* 'Standbild' < * *pantsas*.

B) Der Schlußhauch oder Auslautsverschluß, früher irreführend 'Aspiration' genannt, ist jünger als die auf das Urfinnische zurückreichenden Laute und weist verschiedenerlei Ursprung auf:

1) ' < *-k* in folgenden Wort- und Formengruppen: *este*' 'Hindernis', *kaste*' 'Taufe', *piste*' 'Punkt', *side*' 'Band'; *saada*' 'bekommen', *lyödä*' 'schlagen',

---

[1] Über das Wort *sydän* s. zuletzt Ravila: FUF 24 S. 47.

§ 27   Konsonantenveränderungen im Innern und am Ende des Wortes   31

maata' 'ruhen, liegen', *hakata*' 'hauen, schlagen', *olla*' 'sein, esse'; *tee*' Imperativ: 'tu', *ole*' 'sei', *pysähdy*' 'halt an', *hakkaa*' 'schlag zu' (insbes. mit nachfolgendem *päälle* 'drauf', davon 'Hakapelit' [Übers.]), *syö*' 'iß'; *ei tee*' 'er tut nicht', *ei ole*' 'ist nicht', *ei pysähdy*' 'hält nicht an', *ei hakkaa*' 'er schlägt nicht', *älä syö*' 'iß nicht', *älä kaada*' 'fälle nicht'; *ei maata*' 'es wird nicht geruht', *ei tehdä*' 'es wird nicht getan', *ei hakata*' 'es wird nicht geschlagen', *ei olla*' negiertes pass. praes. von 'sein'; *saamme*' 'wir bekommen', *syömme*' 'wir essen', *olette*' 'ihr seid', *viette*' 'ihr schafft fort'; *puumme*' 'unser Baum, unsere Bäume', *kalanne*' 'euer Fisch, eure Fische', *maansa*' 'sein Land, seine Länder, ihr (pl.) Land, ihre Länder', entsprechend von *pää* 'Kopf' und *poika* 'Junge, Bursche, Sohn': *päänsä*', *poikansa*'; *alitse*' 'unten drunter weg', *ylitse*' (entspr. von *yli* 'über'), *maitse*' 'zu Lande', *luo*' 'hin zu', *taa*' 'hinter (wohin)', *sinne*' 'dorthin', *tänne*' 'hierher', *minne*' 'wohin', *alemma*' 'mehr nach unten', *ylemmä*' 'mehr nach oben, höher hinauf', *peremmä*' 'weiter hinter', *kahtia*' 'in zwei Teile', *yhä*' 'immer noch, noch mehr', *kotia*' 'nach Hause' (= *kotiin*);

2) ' < *-h* in gewissen Nomina, z. B. *ahne*' 'gierig', *eine*' 'Morgenimbiß', *halme*' 'Schwendenland, Brachfeld', *hame*' 'Kleid', *herne*' 'Erbse', *huone*' 'Zimmer', *kiiru*' 'Eile' < *kiiruh* (noch dial.), *vene*' 'Boot' (weitere Beispiele § 52.1a); *ori*' 'Hengst'; gesondert für sich seien solche Fälle angeführt wie *murhe*' 'Trauer' < *mureh*, *perhe*' 'Familie' < *pereh*, *vaihe*' 'Phase' < *vajeh*, *valhe*' 'Lüge' < *valeh*, *venhe*' 'Boot' < *veneh*, in denen das ursprüngliche Auslauts-*h* durch Metathese ins Wortinnere geraten ist. Trotzdem enden diese Wörter nicht auf Vokal, sondern mit dem analogischen Auslautsverschluß oder Schlußhauch (eine Ausnahme bildet jedoch *orhi* 'Hengst', das tatsächlich auf Vokal ausgeht); über den Ursprung dieses *h* s. unten F2);

3) ' < *-t*: *kolme*' 'drei' < *kolmet* (noch dial.; urspr. viell. nom. pl.); *me*' 'wir' (< *met o. viell. *mek), *te*' 'ihr' pers.-pron. 2. pl. (< *tet o. viell. *tek), *he*' 'sie' 3. pl. f. Personen (< *het o. viell. *hek);

4) ' < *-n* in der Allativ-Endung: *maalle*', *päälle*', *suolle*', *kalalle*' (*maa* 'Land', *pää* 'Kopf', *suo* 'Sumpf', *kala* 'Fisch'); hier ist besser gesagt eine analogische Angleichung an die ursprünglichen, auf -*k* ausgehenden Nomina erfolgt und kein Lautwandel; freilich kann der Allativ vielleicht auch teilweise ursprünglich *k*-Auslaut gehabt haben.

Der Schlußhauch ist in der modernen Umgangssprache kein Laut; in den obigen Beispielen (und bei Bedarf auch sonst in diesem Buche) hat sein Zeichen ' nur etymologische und keinerlei phonetische Bedeutung. Aber statt des 'Hauches' kann, besonders bei sorgfältiger Aussprache und bei Sprechern aus bestimmten Dialektgebieten, ein Kehlkopfklusil oder wenigstens eine Art Kehlkopfverschluß resp. Stimmbänderverengung in dem Fall eintreten, daß unmittelbar vokalischer Anlaut darauf folgt, z. B.: *tule*ˀ *itse* 'komm selbst', bisweilen sogar geminiert: *tule*ˀ ˀ*itse*. Folgt dagegen im selben Sprechtakt unmittelbar ein konsonantisch anlautendes Wort, so wird auch bei normaler Aussprache – jedoch nicht mehr in allen Fällen, in denen ein Fortsetzer des Schlußhauches etymologisch zu erwarten wäre – der folgende Konsonant als Geminate, an deren (gewöhnlich kurze) erste Komponente der Schlußhauch sich assimiliert hat, gesprochen: *tule*p̆ *pois* 'komm, los!' (wörtl. 'komm weg'), *osake*p̆*pankki* 'Aktienbank'; beachte auch folgenden Reim in einem modernen Gedicht: *„älä oveeni lyö sä.* | *En kolkutteluusi* | *minä herää yössä"* (Kaarlo Sarkia) '„Schlage (= klopfe) nicht an meine Tür. | Auf dein Geklopfe hin | wache ich nicht auf in der Nacht'": also bildet der Schlußhauch von *lyö* 'schlage' mit dem Anlaut von *sä* (= *sinä* 'du') ein geminiertes *s* wie in *yössä* 'in der Nacht' [Erläuterung des Übers.]. Bisweilen wiederum findet sich statt der zu erwartenden Fortsetzung des Schlußhauches vollständiger Schwund, z. B. in den Personalpronomina *me, te, he* ('wir, ihr, sie'), in der 1. u. 2. pl. der Verba (*saamme* 'wir bekommen', *saatte* 'ihr bekommt') sowie im Auslaut der Possessiv-Suffixe der 3. Pers. Sg. und Pl. *-nsa, -nsä*, der 1. Pers. Pl. *-mme* und der 2. Pl. *-nne*. Aber bisweilen ist auch hier dieselbe Vertretung hörbar wie in den oben angeführten Fällen.

C) Wortauslautendes *-n* < * *m* im Frühurfinnischen (doch vermutlich erst nach Auflösung des ostseefinnisch-lappischen Zusammenhanges):

1) in der 1. sg. der Verba: *saan* 'ich bekomme', *tein* 'ich tat', *ostanen* 'ich dürfte kaufen' (pot.), *menisin* 'ich würde gehen' (cond.);

2) in der 3. sg. von *olla* 'sein, esse': *on* < * *om* (s. § 63A);

3) im acc. sg. (heute = gen. sg.) '(er bekam) einen Fisch': *kalan*, '(er kaufte) ein Messer' *veitsen*; (von *kala* 'Fisch', *veitsi* 'Messer');

4) im Superlativformans nom. sg. *alin* 'unterst', *ylin* 'oberst', *vanhin* 'ältest';

5) im nom. sg. der Nomina auf *-n* ~ *-me-*: *eläin* 'Tier', *kulkija(i)n* 'der Wanderer', *läksijä(i)n* 'Insaß', *kasvain* 'Gewächs', *sadin* 'Falle', *avain* 'Schlüssel', *viskain* 'Schöpfkelle, Wurfschaufel', *ydin* 'Mark', *sydän* 'Herz', *muudan* 'ein gewisser' u. a.; auch in den Wörtern *seitsen* 'sieben' (gen. sg. [und heutiger nom. sg.] *seitsemän*), *vasen* 'der linke' (gen. sg. *vasemman*); s. § 52.11;

6) in den Zahlwörtern *kahdeksan* '8', *yhdeksän* '9'[1]).

n < * *ń* ebenfalls im Frühurfinnischen (und wohl auch nach Trennung von den Lappen) zum mindesten in einigen Einzelwörtern: *kyynel* 'Träne', *kyynärä* 'Elle' (*kyynärpää* 'Ellbogen' usw.; s. ob. § 22B), *miniä* 'Schwiegertochter' (< * *mińä*).

D) Im Wortinnern *l* < * *ľ* spätestens im Frühurfinnischen in Einzelwörtern: *kalvo* 'dünne Haut', *kulma* 'Ecke, Winkel' (urspr. nur *silmä-kulma* 'Augenwinkel'), dial. *salo* in *tuohi on salollaan* = 'die Birkenrinde löst sich leicht ab', also *salo* = 'Zustand des leichten Sichablösens' (das Wort *salo* 'Ödland, Insel' ist fernzuhalten).

E) Vorläufer des *s* war vor der finnischen Sonderentwicklung irgendein anderer Laut oder eine Lautverbindung in folgenden Fällen:

1) *s(i)* < * *t(i)*, wenn an Stelle von *s* in den anderen Formen desselben Paradigmas oder in den etymologischen Entsprechungen des Wortes in den anderen Sprachen *t* angetroffen wird; z. B. *kuusi* (gen. *kuuden*) 'sechs', *käsi* 'Hand', *uusi* 'neu' (*t* ist hier sekundär, s. ob. § 27A4), *vesi* 'Wasser', *kaksi* 'zwei', *kynsi* 'Kralle', *varsi* 'Schaft', *viipsinpuu* 'Haspel', *kärsiä* 'leiden', *morsian* 'Braut', *kaasi* 3. praet. von *kaataa* 'ausgießen, fällen', *huusi* (*huutaa* 'rufen'), *löysi* (*löytää* 'finden'), *kiilsi* (*kiiltää* 'glänzen' [z. B. blankgeputztes Metall]), *puhalsi* (*puhaltaa* 'blasen'), *lensi* (*lentää* 'fliegen'), *mursi* (*murtaa* 'brechen'), *vastasi* (*vastata* 'antworten'), *heräsi* (*herätä* 'erwachen'), (*sinun*) *kalasi* 'dein

---

[1]) Über diese Zahlwörter s. jedoch auch Björn Collinder: Vir. 1953 S. 92 f.

Fisch', *työsi* 'deine Arbeit'; man sollte auch * *mensiin* pro *mentiin* „es wurde gegangen" = 'man ging', * *tulsiin* pro *tultiin* 'man kam', * *viesiin* pro *vietiin* 'man schaffte fort' erwarten (sämtl. unpers. pass. praet. von *mennä* 'gehen', *tulla* 'kommen', *viedä* 'fortschaffen'), aber die Analogie hat hier überall das *t* restituiert;

besonders zu erwähnen sind die Eigentumsabstrakte und Ordinalia, bei denen von dem *i* nach dem *s* in der modernen Schriftsprache keine Spur mehr vorhanden ist (§ 23A): *vanhuus* 'das Alter' (< *vanhus* < *vanhusi*), *nuoruus* 'Jugend(zeit)' (< *nuorus* < *nuorusi*), *kolmas* 'dritter' (<< *kolmansi*), *neljäs* 'vierter' (<< *neljänsi*);

2) *s* < * *ks* beim Konsonantstamm von Nomina und Verba, deren Vokalstamm auf -*kse*- ausgeht: *aidas* 'Zaunspfahl', *jalas* 'Schlittenkufe', *kannas* 'Landenge', *kidus* 'Kieme', *lurjus* 'Lump', *sormus* '(Finger)Ring', *otus* 'Wildbret', *veljes* 'Mitbruder (sozusagen der Singular zu „Gebrüder")'; *usta* part. sg. zu *uksi* 'Tür', *susta* part. sg. von *suksi* 'Schneeschuh, Schi' (heute lautet part. sg. gew. *suksea*); *juosta* 'laufen' (*juossut* part. praet. act., *juostaan* pass. praes., *juostu* part. praet. pass. usw.), *piestä* 'peitschen' (praes. *pieksen*), *syöstä* 'stürzen', praes. *syöksen*; nach einigen Forschern -*s* < * -*kse* auch in solchen Lativadverbien wie *alas* 'hinunter', *ylös* 'hinauf', *ulos* 'hinaus', *pois* 'weg', *kauas* 'weithin', *kauemmas* 'weiter hin', *lähes* 'beinahe', 'nahezu' („in die Nähe", „nahehin"), *lähemmäs* 'näher heran', *myös* 'auch' [eig. resp. etymol. „in die nachgebende, sich anpassende Lage oder Richtung"], *taas* 'wiederum' („nach hinten [umkehrend]"), *siis* 'somit' (zu *se* 'es, das'), *jos* 'wenn' (s. § 23A3). Es ist jedoch noch ungewiß, ob hier wirklich -*s* < * -*kse* vorliegt.

3) *s* < * *ts* (< * *tś* ~ * *tš*) im Konsonantenstamm der Nomina und Verba, deren Vokalstamm auf -*tse*- ausgeht: *veistä* part. sg. von *veitsi* (gen. *veitsen*) 'Messer'; *punaista* part. sg., *punaisten* gen. pl. usw.; nach dem Muster solcher Formen ist *s* auch in die vokalstämmigen Formen eingedrungen: *punaise-* usw., früher * *punaitse-* (zu *punainen* 'rot'); *hevosta* part. sg., *hevosten* gen. pl. [zu *hevonen* 'Pferd']. Nach dem Muster dieser beiden und entsprechend gebildeter Kasus später auch *hevose-* statt früherem vokalstämmigen * *hevoitse-*; *veistää* 'schnitzen', *suistaa* 'zäumen' [zu *suitset* 'Gebiß'], *potkaista* 'treten' (auch *potkaissut* part. praet. act., *potkaistaan* pass. praes. [unpers.], *potkaistu* part. praet. pass. usw.). Nach dem Muster dieser Formen ist *s* auch in die vokalstämmigen Formen übergetreten: *potkaise-* usw. statt früherem * *potkaitse-*; *katkaista* 'abbrechen', analog. *katkaisee* usw. pro * *katkaitsee*, *kiskaista* 'losreißen', analog. *kiskaisee* pro * *kiskaitsee* usw.; *napista* 'murren', *vapista* 'zittern' (auch *napissut* part. praet. act., *vapistiin* pass. praet. usw., analog. danach *napisivat* 3. pl. praet., früher lautete die entsprechende Form *napitsit* 'sie murrten', *vapisee* 'er zittert', veralt. *vapitsee*). Gesondert müssen folgende einzelstehende Beispiele genannt werden: *jousi* '(Schieß-)Bogen' < * *joutse*, *kansa* 'Volk' < * *kantsa*, *lypsää* 'melken' < * *lyptsä-*, *tylsä* 'stumpf' < * *tyltsä*; ganz spät ist *s* < *ts* im Ortsnamen *Seiskari* < dial. *Seitskari* (~ *Seitskaarto*) < * *Seitsenkari* 'Siebenschäre';

4) *s* < * *tś* (oder * *tš*) jedenfalls in den Wörtern *askel* 'Schritt', *isä* 'Vater', *iso* 'groß', *kasa* (dial.) 'Spitze, Ecke', *kaski* 'Schwende', *konsa* 'als', *laakso* 'Tal', *lämsä* 'Zugriemen, Lasso', *masentaa* 'niederdrücken, zerschmettern',

osata 'können' (auch *osoittaa* 'zeigen', *osua* 'treffen [beim Schießen o. Raten] usw.), *otsa* 'Stirn', *pusertaa* 'drücken, pressen', *ruskea* 'braun', *seisoa* 'stehen', *sisko* 'Schwester', *sorsa* 'Ente', *(kala-)sääksi* o. *-sääski* 'Fischreiher', *viskata* 'schleudern' sowie in dem Nominalformans *-ise-*: *naiset* pl. von *nainen* 'Frau', *hevoset* 'Pferde', *punaiset* 'rote' usw. (vgl. ob. E)3);

5) *s* < *š* a) im Frequentativ-Suffix *-sk-* (s. § 65.11): *istuskella* zu *istua* 'sitzen', *oleskella* 'sich aufhalten' zu *olla* 'sein', 'esse', *pureskella* 'kauen' zu *purra* 'beißen', *käyskennellä* 'hin und her gehen' zu *käydä* 'gehen', *teeskennellä* 'heucheln [„so tun als ob"]' zu *tehdä* 'tun', usw.;

b) in der Prolativ-Endung *-tse'*: *alitse'* 'unten drunter weg', *ohitse'* 'an der Seite vorbei', *meritse'* 'zur See' usw. (§ 48A);

c) jedenfalls in folgenden Einzelbeispielen: *asema* 'Lage, Stellung', *asettaa*, 'setzen, stellen, legen', *asua* 'wohnen', *kiskoa* 'reißen', *lapsi* 'Kind', *koski* 'Stromschnelle', *syksy (syys)* 'Herbst', *sääski* 'Mücke', *vasara* 'Hammer', *vaski* 'Kupfer, Erz'; (in der zweiten Komponente von *ts*) *itse* 'selbst', *kammitsa* 'Fußfessel, Sprungriemen', *karitsa* 'Lamm', *kutsua* 'herbeirufen, nennen, einladen', *loitsia* 'zaubern', *metso* 'Auerhahn', *seitsemän* 'sieben', *vatsa* 'Bauch, Magen', *viitsiä* 'etwas der Mühe wert halten zu tun';

6) *s* < *ps* im Konsonantstamm neben dem Vokalstamm *pse-*: *lasten* gen. pl., *lasta* part. sg. zu *lapsi* 'Kind' (gen. sg. *lapsen*), *kystä* part. sg. zu *kypsi* (gen. *-en*) 'reif, gar', *hasta* zu *hapsi* 'Haar'.

F) Der Laut *h* im Wortinnern ist in allen Stellungen sekundär, unter 1–3 jedoch bereits aus dem Frühurfinnischen und unter 4–5 etwas später als urfinn.

1) *h* < *χ*, wenn an Stelle von *h* in den übrigen Formen des Paradigmas oder in den etymologischen Entsprechungen des Morphems in anderen Sprachen *s* oder *χ* auftritt: *lähellä* 'nahe, bei' (vgl. *läsnä* 'zugegen'), *miehet* 'die Männer' (*mies* 'der Mann'), (*varpaat* 'die Zehen' <) *varpahat* (vgl. *varvas* 'die Zehe'), (*kirveen* gen. sg. <) *kirvehen* (vgl. *kirves* 'die Axt'), (*rukiin* gen. sg. <) *rukihin* (vgl. *ruis* 'Roggen'), (*kalliin* gen. sg. <) *kallihin* (vgl. *kallis* 'teuer'); beachte auch folgende Metathese-Fälle (die den ob. B2) erwähnten vergleichbar sind): *parhaan* < *parahan* (> *paraan* gen. sg. zu *paras* 'bester') und *varhain* < *varahin* (> *varain* instr. pl.; vgl. dial. *varas* 'frühzeitig') sowie *alhainen* 'niedrig' < *alahinen*, *alhaalla* 'unten' < *alahalla* und *ylhäinen* 'erhaben, vornehm' < *ylähinen*, *ylhäällä* 'oben' < *ylähällä* (über das *h* dieser *lh-*Formen s. § 53.1); *maahan* 'zu Boden' (< *maahen* s. ob. § 23F), *puuhun* 'auf den Baum' (< *puuhen*), *näihin* ill. pl. von *nämä* nom. pl. 'diese [Dinge]' (< *näihen*); (*maataan* pass. praes. von *maata* 'ruhen' <) *maatahan* (< *maatahen*), (*töitään* part. pl. von *työ* 'Arbeit' + 3. sg. o. pl. poss. <) *töitähän* (< *töitähen*); *onkohan* 'ist wohl?', *näinköhän* 'so?'; (*menköön* 'er möge gehen' <) *menköhön*, (*tultakoon* 'man möge kommen' opt. pass. <) *tultakohon* (< *tultakohen*); (*saatiin* 'es wurde bekommen' <) *saatihin* (< *saatihen*), (*juostaneen* 'es dürfte gelaufen werden' pot. pass. <) *juostanehen*.

Besonders seien folgende Lehnwörter genannt: *ihra* 'Speck' (dial. *itra*) < altskand. *ístra* und *ahrain* 'Fischgabel' (dial. *atrain*) < russ. *ostroga*[1]), *kihla* < germ. **gisla*[1]);

---

[1]) Paasonen: Vir. 1917 S. 66 f., 111 f.; Setälä: ibid. S. 89 f.

§ 27   Konsonantenveränderungen im Innern und am Ende des Wortes   35

2) *h* < *ʃ im Suffix *-ht-* der Momentanverba: *laulahtaa* zu *laulaa* 'singen', usw.; außerdem z. B. in folgenden Einzelwörtern: *ahkio* 'Lappenschlitten, schlechter Schlitten', *ahven* 'Barsch', *ehtiä* 'zur rechten Zeit hinkommen', *haahka* 'Eidergans' (dial. *ahka*, * *aahka* < * *aaška*), *hiha* 'Ärmel' < * *iša*, *ihminen* 'Mensch' (< veralt. *inhiminen* < * *inši-*[1])), *iho* 'Haut', *jauhaa* 'mahlen', *kehrä* 'Spindelrolle' (auch *kehrätä* 'spinnen' usw., dial. *keträ* < * *kešträ* [s. Anmerkung Paasonen u. Setälä]), *laho* 'morsch' (urspr. * *lahko* < * *laško*), *lehmä* 'Kuh', *lehti* 'Blatt', *liha* 'Fleisch', *mahtaa* 'vermögen, mögen', *mehiläinen* 'Biene', *ohra* 'Gerste', *ohut* 'dünn', *paahtaa* 'rösten', *pihti* 'Zange', *pohja* 'Grund, Boden, Norden' (auch *pohjoinen* 'nördlich' usw.), *pohje* 'Wade', *pyhä* 'heilig', *pähkinä* 'Nuß', *riihi* 'Darrscheune', *tohtia* 'sich erlauben', *tähti* 'Stern' (auch instr. sg. als postp. *tähden* 'wegen', *tähdätä* 'zielen' usw.), *vaahtera* 'Ahorn', *vanha* 'alt', *viha* 'Haß' (auch *vihanta* 'üppig wachsend, grünend', *vihreä* 'grün' usw.), (in balt. Lehnwörtern:) *hanhi* 'Gans' (< * *šanše*), *laiha* (ʃ<* *laiša*), *luhta* 'Flußwiese, nasse Wiese', *tyhjä* 'leer', *vaha* 'Wachs'; ebenso geht in *ahne* 'habgierig' < *ahneh*, *eine* 'Morgenkost' < *eineh*, *laine* 'Welle' < *laineh*, *ori* 'Hengst' ~ *orhi* (s. ob. B2), *perhe* 'Familie' < *pereh*, *venhe* 'Boot' < *veneh* u. a. Wörtern das ursprüngliche Auslaut-*h*, dem heute der Auslautsverschluß, falls dieser überhaupt noch angedeutet wird, entspricht, auf früheres *ʃ zurück (§ 52.1);

3) *h* < * *tʃ*[2]), z. B. in den Wörtern *aho* 'öde gelassener, geschwendeter Boden', *kaha* (u. a. Vogelfangvorrichtung), *kaihi* 'Star (Augenkrankheit)', *kehlo* 'Milchbütte', *kehä* 'Rahmen', *lauha* 'mild, feucht', *nahkea* 'feucht (vom Holz), lederartig', *piha* 'Hof', *puhki* 'quer durch' (*puhjeta* 'aufbrechen, intr.', *puhkaista* 'durchbohren' usw.), *verho* 'Vorhang'; beachte insbes. dial. *nuhja* (woher gemeinspr. *nuija* 'Keule');

in dem Wort *pihlaja* 'Eberesche' *h* < * *s* < * *tʃ*[2]);

4) *h(t)* < * *k (t)* in solchen Formen der *k*-stämmigen Wörter, in denen *k* und *t* in unmittelbare Nachbarschaft treten: *kahta*, *kahtena* usw. part. u. ess. sg. von *kaksi* 'zwei', *yhtä*, *yhtenä* part. u. ess. sg. von *yksi* 'eins', *lahti* (früher *laksi*) 'Bucht', *lahtena* ess. sg. usw., *vaahti* 'Schaum' (noch dial. *vaaksi*), *vaahto* 'Schaum' usw.; *nähty* part. praet. pass. (auch *nähtiin* pass. praet., *nähtävä* part. pass. praes. von *nähdä* 'sehen'; vgl. Vokalstamm *näke-*), *tehty* part. praet. pass. (*tehtiin* pass. praet., *tehtävä* part. praes. pass. usw. von *tehdä* 'tun'; vgl. Vokalstamm *teke-*), *lähteä* 'aufbrechen' (vgl. *läksi* 3. sg. praet. act., diese Form läßt erkennen, daß der Wandel *ht* < * *kt* jünger ist als *si* < *ti*, da *läksi* < * *läkti*); nach solchen regelrechten *h*-Formen entstanden später analogische *h*-Formen nach der Art von *nähnyt*, *tehnyt* (part. praet. act. von *nähdä* 'sehen' u. *tehdä* 'tun'). Man vergleiche noch folgende Wörter, in denen nach dem Zeugnis der verwandten Sprachen an Stelle von *h* früher *k* gestanden hat: *ahtaa* 'zusammendrängen', *ehtoo* 'Abend', *huhta* 'Schwendenland', *kohtu* 'Mutterleib', *ohto* 'Bär' (das ebenfalls schriftsprach-

---

[1]) Über dieses Wort s. Y. H. Toivonen: Suomi V: 2 S. 368 f., Rapola: Kollaniuksen kielestä (Über die Sprache von Kollanius) 82.
[2]) Toivonen: FUF 28 S. 203.

liche *otso* beruht auf volksetymologischer Normalisierung der *-ht-*Form: da dial. *vihta* 'Rute' = schriftspr. *vitsa*, wurde *ts* für die schriftsprachliche Entsprechung von dialektischem *ht* angesehen, zumal sich *otso* 'großstirnig' als Tabubezeichnung des Bären auffassen ließ), *tohtaja* 'Taucher, Steißfuß' (§ 52.7);

5) *h(t)* < * *p(t)* in *vyyhti* 'Docke, Wickel' (vgl. *viipsinpuut* 'Haspel, Garnwinde').

6) Da *kt* dem Finnischen völlig fremd ist, wird es auch in jungen Lehnwörtern durch *-ht-* ersetzt: *lehteri* 'Empore in der Kirche' (< schwed. veralt. *lektari* << mittelalt. Lat. *lectorium*), *sihteeri* 'Sekretär' (< schwed. veralt. *sikter* << mittelalt. Lat. *secretarius*), *vehdata* 'fechten' (< schwed. *fäkta* id.), *nihti* 'Landsknecht', *vahti* 'Wache', *lyhty* 'Laterne', *jahti* 'Treibjagd', *rahti* 'Fracht', *kihti* 'Gicht', *tohtori* 'Doktor', *lehtori* 'Lektor', *rehtori* 'Rektor', *Vihtori* 'Viktor'.

7) *h* substituiert in vielen jungen Lehnwörtern auch silbenschließendes *f*: *uhri* 'Opfer' und *uhrata* 'opfern' (vgl. schwed. *offer, offra* << mittelalt. Lat. *offerre*), *luhti* 'Oberboden' (< schwed. *loft*), *kauhtana* 'Kaftan' (< russ. *kaftan*), *tuhto* 'Ruderbank' (vgl. norw. *tofta*), *sahrami* 'Safran', *rihla* 'Riefe, Zug am Laufe eines Gewehrs';

hv substituiert *ff*: *kahveli* 'Gabel' (schwed. *gaffel*), *muhvi* 'Muff', *tohveli* 'Pantoffel'. (Doch wird *f* vor *s* durch *p* wiedergegeben: *tupsu* 'Quaste, Troddel' < schwed. *tofs*, *upseeri* 'Offizier' < schwed. *off(i)cer*; *hs* ist nämlich dem finnischen Lautsystem fremd.)

8) In erster Silbe *-ah-* < *-aa-* resp. *-uh-* < *-uu-* wird nach der urfinnischen Periode angesetzt in *huhmar* 'Stampftrog' < *huumar* (noch dial.), *kahlata* 'waten' < *kaalata* (noch dial.), *mahla* 'Baumsaft' < * *maala*, *sahra* 'zweispitziger, gabelförmiger Pflug' < *saara* (noch dial.[1]).

G) *v* < * *ŋ* zwischen Vokalen spätestens im Urfinnischen jedenfalls in folgenden Wörtern: *avata* 'öffnen' (auch *avain* 'Schlüssel', *avoin* 'offen' usw.), *kevät* 'Frühjahr', *pivo* 'die hohle Hand', *povi* 'Busen', *suvi* 'Sommer', *vävy* 'Schwiegersohn'.

H) *v* < * *β* vielleicht dialektisch schon im Urfinnischen in Fällen, wo an Stelle des *v* in den übrigen Formen des Paradigmas oder in den etymologischen Entsprechungen des Wortes, der Flexionsendung, des Ableitungssuffixes oder des Formans einer grammatischen Kategorie *p* auftritt: z. B. (*tapaan* 1. sg. praes.:) *tavata* 'treffen, begegnen', (*tapa* 'Sitte, Gewohnheit':) *tavallinen* 'gewöhnlich', *tavaton* 'ungewöhnlich', (*-pa, -pä* :) *juova* 'trinkend', *tekevät* 3. pl. praes. 'sie tun', *lihava* 'dick', (*-pi* :) *menevi* 'er geht'.

I) Fälle von Assimilation. Sie stammen sämtlich mindestens aus dem Urfinnischen (außer bei Punkt 3) und 11)):

1) *kk* < * *pk* jedenfalls in *kokka* 'Spitze, Vordersteven, Gallion', *tukka* 'Haar', *tukkia* 'verstopfen';

2) *kk* < * *hk* während der finnischen Sonderentwicklung spät in einigen Einzelwörtern: *kiekko* 'Wurfscheibe' < dial. *kiehko*, *piakkoin* 'bald' < dial. *piahkoin* (§ 53.2), *saakka* 'bis ganz hin, ganz dicht von her' ? < dial. *saahka*,

---

[1]) E. Itkonen: FUF 25 S. 277, M. Rapola: Vir. 1921 S. 23 f.

silakka 'Strömling' < dial. *silahka, tuokkonen* 'kleines Gefäß aus Birkenrinde' < dial. *tuohkonen, vuokko* 'Anemone' < dial. *vuohko* (von *vuohi* 'Ziege', also „Ziegenblume"), *vaikka* 'obgleich' ? < dial. *vaihka*;

3) *tt* < **kt* a) im Konsonantstamm von Nomina mit ursprünglichem Auslaut *k* (§ 52.1 u. § 54.1), wenn das *k* des Stammes neben suffixales *t* geraten ist: *estettä, estetten* part. sg. u. gen. pl. von *este'* < **estek* 'Hindernis', entsprechend *kastetta, sidettä* (*kaste* 'Taufe', *side* 'Band'); nach dem Muster dieser *k*-Stämme verfahren auch die ursprünglichen *h*-Stämme: *huonetta, venettä* usw. (dial. noch heute *huonehta, venehtä*; *huone'* 'Zimmer', *vene'* 'Boot');

b) in der 2. pl. der Verba: *saatte* (*saada* 'bekommen'), *tulette* (*tulla* 'kommen'), *ottanette* 2. pl. pot. *ottaa* 'nehmen'; so verhielt es sich zunächst nur im Präsens (§ 61 a, § 62 d), erst später analogisch auch im Imperfekt und Konditional: *saitte, tulisitte* usw.;

c) möglicherweise in einem Teil der Faktitiv- und Kausativderivativa im Formans -*tt*-: *päättää* 'beenden, beschließen' (natürlich auch in der Weiterbildung *päättyä* 'zu Ende gehen' usw.), *vyöttää* 'gürten', *elättää* 'ernähren', *jättää* 'zurücklassen' (beachte das Grundwort *jäädä* 'bleiben'), *keittää* 'kochen', *koettaa* 'versuchen', *näyttää* 'zeigen', *saattaa* 'geleiten', *saavuttaa* 'erreichen', *taivuttaa* 'biegen, geneigt machen', *teettää* 'machen lassen', *viettää* 'verführen, führen lassen, verbringen'; in diesen Bildungen wurde alternativ der Wandel -*tt*- < **-pt*- für möglich gehalten (§ 66.11, vgl. § 65.12);

d) in einigen Einzelfällen: *mätäs* 'Erdhügelchen': *mättään* gen. sg., dial. *pettää* = (*pyöhtää*) 'Butter machen', vielleicht auch *tytär* 'Tochter': *tyttären* gen. sg. (in dem ev. baltischen Original -*kt*-);

4) *n(t)* < **m(t)* a) in den Flexionsformen *m*-stämmiger Wörter, wo das Stamm-*m* vor suffixales *t* tritt: *lientä* und *lienten* part. sg. und gen. pl. von *liemi* 'Suppe, Brühe', *lunta* und *lunten* zu *lumi* 'Schnee', (*silmä*) *luonta* zu *luomi* 'Lid', dial. und dicht.-folkl. *tuonta* part. sg. zu *tuomi* 'Prunus padus' (Gemeinspr. *tuomea*);

b) zum mindesten in folgenden Einzelwörtern: *antaa* 'geben', *kante*- und *kant*- zu *kansi* 'Deckel', *kintaa*- zu *kinnas* 'Fausthandschuh', *onte*- und *ont*- zu *onsi* 'hohl, Höhlung', *tuntea* 'fühlen, kennen';

5) *nn* < **tn* a) in den konsonantstämmigen Formen der *t*-Stämme, wenn Stammes-*t* und suffixales *n* zusammenstoßen: *täynnä* ess. sg. zu *täysi*, Stamm *täyt*- 'voll', *vuonna* (*vuosi* 'Jahr', *vuot*-), *tiennee* 3. sg. pot. und *tiennyt* part. praet. act. zu *tietää* 'wissen', das daneben auch den heute ungebräuchlichen konsonantstämmigen Infinitiv *tietä* kennt, *avannee* 3. sg. pot. und *avannut* part. praet. act. zu *avata* 'öffnen', *hypännee* 3. sg. opt. und *hypännyt* part. praet. act. zu *hypätä* 'springen' (Stämme *tiet*-, *avat*-, *hypät*-);

b) in einigen Einzelwörtern: *linna* 'Schloß, Burg', *vannoa* 'schwören';

6) *nn* < **kn* in *ynnä* 'nebst' (eig. kons.-stämmiger Essiv von *yksi* 'eins') sowie in den baltischen Lehnwörtern *vannas* 'Pflugschar' (< **vaknas*) und *vuona* < dial. u. urspr. *vuonna* (< **ookna*);

7) *mm* < **km* in der 1. pl. der Verba: *saamme, otamme, saanemme* (pot.) (zu *saada* 'bekommen' und *ottaa* 'nehmen'); so urspr. nur ind.

praet. und pot. (§ 61a), später aber analogisch auch im ind. imperf. (= praet.), imperat. u. cond.: *saimme* 'wir bekamen', *saakaamme* 'laßt uns bekommen', *saisimme* 'wir bekämen'; über das *mm* im Poss.-Suff. 1. pl.: *työmme* 'unsere Arbeit, unsere Arbeiten', *kalamme* 'unser Fisch, unsere Fische' usw. s. § 49;

8) *ll* < * *ln* a) im Konsonantstamm der Verba auf *-l*, wenn Stammes-*l* und suffixales *n* nebeneinander geraten sind: *ollut, tullut* (part. praet. act. von *olla* 'sein, esse' und *tulla* 'kommen'), *tullee* (3. sg. pot.), *kuunnellut* (part. praet. act.) und *kuunnellee* (3. sg. pot. von *kuunnella* 'lauschen') usw.;

b) in der Adessiv-Endung *-lla, -llä* (die Allativ-Endung *-lle* hat nur analogisch nach dem Adessiv geminiertes *l*, s. § 47F);

c) in gewissen einzelnen Wörtern: *alla* 'unter', *yllä* 'über', *täällä* 'hier' < * *täyälnä* vgl. *täkäläinen* 'hiesig'), *siellä* 'dort' < *siällä* < * *siyälnä* (vgl. *sikäläinen* 'dortig') – alle diese vier Adverbien sind alte Essive –, *halla* 'Nachtfrost' und *villa* 'Wolle' (aus dem Baltischen: < *šalna, vilna*);

9) *ll* < *lj* in *hillitä* 'mäßigen' (alt: *hilitä*, vgl. *hiljaa* 'still');

10) *rr* < * *rn* im Konsonantstamm der Wörter auf *-r*, wenn dieses *r* mit suffixalem *n* zusammentrifft: *purrut* part. praet. act. und *purree* 3. sg. pot. (*purra* 'beißen'), *surrut, surree* (*surra* 'trauern'), *vierryt, vierree* (*vierrä* 'herabgleiten, -rollen'), *nuorra* (neben *nuorena*) ess. sg. zu *nuori* 'jung'; jedoch zeigen solche Einzelfälle wie *horna* 'Hölle, Abgrund', *kaarna* 'Fichtenrinde', *kaarne* 'Rabe', *perna* 'Milz' usw., daß es sich nicht um lautgesetzlichen Wandel *rr* < *rn* handelt, sondern wahrscheinlich um analogische Beeinflussung durch die sub 10 und 12 erwähnten entsprechenden Assimilationen; dial. *nuorna*, ess. sg. zu *nuori* 'jung', kann also den ursprünglichen lautgesetzlichen Zustand widerspiegeln.

11) *ss* < * *sn* a) Im Konsonantstamm der Wörter auf *-s*, wenn dieses neben suffixales *n* gerät: *noussut* (part. praet. act.), *noussee* (pot. 3. sg.) zu *nousta* 'aufstehen', *päässyt, päässee* (*päästä* 'loskommen, hingelangen'), *juossut, juossee* (*juosta* 'laufen'), *toissa* neben *toisena* ess. sg. von *toinen* 'anderer, zweiter'; solche Formen wie *läsnä* 'zugegen, anwesend' und *miesnä* (konsonantstämmige Essive zu den Stämmen *läs-* 'nahe' und *mies-* 'Mann' [neben den Vokalstämmen *lähe-* und *miehe-*] beruhen auf restituierender Analogie gegenüber den lautgesetzlichen *lässä* und *miessä*;

b) in der Inessivendung *-ssa, -ssä* (§ 47 E).

28. Der Stufenwechsel gehört zu den charakteristischsten Wesenszügen der finnischen Lautstruktur und besteht darin, daß wortinneres *k*, *t, p* oder Lautverbindungen, in denen diese auftreten, in bestimmten Fällen mit einem anderen Konsonanten, Konsonantengruppe oder Schwund wechseln. Im wesentlichen herrscht derselbe Wechsel auch in den anderen ostseefinnischen Sprachen außer im Wepsischen und Livischen, die keinen Stufenwechsel aufweisen. Von den übrigen, also entfernteren verwandten Sprachen weist nur das Lappische, und auch dies nicht in allen Dialekten, Stufenwechsel auf. Das Alter dieser Erscheinung ist sicherlich mindestens urfinnisch. Solche Behauptungen dagegen, daß der Stufenwechsel schon der finnischugrischen Ursprache, ja der uralischen Ursprache, angehört hätte, können nicht als bewiesen gelten. Auch die Behauptung ist unbe-

wiesen, daß der Stufenwechsel früher alle Konsonanten, ja sogar die Vokale betroffen hätte[1]).

Man unterscheidet zwei Arten von Stufenwechsel, den radikalen, der den Wortstamm betrifft, und den suffixalen. Beide finden unter verschiedenen Voraussetzungen statt. Beim radikalen Stufenwechsel geht es um Offenheit und Geschlossenheit der auf den Konsonanten folgenden Silbe, der suffixale dagegen ist abhängig von Betontheit oder Unbetontheit der vorhergehenden Silbe.

A) Der radikale Stufenwechsel

Die Konsonanten (und Konsonantenverbindungen) der starken Stufe sind im allgemeinen bis auf den heutigen Tag in ihrem ursprünglichen Zustand erhalten, aber in der schwachen Stufe sind stets Veränderungen vor sich gegangen. Folgende Übersicht gilt diesen Veränderungen:

1) Dem geminierten Klusil *kk*, *tt* und *pp* entsprechen in der schwachen Stufe:

k < *ǩk*: *lakin* gen. sg. (∼ *lakki* 'Mütze'), *rakas* 'lieb' (∼ *rakkaan* gen.sg.), *hakata* 'hauen' (∼ *hakkaa* 3. sg. praes.);

t < *ǐt*: *kontin* gen. sg. (∼ *kontti* 'Ranzen'), *ratas* 'Rad' (∼ *rattaan* gen. sg.), *väetön* 'unbesiedelt' (∼ *väettömän* gen. sg.);

p < *p̌p*: *tupen* gen. sg. (∼ *tuppi* 'Scheide'), *lipas* 'Schrein' (∼ *lippaan* gen. sg.), *hypätä* 'springen' (∼ *hyppää* 3. sg. praes.).

2) Einfachem Klusil *k*, *t*, *p* der starken Stufe entspricht in der schwachen Stufe:

0 (Null), *j*, *v* } < *γ: *vian* gen. sg. (∼ *vika* 'Fehler'), *jaan* 1. sg. praes. (∼ *jakaa* 'teilen'), *jalan* gen. sg. (∼ *jalka* 'Fuß'), *viran* gen. sg. (∼ *virka* 'Amt'), *kuljen* 1. sg. praes. (∼ *kulkee* 3. sg. 'er geht'), *kurjet* pl. (∼ *kurki* 'Kranich'), *pohje* 'Wade' (∼ *pohkeen* gen. sg.), *suvun* gen. sg. (∼ *suku* 'Geschlecht'), *kyvykäs* 'fähig' (∼ *kyky* 'Fähigkeit');

d < *δ: *sodan* gen. sg. (∼ *sota* 'Krieg'), *kidukset* 'Kiemen' (∼ *kita* 'Rachen'), *pidän* 1. sg. praes. (∼ *pitää* 'halten'); in einer Reihe von Fällen ist nach dem Zeugnis der verwandten Sprachen sowohl für die starke als auch für die schwache Stufe ein Spirant anzusetzen, der sich in den beiden Stufen durch seine Quantität unterschieden haben dürfte (Beispiele für *δ): *kudon* 1. sg. praes. (∼ *kutoa* 'weben'), *nidon* (∼ *nitoa* 'binden'), *padon* gen. sg. (∼ *pato* 'Damm'), *syden* gen. sg. (∼ *sysi* 'Schmiedekohle'), *sydän* 'Herz' (∼ *sydämen* gen. sg. § 27 A 3), *täyden* gen. sg. (∼ *täysi* 'voll'), *uudin* 'Vorhang' (∼ *uutimen* gen. sg.), *vuoden* gen. sg. (∼ *vuosi* 'Jahr'), *ydin* 'Mark' (∼ *ytimen* gen. sg.); (Beispiele für *d): *kadota* 'verschwinden' (∼ *katoan* 1. sg. praes.), *kude* 'laiche!', *ei kude* 'er laicht nicht' (∼ *kutea* 'laichen'), *uuden* gen. sg. (∼ *uusi* 'neu');

v < *β: *lavan* gen. sg. (∼ *lapa* 'Blatt, z. B. von Ruder, Schaufel, Schulter'), *kivuton* 'schmerzlos' (∼ *kipu* 'Schmerz'), *levätä* 'ruhen' (∼ *lepää* 3. sg. praes.);

---

[1]) Siehe Ravila: FUF 27 S. 6, Vir. 1951 S. 292 f., V. Tauli: Vir. 1947 S. 174 f., Posti: FUF 31 S. 74 f., Toivonen: Sitzungsber. d. Finn. Akad. d. Wiss. 1949 S. 188.

(ŋ)ŋ < (*ŋ)g: *hengen* gen. sg. [lies: *heŋŋen*] (∼ *henki* 'Atem, Geist'), *rengas* [lies: *reŋŋas*] 'Ring' (∼ *renkaan* gen. sg.), *langeta* [lies: *laŋŋeta*] 'fallen' (∼ *lankeaa* 3. sg. praes.);
(n)n < *(n)d: *pinnan* gen. sg. (∼ *pinta* 'Oberfläche'), *kinnas* 'Fausthandschuh' (∼ *kintaan*), *annoin* 1. sg. praet. (∼ *antaa* 'geben');
(m)m < *(m)b: *lumme* 'Seerose' (∼ *lumpeen* gen. sg.), *lammas* 'Schaf' (∼ *(lampaan* gen. sg.), *ammun* 1. sg. praes. (∼ *ampua* 'schießen');
(l)l < *(l)δ: *illan* gen. sg. (∼ *ilta* 'Abend'), *allas* 'Trog, Bassin' (∼ *altaan* gen. sg.), *kellastua* 'vergilben' (∼ *kelta* 'gelb');
(r)r < *(r)δ: *virran* gen. sg. (∼ *virta* 'Strom'), *harras* 'inständig, eifrig' (∼ *hartaan* gen. sg.), *sorrun* 1. sg. praes. (∼ *sortua* 'untergehen').

Sowohl die Veränderungen sub 1 als auch die sub 2 dürften erst nach der urfinnischen Periode vor sich gegangen sein außer *v < *β*. Dieses dürfte dialektisch schon im Urfinnischen eingetreten sein; zu den ältesten Übergängen gehören wohl *mm < *mb* und *nn < *nd*, zu den jüngsten *rr < *rδ*, ein Wandel, der vielleicht zum Teil spätestens im 16. Jh. erfolgte, sowie *d < δ*, das sich erst im 19. Jh. konsolidierte. In dialektischer Prägung haben sich folgende schwachstufige Formen (aus den südwestlichen Dialekten) in der Schriftsprache eingebürgert: *velvollinen* 'verpflichtet zu', *velvoittaa* 'verpflichten' (vgl. *velka* 'Pflicht'), *airoitus* 'Absicht' (vgl. *aikoa* 'beabsichtigen'), (aus den östlichen Dialekten:) *kohentaa* 'in Ordnung bringen' (vgl. *kohta* 'die [ungefähr] richtige Stelle'), *tähystää* 'spähen' (vgl. *tähdätä* 'zielen'), *rehellinen* 'ehrlich' (?vgl. *rehti* id.).

3) Ursprünglich dürften solche Konsonantenverbindungen, deren erste Komponente *s* oder *h* und deren hintere Komponente *k, t* oder *p* waren, außerhalb des Wechsels gestanden haben. Von diesen Verbindungen hat sich heutzutage *hk* teilweise und *ht* völlig dem Wechsel angepaßt: *nahka* 'Leder' ∼ *nahan* oder *nahkan* gen. sg., *vihko* 'Heft' ∼ *vihon* oder *vihkon* gen. sg., *pyyhkiä* 'wegwischen' ∼ *pyyhin* 1. sg. praes., jedoch immer beispielsweise *puuhka* 'Pelzbesatz' ∼ *puuhkan* gen. sg., *pihka* 'Harz' ∼ *pihkan* gen. sg., *sähkö* 'Elektrizität' ∼ *sähkön* gen.sg., *lehti* 'Blatt' ∼ *lehden* gen. sg., *mahtaa* '(ver)mögen' ∼ *mahdan* 1. sg. praes.

4) Der von Offenheit oder Geschlossenheit der folgenden Silbe abhängige Stufenwechsel soll sich ursprünglich nicht auf die Konsonanten nach unbetonter Silbe erstreckt haben. Nach dieser Ansicht sind die folgenden Wechselfälle relativ spät erst analogisch entstanden: *mansikka* 'Erdbeere' ∼ *mansikan* gen. sg., *aloittaa* 'beginnen' ∼ *aloitan* 1. sg. praes., *puhaltaa* 'blasen' ∼ *puhallan* 1 sg. praes., *sinertää* 'ins Bläuliche spielen' ∼ *sinerrys* 'bläulicher Schimmer', *alanko* 'Niederung' ∼ *alangon* gen. sg., *parantaa* 'heilen, bessern' ∼ *parannus* 'Besserung', *alempi* 'weiter unten liegend' ∼ *alemman* gen. sg., *jalattoman* gen. sg. ∼ *jalaton* 'fußlos'. Sekundär wäre demgemäß auch die heutige schwache Stufe in den viersilbigen gen. pl.- und part. pl. -Formen, in den viersilbigen Ableitungen auf *-inen* und in den von dreisilbigen Nomina abgeleiteten Verba auf *oi (öi)* vor ursprünglichem *i*-Diphthong: *mansikoiden, mansikoita* (gen. resp. part. pl. von *mansikka* 'Erdbeere'), *juomingeiden, juomingeita* (von *juominki* 'Trinkgelage'), *nuorukainen* 'Jüngling' (dial. auch *nuorukkainen*), *ohukainen* 'Plinse, Plätzchen', *Asikainen*

(vgl. *Asikkala*), *esikoinen* 'Erstling' (vgl. dial. *esikko* 'Erstgeborener'), *kasvannainen* 'Gewächs am Körper' (vgl. *kasvanta* 'Zuwachs'), *synnynnäinen* 'angeboren', *vasituinen* 'wesentlich, beständig' (vgl. dial. *vasittu*), *Liimatainen* (vgl. *Liimatta*); *hätiköidä* 'hastig und unüberlegt zu Werke gehen', *mellakoida* 'Tumult verursachen', *kurikoida* 'mit dem Brechhammer oder einer Keule *(kurikka)* zerstoßen', *takavarikoida* 'beschlagnahmen', *erakoitua* 'vereinsamen'.

5) Im radikalen Stufenwechsel sind im Laufe der Zeiten vielerlei analogische Ausgleichungen erfolgt. So tritt heute die starke Stufe vor Possessivsuffixen ohne jeden Wechsel durchgängig auf, ganz gleich, ob die betreffende Silbe offen oder geschlossen ist: es heißt z. B. *poikansa* 'sein o. ihr Sohn o. Söhne' statt des zu erwartenden (und dialektisch auch tatsächlich gebildeten) *pojansa*. Ebenso verhält es sich in Verba und Nomina auf -*is*-, wo einfaches *k, t, p* die starke Stufe vor -*is*- vertritt: *pakista* 'plaudern' pro *paista* (dieser letztere Typ findet sich jedoch dialektisch), *kitistä* 'winseln' pro * *kidistä*, *likistää* 'drücken, pressen' pro * *li'istää*, *napista* 'murren' pro *navista* (dial.), *julkaista* 'veröffentlichen' neben regelrechtem *julaista*, *sitaista* 'hastig binden' pro * *sidaista*, *häpäistä* 'schänden', aber auch regelrecht *häväistä*; *mäkinen* 'hügelig': *mäkistä* part. sg. pro * *mäistä*, *entinen* 'ehemalig': *entistä* part. sg. pro *ennistä* (dial.), *tupanen* 'das Häuschen o. Stübchen': *tupasta* part. sg. pro *tuvasta* (dial.); die umgekehrte Ausgleichung, nämlich Verallgemeinerung der schwachen Stufe, haben wir in der Ableitung *iäinen* 'ewig' von *ikä* 'Alter' vor uns, das aus den südwestlichen Dialekten in die alte und neue Schriftsprache übernommen wurde. In gleicher Weise dürfte *hevonen* pro *heponen* zu erklären sein. Die starke Stufe ist oft im gen. pl. verallgemeinert: es heißt *vetten*, *hiitten*, *ortten* (*vesi* 'Wasser', *hiisi* 'Waldgeist', *orsi* 'Stützbalken, Firstbalken, Hühnerstange u. ä.') pro * *veten*, *hiiten* (dial.), * *orten*, ebenso *maitten*, *puitten* (*maa* 'Land', *puu* 'Baum'), oder auch regelrecht *maiden*, *puiden*, ebenso *unten*, *lunten*, *lienten* (*uni* 'Schlaf', *lumi* 'Schnee', *liemi* 'Brühe', sämtlich gen. pl.) pro * *unnen*, * *lunnen*, * *liennen*. Weiterhin gibt es solche vereinzelte unregelmäßige Verallgemeinerungen der starken Stufe wie *likellä, -ltä, -lle* pro * *liellä* usw. (zu *liki* 'nahe' adess., ablat., allat.), *pikemmin* und *pikimmin* (adverbieller instr. pl. des Komparativs resp. Superlativs von *pika* 'schnell', zu dem auch instr. *pian* 'bald' gehört), *tapahtua* 'geschehen' pro * *tavahtua*, *vapahtaa* 'befreien, erretten' pro * *vavahtaa* (vgl. *vavahtaa* 'erzittern' (momentan): *vapisee* 3. sg. praes. von *vapista* 'zittern'), *jupakka* 'Streit, Krakeel, Krawall' (vgl. *jupina* 'das Gemurmel', *jupisee* 'er knurrt'), *rytäkkä* 'Zänkerei' (vgl. *rytäjää* 'er verursacht Lärm'), *hietikko* 'Sandfläche' pro * *hiedikko* usw. (Regelrecht ist dagegen die schwache Stufe in den Eigenschaftsabstrakta wie *isännyys* 'Haus(vater)recht' u. ä., denn der lange Vokal ist hier analogisch und nicht durch Wegfall eines intervokalen Konsonanten veranlaßt; die ursprüngliche Lautgestalt haben wir im dial. *isännys*. S. ob. § 27 E 1.) Betreffs der schwachen Stufe im pass. praes. *saadaan*, *jäädään*, *pannaan*, *kuollaan* usw. (zu *saada* 'bekommen', *jäädä* 'bleiben', *panna* 'setzen, stellen, legen', *kuolla* 'sterben'), wo wegen der ursprünglichen offenen Silbe (*saadaan* < *saadahan* usw., s. § 19) die starke Stufe zu erwarten wäre (somit * *saataan* usw.), s. § 59. Betreffs dieser Erscheinungen müssen

wir uns hier mit einem Hinweis auf die Schulgrammatik von Setälä und auf Rapolas Suomen kirjakielen historia (Geschichte der finnischen Schriftsprache) Teil I begnügen.

6) Radikaler Stufenwechsel wird für das Urfinnische auch in solchen Fällen allgemein vorausgesetzt, wo am Ende von hauptbetonter Silbe in der erwartungsgemäßen starken Stufe *k*, *t*, oder *p* stand und im Anfang der folgenden Silbe *l* oder *r*, also in solchen Wörtern wie die folgenden aus den heutigen Ostdialekten: *kakla* statt schriftspr. *kaula* 'Hals', *takla* 'Zunder', schriftspr. *taula*, *nakraa* 'lachen', schriftspr. *nauraa*, *atra* 'Pflug', schriftspr. *aura*, *petra* 'wildes Renntier', schriftspr. *peura*, *kaplas* 'Schlittenständer' (westl. Dialekte *kaulas*), *syplä* 'Warze' (*syylä*), *sepra* 'Gesellschaft' (*seura*), *kopra* 'Faust' (*koura*), *äpräs* 'Uferböschung' (*äyräs*) usw. An Hand dieser Beispiele wurde folgende Erklärung gegeben: Der silbenschließende Klusil hat mit dem entsprechenden Spiranten gewechselt, je nachdem, ob die folgende Silbe offen oder geschlossen war (also *kakla* ~ **kaylan*, *petra* ~ **peðran*, *kopra* ~ **koβran* usw.). Der eine Teil der Dialekte hätte dann die starke, der andere die schwache Stufe verallgemeinert; das *u* resp. *y* der Schriftsprache würde demgemäß die schwache, dagegen das *k*, *t*, *p* der östlichen Dialekte die starke Stufe vertreten. Da jedoch in derart gelagerten Fällen überhaupt kein paradigmatischer Stufenwechsel hat konstatiert werden können, haben wir oben solche allgemeinsprachliche Wortgestalten wie *kaula* usw. als Ergebnis unabhängig vom Stufenwechsel vor sich gehender regelmäßiger Lautentwicklung betrachtet.

Es ist auch kaum wahrscheinlich, daß die Gruppen *ks* und *ps* (*maksaa* 'zahlen, kosten', *lapsi* 'Kind' usw.) dem Stufenwechsel unterworfen waren. Dagegen erscheint es nicht unmöglich, daß dem heutigen unveränderlichen *ts* z. B. in *metsä* 'Wald' ~ *metsän* gen. sg. im Urfinnischen das Wechselverhältnis *tts* ~ *ïts* vorausging.

B) Suffixaler Stufenwechsel

Die hypothetischen ursprünglichen Verhältnisse eines derartigen Stufenwechsels – den Sachverhalt nämlich, daß auf haupt- und nebenbetonte Silbe die starke, auf tonlose Silbe die schwache Stufe folgt – wird in der heutigen Sprache beispielsweise durch folgende Parallelerscheinungen widergespiegelt:

starke Stufe:	schwache Stufe:
k	0 (= Null) < **γ*
tuokoon (3. sg. opt. *tuoda* 'bringen') < *tuokohon*, *syököön* (*syödä* 'essen') < *syököhön*, (*ei*) *kukaan* 'niemand' < **kukahan*, (*ei*) *mikään* 'nichts' < **mikähän*.	*ottaos* (2. sg. opt. *ottaa* 'nehmen') < *ottaosi*, folkl., *käskeös* (zu *käskeä* 'auffordern') < *käskeösi*, folkl., *ketään* part. sg. 'niemand' < **ketä-ä-hän*, *mitään* part. sg. 'nichts' < **mitä-ä-hän*.
t	0 (= Null) < **δ*
puuta, *päätä*, *suota* (part. sg. *puu* 'Baum, Holz', *pää* 'Kopf', *suo* 'Sumpf', *puita* part. pl. *päitä*, *soita* (part. pl.	*minua* part. sg. von *minä* 'ich', *kykyä* part. sg. von *kyky* 'Fähigkeit', *taloa* (*talo* 'Haus'), *tätiä* (*täti* 'Tante' part.

von *pää*, *suo*); *oikeata, tärkeätä, tanhuata* (part. sg. von *oikea* 'richtig', *tärkeä* 'wichtig', *tanhua* 'Umzäunung (für das Vieh u. ä.)'), *oikeita* part. pl. < * *oike-ita, korkeita* part. pl. von *korkea* 'hoch' < * *korke-ita, terveitä* part. pl. von *terve* 'gesund' < * *terve-itä*.

sg.), *kalaa* part. sg. von *kala* 'Fisch' < * *kala-a, kylää* zu *kylä* 'Dorf' < * *kylä-ä, kyliä* part. pl., *kaloja* part. pl. von *kala* 'Fisch' < * *kaloi-a, taloja* zu *talo* 'Haus' < * *taloi-a*.

p

saapa part. praes. act. von *saada* 'bekommen', *lyöpä* (*lyödä* 'schlagen'), *syöpä* (*syödä* 'essen'), *saapi* 'er bekommt', *tuopi* 'er bringt', *jääpi* 'er bleibt'.

$v < {}^*\beta$

sanova 'sagend', *ottava* 'nehmend', *tekevä* 'tuend' (auch: *lihava* 'dick' zu *liha* 'Fleisch', *verevä* 'blutvoll' zu *veri*, Stamm *vere-* 'Blut' usw.), *sanovi* 'er sagt' > *sanoo, ottavi* 'er nimmt' > *ottaa, tekevi* 'er tut' > *tekee*.

Der suffixale Stufenwechsel hat im modernen Finnisch so viele, zum Teil schon im Urfinnischen eingeleitete analogische Ausgleichungen erfahren, daß sich von irgendwelcher allgemeinen Regelmäßigkeit hier nicht reden läßt. Das Prinzip des Wechsels ist hier nicht mehr wie beim radikalen Stufenwechsel im Sprachbewußtsein lebendig. So heißt es heute ebensogut *tärkeää* wie *tärkeätä* (part. sg. von *tärkeä* 'wichtig'), häufiger hört man *saava* statt des dem suffixalen Wechsel entsprechenden *saapa* (part. praes. act. zu *saada* 'bekommen'), Kennzeichen des Imperativs ist *ka (kä)*, des Optativs *ko (kö)*, unabhängig von der ursprünglichen Tonstellung der Silbe usw. Betreffs dieser Punkte und der sonstigen Details des suffixalen Stufenwechsels sei auf Rapolas Geschichte der finnischen Schriftsprache verwiesen.

III.

Die gegenseitigen Beziehungen der Wortklassen

29. In der unentwickelten, ganz primitiven Sprache gab es kaum einen Unterschied zwischen Wort und Satz[1]). Die Schlußfolgerung liegt nahe, daß der Satz, d. i. die sprachliche Äußerung eines Gedankens, älter als das Wort ist. Es leuchtet ohne weiteres ein, daß der primitive Mensch zunächst für seine konkreten, primär wichtigen und stark affektischen momentanen Äußerungsbedürfnisse Ausdrucksmittel benötigte, wie etwa für den Wunsch 'ich will Fisch essen' oder 'stoß nach dem Fisch' oder für die freudige Mitteilung 'ich habe den Fisch gefangen'. Dagegen liegen dem Primitiven ganz abstrakte, nur dem kühl intellektuellen, leidenschaftslosen Denken naheliegende Begriffsbestimmungen und -bezeichnungen, wie sie das Einzelwort 'Fisch' gibt, ferner. Damit wollen wir keineswegs leugnen, daß solche affektiven Äußerungen, wie wir sie eben erwähnten, nicht auch durch einen eingliedrigen Ausdruck, und sei es auch den Ausdruck '*Fisch*', hätten kundgetan werden können. Wenn es nämlich auch wahrscheinlich ist, daß das Lautbild *kala* 'Fisch', das dem heutigen finnischen Nominativ entspricht, der älteste „Kasus" dieses Wortes ist, so hat das nicht zu sagen, daß *kala* als logischer Begriff oder als Repräsentant morphologisch-syntaktischer Beziehungen („Nominativ", „Akkusativ") in evolutionistischer Hinsicht eine solche selbstverständliche Ausgangsbasis darstellt, für die sie der moderne Sprecher im allgemeinen zu halten geneigt ist.

---

[1]) Hier ist vielleicht der Hinweis am Platze, daß wie das deutsche „Wort" so auch das gleichbedeutende finnische „*sana*" ursprünglich und noch heute eine selbständige sprachliche Äußerung (markanten und prägnanten Charakters) bezeichnen kann: „Worte" großer Männer sind Aussprüche von selbständigem Sinngehalt. Erst in der grammatischen Terminologie wurde *Wort* (Plural: Wörter) ebenso wie *sana* ausdrücklich in Gegensatz zu dem Terminus 'Satz' *lause* gebracht. Was das deutsche 'Wort' betrifft, so hat es freilich nach Ausweis der verwandten indogermanischen Sprachen von Anfang auch den einzelnen Ausdruck bezeichnet (lit. *var̃das* 'Name', lett. *vàrds* 'Wort, Vorname', altpreuß. *wīrds* 'Wort'; lat. *verbum*); doch wie wenig präzisiert auch auf indogermanischem Gebiet die Bedeutung auf das 'Einzelwort' war, zeigt der Umstand, daß das aus dem Baltischen entlehnte finnische *virsi* (Stamm *virte-*) in der Bedeutung Lied übernommen wurde. Was speziell das finnische *sana* angeht, so ist dessen dominierende Bedeutung in den Dialekten 'kurze sprachliche Äußerung, Ausspruch, Benachrichtigung', ganz gleich, ob es sich dabei um ein oder mehrere Wörter im grammatischen Sinne handelt. Diese Bedeutung liegt auch folgenden schriftsprachlichen Ausdrücken zugrunde: *sananlasku* 'Sprichwort' (wörtl. „das Vonsichgeben eines Wortes"), *sananparsi* 'Redensart, Phrase' (wörtl. „Wortgebrauch" o. besser „Gebrauchswort", „Musterwort" o. „Wortmuster"), *sanansaattaja* „Wortüberbringer" = 'Bote', 'Abgesandter', *pitää* oder *syödä sansana* 'sein Wort halten' o. „essen", d. i. 'brechen', *sanalla sanoen* „mit einem Wort", d. h. 'kurz gesagt'. Beachte auch *Jumalan sana* 'Gottes Wort', *kunniasana* 'Ehrenwort', *tunnussana* „Kennwort", 'Parole, Losung, Devise, Wahlspruch'.

30. Was zunächst den logischen Begriff 'Fisch' anlangt, so mutet er uns heutzutage so primitiv selbstverständlich an, daß wir glauben möchten, schon der allerprimitivste Mensch benötigte ihn und könnte ihn auch richtig anwenden. Daß diese Annahme täuschen dürfte, legen unsere Kenntnisse von den Sprachen der sog. Naturvölker nahe. Hierfür einige allgemein bekannte Beispiele! Man weiß, daß die 1876 ausgestorbenen Ureinwohner der Insel Tasmanien kein Wort für 'Baum' hatten, während Wörter für jede einzelne Baumart, ja sogar für verschiedene Varianten einzelner Baumarten, vorhanden waren. Auch solche Begriffe wie 'hart', 'weich', 'warm', 'kalt', 'lang', 'kurz', 'rund' waren den Tasmaniern unbekannt; vielmehr hatte etwa die harte Abart eines Stoffes oder Gegenstandes eine andere sprachliche Bezeichnung als die weiche, warmes Wasser wurde anders genannt als kaltes, ein kurzer Pfahl anders als ein langer usw. In der Sprache der Zuluneger gibt es kein Wort für 'Kuh', sehr wohl aber für die einzelnen dortigen Kuhrassen resp. Varianten: ein Wort für weiße, ein anderes für rote Kühe usw. Die zahlreichen diesbezüglichen sicheren Belege geben uns einen klaren Hinweis in der Richtung, daß ein uns so naheliegender Begriff wie 'Fisch' das Ergebnis einer langen, zweifellos vieltausendjährigen Kulturentwicklung nach einem langwierigen, stufenweisen Abstraktionsprozeß darstellt. *Kala* war also noch nicht unser heutiges '*kala*' = 'Fisch'.

31. Denken wir wiederum über die morphologisch-syntaktische Seite, also über den „nominativischen" Charakter, von *kala* nach, so läßt sich leicht erkennen, daß trotz seiner völligen Endungslosigkeit und Unflektiertheit das Lautbild *kala* ursprünglich nicht im heutigen Sinne „Nominativ" oder „Akkusativ" gewesen sein konnte. Wollen wir eine grammatische Formenkategorie als „Nominativ", sagen wir z. B. als Subjekts- oder Prädikatskasus, begreifen, so genügt es nämlich nicht, daß die Nomina der betreffenden Sprache nur diese Formenklasse aufweisen, m. a. W., daß alle Formen der Nomina nur „Nominative" sind. Ebenso wie die Existenz des 'Guten' unbedingt die des 'Bösen' voraussetzt, so involviert das Begreifen des „Nominativs" gleichzeitig einen „Nicht-Nominativ", d. i. eine andere morphologisch-syntaktische Formkategorie, zum mindesten e i n e. Wenn also auch *kala* allen anderen gegenwärtigen „Flexionsformen" dieses Wortes vorausgeht, konnte sie doch vor dem Aufkommen anderer Kasus, die ihre syntaktischen Funktionen beschränkten und gleichzeitig präzisierten, kein Nominativ im modernen Sinne sein. So wissen wir denn auch, daß noch in der finnischugrischen Ursprache, von früheren Sprachperioden ganz zu schweigen, auch nicht annähernd alle die Kasus vorhanden waren, wie sie das moderne Finnisch aufweist (§ 46 u. § 47). In dem Maße, wie sich neue Kasus entwickelten, konnten sich die Funktionen der früheren Kasus spezialisieren und präzisieren, was somit auch für den Nominativ zutraf.

Was im vorstehenden über die Entstehung der Kasus gesagt wurde, betrifft natürlich auch die übrigen Flexionskategorien. Wie der Nominativ zum mindesten einen Nicht-Nominativ voraussetzt, so konnte bei den Verba die Formkategorie der Infinitive erst dann aufkommen, als sich in der Sprache eine finite Kategorie als Gegengewicht herausbildete, das Präsens setzt ein nicht-präsentisches Tempus, der Modus Indikativ einen nichtindikativischen Modus und das Genus Aktiv ein nicht-aktivisches Genus voraus. Was von den Flexionskategorien gilt, ist natürlich auch auf die Entstehung der **Wortklassen** anwendbar. Es konnte beispielsweise so lange keine Nomina geben, ehe nicht noch eine nichtnominale Wortklasse, am wahrscheinlichsten Verba, auftraten. **Die Aussonderung der Wortklassen ging somit gleichzeitig mit der Entwicklung der Nominal- und Verbalflexion vor sich.**

32. Auch das heutige Finnisch hat noch einige Hinweise auf die relativ unentwickelten Verhältnisse der finnischugrischen Ursprache erhalten, als **die gegenseitige Abgrenzung der Wortklassen noch längst nicht so weitgehend klar wie heutzutage war.** Als solche Relikte werden z. B. gewisse unabgeleitete Verba des Finnischen angesehen, deren Stamm als solcher noch heute auch als Nominalstamm auftritt: *kuivaa* 'trocknen' ∼ *kuiva* 'trocken', *kylmää* 'abkühlen' ∼ *kylmä* 'kalt', *sulaa* 'schmelzen' ∼ *sula* 'geschmolzen', *löyhkää* 'stinken' ∼ *löyhkä* 'Gestank', *sylkeä* 'spucken' ∼ *sylki* 'Speichel' (Stamm von Nomen und Verb *sylke-: sylje-*), *tukea* 'stützen' ∼ *tuki* 'Stütze' (*tuke-: tue* Stamm von Nomen u. Verb), *tuulla* 'wehen' ∼ *tuuli* 'Wind' (*tuule-* Vokalstamm beider, *tuul-* Kons.-St.), dial. u. veralt. *huolla* 'sich sorgen, trauern' ∼ *huoli* 'Sorge' (beider Stamm *huole-* resp. *huol-*), *vierrä* 'herabrollen' ∼ *vieri* 'Rand' (beider Stamm *vier(e)-*), *kaikua* 'widerhallen' ∼ *kaiku* 'Echo' usw. Es darf tatsächlich vermutet werden, daß diese Identität von Nominal- und Verbalstamm ein Überbleibsel aus einer Zeit ist, wo diese beiden Wortarten noch nicht klar gegeneinander abgegrenzt waren. Gleichartige Beispiele begegnen uns auch in anderen finnischugrischen Sprachen, in reichlicher Anzahl z. B. im Ungarischen [z. B. *nyom* 'drücken', 'Spur'].

In gewisser Weise zeugt für das Schwanken der Grenze zwischen Nomen und Verb auch die Geschichte der finnischen 3. sg. praes. und vielleicht auch praet. Solche modernen finiten Verbalformen wie *tuulee* 'es weht' und *tekee* '(er) tut' gehen nachweislich über *tuulevi* und *tekevi* auf früheres *tuuleva* und *tekevä* zurück, die mit dem nom. sg. des part. praes. act. identisch sind. Die Formen der 3. pl. praes. lauten außerdem auch heute noch mit dem nom. pl. des gleichen Partizips gleich *(tekevät, tuulevat)*. Die ursprüngliche Gestalt solcher Sätze wie *ulkona tuulee* 'draußen weht der Wind' (eig. „draußen windet es") oder *hän sen tekee* 'er tut es' wies also das nominale Prädikat *tuuleva* 'wehend' resp. *tekevä* 'tuend' auf. Von noch größerem Interesse ist die Feststellung, daß nicht einmal dieses Partizip-Formans *-va, -vä* ausschließlich deverbal ist. Nach der opinio communis ist dieses Suffix mit dem denominalen reichliches Vorhandensein bezeichnenden Suffix *-va, -vä* identisch, das z. B. in *lihava* 'dick' (zu *liha* 'Fleisch') und *väkevä* 'kräftig' (zu *väki*, Stamm *väke-* 'Kraft') vorliegt. So kann *tuuleva* ursprünglich etwas, das Wind aufweist (wo Wind reichlich auftritt), bedeutet haben (wörtl. *tuuleva* also einfach: 'windig' wie eben *lihava* 'fleischig' und *väkevä* 'kräftig').

33. Wenn einander so fernstehende Wortklassen wie Nomina und Verba Anzeichen von früheren Unklarheiten in ihrer gegenseitigen Abgrenzung bis auf den heutigen Tag bewahrt haben, läßt sich leicht verstehen, daß der Unterschied zwischen den verschiedenen Arten von Nomina im Finnischen noch nicht allerseits klar ausgeprägt ist. Wie im Indogermanischen hat sich auch im Finnischugrischen das Adjektiv erst relativ spät vom Substantiv getrennt. Ganz zu schweigen davon, daß im Finnischen wie auch in anderen Sprachen Adjektiva sozusagen elliptisch auch substantivisch verwendet werden können, z. B. *sairas* 'krank, kranker Mensch', *nuoret* 'jung, junge Leute', *pannaan lapselle puhdasta* 'dem Kind wird Sauberes, d. i. saubere Kleider, angelegt'. In diesen Ausdrucksweisen liegt der sekundäre Charakter der substantivischen Verwendung zutage. Aber es gibt im heutigen Finnisch reichlich auch solche Fälle, in denen bei ambivalenter Verwendung eines Wortes als Nomen und als Adjektiv der nominale Charakter das Eigentliche und Ursprüngliche sein kann: *kylmä* 'kalt' und 'Kälte', *vilu* 'frostig' und 'Frost', *kuuma* 'heiß' und 'Hitze', *hämärä* 'dämmerig' und 'Dämmerung', *pimeä* 'dunkel' und 'Finsternis', *märkä* 'feucht' und 'Feuchtigkeit', *mätä* 'faul' und 'Fäulnis', *siivo* 'anständig', 'Ordnung', *aika* 'Zeit', 'volljährig, tüchtig', *valkea* 'weiß', 'Feuer', eig. 'Feuerschein', *veres* 'frisch, blutig', 'der frische Zustand' usw. Uralten Ursprungs scheint auch der substantivische Gebrauch heutigentags ausgesprochener Adjektive in folgenden Konstruktionstypen zu sein: *ison aikaa* = *hyvän aikaa* 'eine lange Zeit hindurch', wörtl. „ein Großes o. ein Langes an Zeit", *pitkän matkaa* 'einen langen Weg, eine weite Reise', wörtl. „ein Langes an Wegfahrt", *lyhyeksi aikaa* 'auf eine kurze Zeit', wörtl. „auf ein Kurzes an Zeit", *viimeisellä kertaa* 'beim letzten Mal', wörtl. „beim Letzten der Male [unserer Begegnungen]" (in der Volkssprache auch: *hyvällä kauppaa* 'durch günstigen Kauf', wörtl. „mit einem Guten [= Glück] von Kauf", *pimeällä aikaa* 'zur Zeit der Dunkelheit', „im Dunkeln an Tageszeit" usw.). Hier ist das heutige Adjektiv sog. Teilwort des im Partitiv stehenden Substantivs; vgl. *osan aikaa* 'einen Teil der Zeit', *kappaleen matkaa* 'ein Stück Weges', *osalla ihmisiä* 'bei einem Teil der Menschen'. Weiter ist erwähnenswert, daß im Finnischen wie in dessen verwandten Sprachen heutzutage ausgesprochene Substantiva nach Art der Adjektiva gesteigert werden können: *syrjempänä* 'mehr nach dem Rande zu', *peremmäksi* 'weiter in den Hintergrund', *päivemmällä* 'bei fortgeschrittener Tageszeit, als die Sonne schon höher stand', *keväämpänä* 'als der Frühling schon weiter fortgeschritten war', *aiempi* 'frühzeitiger', *loisin on vesi veneessä* (Sprichw.), als ob man im Deutschen sagen würde „am Aftermietrigsten", d. h. 'am lästigsten oder am wenigsten angebracht ist Wasser im Boote' zu *loinen* 'Einlieger'. (Die obigen Beispiele zu *syrjä* 'Rand', *perä* 'Hintergrund', *päivä* 'Tag', *kevät* 'Frühjahr', *aika* 'Zeit', also als ob es deutsch hieße: „randiger", „hintergründiger", „tagiger" usw.) – Auch das wäre noch zu erwähnen, daß mit den finnischen Nominalderivativen sowohl Substantiva als auch Adjektiva gebildet sind: z. B. *-(i)nen: nainen* 'Frau', *ihminen* 'Mensch', *nuorukainen* 'Jüngling' ~ *jäinen* 'eisig', *punainen* 'rot', *ainokainen* 'einzig'; *-ut, -yt: lapsut* 'Kindlein', *neitsyt* 'Jungfrau', *kytkyt* 'Fessel, Koppel' ~ *ohut* 'dünn', *lyhyt* 'kurz'; *-s: opas* 'der Wegführer', *varvas* 'die Zehe' ~ *karvas* 'nicht süß, herb', *kielas* 'geschwätzig', *valpas* 'wachsam'; *-(i)n: -(i)me-: eläin* 'Tier', *kasvain* 'Gewächs', *muurain* 'Brombeere' ~ *hapan* 'sauer', *avoin* 'offen', *irtain* 'lose, beweglich'; *-kka: sivakka* 'rechter Schi', *mellakka* 'Lärm, Durcheinander' ~ *tanakka* 'steif, dick, fest u. stämmig', *punakka* 'rot angelaufen'

(Gesicht); *-nta, -ntä*: *isäntä* 'Hausherr', *emäntä* 'Hausfrau' ~ *vihanta* 'üppig wachsend' (möglicherweise ist dieses Suffix mit dem deverbalen *-nta* identisch: *luenta* 'die Lesung', *tulenta* 'die Ankunft', *etsintä* 'die Suche' u. a.); *-la, -lä*: *appela* 'das Heim des Schwiegervaters', *setälä* 'das Heim des Onkels' ~ *matala* 'niedrig', *vetelä* 'wässerig, sumpfig'; *-ra, -rä*: *makkara* 'Wurst', *hattara* 'Fetzen (Wolke, Tuch u. ä.)', *sykkyrä* 'Schlinge o. Knäuel verfilzten Garnes' ~ *ahkera* 'fleißig', *kumara* 'gebeugt', *hämärä* 'dämmerig'.

34. Bei den Numeralia verläuft im Finnischen die Grenze zwischen substantivischem und adjektivischem Gebrauch in der absonderlichen Weise, daß nom. und acc. sg. substantivisch sind gegenüber dem adjektivischen Charakter der übrigen Kasus. Dies spiegelt sich in der syntaktischen Konstruktion der finnischen Numeralia in der Weise wider, daß neben nom. und acc. sg. das zu dem Zahlwort gehörige Wort im part. sg. steht, während in Verbindung mit den übrigen Kasus die übliche attributive Kongruenz in Kasus und Zahl (wie z. B. zwischen attributivem Adjektiv und zugehörigem Nomen) obwaltet: *kaksi kalaa* 'zwei Fische', wörtl. „zwei an Fisch", *kymmenen miestä* 'zehn Männer', „zehn (von) Mann"; dagegen im gen. sg. *kahden kalan* 'zweier Fische', *kahdet häät* 'zwei Hochzeiten' (*häät* 'Hochzeit' hat als plurale tantum das Zahlwort in der Pluralform neben sich), *kymmenelle miehelle* 'zehn Männern' usw. Beachtenswert ist auch folgende Gebrauchsweise gewisser Zahlwörter: *vuosikymmen* = nhd. 'Jahrzehnt', *vuosisata* = 'Jahrhundert' (dial. sogar *markkakymmen* „Markzehner" 'zehn Mark', *astekymmentä pakkasempi* 'um zehn Grad kälter', wörtl. „um ein Gradzehnt Frost(iger)" [s. vor. § über die Steigerung der Nomina] usw.). Offensichtlich gehen die finnischen Zahlwörter auf uralte Substantiva, die eine Gruppe bedeuten, zurück. Diese Substantiva haben dann ihre Bedeutung auf bestimmte Zahlen präzisiert und sind so in den obliquen Kasus adjektiviert worden. *Kymmenen miestä* 'zehn Männer' war also ursprünglich ein Ausdruck von der Art wie heutzutage z. B. *pala leipää* 'ein Stück Brot'. Den Ausdruckstypus *vuosikymmen* 'Jahrzehnt' kann man entsprechend mit Komposita vom Typ *leipäpala* „Brotstück", *voikilo* „Butterkilo" usw. (nhd. natürlich richtiger: 'Stück Brot', 'Kilo Butter') vergleichen.

35. Das Auftreten der Pronomina[1]) wird gern wegen deren mannigfaltiger Bedeutungsaufgaben einem relativ hochentwickelten Sprachniveau zugewiesen. So wird u. a. angeführt, daß das Kind die Pronomina später gebrauchen lernt als andere Wortklassen. Aber selbst in den primitivsten Sprachen, soweit sie heute noch gesprochen werden oder soweit früher gesprochene Sprachen von der Forschung erfaßt sind, hat man Pronomina angetroffen. So gibt es in den finnischugrischen und samojedischen Sprachen gemeinsame Pronominalstämme, woraus sich auf das Vorhandensein dieser

---

[1]) Mit den Pronomina vergleichbar sind – außer vielen Suffixen – selbst unter den Substantiven einige Wörter, die sog. 'Wechselwörter' (Otto Jespersen: Die Sprache 101 f.), deren Bedeutung nach dem Sprecher wechselt: Vater, Mutter, Bruder, Feind. Es bereitet dem Kind bei diesen Wörtern die gleichen Schwierigkeiten, die wahre Bedeutung richtig zu begreifen, wie z. B. bei den Pronomina *ich* und *du*.

§ 36   Ursprung der Partikeln, insbesondere der Konjunktionen

Wortklasse in der uralischen Grundsprache schließen läßt. Ebenso spricht die bekanntermaßen unregelmäßige Flexion der Pronomina für deren hohes Alter. Wie eigenartig ist doch eine Pluralbildung wie diese: *tämä : nämä* 'dieser, sg.' und 'diese, pl.', *tuo : nuo* 'jener dort, sg.' und 'jene dort, pl.', sowie beim anaphorischen Pronomen *se : ne* 'die' (erwähnte Sache) sg. resp. pl. Daß sich die Personalsuffixe des finnischen Verbs aus den Personalpronomina entwickelt haben, beweist natürlich auch das hohe Alter der letzteren (s. unten §§ 35, 37). Somit ist zum mindesten für eine Art von Pronomina ein höheres Alter anzusetzen als für die finnischen Verbformen. – Von den gegenwärtigen Pronomina des Finnischen werden die übrigen Pronomina sowohl adjektivisch als auch substantivisch gebraucht, während die Personalpronomina lediglich substantivisch sind. Die finnischen Relativpronomina (*joka* 'welcher' und *jompi* 'welcher von beiden') haben sich aus dem Demonstrativstamm *jo-* entwickelt.[1] Das reziprok-indefinite *toinen* (auch Ordinale) dürfte vom demonstrativischen *tuo* (< *too*) abgeleitet sein. Nur für ein finnisches Pronomen, das reflexive und indefinite *itse(nsä)* 'selbst' (poss. suff. 3. pers.: er selbst usw.), konnte nichtpronominaler Ursprung nachgewiesen werden[2] (das Grundwort hat 'Schattenseele', urspr. vermutlich nur 'Schatten' bedeutet und war ein Substantiv).

36. Eine besondere Wortklasse von durchgängig jüngerem Alter als die übrigen Wortklassen (abgesehen von den hierhergehörigen Interjektionen) bilden die Partikeln. Die Adverbien und die Post- resp. Präpositionen können auch im Finnischen sämtlich auf frühere oder jetzige Nominal- und Verbalparadigmata zurückgeführt werden, falls es sich nicht um Lehnwörter handelt. In einem seiner Art nach seltenen Fall wie *kohta* 'sogleich', wo der nom. sg. eines Substantivs sich zu einem Adverb entwickelt hat, ist vermutlich eine Ellipse anzunehmen: aus der Verbindung *kohta-paikalla* „an der Orts-Stelle" ist nach solchen Mustern wie *heti paikalla* 'sofort, auf der Stelle' die Bedeutung 'sofort' (fi. *heti*) für *kohta* ('Stelle', wohl eig. 'richtige Stelle') abstrahiert worden. Vom allgemeinsprachwissenschaftlichen Standpunkt ist es wohl am interessantesten, daß speziell die Konjunktionen relativ späten Datums sind. Es gibt keine einzige Konjunktion, die auf die finnischugrische Grundsprache zurückginge, und auch solche, die aus dem Urfinnischen stammen, gibt es nur drei: *ku(i)n* 'als', 'wie', *että* 'daß' und *jos* 'wenn'. Und auch diese drei Konjunktionen sind deutlich adverbiellen Ursprungs. *Ku(i)n* ist eigentlich instr. sg. resp. pl. (mit *i: kuin*) vom Pronominalstamm *ku-* und hat somit früher dasselbe bedeutet wie auch heute noch in gewissen Dialekten, nämlich 'wie'. *Että* 'daß' ist vom Pronominalstamm *e-* gebildet, der vermutlich 'dies' bedeutete, und zwar mit demselben Derivationssuffix wie *jotta* 'damit' (vom erwähnten Pronominalstamm *jo-*) und *kutta* 'wie' (alte Schriftspr. u. Dial.) vom Interrogativstamm *ku-*. Der Satzbeginn *hän sanoi, että...* 'er sagte, daß...' hätte also ursprünglich bedeutet: 'sagte so'. (Vgl. nhd. *daß*: er sagte, *daß...* < er sagte *das*.) Ung. *hogy* 'daß' kommt noch heute in der früheren adv.

---
[1] Paasonen: FUF VI S. 114.
[2] Siehe z. B. Paasonen: SUSA 26: 4 S. 6 f.

Bedeutung 'wie' vor. *Jos* ist vom Pronominalstamm *jo-* ein gleichartiger Lativ wie z. B. *alas* 'hinunter', *ylös* 'hinauf', *pois* 'weg' (vgl. auch die Bildung von *kos-ka* 'weil, da, als', das gleichzeitig Adverb und Konjunktion ist), und seine frühere Bedeutung war 'in der Richtung, so'. (Sowohl das Finnische wie das Estnische kannten in ihrer alten Schriftsprache auch vom Stamm *e-* dieselbe Ableitung *es* = *jos* 'wenn'.) Die entsprechende negative Konjunktion *jollei* weist dagegen vom gleichen Stamme den alten Adessiv (früher also *jolla ei*) auf wie auch *ellei* vom erwähnten Stamm *e-* (also urspr. *ellä ei*; die Form *ellä* tritt dialektisch in der Bedeutung 'wenn' wie schriftspr. *jos* auf).

Von den kopulativen Konjunktionen ist die in der modernen Sprache gewöhnlichste *ja* 'und' aus dem Germanischen entlehnt, obgleich nicht sicher ist, ob das Wort noch bei der Entlehnung Konjunktion war (vgl. das Adverb *jaa* der Volkssprache, schwed. *ja*, estn. *jah*, sämtlich mit der Bedeutung 'ja, freilich'). *Ynnä* 'nebst' ist der alte konsonantstämmige Essiv von *yksi* 'eins'. Der Ausdruck *isä ynnä poika* 'Vater nebst Sohn' war somit urspr. eine nominativus absolutus-Konstruktion und bedeutete wörtlich „der Vater, in einem der Sohn"; die alte Schriftsprache verwendete den Typ *isä ynnä pojan kanssa*, wo *ynnä* dem heutigen Essiv *yhtenä* 'als einer, in einem' entspricht: 'der Vater in einem mit dem Sohn', also 'der Vater vereint mit dem Sohne'. *Sekä* ist natürlich zusammengesetzt aus dem Pronomen *se* (sächl. 3. Pers. und anaphorisches Pronomen: 'das', 'es') und dem verstärkenden Enklitikon (angehängte Partikel) *-kä* (vgl. *mi-kä* 'was', *ku-ka* 'wer'). In den südöstlichen Dialekten hat *sekä* noch seine alte Bedeutung (sie ist jedenfalls älter als die schriftsprachliche) 'sowohl – als auch' bewahrt: *poika sekä tyttö* = schriftspr. *sekä poika että tyttö* 'sowohl der Bursche als auch das Mädchen'. Die in der heutigen Schriftsprache nur als Adverb bekannte Anhangspartikel *-kin* 'auch' wurde zum mindesten in der Volkssprache auch als Kopulativkonjunktion verwendet: *Ottaa orallakin, ongellakin* 'sowohl mit Stachel als auch mit Angel erbeuten'; *Kävi hiidessäkin, hornassakin* 'er hat Teufel und Hölle besucht'[1]. Den ursprünglichen Zustand, bei dem die kopulative Beziehung noch nicht mit lexikalischen Mitteln bezeichnet wurde, dürften in der modernen Sprache folgende Redeweisen widerspiegeln: *aamuin illoin* 'morgens und abends', *suin päin* 'Hals über Kopf' („mit dem Munde, mit dem Kopf"), *mielin määrin* „mit dem Sinn, mit dem Maß" = 'nach Gutdünken in Massen', 'soviel man will oder du willst', *puuta heinää* 'Holz, Heu (daherschwätzen)', *yltä päältä* „von oben, von der Oberfläche", 'über und über', *siellä täällä* 'hie und da', *silloin tällöin* 'ab und zu', „damals, diesmal", *kesät talvet* 'Sommer und Winter' „die Sommer, die

---

[1] Hiermit ist also der Gebrauch des ungarischen Adverbs *is* 'auch' als Kopulativkonjunktion in der Bedeutung 'sowohl – als auch' zu vergleichen: *én is ö is* 'sowohl ich als auch er' (eig. „ich auch, er auch"). Man beachte auch, daß die ungarische Konjunktion *és* 'und' sich aus dem Adverb *is* 'auch' entwickelt hat. Vgl. fi. dial. *Hän tulee ja* 'er kommt auch', wo *ja* also nicht 'und', sondern 'auch' bedeutet. Vergleichspunkte bietet auch lat. *-que*, das als angehängtes Adverb und als einfache Konjunktion 'und' bedeutet (*senatus populusque Romanus*) sowie als Doppelkonjunktion 'sowohl – als auch' (*hominesque deosque*).

Winter", *yöt päivät* 'Tag und Nacht', „die Nächte, die Tage". Die verwandten Sprachen bieten hierzu Parallelen. – Von den disjunktiven Konjunktionen ist *eli* (dial. auch *elli*) bloß erklärendes 'oder' als germanisches Lehnwort erklärt worden, jedoch nicht in überzeugender Weise. Die Konjunktion *ta(h)i* 'oder' (auch *ta(h)ikka*) ist zu dem Verb *tahtoa* in Beziehung gebracht worden (semasiologisch ist lateinisch *vel* 'oder', das zu *velle* 'wollen' gehört, zu vergleichen); ebenso ungarisch *akár – akár* 'entweder – oder', das sich aus *akar* 'wollen' herausgebildet hat. – Das adversative *mutta* ist alter part. sg. von *muu* 'anderer' und ist elliptisch losgelöst aus der Verbindung *muuta kuin* (*ei juokse, muuta kuin kävelee* „er läuft nicht anderes, als ob er spaziert"). Die Zwischenstufe *ei juokse, muuta kävelee* ist dial. erhalten und wäre natürlich bei wörtlicher Übersetzung des alten Partitivs sinnlos, vielmehr hat *muuta* hier schon die Bedeutung des heutigen schriftspr. *mutta*, dessen kurzes *u* durch satzphonetische Verkürzung entstanden ist, während die Geminierung des *t* > *tt* durch Apokope des *a muut'* > *mutt'* vermittelt wurde. – Das temporale *jahka* 'sobald' und das konzessive *vaikka* 'obgleich' sind unbekannter Herkunft, doch auch sie sind erst im Laufe der finnischen Sonderentwicklung entstanden. Im allgemeinen sind alle einheimischen (also nicht entlehnten) finnischen Konjunktionen aus früheren Adverbien entstanden.

37. Oben wurde erwähnt, daß der „Satz" mit gutem Grund für älter als das „Wort" gehalten wird, daß aber gleichwohl der primitive „Satz" eingliedrig gewesen sein mag und sein Lautbild vielleicht einer heutigen einfachen, unflektierten Nominalform ähnelte, die allerdings durch die erforderlichen begleitenden Gesten und – so könnten wir hinzufügen – durch den jeweils sich ergebenden affektischen Stimmton und Akzent präzisiert und belebt wurde. Paavo Ravila hat Gründe für die Auffassung angeführt[1]), daß jedenfalls im Finnischugrischen der primitive zweigliedrige Satz ein synthetisches Gebilde war, das von den jetzigen Komposita prinzipiell nicht verschieden war. So wurde beispielsweise ein Gedanke wie 'die Fische schwimmen' in der Frühzeit unseres Sprachstammes etwa so ausgedrückt, als ob wir sagen würden „die Fisch-Schwimmer" (*kala-uijat* oder *kala-uimarit*), m. a. W. es gab keinerlei durch sprachliche Ausdrucksformen dargestellten und somit sicherlich auch keinen klar begriffenen Unterschied zwischen Subjekt- und Prädikatteil des Satzes. Dieser Unterschied begann sich vermutlich zuerst im Zusammenhang mit Äußerungen, die ein Pronomen enthielten, herauszubilden: der Gedanke 'ich schwimme' wurde etwa so formuliert, als ob wir jetzt sagen würden: „ich – Schwimmer" (*minä-uija, minä-uimari*). Und da sich das Pronomen als eindeutiges, keiner weiteren Bestimmungen bedürftiges Element sicherlich schon sehr früh einem solchen Gebilde hinten anfügen konnte, wurde somit, wiederum in unserer Sprechweise nachgeahmt, etwa „Schwimmer-ich" (*uija-minä, uimari-minä*) gesagt, und auf diese Weise entstanden die Voraussetzungen für die Personalendungen und damit für die Differenzierung der Wortklassen Nomen und Verbum. (In den uralischen Sprachen haben sich

---

[1]) Vir. 1938 S. 291 f.

nämlich die Personalendungen aus Personalpronomina gebildet, die sich zu Suffixen abgenutzt haben.) Erst relativ spät wurde der heutige Sprachzustand erreicht, in dem Subjekt und Prädikat kongruieren und beide beispielsweise das Pluralzeichen erhalten: *kalat uivat* 'die Fische schwimmen' (sowohl das subjektische *kalat* wie auch das prädikative *uivat* weisen das Pluralzeichen *t* auf). Im Tscheremissischen wird heute noch, in finnischer resp. deutscher Sprechweise nachgeahmt, gesagt: „Der Fisch schwimmen" (*kala uivat*). Als Schwäche dieser interessanten Theorie wurde nachmals ausgelegt, daß umgekehrt die tscheremissischen Verhältnisse sekundär sein können (s. § 43).

Wir könnten mit einem biologischen Bild uns so ausdrücken: Die Wortklassen der Sprache haben sich im Laufe der Jahrtausende allmählich jede für sich aus der homogenen, ungegliederten, mit vielen Funktionen gleichzeitig ausgestatteten Satzmasse herausdifferenziert, wie unsere Körperorgane (z. B. Hand, Ohr, Auge) sich aus dem homogenen Zellgewebe spezialisiert haben. Und wie es für den menschlichen Körper einen großen Vorteil bedeutete, daß ein Teil seines Gewebes sich für Greifbewegungen, der andere für Lichteindrücke usw. spezialisierte, bewirkte die Differenzierung der Wortklassen aus dem Ursatz unbedingt einen gewaltigen Aufstieg in der geistigen Biologie der Menschheit. Unsere Phantasie dürfte kaum ausreichen, uns eine anschauliche Vorstellung von dem sozusagen 'prälexikalen' Denken und für unsere Begriffe ungegliederten Weltbild zu machen, das sich in der menschlichen Seele vor der Entstehung der Wortarten vorfand.

IV.

Flexion und Derivation

A. ALLGEMEINES ÜBER DIE ENTSTEHUNG DER ENDUNGEN

38. Die allgemein verbreitete Ansicht über die Entstehung der Endungen, d. i. der Flexions- und Derivationsendungen sowie der übrigen Suffixe, dürfte immer noch die sein, daß es sich ursprünglich um selbständige Wörter gehandelt hat, die in satzphonetisch unbetonter Stellung an die einschlägigen Wortstämme angetreten sind und in dieser Stellung allmählich sowohl ihre ursprüngliche Bedeutung als auch ihre lautliche Selbständigkeit verloren haben, wobei sie Verkürzungen und sonstige Veränderungen erlitten. Von dieser Ansicht gingen seinerzeit die Sprachforscher bei der Einteilung der Sprachen in drei Gruppen aus, je nachdem, wie weit sich die einzelnen Sprachen aus dem hypothetischen Urzustand entwickelt hatten. Die primitivste Sprachform stellte ihrer Meinung nach immer noch eine solche Sprache wie das Chinesische dar, dem jede Flexion fremd ist. Dieser Sprachtyp wurde als **isolierend** bezeichnet, d. h. alle die sprachlichen Elemente, die in anderen Sprachen als Endungen auftreten, sind hier noch selbständige Wörter. Die folgende Entwicklungsstufe zeigt sich darin, daß die Wörter schon insoweit flektiert oder deriviert wurden, als an die Wörter bereits andere Elemente rein äußerlich angetreten waren, ohne jedoch das Stammwort irgendwie zu modifizieren. Dies sind die **agglutinierenden** Sprachen (lat. *agglutinare* 'anleimen'). In diese Gruppe wurde auch das Finnische eingereiht, da die Flexion hier eine solche äußerliche Aneinanderfügung darstellt: *talo + na* ('Haus' + Essivendung); ähnlich werden z. B. die Translativendung *ksi*, die Inessivendung *ssa*, die Elativendung *sta*, Adessiv- und Ablativendung *lla* resp. *lta* usw. angehängt) oder *seiso-a* 'stehen' (Stamm + Infinitivendung), + *n* (also: *seison*: Stamm + 1. sg.), + *in* (*seisoin*: *i* Präteritalzeichen und *n* 1. sg.), + *va* (*seisova*: Stamm + Endung des part. praes. act.) usw. Zur dritten, höchstentwickelten Gruppe gehören die eigentlichen **flektierenden** Sprachen. Diese stellen den Stammvokalwechsel in den Dienst der Flexion, z. B. nhd. *iß* und *aß*, schwed. *man* 'Mann', *män* 'Männer'. Diese Dreiteilung, der heutzutage als Gradmesser höherer oder niedrigerer Entwicklungsstufe keinerlei Bedeutung mehr zukommt[1]), ging ihres besten anschaulichen Kriteriums verlustig, als nachgewiesen wurde, daß das Chinesische keinerlei primitiven Sprachtyp darstellt, falls man diesen auf die Flexionslosigkeit basieren

---

[1]) Doch wird diese Dreiteilung noch oft auch außerhalb der sprachgeschichtlichen Literatur erwähnt. So hat z. B. Meinhof in seinem Werk 'Die Entstehung flektierender Sprachen' (Berlin 1936) auch andere Grundunterschiede zwischen den flektierenden und agglutinierenden Sprachen feststellen wollen. So findet sich nach ihm nur in den flektierenden Sprachen ein grammatisches Geschlecht. Vgl. § 42 Anm. 4.

wolle: es hat sich nämlich bündig beweisen lassen, daß das Chinesische früher eine Flexion besessen hat und seine heutige Flexionslosigkeit das Ergebnis einer langwierigen Entwicklung ist[1]. Von den europäischen Sprachen befindet sich das Englische auf dem gleichen Wege, wenn es auch längst noch nicht den Zustand des Chinesischen erreicht hat.

Während die erwähnte Dreiteilung sich auch sonst noch Kritik gefallen lassen mußte, regten sich gleichzeitig immer mehr Zweifel an der Ansicht, auf der diese Dreiteilung beruhte, nämlich an der genannten Anschauung von der Entstehung der Suffixe. Hatte man bisher angenommen, daß die Wörter der „Ursprache" ungebeugte und ihrer Bedeutung nach unkompliziert klare „Wurzeln" gewesen seien, so mußte man nunmehr einsehen, daß eine solche Ansicht keinerlei Stütze in den sprachhistorischen Befunden empfing, da das Formensystem der Grundsprachen durchgängig reicher und vielfältiger war als das der Tochtersprachen und auch die Wortbedeutungen alles andere als lexikalisch und grammatisch eindeutige logische 'Begriffe' darstellten. Statt der einfachen müßte man eher komplizierte Ursprachen annehmen. Die Ansicht über die Entstehung der Flexions- und Derivationssuffixe wurde durch diese Erwägungen in dem Sinne beeinflußt, daß nicht mehr selbständige Gebilde a priori als Ausgangsbasis angesetzt wurden.

39. Beispiele für die Entstehung der Endungen aus früher selbständigen Wörtern lassen sich zwar aus der finnischen Sprachgeschichte anführen, aber ihre Zahl ist doch überraschend gering.

So gilt es als wahrscheinlich, daß die Personalendungen der Verba aus den entsprechenden Pronomina entstanden sind[2]. Das *-n* < * *-m* der 1. sg. (s. § 27 C 2) bietet sich von selbst an zum Vergleich mit der ersten Silbe von *minä*, und das *t* der 2. sg. steht ebenfalls offensichtlich im Zusammenhang mit *sinä* < * *tinä*, genauer wiederum mit dessen erster Silbe (s. § 26 E 4 u. § 27 E 1)[3]. Die Identität der 1. u. 2. pl. mit den entsprechenden Pronomina ist noch klarer ersichtlich: *-me* (auch *-me'* mit Schlußabsatz) ~ *me* (< * *mek*) und *-te* (~ *-te'*) ~ *te* (< * *tek*). *Hän* und *he(t)* der 3. Person können beispielsweise in der 3. sg. u. pl. des Imperativs (des sog. Optativs): *olkoon* (< * *olkohen*) 'er sei' und *olkoot* (< * *olkohet*) 'sie seien' stecken. Die

---

[1]) Siehe z. B. Jespersen: Die Sprache 354 f., Sommerfelt: *Hvordan sproget blir till* (Oslo 1934) und die dort zitierte Speziallliteratur (Lepsius, Kuhn, Karlgren).

[2]) Siehe z. B. Paasonen: FUF 7 S. 16 Fußnote. Ravila hat Vir. 1945 S. 314 f. (frz. Referat S. 498 f.) theoretische Erwägungen darüber angestellt, daß die Flexionsendungen des Finnischugrischen in größerem Umfang gerade aus Pronomina hätten entstanden sein können.

[3]) *-nä* in den Pers.-Pron. 1. 2. sg. dürfte eine Art Ableitungsformans sein. (Vgl. Lehtisalo: SUST 72 S. 388–389.) Die Vermutung, daß wir es hier mit einer verstärkenden Partikel zu tun haben, ist möglich. Vielleicht ist dieses *-na,-nä* mit dem gleichlautenden denominalen Suffix identisch (§ 52.12). Dann wäre *minä* ursprünglich etwa = 'ich hier' und *sinä* 'du da'. (Vgl. § 62c, d.) – Eine ganz späte Entwicklung des Pers.-Pron. 2. sg. zur entsprechenden Verbalendung ist im sog. Küstendialekt der südwestfinnischen Dialekte zu beobachten: *saas* schriftspr. *saat* 'du bekommst', *tules* schriftspr. *tulet* 'du kommst'. S. Ojansuu: LMÄH I S. 13, Pronominioppia 62. [Vgl. auch die 2. sg. im Deutschen mit *-t* aus dem Pers.-Pron. der 2. sg.].

Personalendung des Passivs, Vokaldehnung + *n*, früher * *-hen*, ist identisch mit der 3. Person der reflexiven Verba (dial. und im Kalevala): *laskihen* 'er ließ sich herab' (> *laskiin;* beide Formen in Gebrauch, schriftspr. *laskeutui*), *pistihen* 'er machte einen Abstecher' > *pistiin*, schriftspr. *pistäytyi*. Dagegen konnten andere gegenwärtige Flexions- und Derivationssuffixe der Verba nicht auf selbständige Wörter zurückgeführt werden. In der Klasse der Nomina konnte keine einzige Kasusendung nach Art des estnischen Komitativs *-ga* (*pojaga* 'mit dem Sohn' << *kansassa* 'in der Gesellschaft') hergeleitet werden[1]. Die an die Substantive angetretenen Possessivsuffixe sind dagegen offensichtlich aus den Personalpronomina ebenso wie die Personalendungen der Verba entstanden (§ 49). Von den übrigen Nominalableitungssuffixen ist nur das Formans der Feminina *-tar, -tär* (< *tytär* 'Tochter'; § 53.50) sowie zwei späte Adjektivsuffixe mit Sicherheit auf ein selbständiges Wort zurückzuführen: *-mainen, -mäinen* in solchen Fällen wie *poikamainen* 'jungenhaft, kindisch', *vesimäinen* 'wässerig', dial. *isomainen* 'ziemlich groß' (schriftspr. dagegen: *isohko*) usw. (§ 53.31) ist von *maa* 'Land' (übertr. 'Schlag, Art': *hän on sitä maata* 'er ist von dem Schlag'), und das hauptsächlich zur Derivation sog. Pronominalien dienende *-lainen* '-artig' leitet sich von *laji* (§ 53.18) 'Art' her: *sellainen* < *sen lajinen*, wörtl. „des -artig", 'solch', *tällainen* < *tän lajinen* „dieses (gen. sg.) -artig", 'solch (mit daraufzeigender Geste z. B. *tällainen sade* 'ein solcher Regen, so ein Regen', wenn man etwa zögernd in der Haustür steht und auf den Regen hinweist)'. Man beachte hier aber, daß in der Schriftsprache auch heute noch nicht *selläinen*, *tälläinen* gesagt wird[2]. Auch von Partikeln lassen sich nur vereinzelte Fälle anführen, die relativ spät aus „Wörtern" hervorgegangen sind. Die Frageanhängepartikel *-ko, -kö*[3] ist identisch mit dem dialektisch als selbständige Konjunktion gebrauchten uralten Interrogativpronomen *ko* (*se ko tahtoo* = *se kuka tahtoo* 'der, welcher will', schriftl. *se joka tahtoo*). Die Anhängesilbe *-han, -hän* in Äußerungen wie *Kukahan sen teki?* 'Wer hat denn das getan?', *emmeköhän lähde jo?* 'Gehen wir denn noch nicht?' war ursprünglich die 3. sg. *hän*[4] (s. auch § 58.1). Angehängtes *-s* zum Ausdruck

---

[1] Auch dieses estnische Komitativsuffix besitzt noch keinen reinen Endungscharakter, wie dies etwa beim Adessiv-*l* der Fall ist. Es hat noch soviel von seinem postpositionalen Charakter bewahrt, daß man z. B. sagt: *sama pojaga* und nicht * *samaga pojaga*, wie es bei einer echten Kasusendung der Fall sein müßte, vgl. *samal pojal* (dieses u. das vorige: 'mit demselben Knaben'). Somit ist auch dieses so beliebte Schulbeispiel für die Entstehung der Kasusendungen aus selbständigen Wörtern (Partikeln) letzten Endes nicht voll beweiskräftig. Außerdem sind ja die Postpositionen, wie Ravila: Vir. 1945 S. 319 bemerkt hat, schon an sich Kasusformen, so daß zum mindesten nicht die primären Kasusendungen aus Postpositionen hervorgegangen sein können.

[2] Ganz anderen Ursprungs ist das *-lainen, -läinen*, das in Nomina wie *suomalainen* 'Finne, finnisch' und *venäläinen* 'Russe, russisch' auftritt. *-la, -lä* ist hier ein echt finnisches Derivans für die Bezeichnung der Örtlichkeit (§ 53.17).

[3] In gewissen Dialekten hat sich diese enklitische Partikel noch nicht einmal der Vokalharmonie angepaßt; so heißt es in solchen Dialekten *hänko, seko* 'er?' 'das?' statt schriftspr. *hänkö? sekö?*

[4] Siehe z. B. Ojansuu: Pronominioppia 70.

einer persönlich-vertraulichen Note, z. B. *tules tänne!* 'Du, komm mal her!' *Näes mitä löysin!* 'Guck o. kiek mal, was ich hier gefunden habe!' ist aus *sinä* 'du' verkürzt. In anderen Fällen handelt es sich um das sächlich-anaphorische *se: Mikäs nyt?* 'Was gibts denn (jetzt)?' *Onkos se totta?* 'Ist das wahr?' In Fällen wie *Kuulkaas tuota!* 'Hören Sie sich das mal an!' kann (trotz des „Sie"!) Einwirkung von beiden Quellen vorliegen.

40. Obwohl also eine solche unserem modernen Denken einleuchtende Entstehung von Suffixen aus selbständigen Wörtern tatsächlich nachweisbar ist und die Liste dieser Fälle sich bei genügend vorhandenem altem Quellenmaterial höchstwahrscheinlich in interessantester Weise vermehren ließe, muß doch auch eine andere, nach Ansicht einiger Forscher noch wichtigere Entstehungsweise der Suffixe in Erwägung gezogen werden, die wir passend etwa als „Abbröckelung, Stammesloslösung" bezeichnen könnten. Wir haben dabei solche Fälle im Auge, daß ein Wortteil, eine an sich zufällige Lautzusammenstellung, die absolut kein Formans darstellt, zunächst auf ein anderes, dann auf ein weiteres Wort durch „falsche" Analogie oder Abstraktion übertragen wird und sich dabei aus den Wortstämmen, an die es antritt, allmählich eine bestimmte Tönung „adaptiert" und so schließlich eine selbständige Bedeutungsfunktion übernimmt und zum Träger einer bestimmten Kategorie wird. So ist das Formans *-sta-*, *-stä-*, das im heutigen Finnisch eine Reihe von Verba mit der Bedeutung des Fangens und Sammelns bildet, durch eine Erweiterung, sozusagen Wucherung des alten Kausativsuffixes *-ta-*, *-tä-* auf Kosten des auf *-s* ausgehenden Wortstammes entstanden und hat dabei seine nachmalige Bedeutungsnuance des Sammelns und Erwerbens aus der Bedeutung des Grundwortes 'aufgesogen', wenn es erlaubt ist, das biologische Bild weiter auszumalen. Den ursprünglichen Typ repräsentieren nämlich Wörter wie *pyydys-tää* 'fangen (mit 'Fanggerät' *pyydys*)', *saalis-taa* 'erbeuten' (*saalis* 'Beute'), nach deren Muster *kala-staa* 'fischen' (*kala* 'Fisch'), *metsä-stää* 'jagen' (von *metsä* 'Wald'), *marja-staa* 'Beeren sammeln' (*marja* 'Beere'), *siene-stää* 'Pilze sammeln' (*sieni* 'Pilz', Stamm *siene-*), *raha-staa* 'Geld eintreiben' (*raha-* 'Geld') gebildet wurden. In prinzipiell gleicher Weise durch falsche Stammabspaltung ist das denominale Kollektivderivativum *-sto*, *-stö* entstanden (§ 53.49); es dürfte durch Abspaltung des Stammesauslauts *-s* in *hiilusto* 'glühender Kohlenhaufen' [vgl. übrigens auch *hiilustaa* 'glühende Kohlen anhäufeln'], *ympärystö* 'Umgebung' [die Stämme lauteten *hiilus* 'glühende Kohle', *ympärys* '(Um)kreis'] sich als Muster für Bildungen wie *kivistö* 'Steinhaufen', *koivisto* 'Birkengehölz' usw. herausgebildet haben. Gleiches dürfte für das *-i-* des Ableitungssuffixes *-io*, *-iö* gelten, denn es fehlte zunächst in dem Suffix (§ 55.2, § 53.7). Prinzipiell noch weitreichender dürften diese Stammesabspaltungen für die Herausbildung, d. h. in diesem Falle für die falsche Abstraktion von Flexionsendungen gewesen sein, obwohl die Forschung diesen Erscheinungen nur selten auf die Spur gekommen ist. So ist wahrscheinlich das *l* der äußeren Ortskasus des Finnischen, welches mit dem *l* in Wörtern wie *sikäläinen* 'dortig', *setälä* 'Onkelheim' identisch ist, aus solchen Partikeln wie *täällä* 'hier' (< * *täγälnä*, Stammwort ist die Ortsbezeichnung *täkälä* 'dieser Ort hier'), *siellä* 'dort' (< * *siγälnä*, Stammwort *sikälä* 'der Ort da') abstrahiert und in die lokalen Kasus unter Übernahme (eigentlich „Mitnahme" oder „Aufnahme") eines bestimmten Bedeutungstimbre übergeführt worden, womit also gleichzeitig neue Ortskasus entstanden. Wörter, die so zur Ausgangsbasis einer neuen grammatischen Formenklasse werden, müssen natürlich durch ihren Bedeutungsgehalt zu genügender Frequenzbreite prädestiniert sein, m. a. W., es muß sich um sehr wichtige Wörter handeln. Es folgt aus der Natur der Sache, daß diese Abspaltungen schon sehr früh die ganze Sprache in außerordentlich vielfältiger Verzweigung durchsetzt haben. Eine detaillierte Erforschung dieser Erscheinung erweist sich also bei unserer unvollkommenen Kenntnis des Wort- und Formenvorrats der verschiedenen sprachlichen Entwicklungsphasen als unmöglich.

B. DIE GRAMMATISCHEN AUSDRUCKSMITTEL FÜR DIE MEHRZAHL

41. Im Finnischen werden wie im allgemeinen in den übrigen europäischen Sprachen nur zwei Numeri, Singular und Plural, unterschieden. Mit grammatischen Ausdrucksmitteln wird also nur der Gegensatz zwischen einem und mehreren Objekten bezeichnet. (Der Dual hat jedoch zweifellos zur urfinnischugrischen Nominal- und Verbalflexion gehört, wenn auch nicht so systematisch entwickelt wie der gegenwärtige Plural, sondern auf bestimmte Sonderfälle beschränkt. Er ist jedoch früh zurückgewichen, so daß er heute (auf uralischem Gebiet) nur noch im Lappischen, Ostjakischen und Wogulischen sowie in den samojedischen Sprachen vorkommt. Siehe jedoch §§ 49 und 62 über eventuelle Spuren von einem frühurfinnischen Dual in den finnischen Personalpronomina, Possessivsuffixen und Personalendungen des Verbs.) An Ausdrucksmitteln für die Vielheit besitzt das heutige Finnisch folgende vier: *i, t, k* und *n*.

42. *i* (resp. *j* im Silbenanfang) in allen obliquen Pluralkasus außer dem acc. pl., der mit dem nom. gleichlautet, und außer dem gen. pl. II, der vom Singularstamm gebildet wird. Dieses *i* resp. *j* ist dann auch meist das einzige Lautelement, das den Pluralkasus vom entsprechenden Singularkasus unterscheidet; denn die Kasusendungen an sich sind im Singular und Plural gleich: *talo-i-na* ess. pl. (*talo* 'Haus'), *karhu-i-ksi* transl. pl. (*karhu* 'Bär'), *havu-j-a* '(Baum-) Nadeln' part. pl.; *matko-i-ssa* 'auf Reisen' iness. pl. (< *matkaisna, s. ob. § 23 E), *mun-i-a*, part. pl. von *muna* 'Ei', << *munaiδa, s. § 23 C, *ma-i-hin*, ill. pl. von *maa* 'Land', < * *maihen* < * *maai-*, s. § 22 C, § 23 F), *mets-i-in*, ill. pl. von *metsä* 'Wald', < * *metsihen* < * *metsäi-*, s. § 23 C, F), *hevos-i-in*, ill. pl. von *hevonen* 'Pferd' (< * *hevoisihen* < * *-śei-*), *varpa-i-siin*, ill. pl. von *varvas* 'Zehe', (analogisch nach dem Typ *hevosiin* pro * *varpaisin* < * *varpahisen*), *poik-i-en*, gen. pl. von *poika* 'Bursche, Sohn, Knabe' < * *poikaiδen*, über δ siehe § 43). In einem solchen gen. pl. II wie *poikain*, *laiskain* begreift das heutige Sprachgefühl dieses *i* ebenfalls als Pluralzeichen, aber historisch betrachtet ist dies kein pl.-*i*, sondern es geht vielmehr auf früheres *e* zurück: *poikain* < *poikaen* (so noch in der Schriftsprache des 19. Jh.) < * *poikaδen*, ebenso *laiskain*, gen. pl. II von *laiska* 'faul', < *laiskaen* < * *laiskaδen* (über das δ § 43).

Dieser *i*-Plural ist spätestens schon gleich nach der wolgafinnischen Zeit, während der gemeinsamen ostseefinnisch-lappischen Periode zu einem klaren System entwickelt worden[1], aber Anfänge dazu waren schon viel früher, vielleicht schon in der uralischen Ursprache vorhanden. Das *i*-Element ist vermutlich identisch mit dem uralten Derivationssuffix des possessivischen Nomens in *huhti-kuu* 'April' = „Schwend[land] zugehöriger Monat", *lehmi-karja* 'Rindvieh' = „Kuh-zugehöriges Vieh", *jalko(i)-pää* 'Fußende' = „Fuß-zugehöriges Ende", *sanko(i)* 'Eimer mit Henkel' = „Henkel-Zugehöriges". Weiterhin ist dieses *i* wahrscheinlich mit dem Deminutiv-*i* z. B. in Wörtern wie *luokki* 'Schulterjoch', *peni* 'Hündchen', *täti* 'Tante', urspr. liebkosend-deminutiv „Tantchen" identisch. (Vgl. das ungar. Adjektivsuffix *i*: *isten* 'Gott', *isteni* 'göttlich' usw.). Ebenso wie nämlich der gen. sg. nach dem Zeugnis des Mordwinischen und des Tscheremissischen ursprünglich ein possessives Adjektiv[2] war und sich aus einem solchen zu einem dem Paradigma der gesamten Nominalflexion angehörigen Kasus entwickelt hat, ebenso hat man besonders auf Grund des Lappischen gefolgert[3], daß sich das ursprünglich possessive Adjektiv auf -*i* dem Nominalparadigma angeschlossen und sich so ausdrücklich auf die Bedeutungsfunktion des gen. pl. hin entwickelt hat. Und wie später im Estnischen der gen. pl. in zahlreichen Fällen die Grundlage der übrigen Pluralkasus abgab (gen. pl. *poegade*, transl. *poegadeks*, adess. *poegadel*), so ist es, wie man annehmen muß, früher in der gesamten ostseefinnisch-lappischen Sprachgemeinschaft gegangen: der gen. pl. auf -*i* wurde zur Grundlage der obliquen Pluralkasus, und so begannen die Sprecher das *i* als Pluralzeichen überhaupt zu begreifen. Auf diese Weise ist eine Pluralflexion der Nomina entstanden, die an Klarheit und Ökonomie der Ausdrucksmittel die Pluralsysteme vieler indogermanischer Sprachen in den Schatten stellt[4].

---

[1] Ravila: FUF 23 S. 47 f., FUF 27 S. 92 usw. Der Umstand, daß sich auch in ungarischen Possessiv-Suffixen und in der samojedischen Nominalflexion *i* ebenfalls als Pluralzeichen findet, zeigt uns, daß dieses adjektivische Element *i* schon früh Neigung zur Entwicklung in der gleichen Richtung hatte. Es ist eigentümlich, daß gerade die samojedischen Sprachen in diesem Punkte den finnisch-lappischen Verhältnissen näher stehen als das Ungarische. Zum mindesten das ungarische Plural-*i* dürfte sich wohl als Ergebnis sekundärer Entwicklung erweisen lassen: vgl. hierzu Julius von Farkas: Ural-Altaische Jahrbücher 25 (1953) S. 52–72, G. Bárczi: MNy 50 (1954) S. 287–301, Bo Wickman: The Form of the Object in the Uralic Languages (Uppsala 1955) S. 148. Die Frage bedarf noch weiterer Untersuchungen.

[2] Setälä: ÄH 382 f.

[3] Ravila: a. a. O., Uotila: Vir. 1945 S. 327 f. (dtsch. Referat S. 499 f.).

[4] Als Vorzug des finnischen *i*-Plurals ist angeführt worden, daß dieses Pluralzeichen die Silbenzahl nicht vergrößert. – Mannigfaltigkeit der Pluralbildung sieht Meinhof: Die Entstehung flektierender Sprachen S. 15–17, 27 als charakteristisches Merkmal der flektierenden Sprachen an (s. hier ob. § 38).

43. Die zum größten Teil geradezu ideale Einfachheit des finnischen Pluralsystems stört freilich – außer den durch das *i* bedingten kombinatorischen Lautübergängen (von denen oben Beispiele gegeben wurden) – der Umstand, daß der nom. pl. (und der ihm gleichlautende acc. pl.) **von Anfang an ein besonderes Zeichen, nämlich** *t*, hatte und daß auch der gen. pl. auf diesem *t* fußt; dieses gleiche *t* ist sogar neben *i* in den gen. pl. I eingedrungen, der somit zwei Pluralzeichen aufweist. Nominative: *laiva-t* (*laiva* 'Schiff'), *karhu-t* (*karhu* 'Bär'), *luoki-t* (*luokki* 'Schulterjoch'), *emännä-t* (*emäntä* 'Hausfrau'), *kaare-t* (*kaari* 'Bogen, Halbkreis'), *uude-t* (*uusi*, Stamm *uute-* 'neu'), *sitee-t* (*side* 'Band, Binde'), *miehe-t* (*mies*, Stamm *miehe-* 'Mann'), *sormukse-t* (*sormus* 'Fingerring'); gen. pl. II: *miest-en* (*mies* 'Mann'), *las-ten* (*lapsi* 'Kind'), *pien-t-en* (*pieni* 'klein' (analog. f. veralt. *piennen* < *peenden)), *suur-t-en* (*suuri* 'groß' (analog. pro *suurren < *suurðen*, vgl. bei Agricola *swrdhen*)), *varvas-t-en* (*varvas* 'Zehe'), *askel-t-en* (*askel* 'Schritt'), *honkain* (*honka* 'große Kiefer') < *honkaen* < *honkaðen (§ 23 E), *härkäin* (*härkä* 'Ochse') < *härkäen* < *härkäðen; gen. pl. I: *maiden* (*maa* 'Land') < *maiðen, *miehien* (*mies* 'Mann') < *meehi-ð-en, *lapsien* (*lapsi* 'Kind') < *lapsi-ð-en, *pienien* (*pieni* 'klein') < *peeni-ð-en, *varpaiden* < *varpahi-ð-en, *askelien* < *askeli-ð-en, *honkien* < *honki-ð-en.

In diesem Zusammenhang sei erwähnt, daß sich vom nom.-pl.-*t* keine Spuren in der Flexion des Nomens mit Possessivsuffix finden und daß es hier auch nie aufgetreten ist. Dies erklärt sich daraus, daß das für die Possessivdeklination ursprüngliche Pluralzeichen *n* lautete.

t tritt auch in der Verbalflexion, in der 3. pl. praes. und imperf. als Pluralzeichen auf: *(he) saava-t* 'sie bekommen', *syövä-t* 'sie essen', *tuleva-t* 'sie kommen', *tekevä-t* 'sie tun'; *saaneva-t* 'sie dürften bekommen', *syönevä-t* 'sie dürften essen', *tulleva-t* 'sie dürften kommen', *tehnevä-t* 'sie dürften tun'; *saiva-t* 'sie bekamen' (nach Analogie des Praes., urspr. *he sait*, wie noch dial. und veralt.), *söivä-t* (pro *söit*) 'sie aßen', *tuliva-t* (pro *tulit*) 'sie kamen', *tekivä-t* (pro *teit*) 'sie taten'; *saisiva-t* 'sie würden bekommen' (analog. pro [*he*] *saisit*, wie dial. und alte Schriftspr.), *söisivä-t* 'sie würden essen' (pro *söisit*), *tulisiva-t* 'sie würden kommen' (pro *tulisit*), *tekisivä-t* 'sie würden tun' (pro *tekisit*); *saakoo-t*, *syököö-t*, *tulkoo-t*, *tehköö-t* 'sie mögen bekommen, essen, kommen, tun'. Da die 3. sg. pl. ind. ursprünglich eine Nominalform ist (s. § 32), so ist die Verwendung des nominalen Pluralzeichens hier völlig am Platze. Ebenso leicht läßt sich dasselbe *t* in der 3. pl. imperf. verstehen, wenn man die in § 32 vorgetragene These von der ursprünglichen Identität des Imperfektstammes und des nomen agentis billigt. Das Präsens des Potentials hat sich in seiner Gesamtheit nach dem ind. praes. gestaltet, das Präsens des Konditionals wiederum befolgt die Flexion des ind. imperf. Die Endung der 3. pl. imperat. praes., ursprünglich *-het*, ist – wie in § 39 ausgeführt – mit dem gegenwärtigen Personalpronomen der 3. pl. *he* (< *het*) identisch, so daß das Pluralzeichen der Nominalflexion von hier aus seine natürliche Erklärung erfährt.

t **als Kennzeichen des nominalen nom. pl. geht zum mindesten bis auf die wolga-ostseefinnisch-lappische Periode des Zusammenlebens zurück**, jedoch sind für dieses *t* bis zu den obugrischen und samojedischen Sprachen Entsprechungen vorgebracht worden. Die Ansicht ist vorgebracht worden[1]), daß das Plural-*t* ursprünglich nur im Prädikatnomen vorkam; es wäre also (in den heutigen Sprachgebrauch 'übersetzt') gesagt worden: (Der) Vogel — (sie) fliegen (*lintu lentävät*). Als dann die Kongruenz zwischen Subjekt und Prädikat aufkam, wäre das Plural-*t* auch an das Subjekt angehängt worden. So würde verständlich, warum der *t*-Plural sich im wesentlichen auf den Nominativ beschränkt. Der gen. pl. II ist erst im Urfinnischen nach Analogie des Sg. gebildet worden, beispielsweise nach folgender Proportion: *luu : luun = luut :* x, also x = *luuδen* (Agricola *lwdhen*)[2]) [*luu* 'Knochen']. Das so entstandene -δen ~ ten wurde als eigentliche Endung des gen. pl. aufgefaßt, und der gen. pl. I bildete sich erst heraus, als diese Endung den *i*-Stamm der übrigen Pluralkasus übernahm (*luiden* < * *luiδen*). Der ursprüngliche gen. pl. ohne Auslaut-*n* ist auf ostseefinnischem Gebiet völlig geschwunden und nur im Lappischen erhalten. In dieser Beleuchtung wird die Erscheinung verständlich, daß der finnische gen. pl. gegenwärtig ein bunteres Bild als irgendein anderer Nominalkasus bietet.

44. Die verbleibenden Pluralzeichen *k* und *n* sind neben *i* und *t* im heutigen Finnisch ganz bedeutungslos, obgleich *n* augenscheinlich auf die uralische Grundsprache zurückgeht. *k* will man wenigstens im Nominativauslaut der pluralischen Personalpronomina sowie im Auslaut der pluralischen Possessivsuffixe und der pluralischen Personalendungen der Verba als Zeichen für die Mehrzahl des Täters bzw. Besitzers festgestellt haben: *me(')* 'wir' < * *mek*, *te(')* 'ihr' < * *tek*, *ẓek*, *saamme* 'wir bekommen' < * *saakme-k* (über das *k* vor dem *m* siehe § 61 A 1), *saatte* 'ihr bekommt' < * *saakte-k*, *talomme* 'unser Haus, unsere Häuser' < * *talo(n̥)me-k*, *talonne* 'euer Haus, eure Häuser' < * *talonde-k*, *(heidän) talonsa* 'ihr (pl.) Haus, ihre Häuser' < * *talonsa-k*. In der modernen Umgangssprache ist von diesem Auslaut-*k*, das in vielen Dialekten erhalten ist, nicht immer eine Spur erhalten, bisweilen ist es in gleicher Weise vertreten wie alle übrigen urfinnischen Auslaut-*k* (§ 27 B)[3]).

Vom Plural-*n* haben sich Rudimente in den Possessivsuffixen erhalten, meist aber aus ihren ursprünglichen Stellungen verdrängt und in ihrer

---

[1]) Ravila: Vir. 1938 S. 292, FUF 27 S. 96 usw. Juho Ankeria hat jedoch bemerkt, daß die Ansicht Ravilas nur auf einer Verallgemeinerung der tscheremissischen Verhältnisse beruht, und bemerkt weiter: „Es läßt sich gut denken, daß sich der Typus „der Vogel : fliegen" [= 3. pl.!] *(lintu lentävät)* aus dem Typus *linnut lentävät* („die Vögel [sie] fliegen") entwickelt hat" (Språkvetensk. Sällskapets i Uppsala Förhandlingar 1949–1951 S. 126).

[2]) Ravila: FUF 23 S. 53. Vgl. Rapola: SKH I S. 157.

[3]) Das *k* wurde früher für ein altes, aus dem Urfinnischugrischen stammendes Pluralzeichen angesehen, aber dieser Ansicht haben zwei Forscher mit guten Gründen widersprochen: Paavo Ravila: FUF 23 S. 47 f., 26 Anz. S. 2 f., 27 S. 67 f. und Julius von Farkas: Ural-Altaische Jahrbücher 24 (1952) S. 51–58. So ist das lappische Pluralzeichen *k* nachweislich aus *t* entstanden, und das ungarische Plural-*k* (< * *kk*) dürfte sich erst relativ spät aus dem Derivativsuffix * -*kkδ*- (s. § 52.9) entwickelt haben.

Funktion verblaßt: *puu-n-i* urspr. = 'meine Bäume', *puun-n-e* < * *puundek* urspr. 'eure Bäume', *puu-n-sa* < * *puunsak* urspr. nur: 'ihre (pl.) Bäume'. Besonders ist zu beachten, daß in der possessivsuffigierten Flexion in den Pluralkasus, d. h. bei Mehrheit des Besitzes (ganz gleich, ob nun der Besitzer in der Einzahl oder Mehrzahl stand), dieser Besitzplural durch *n* (also nicht durch *i* oder *t*) ausgedrückt wurde. Es hieß also * *puutani* 'meine Bäume' (und nicht *puitani* wie heute), aber im Singular des Besitzes: * *puutami* 'mein Baum'. Genaueres s. unter den Poss.-Suff. § 49.

In diesem Zusammenhang sei noch die merkwürdige, sicherlich auf urtümliche Verhältnisse weisende Tatsache erwähnt, daß *n* auch beim Demonstrativum die Mehrzahl bezeichnet, aber nicht in suffixaler, sondern in stammhafter Verwendung: den Singularnominativen *tämä* 'dieser', *tuo* 'jener', *se* 'das, es' stehen folgende Pluralnominative gegenüber: *nämä, nuo, ne* (ohne Endung). Das Auslaut-*t* (*nämät, nuot, net*) der älteren Schriftsprache und der Dialekte ist spätere Analogie. Auch die obliquen Pluralkasus dieser Pronomina sind heute analogisch mit ihrem doppelten Pluralzeichen: *näinä, noita, niiksi* usw. (ess., part. transl.); die ursprüngliche Flexion wies zweifellos kein *i* auf: * *nänä*, * *noota*, * *nekse* usw.[1]). Über das mutmaßliche ostseefinnisch-lappische Dualzeichen *n* siehe §§ 49 und 62.

Auch die Möglichkeit ist vorgebracht worden, daß das pluralische *n* mit dem des Genitivs, das früher zur Ableitung des possessiven Adjektivs diente, übereinstimme (s. § 42)[2]). Dies alles würde eine Parallele zu dem bilden, was oben über die Funktionen des Plural-*i* gesagt wurde.

45. Die relative Einfachheit der heutigen Pluraldeklination des Finnischen, die auf der dominierenden Stellung des Formans *i* basiert, ist somit das Ergebnis eines langwierigen Nivellierungsprozesses. Wir können uns mit Hilfe der Forschung noch ein Bild davon machen, wie auf einer unvergleichlich primitiveren Sprachstufe der Ausdruck für die Mehrzahl merkwürdig kompliziert war, wo der Dual, freilich nur unvollkommen entwickelt, in der absoluten und Possessivdeklination sowie in der Verbalflexion zahlreiche Positionen des späteren Plurals noch innehat, wo sich der *i*-Plural auf den adjektivartigen Genitiv beschränkt, wo das *t* die Mehrzahl nur am Prädikatsnomen bezeichnet und das Subjektnomen noch keine Kongruenz mit dem Prädikatsnomen zeigt, wo in der Possessivdeklination *n* und *k* als Pluralzeichen verschiedener Funktion auftreten, letzteres überdies in der Verbalflexion. Offensichtlich wurde in einer solchen Periode der Singular viel mehr als heutzutage auch dann verwendet, wenn von mehreren die Rede war. Überbleibsel eines solchen kollektiven Singulars haben wir im Finnischen wie in den verwandten Sprachen: *Kengät ovat jalassa* 'Die Schuhe sind am Fuß', *vedän kintaat käteen* 'ich ziehe die Fäustlinge über die Hand', *silmään pistävä yhdennäköisyys* 'eine ins Auge stechende Ähnlichkeit', *jalkapuoli* „Fußhalber" = 'Einfüßiger', *viisi kalaa* „fünf Fisch", *sata kyynärää* '100 „Elle"' statt 'Ellen', *miestä kaatui kuin heinää* „Mann fiel wie Gras" = 'die Männer fielen wie Grashalme'.

---
[1]) S. zuletzt Lauri Posti: Vir. 1937 S. 290 f.
[2]) Ravila: FUF 23 S. 52.

C. ÜBER DIE KASUS

46. Zu den hervorragendsten Charakteristika des Finnischen gehört die hohe Kasuszahl: 15 'lebendige' Kasus. Freilich stammen diese Kasus alle aus dem Späturfinnischen, aber nur ein Drittel davon existierte schon in der finnischugrischen Grundsprache. Im Lappischen gibt es 8, im Mordwinischen 10, im Tscheremissischen 13, im Syrjänischen 18, im Wotjakischen 14, im Wogulischen 6, im Ostjakischen je nach Dialekt 5–8 und im Ungarischen 21 Kasus. Man halte dagegen, daß es im Französischen nur einen, im Englischen und Schwedischen nur 2, im Deutschen 4, im Russischen 6, im Litauischen und Polnischen 7 Nominalkasus gibt, gegenüber den mutmaßlichen 7 Kasus der indogermanischen Grundsprache. Die finnischugrischen Sprachen haben also in der Zeit, die für die Forschung offen zutage liegt, im allgemeinen die entgegengesetzte Entwicklungstendenz gezeigt als die indogermanischen Sprachen, nämlich ein Streben nach Bereicherung des Kasussystems, während im Indogermanischen die Zahl der Kasus auf Kosten der Präpositionen gesunken ist. Der synthetische Charakter der Sprache ist also im Finnischugrischen verstärkt, im Indogermanischen geschwächt worden. Die beliebte Theorie von der Entwicklung aller Sprachen in Richtung auf einen analytischen Bau zu findet also im Finnischugrischen[1]) keine Stütze.

47. A) Der nom. sg. ist im Finnischen und dessen Verwandten immer endungslos (ohne Kasuszeichen), wodurch er sich vom Nominativ u. a. vieler indogermanischer Sprachen unterscheidet. Auch das *t* im nom. pl. ist eigentlich kein Nominativ-, sondern Pluralzeichen (wie in § 43 ausgeführt). Vgl. auch § 31.

B) Das Zeichen des acc. sg., das heute wie der gen. sg. auf -*n* ausgeht, war ursprünglich *-m*. Dieses dürfte bis auf die uralische Grundsprache zurückgehen. Der Kasus wurde also erst nach dem Übergang -*m* > -*n* mit dem Genitiv gleichlautend (§ 27 C 1)[2]). Im Plural wird dieser Akkusativ nicht verwendet, sondern, wie wohl schon in der uralischen Grundsprache, durch den Nominativ ersetzt[3]). Uralt scheint auch in bestimmten Fällen die Verwendung des nom. sg. in akkusativischer Funktion zu sein, danach zu schließen, daß auch im Samojedischen beim Imperativ das Objekt in der Form des Nominativs steht[4]). – Die Akkusativformen auf -*t* bei den Personalpronomina und dem Interrogativpronomen *ken: minut* 'mich', *sinut*

---

[1]) Otto Jespersen: Die Sprache 349 u. a. – Mit dem Obigen wollen wir nicht in Abrede stellen, daß nicht auch ein solcher Entwicklungsgang der finnischugrischen Sprachen eine Vereinfachung der Sprachstruktur und Erhöhung der Prägnanz bedeutet hätte. Vgl. Collinder: Analytische Sprachentwicklung und linguistische Teleologie. NyK 50 S. 51 f., Ravila: FUF 27 S. 121–124.

[2]) Auf den uralten indogermanischen acc. sg. auf -*m* (z. B. lat. *equum*) wird öfters verwiesen mit dem Bemerken, daß eine solche Ähnlichkeit vielleicht kein bloßer Zufall sei. S. zuletzt Collinder: Indo-uralisches Sprachgut (Uppsala 1934) S. 21.

[3]) Mark: SUST 54 S. 248, Bo Wickman: a. a. O. S. 79 Fußn.

[4]) Mark (nach Castrén): SUST 54 S. 247 Fußn.

'dich', *hänet* 'ihn', *meidät* 'uns', *teidät* 'euch', *heidät* 'sie (pl.)', *kenet* 'wen' stehen nicht mit den übrigen Kasus im Einklang. Sie sind zunächst in den nom. acc. pl. nach Analogie der Nomina eingedrungen und haben sich dann erst auf den Singular ausgebreitet, und zwar erst nach der urfinnischen Periode[1]).

C) Der heutige Genitiv soll zwei frühere Kasus vertreten:

1) Einen alten, bis auf die uralische Grundsprache zurückreichenden Lativ auf * -ń (§ 48B; über * ń > n § 27 C 4), dessen dativische Funktion sich noch in folgenden heutigen Redensarten widerspiegeln soll: *Mitä hän sinun teki?* 'Was hat er dir getan?'; *Hänen tuli jano* „Ihm kam Durst" = 'Er bekam Durst'; *Anna pojan olla* „Gib dem Knaben zu sein" = 'Laß den Knaben sein'; *Toin kirjan väen lukea* „Ich brachte das Buch den Leuten zu lesen" = 'ich brachte den Leuten ein Buch zum Lesen'; *Miehen täytyi mennä* „Dem Manne erfüllte sich zu gehen" = 'Der Mann mußte gehen'. In der alten Schriftsprache war eine solche Verwendung des sog. Dativ-Genitivs noch allgemeiner verbreitet als in der modernen. So kennt Agricola folgende Redeweisen: *ioca valmistettu on Percheleen ja henen Engelittens* 'wer bereitet ist für den Teufel und dessen Engel'; *Terue teiden* 'Heil euch!'; *coska mine wijsi Leipe mursin, widen tuhanen Inhimisen* 'da ich fünf Brote brach für fünftausend Menschen'. Dieses gleiche lativische -ń soll auch am Ende der Illativ- und Allativendung auftreten.

2) Der Genitiv vertritt weiter einen Kasus auf unmouilliertes * -n. Auch für diese Endung sind Entsprechungen aus den verwandten Sprachen aufgewiesen, sogar bis zum Samojedischen[2]). Es wurde angenommen, daß dieses * -n früher possessive Adjektive bildete wie seine mordwinische und tscheremissische Entsprechung noch heute.

Es dürfte kaum genügender Anlaß vorliegen, diese Zweiquellentheorie aufrechtzuerhalten. Wahrscheinlich handelt es sich um ein und dieselbe alte Endung -n, deren ursprüngliche Funktion im Mordwinischen und Tscheremissischen erhalten geblieben ist, während sie sich in den ostseefinnischen Sprachen, im Lappischen und im Samojedischen zur Genitivendung entwickelt hat. Die Mouillierung dieser Endung im Mordwinischen, worauf die erwähnte Theorie von der doppelten Quelle ganz und gar aufgebaut ist, wirkt zwar außergewöhnlich und ist immer noch ohne befriedigende Erklärung, aber es ist doch bemerkenswert, daß dieselbe abweichende Lautentwicklung auch beim mordwinischen Instruktiv-n auftritt, das sicherlich mit der Genitivendung gleicher Herkunft ist[3]) (vgl. sub H).

D) Als allgemeine Lokalkasus pflegt man Essiv, Partitiv und Translativ unter Berücksichtigung ihrer ältesten, im Finnischen nur in Partikeln erhaltenen Bedeutungen zu bezeichnen.

---

[1]) Ojansuu: Itämerensuomalaisten kielten pronominioppia (Prominallehre der ostseefinn. Sprachen) 116.
[2]) Setälä: ÄH 382.
[3]) Ravila: FUF 27 S. 71 f., Toivonen: FUF 28 S. 18, Uotila: Vir. 1945 S. 327 (dtsch. Referat S. 499 f.).

Von diesen hat der Wo-Kasus, der Essiv, dessen Endung *-na*, *-nä* lautet, sichere genetische Entsprechungen in allen verwandten Sprachen bis zum Samojedischen, so daß wir ihn auf die uralische Grundsprache zurückführen können. Die ursprüngliche Bedeutung war lokativisch, wie sie noch die folgenden modernen finnischen Wörter vertreten: *luo-na* 'bei' „in der Nähe", *kauka-na* 'fern' „in der Ferne", *koto-na* 'zu Hause' „im Hause", *taempa-na* 'weiter hinten', *rannempa-na* 'weiter nach dem Ufer zu' „im Ufer[ig]eren", *sisempä-nä* 'mehr drin, mehr im Innern', *läs-nä* 'anwesend' „in der Nähe"; beachte auch *alla* 'unter' < * *al-na* (§ 27 H 9 c), *yllä* 'über' < * *yl-nä*, *täällä* 'hier' < * *täyäl-nä*, *siellä* 'dort' < *siällä* < * *siyäl-nä*. Schon früh hat sich bildliche temporale Verwendung eingestellt: *tänä iltana* 'an diesem Abend', *sinä vuonna* 'in dem Jahre', *kesäyönä* 'in einer Sommernacht'. Teils vermittels solcher temporaler Gebrauchsweisen, teils direkt auf Grund lokaler Verwendung haben sich u. a. die übertragenen Bedeutungen entwickelt, die im modernen Finnisch die allgemeinsten Verwendungstypen dieses Kasus darstellen und auf Grund deren er auch seine Bezeichnung erhalten hat: *Moni lasna lammastavi, vanhana vaka tulevi* 'Manch einer tollt als Kind wie ein Schaf herum, als alter (Mensch) wird er gesetzt'; *Ole miesnä miesten kanssa, sunna koirien seassa* 'Sei (wie) ein Mann unter Männern, wie ein Wolf unter Hunden'; *Pelto on rukiina* „Das Feld ist wie (eine) Roggenmasse, wie ein Roggen" = 'das Feld ist mit Roggen besät'; *Pidin luuta lihana* 'ich hielt den Knochen für Fleisch' usw.

Die alte Bedeutung des allgemeinen Woher-Kasus, der heute im Finnischen Partitiv heißt und auf *-ta*, *-tä* resp. *-a*, *-ä* endet sowie ebenfalls auf die uralische Grundsprache zurückgeht, hat sich gleichfalls nur in Partikeln erhalten: *luo-ta* 'von ... her' „aus der Nähe", *kauka-a* 'von fern her' (< * *kaukaδa*), *koto-a* 'von Zuhause', *taka-a* 'von hinten', *al-ta* 'von unten', *yl-tä* 'von oben' (die drei letzten auch als Postpositionen: „von hinter, von unter, von über (z. B. dem Bett)" 'hinter dem Bett hervor, unter dem Bett hervor, von oben über dem Bett her', *tääl-tä* 'von hier' (< * *täyältä*), *siel-tä* 'von dort' (< *siältä* < * *siyältä*), *rannempa-a* 'mehr vom Ufer her', *sisempä-ä* 'mehr aus dem Innern hervor'). Im heutigen Finnisch ist die zentralste und eigentliche Funktion dieses Kasus, von der er auch seinen grammatischen Terminus erhalten hat, diejenige, daß er das partielle Subjekt oder Objekt kennzeichnet: *hakkaan puuta* 'ich hacke Holz', *syön lihaa* 'ich esse Fleisch', *teen työtä* 'ich tue (verrichte) Arbeit', *pelkään karhua* 'ich fürchte den Bären', *juotiin vettä* 'es wurde Wasser getrunken'; *vettä sataa* „Wasser fällt wieder" 'es regnet', *pellossa kasvaa naurista* 'auf dem Feld wächst „Rübe"', *kaloja ui* 'Fische schwimmen (im Finnischen: sg.)'. In dieser abstrakteren Verwendungsweise scheint sich der allgemeine Woher-Kasus erst im Frühfinnischen entwickelt zu haben[1].

Der allgemeine Wohin-Kasus, der auf *-ksi* (< * *-kse*) endende Translativ, kommt in seiner ursprünglichen lokal-lativen Bedeutung u. a. in folgenden Partikeln vor: *kaua-ksi* 'in die Ferne', *tuonnemma-ksi* 'weiter dort-

---

[1] Ravila: FUF 23 S. 54–55.

hin', *peremmä-ksi* 'weiter nach hinten', *ulomma-ksi* 'weiter nach draußen'. Beachte besonders die Adverbien *luo-kse* 'hierher' < * *looksek* und *taa-kse* 'hinter (wohin?)' < * *tayaksek*. Die Translativendung wird auf zwei verschiedene Lativsuffixe (gleichzeitig) zurückgeführt: auf den Zusammenschluß von * *k* und * *s* (* *s* + Vokal)[1]), was wohl erst in der wolga-ostseefinnischen Grundsprache vor sich gegangen ist, so daß der Translativ als solcher der jüngste von den allgemeinen Lokalkasus des Finnischen ist. Er hat (außerhalb des Ostseefinnischen) nur Entsprechungen im Lappischen und Mordwinischen. Aus der Gleichheit des Gebrauchs im Mordwinischen und Finnischen zu schließen, entwickelten sich für den Translativ schon früh solche übertragene Verwendungen wie: (faktitiv) *suli vedeksi* 'schmolz zu Wasser', *tuli terveeksi* „kam zum Gesunden" = 'wurde gesund', *jäi viimeiseksi* 'blieb als letzter' „zum letzten", (modal:) *elä ihmisiksi* 'lebe' „zu Menschen" = 'wie die Menschen, wie ein Mensch', *sanoi suomeksi* 'sagte' „aufs Finnische" 'auf finnisch', *älä ole miksesikään!* „sei nicht zu deinem Was" oder „sei auf keinerlei Weise" = 'laß dir nichts anmerken, mach dir nichts draus'; (kausal:) *miksi* „zu was", 'warum', *siksi* 'darum', *vuoksi* 'wegen' (vgl. *vuo* 'Strom(bett)'; zur Bedeutungsentwicklung vgl. z. B. *johdosta* 'wegen' ~ *johto* 'Leitung', ung. *folytán* 'wegen' ~ *folyik* 'fließen, strömen' [noch bessere Parallele nhd. wegen]). Über das Verhältnis der heutigen Lativadverbien auf *-s* (*alas* 'hinunter' u. a.) zum Translativ s. ob. § 23 A 3.

E) Von den inneren Ortskasus hat der Wo-Kasus, der Inessiv, in der modernen Schrift- und Umgangssprache die Endung *-ssa, -ssä* < * *-sna*, * *-snä* (s. § 27 H 11 b); das früher in dieser Endung hervorgetretene (und heute noch in deren *s*-Geminierung nachwirkende) *-na, -nä* ist zweifellos mit der Essivendung, also mit dem alten Lokativzeichen, identisch. Das dem *-na, -nä* vorausgehende *s* dürfte ein ursprüngliches Lativsuffix sein, das als Endung in Adverbien auf *-s* noch heute auftritt und sich in der wolga-ostseefinnischen Grundsprache in Inessiv und Elativ zu einer Art Kennzeichen der inneren Lokalkasus entwickelt hat.

Die Endung des inneren Woher-Kasus, des Elativs, lautet *-sta, -stä* und läßt ihre Bildungselemente deutlich hervortreten. Wir haben hier dasselbe *s* wie im Essiv, und zwar ebenfalls schon aus der wolgafinnischen Periode, und die Endung des alten einfachen Woher-Kasus *-ta, -tä*, die wir beim allgemeinen Woher-Kasus bereits kennengelernt haben.

Der Wohin-Kasus, Illativ, ist der jüngste von den inneren Ortskasus – möglicherweise erst im Frühurfinnischen entstanden –, und seine Endung weist in der heutigen Sprache die größte Mannigfaltigkeit auf.

---

[1]) Es ist jedoch zuzugeben, daß eine solche Erklärung der uralten Endung *-kse-* aus einer mechanischen Verschmelzung von *k* und *s* methodisch bedenklich erscheint. Uotila hat daher auch Vir. 1945 S. 335 f. die Möglichkeit, die bereits A. Genetz u. a. schon längst vorgebracht haben, hervorgehoben, daß das translativische *-kse-* ursprünglich identisch sei mit dem gleichlautenden Derivativsuffix *-kse-* (hier § 52.17), das in allen finnischugrischen Sprachen Entsprechungen hat. S. auch K. Kont: Emakeele Seltsi aastaraamat I, Tallinn 1955 (über den Translativ in den ostseefinn. Sprachen. im Mordw. und im Lapp.).

Folgende drei Typen treten auf: 1) *-h–n*, wobei zwischen *h* und *n* derselbe Vokal wiederholt wird, der vor dem *h* steht, 2) Dehnung des Stammesauslautvokals + *n*, 3) im Singular *-seen*, im Plural *-siin;* Beispiele: *maa-han* ('Land'), *pää-hän* ('Kopf'), *tie-hen* ('Weg'), *suo-hon* ('Sumpf'), *puu-hun* ('Baum'), *pii-hin* ('Zahn der Harke u. ä.'), *mai-hin* (*maa* 'Land' ill. pl.), *päi-hin* (ill. pl. *pää* 'Kopf'), *tei-hin* (*tie* 'Weg'), *tätei-hin* ill. pl. zu *täti* 'Tante', *vanhoi-hin* ill. pl. *vanha* 'alt', *varpai-hin* ill. pl. *varvas* 'Zehe', *kiivai-hin* ill. pl. *kiivas* 'heftig', *venei-hin* ill. pl. *vene* 'Boot', *harmai-hin* ill. pl. *harmaa* 'grau'; *kota-an* ill. sg. *kota* 'Hütte', *metsä-än* ('Wald'), *vete-en* (*vesi* Stamm *vete-* 'Wasser'), *piene-en* (*pieni* St. *piene-* 'klein'), *pilli-in* ('Pfeife'), *laukku-un* ('Ranzen'), *punaise-en* (*punainen* 'rot', Vokalstamm *punaise-*), *ihmise-en* (*ihminen* 'Mensch', Vok.-St. *ihmise-*), *sormukse-en* (*sormus* 'Fingerring', Vok.-St. *sormukse-*), *pieni-in* (ill. pl.; *pieni-* pl.-St. gegenüber *piene-* singularischer Vok.-St.), *koti-in* (*koti-* pl.-St. zu *kota*, also ill. pl.), *musti-in* (*musti-* pl.-St. zu *musta* 'schwarz'), *hyvi-in* (pl.-St. zu *hyvä* 'gut'), *kenki-in* (*kenkä* 'Schuh', *kenki-* pl.-St.), *matala-an* ('niedrig'), *ahkera-an* ('fleißig'), *kotelo-on* ('Hülse, Futteral'), *satami-in* (*satama* 'Hafen', *satami-* pl.-St.), *taivaa-seen* (*taivas* 'Himmel', Vok.-St.: *taiva(h)a-*), *mättää-seen* (*mätäs* 'Erdhügelchen', Vok.-St. *mättä(h)ä-*), *kiivaa-seen* (Vok.-St. zu *kiivas* 'heftig' + ill. Endg.), *rukii-seen* (*ruis* 'Roggen', *ruki(h)i-* Vok.-St.), *alttii-seen* (*altis* 'ergeben', Vok.-St. *altti(h)i-*), *kastee-seen* (*kaste* 'Tau, Taufe', Vok.-St. *kastee-*), *jäntee-seen* (*jänne* 'Sehne', Vok.-St. *jäntee-*), *venee-seen* (*vene* 'Boot', Vok.-St. *vene(h)e-*), *vapaa-seen* (*vapaa* 'frei'), *harmaa-seen* (*harmaa* 'grau'), *Saimaa-seen* (See in Finnland), *altai-siin* (*allas* 'Trog, Bassin', Vok.-St. *alta(h)a-*, pl. *alta(h)i-*), *kiivai-siin* (*kiivas* 'heftig', pl.-St. *kiiva(h)i-*), *rukii-siin* (*ruis* 'Roggen', *ruki(h)i-* Vok.-St. sg. u. pl., aber wegen *-siin* ill. pl.), *jäntei-siin* (*jänne* 'Sehne', *jäntei-* pl.-St.), *harmai-siin* (*harmaa* 'grau', pl.-St. *harmai-*). Die Endung dürfte ursprünglich * *-sen*, * *-ʒen* gelautet haben (über das Lautliche § 27 F1, C4). Das **s* (**ʒ*) ist offensichtlich identisch mit dem *s* im Inessiv und Elativ und **n* dürfte das gleiche Lativsuffix sein, das wir beim Dativ-Genitiv kennenlernten (§ 47 C)[1]). Der lange Vokal in den Beispielen der Gruppe 3) (Endung *-seen, -siin*) ist analogisch: *altaa-seen* 'in das Bassin', *altai-siin* 'in die Bassins' usw. pro *altaa-sen, altai-sin* (noch dial.) nach den Mustern: *ihmiseen* (ill. sg. von *ihminen* 'Mensch'), *punaiseen* (*punainen* 'rot') resp. im pl. *ihmisiin, punaisiin*, wo die beiden Laute *-se-, -si-* zum Stamm (Singular- resp. Pluralstamm) gehören. Die Endung mit *-s-* dürfte ursprünglich nach einer mit *h* (< * *ʒ*) beginnenden Silbe gestanden und sich von dieser Stellung aus später in analoge Formen ausgebreitet haben[2]).

F) Die äußeren Ortskasus sind von allen finnischen Lokalkasus die jüngsten: sie dürften sich erst im Urfinnischen dem eigentlichen Kasussystem angereiht haben. Die Endung des Wo-Kasus, der Adessiv heißt, lautet *-lla* resp. *-llä* < * *-lna*, * *-lnä* (§ 27 H 9b). Sie enthält natürlich dasselbe lokativische Element *-na, -nä* wie Essiv und Inessiv. Das *l* ist wohl u. a. identisch mit dem *l* der Derivativendung *-la, -lä*[3]) (*etelä* 'Süden' „sich

---

[1]) Siehe z. B. Mark: SUST 54 S. 252–255.
[2]) Siehe Mark: SUST 54 S. 101. Vgl. Kettunen: Vir. 1923 S. 131.
[3]) Setälä: Tietosanakirja 9 Spalte 365, Ravila: FUF 23 S. 43 f.

davor ausbreitender Raum", nämlich vorm Hüttenausgang, der nach Süden liegt, *pohjola* 'Nordgegend' „im Hintergrund sich ausbreitender Raum", *appela* 'Heim des Schwiegervaters'). Zuerst dürften Adverbia entstanden sein von der Art wie *tää-llä* < * *täγäl-nä*, Grundwort *täkälä* = „hiesiger (*täkä-*) Raum", *sie-llä* < *siällä* < * *siγäl-nä*, Grundwort *sikälä* „dortiger (*sikä-*) Raum". Das *l* wurde dann nicht mehr als zum Grundwort gehörig aufgefaßt und zur Endung gezogen, so daß zunächst noch andere Adverbia auf -*lna* gebildet wurden, die dann weiterhin als regelrechte 'adessivische' Kasusformen dem Paradigma eingereiht wurden (* *kala-lna*), worauf sich vielerlei bildliche Gebrauchsweisen ergaben. Als Gegenstück zu dem *s-* der inneren Ortskasus begann man dieses *l* ausdrücklich als Zeichen des äußeren Lokalcharakters zu betrachten[1]. Von den gegenwärtigen übertragenen Bedeutungen des Adessivs sind die instrumentale (*menin veneellä* 'ich fuhr mit dem Boot', *löin kirveellä* 'ich schlug mit der Axt') und die possessive (*minulla on rahaa* 'ich habe Geld') am wichtigsten. Mit Hilfe der letzteren Verwendungsweise hat sich das Finnische einen Ersatz für das fehlende 'haben', wie es viele indogermanische Sprachen kennen, geschaffen.

Der äußere Woher-Kasus, der Ablativ mit der Endung -*lta*, -*ltä*, hat sich in gleicher Weise durch Antritt des -*ta*, -*tä*, des einfachen Woher-Kasus-Suffixes, an das Element *l* gebildet: *tää-ltä* 'von hier' < * *täγäl-tä*, *sie-ltä* 'von dort' < dial. *siältä* < * *siγäl-tä* u. a., später auch *kala-lta* 'von dem Fisch' usw.

Die Endung des Wohin-Kasus, des Allativs, ist gegenwärtig -*lle*, das in bestimmten Fällen durch den Nachfolger des 'Schlußhauches', den Stimmabsatz, abgeschlossen wird (*merelleṗ päin* usw. 'nach dem Meere zu' s. § 27 B 4). Die frühere Endung war * -*len*, in der *n* dasselbe lative Suffix war wie im Dativ-Genitiv und im Illativ. Die Geminierung des *l*, das den äußeren Lokalcharakter anzeigt, beruht auf analogischem Einfluß des Adessivs. Die frühurfinnische Vorstufe der heutigen Essivform *padalle* 'dem Topf, an den Topf' hat * *patalen* gelautet. Nach relativ spätem Schwund des -*n* (zum Teil sicherlich unter analogischem Einfluß des vokalischen Auslauts von Adessiv und Ablativ) – dial. und schriftspr. resp. umgangsspr. veralt. treten immer noch Formen wie *pojallen* 'dem Knaben' auf – paßte sich der Allativ satzphonetisch den Wörtern mit urspr. Auslaut -*k* an; ja teilweise findet sich im Auslaut der Allativendung vielleicht schon im Urfinnischen an Stelle von *n* das (ebenfalls) lativische -*k* (s. § 48 B).

G) Der Abessiv hat in der heutigen Umgangssprache die Endung -*tta*, -*ttä*: *rahatta* 'ohne Geld', *hinnatta* 'ohne Preis', *työttä* 'ohne Arbeit', *syyttä* 'ohne Ursache, ohne Schuld', *muitta mutkitta* 'ohne weitere Umstände', *puhumatta* 'nicht zu sprechen (von...)', *tekemättä* 'ohne zu tun'. Das -*tt-*, welches mit dem der Karitiv-Adjektive (*maaton* 'landlos', *kalaton* 'fischlos', *saamaton* „ergebnislos" d. h. 'keine Ergebnisse zeitigend, entschlußlos,

---

[1] Vorläufig kann man dem Faktum, daß auch in den altaischen Sprachen (im Tungusischen) *l* als Kennzeichen für die äußeren Lokalkasus auftritt, lediglich Kuriositätswert einräumen. Winkler: SUSA 30:9 S. 3.

energielos' weisen das Karitivsuffix *-ton* [vordervok. Entsprechung: *-tön*] < * *-ĭtoim: -ttoma-, -ttömä-* auf, in dem das geminierte *tt* als erste Komponente enthalten ist) identisch ist, hat Entsprechungen in allen finnisch-ugrischen Sprachen, evtl. sogar noch weiter hinauf bis zum Samojedischen, aber dem Deklinationsparadigma scheint sich der Abessiv erst im Urfinnischen angeschlossen zu haben. Auch der auf *-ta', -tä'* (< * *-ĭtak,* * *-ĭtäk*) endende, also Schlußhauch oder besser Stimmabsatz aufweisende Abessiv dürfte auf das Urfinnische zurückgehen. Das Auslaut-*k* dürfte lativisch sein (*jäi * rahaĭtak* würde heutigem *jäi rahattomaksi* 'er verblieb „zu einem geldlosen"', 'er geriet in eine geldlose Lage', 'er wurde geldlos, mittellos' entsprechen).

H) Der auf *-n* ausgehende Instruktiv findet sich als singularische Form, in der er dem gen. sg. vollständig gleicht, nur in einigen seltenen, partikelartig erstarrten Ausdrücken wie *rinnan* 'nebeneinander', eig. „(Brust) an Brust", *jalan* 'zu Fuße', *kahden* 'zu zweien' = *kahden kesken* 'zwischen zweien, unter zweien, unter vier Augen', *(veti) kahden käden* '(er zog) mit beiden Händen', *kahden puolen (aitaa)* 'zu beiden Seiten (des Zaunes)'; heutzutage kommt der instr. sg. als paradigmatischer Kasus nicht mehr vor. Auch im Plural, wo er sich deutlich vom Genitiv abhebt, tritt der Instruktiv in zahlreichen versteinerten Partikeln auf. Besonders beachtenswert ist es, daß die Bedeutung des instr. pl. oft singularisch ist, z. B. *näin, noin, niin* 'so' (den Pronomina *tämä, tuo, se* entsprechend mit „dieser-", „jener-" Deixis und anaphor. Hinweis), *kuinka* 'wie?', *kumminkin* 'jedoch', *pahoin* 'schlecht', *hyvin* 'gut', *oikein* 'richtig', *väärin* 'falsch', *kovin* 'sehr', „hart", *samoin* 'ebenso', *vaivoin* [„mit Mühe"] > *vain* 'nur' (*vaivoin* schon bei Agricola in letzterer Bedeutung), *tuskin* („mit Schmerzen") 'kaum', *yksin* 'allein', *päin* „köpflings", '-wärts, hin', *paljain päin* 'barhäuptig', *avopäin* 'dass.', *suin päin* 'kopfüber' („mit Mund, mit Kopf"), *puolin ja toisin* 'einerseits und andrerseits', *öin päivin* 'tags und nachts', *(aika) ajoin* 'von Zeit zu Zeit', *(hyvillä) mielin* '(guten) Sinnes', 'guter Laune', *(naurussa) suin* 'mit lachendem Mund', wörtl. „mit dem Mund im Lachen", *sulin käsin* 'mit bloßer Hand' (ohne Handschuhe), *(vähissä) hengin* „mit dem Leben bei knappen [Vorräten]", 'kaum noch am Leben'. Von relativ wenig Wörtern sind instr. pl.-Formen in Gebrauch, die dem lebendigen Paradigma angehören: *omin voimin* 'mit eigener Kraft', *täysin määrin* 'in vollem Maße', *suurin ponnistuksin* 'unter großen Anstrengungen', *vähin elein* 'mit sparsamen [eig. wenigen] Gesten', *pienin kustannuksin* 'mit geringen Kosten' usw.; dieser Abwärtsentwicklung konnte jedoch in der Schriftsprache dieses Jahrhunderts auf Grund der östlichen Dialekte (auf Kosten des Adessivs) Einhalt geboten werden. – Über den Ursprung des Instruktivs sind abweichende Meinungen geäußert worden. Die größte Wahrscheinlichkeit dürfte die Meinung haben, die zuletzt Ravila überzeugend begründet hat und nach der der Instruktiv auf dasselbe, ursprünglich adjektivische *n* wie der Genitiv zurückgeht (s. hier sub C); nach dieser These hat der Instruktiv schon früh seine besondere Bedeutung dadurch bekommen, daß er sich nahe ans Verbum anschloß, während der Genitiv sich dem Nomen zugesellte. Der Instruktiv hat gleichbedeutende genetische Entsprechungen in weiterem

Ausmaß als der Genitiv, vielleicht sogar auch im Samojedischen. (Es ist jedoch unsicher, ob in diesen Zusammenhang das ungarische -n, z. B. in solchen Fällen wie *ketten* 'zu zweien', *szépen* 'schön', gehört[1].)

I) Der Komitativ, der die Endung *-ine-* aufweist, ist wegen dieses zu seiner Endung gehörigen *i* im Singular und Plural gleichlautend; an den Komitativ der Substantive muß immer das Possesivsuffix angehängt werden. Von substantivischen Pronomina wird der Komitativ verwendet; z. B. *nuorine tyttärinesi* 'mit deiner jungen Tochter' oder 'mit deinen jungen Töchtern'; *sika syödään nahkoineen, leipä kuorineen* (Sprichw.) 'das Schwein wird mit der Schwarte, das Brot mit der Rinde gegessen'; *(talo myydään) kaikkine irtaimistoineen* '(das Haus wird verkauft) mit seinem ganzen Mobiliar', *(sai lähteä) niine hyvinensä* 'er mußte (iron. er durfte) weggehen mit seinem Gut (das er schon beim Kommen bei sich hatte)', d. h. er hatte durch seinen Besuch nichts gewonnen. Der Komitativ dürfte aus der gemeinsamen ostseefinnisch-lappisch-mordwinischen Zeit stammen. Das zur Kasusendung gehörige *i* dürfte ursprünglich dasselbe *i* sein, das auch als derivatives Element an Nomina angefügt wird (*huht-i-kuu* 'Schwendenmonat', *pen-i* 'Hündchen' usw.) und das sich zum Pluralsuffix weiterentwickelt hat (s. § 42, § 52.3, § 53.44, § 54.2, § 55.24), und das *n* dürfte mit dem Essiv-*n* identisch sein. Somit wäre beispielsweise **mees vaimoina* urspr. = „der Mann als beweibter"[2]. Demnach wäre das *e* der Endung sekundär und bis auf weiteres ohne spezielle Erklärung (man vgl. ein solches Verhältnis wie *hapan : happam-a-n ~ happam-e-n* 'sauer' nom. sg. sowie gen. sg. in zwei Varianten).

48. A) Der Prolativ (Endung *-tse(')*) gehört zwar nicht zum eigentlichen Paradigma, ist aber gleichwohl ziemlich verbreitet und zeigt in der modernen Sprache eine immer größere Ausbreitungstendenz, auch kommt er in vielen alten Partikeln vor: *maitse* 'auf dem Landwege, zu Lande' (*maa*), *meritse* 'zur See', *maanteitse* 'auf der Landstraße', *sähköteitse* 'telegraphisch', *postitse* 'per Post', *puhelimitse* 'telephonisch', *alitse* 'unten entlang, unten durch', *ylitse* 'oben drüber hinweg', *ohitse* 'vorbei', *sivuitse* 'seitlich vorbei', *vieritse* 'daneben entlang', *keskitse* 'mitten durch'; beachte speziell *paitsi* 'außer', urspr. 'vorbei'. Die urfinnische Gestalt der Endung war *$\check{\imath}$tsek* (< *-t́t́sek); das Auslaut-*k* ist Lativzeichen, dessen Entsprechung in *paitsi* fehlt. Der Prolativ scheint – zumeist in partikelartigen Ableitungen – genetische Entsprechungen bis zu den ugrischen Sprachen zu haben[3]. Damit braucht nicht in Widerspruch zu stehen, daß sich der Prolativ erst im Urfinnischen aus dem Lativ der Nomina auf *-itse-* (*-ise-*) entwickelt hat und beispielsweise der Lativform *maitse* der dial. instr. pl. *maisin* 'dass.', also 'zu Lande' entspricht[4].

---

[1]) Siehe z. B. Mark: SUST 54 S. 228 f., Wiklund: MNy 23 S. 327, Festskrift til Rektor J. Qvigstad (Oslo 1928) S. 335 f., Ravila: FUF 27 S. 71 f.
[2]) Ravila: FUF 27 S. 44 f.
[3]) Toivonen: FUF 19 S. 164.
[4]) Martti Rapola in seinen Vorlesungen nach Julius Krohn. Siehe Hertta Hasu: Die Flexionsformen der Nomina im Dialekt von West-Sippola 78 (Finnische Handschrift im Arch. des Sanakirjasäätiö (des Finnischen Wörterbuchfonds)).

B) Unproduktiv gewordene frühere Flexions- oder Derivationsendungen sind die bereits genannten Lativzeichen:

1) -' < *-k. Außer in der Translativ-, Allativ- und Prolativendung (§ 47 D, F, § 48 A) begegnet er uns in vielen Partikeln. Auf die Frage woher? antworten: dial. *ala'* 'unter... hin', dial. *etiä'* 'vor... hin' (*etiäpäin*), *luo'* 'hin... zu', *taa'* 'hinter etwas hin', *kotia'* 'nach Hause', *toisa'* 'in die andere Richtung', 'auf die andere Seite', *alemma'* 'weiter nach unten', *kauemma'* 'weiter weg', *lähemmä'* 'näher heran', *peremmä'* 'weiter nach hinten', *sisemmä'* 'weiter nach innen', *jonne'* 'wohin', relat.', dial. *kunne'* 'wohin', *minne'* 'wohin', *sinne'* 'dorthin', *tuonne'* 'dorthin', *tänne'* 'hierher', *yli(')* 'über', *ympäri(')* 'um... herum'; hierher gehört eigentlich auch der Infinitiv I, dessen ursprünglich lativische Bedeutung sich noch in folgenden Beispielen spiegelt: *toi vettä janoisten juoda'* (< *jooðak*) 'er brachte Wasser den Durstigen zu trinken' [vgl. auch nhd. zu], vgl. auch die finnische Konstruktion: *toi juotavaksi* 'er brachte als zu Trinkendes'; *sopii tehdä'* (< *tehðäk*) 'es paßt sich zu tun' – vgl. *sopii siihen* 'es paßt dorthin', *paneutui maata'* (< *maγaťťak*) 'er legte sich schlafen' – vgl. *paneutui makaamaan* 'er legte sich zum Schlafen nieder' – *oli pudota'* „er war zum Fallen" = 'er fiel beinahe hin' – vgl. *oli putoamaan päin* 'er war zum Hinfallen'; auf die Frage: in wie viele Teile? antworten: dial. *kahda'* 'in zwei [Teile]', *tekivät heinän kahda'* = 'sie mähten Heu (und teilten das gemähte Heu) in zwei Teile', *kahtia'*, *kolmia'* 'in zwei Teile, in drei Teile'; die Zeit wird bezeichnet in: *yhä(')* < *yhðäk* eig. u. urspr. 'in einer Richtung', dann: 'in einem fort weiter'; das Maß oder die Menge kommt in Frage: *mikäli(')*, urspr. u. dial. 'in welcher Richtung, welchen Weg', danach: 'in dem Maße wie', *sikäli(')* urspr. u. dial. 'in der Richtung, den Weg entlang', dann: 'in dem Maße' (vgl. dial. *kukali'* = 'welchen Weg?', *täkäli'* = 'diesen Weg', 'hier entlang', *panna maakali* 'sich niederlegen'; Südweps. *sigali* 'dort lang'; s. § 57.1); die Ursache liegt vor in: *takia'* urspr. 'nach hinten', dann: 'wegen, um – willen' (vgl. § 52.6 b); zu Konjunktionen entwickelte Lative: *eli(')* 'oder' (erklärend), *tai(')* 'oder' (alternativ) < *tahi'* (< *tahðik*), *vai(')* 'oder' (fragend). – Für das lativische *k* sind Entsprechungen auch aus den verwandten Sprachen bis zum Samojedischen nachgewiesen worden. Gleichen Ursprungs ist vermutlich -*ka*-, -*kä*-, das eine Art pronominales Derivativformans ist (§ 52.8)[1]).

2) -*s*. Außer in der Translativendung kommt es heute in zahlreichen Partikeln vor. Auf die Frage 'wohin?': *alas* 'herab', dial. *eres* 'weg, abseits, für sich (sich absondern)', *kauas* 'fernab, weit weg, weit fort', *lähes* urspr. 'in die Nähe'[2]), dann 'beinahe, fast, ungefähr', *pois* 'weg' (< noch dial. *poies* < *poiγes*), *ulos* 'hinaus', *ylös* 'hinauf' (< dial. *yles*), *alemmas* 'mehr nach unten', *edemmäs* 'mehr nach vorn', *kauemmas* 'weiter weg', *lähemmäs* 'näher heran', *sinnemmäs* 'weiter dorthin', *taemmas* = *taammas* 'weiter hinter', *tuonnemmas* 'mehr dorthin', *tännemmäs* 'mehr hierher', *ylemmäs* 'weiter nach oben'; zeit-

---

[1]) Toivonen: FUF 28 S. 16, Ravila: ibid. 27 S. 8.
[2]) Zum Beispiel *Caucakin paha tuodan; hyväkin lähes jätetän* 'Auch von ferne wird Schlimmes gebracht, auch Gutes wird in die Nähe geliefert' (wörtl. 'gelassen'), aus der Sprichwörtersammlung von Henr. Florinus A 3.

lich: *joskus* von *joku* 'irgendein', also urspr. 'irgendwohin', heutige Bedeutung 'bisweilen' (auch heute findet sich noch dieser illativische Gebrauch für eine bestimmte Zeit: *johonkin aikaan*, wofür neuhochdeutsch Wo-Kasus angewendet wird, also: 'zu irgendeiner Zeit, irgendwann'), *koska* urspr. 'wohin?', heutige Bedeutung 'als', *taas* 'wiederum', (urspr. 'nach hinten, hinter (den Stuhl)', veralt. u. dial. 'zurück', *edes-taas* „nach vorn und nach hinten" = 'hin und zurück'), *kunnes* urspr. 'wohin?', dial. u. dicht. *sinis – kunis* 'bis zu der Zeit – bis wohin', 'solange – wie lange'; Bedingung, Ursache und andere abstrakte Beziehungen: *edes* urspr. 'vorn hin, nach vorn' (vgl. nochmals *edes-taas*), heutige Bedeutung 'wenigstens', *jos* 'wenn', urspr. 'wohin', *koska* 'weil, da', Bedeutungsentwicklung: 'als' (veralt.) (vgl. vorstehende temporale Rubrik) < wann? < wohin?; *myös* 'auch', Entwicklung: 'auch' < mit, dabei[1]) < hinterher (Stammwort * *myö* 'Rücken'); *siis* 'somit', Entwicklung: 'somit' < 'deswegen' (so noch dial.) < 'dorthin' (vgl. z. B. das translativische *siksi* 'darum, deswegen' < 'dorthin'). – Entsprechungen in allen ostseefinnischen Sprachen. Sofern -*s* < * -*ks* (§ 23 A 3, § 27 E 2), würde es nicht über das Frühurfinnische zurückreichen. Es kann sich jedoch auch um ursprüngliches * *s* handeln.

3) -*n*. Außer in der Endung von Genitiv, Illativ und Allativ (§ 47 C, E, F) ist es auch in solchen Partikeln wie *kohden* (= *kohti*) 'nach... zu oder hin', dial. *kahdan* 'in zwei Richtungen, in verschiedene Richtung', alte Schriftspr. *taghan* (lies: *tayan*) > *taan* 'nach hinten, hinter', *tygön* (lies: *tyyön*) 'zu... hin', *taaman* 'weiter nach hinten'[2]) vertreten. Möglicherweise hat sich auch die Form auf -*n* des Infinitivs III, die bei *pitää* 'sollen' verwendet (*pitää menemän, mentämän* 'man muß gehen' aktivische und passivische Form des Inf. III) und gewöhnlich als instr. bezeichnet wird, am nächsten aus dem Lativ entwickelt[3]). Dieses Lativ-*n* geht also bis auf die uralische Grundsprache zurück. Ob es ursprünglich mouilliert war, muß weiteren Untersuchungen überlassen bleiben.

C) Der uralte, aus der uralischen Ursprache stammende Lokativ auf -*tt*- (z. B. in ung. *itt* 'hier' ,*ott* 'da, dort') wurde in finnisch *nyt* (als einzigem Überrest dieses uralten Kas.-Suff. im Finnischen) < dial. *nyyt* < * *nyyyt* vermutet (vgl. Stamm *nyky*-)[4]). Mundartlich ist außerdem die Konjunktion *amut* 'wenn erst'[5]) bekannt, die vielleicht hierher gehört und deren alte Bedeutung 'einst, vor langer Zeit' war (vgl. Agricola: *aamut* 'vor Zeiten'). Die temporalen Bedeutungen muß man sich aus der lokalen entwickelt denken wie in den sonstigen Wo-Kasus (*tänä päivänä* (ess.) 'an diesem Tage', *päivällä* (adess.) 'am Tage', *yhdessä päivässä* (ines.) 'in einem Tage' [als Fris gedacht])[6]).

---

[1]) Vgl. dial. *myöksensä* 'mit sich (nehmen)'.
[2]) Rapola: SKH I S. 241; Toivonen: FUF 28 S. 18.
[3]) Setälä: Suomen kielen lauseoppi[13] 67 § 4.
[4]) Anders erklärt dies Kettunen: Eesti Keel 1923 S. 166.
[5]) SF I : 2 S. 196; VR V : 3 S. 292, XIII : 2 S. 47. Vgl. Toivonen: SKES sub voce *aamu*.
[6]) **Korrekturnachtrag** zum § 47 E: (Siehe auch P. Ariste: Eesti NSV Teaduste Akadeemia toimetised 1954, III, nr. 1, S. 41–48 (über die Entstehung der inneren Lokalkasus der ostseefinn. Sprachen), Tallinn.

D. DIE ABLEITUNGSSUFFIXE DER NOMINA
1. DIE POSSESSIVSUFFIXE

49. Zu den charakteristischen Wesenszügen des Finnischen gehört auch die Possessivdeklination der Substantiva oder das System der Possessivsuffixe. Diesen stehen z. B. in den indogermanischen Sprachen die adjektivischen Possessivpronomina gegenüber: finnisch *kala-ni* = nhd. mein Fisch, lat. *piscis meus*, frz. *mon poisson*, schwed. *min fisk*, russ. *mojá rýba* usw. Die Possessivsuffixe werden auch bei zahlreichen nominalen Verbalkonstruktionen verwendet: *saadakseni* 'damit ich bekomme', *syödessänsä* 'während er ißt', *nähtesi* 'unter deinen Augen', wörtl. „bei deinem Sehen", *putoamaisillamme* 'wir (sind) im Begriff hinzufallen', *(oli) nukkuvinaan* 'er tat so, als ob er schlief', wörtl. „er war als seine Schlafenden", *(luulit) näkeväsi* '(du vermeintest)' wörtl. „deinen Sehenden" = „dich als Sehenden" = 'daß du siehst' ~ *nähneesi* 'daß du gesehen hast', *noustuanne* „nach euerm aufgestandenen (Zustand)" (der Partitiv als Woher-Kasus gibt das 'nach' wieder) = 'nachdem ihr aufgestanden seid'. Das finnische Possessivsystem hat in allen verwandten Sprachen bis zum Samojedischen Entsprechungen, während es in solchen ganz nahe verwandten Sprachen wie Estnisch und Livisch eigenartigerweise nur noch in Rudimenten vertreten ist. Es darf als sicher gelten, daß seine Wurzeln bis zur uralischen Grundsprache reichen. Die Possessivsuffixe der heutigen finnischen Umgangssprache bringt folgende Übersicht:

	Singular	Plural
1. Pers.	*-ni*	*-mme(')*
2. Pers.	*-si*[1]	*-nne(')*
3. Pers.	*-nsa(')*, *-nsä(')* oder Vokaldehnung + *n*	wie im Singular

Diese Suffixe treten hinter das Kasussuffix: *maa-ta-ni* (*maa* 'Land' + part. sg. + poss. suff. 1. sg.), *pää-tä-än* (*pää* 'Kopf' + part. + 3. sg., pl.), *kala-ssa-nsa* (*kala* 'Fisch' + iness. + 3. sg., pl.), *pada-kse-mme* (*pata* 'Topf' + *kse* transl. + 1. pl.), *mai-ta-ni* (*mai* pl. von *maa* + part. + 1. sg.), *päi-tä-ni* (*päi* pl. *pää* 'Kopf' + part. + 1. sg.), *kaloi-ssa-nsa* (*kaloi* pl. *kala* 'Fisch' + iness. + 3. sg., pl.), *padoi-kse-mme* (*padoi* schwachstuf. pl. *pata* 'Topf' + transl. + 1. pl.) usw.[2]. Die Mehrzahl des Besitzes wird also wie die Mehrzahl überhaupt in der absoluten (d. h. possessivsuffixlosen) Deklination durch *i (j)*, das vor der Kasusendung steht, bezeichnet; dem nom. pl. fehlt

---

[1] Veraltet auch *-ti*, z. B. Agricola *perechti* heute: *perheesi* 'deine Familie', *rackautti* heute: *rakkautesi* 'deine Liebe'; *t* kommt auch mit *s* zusammen in dial. Kontaminationsformen vor: z. B. *keihnoosti* schriftspr. *keinoosi* zu *keino* 'Mittel', urspr. u. dial. 'Weg', ill. sg. + 2. sg. poss. (Tornioflußtal).

[2] Der Umstand, daß z. B. im Ungarischen, dessen possessivischer Suffixreichtum noch größer ist, die Possessivsuffixe vor der Kasusendung stehen (z. B. *keze-m-ben* 'in meiner Hand' ['in' -*ben*, 'mein' -*m*-]), ist ein Hinweis darauf, daß nicht einmal alle Prinzipien des Systems aus der Grundsprache stammten.

(wie dem acc. pl.) in der Possessivdeklination jedes Pluralkennzeichen: *kalani* bedeutet also sowohl 'mein Fisch' als auch 'meine Fische' (vgl. oben § 43). Es ist vermutet worden, daß noch im Frühurfinnischen die Mehrzahl des Besitzes in allen Kasus durch das *n*-Formans (s. ob. § 44) bezeichnet wurde, d. h. es wurden[1]) also für damals noch zwei Reihen von Possessivsuffixen angenommen (wobei immerhin schon der Verlust der dualischen Ausdrucksmittel sowohl für Besitzer wie für Besitz zugestanden wurde).

A) Singularischer Besitz

	Singular	Plural
1. Pers.	* -mi	* -mek (∼ * -mmek)
2. Pers.	* -ti ∼ * -δi	* -tek ∼ * -δek
3. Pers.	* -sen ∼ * -ʒen[2])	* -sek ∼ * -ʒek

B) Pluralischer Besitz

	Singular	Plural
1. Pers.	* -nni (< * -nmi)	* -nnek (∼ * -mmek)
2. Pers.	* -nti	* -ndek
3. Pers.	-nsen	* -nsek

Es steht natürlich nicht fest, ob auch nur eine dieser Reihen in jeder Beziehung diesem Idealschema entsprochen hat. Jedenfalls ist leicht zu bemerken, daß schon sehr früh eine Vermengung der Reihen A) und B) eingesetzt haben muß. Schon der Umstand, daß zahlreiche *n*-Kasus (gen., acc., instr., ill., allat.) vor dem Possessivsuffix die Unterscheidung des betreffenden Possessivkasus der A)-Reihe von dem entsprechenden der B)-Reihe unmöglich machten, erschütterte das ganze System in bezug auf dessen klare Eindeutigkeit. Schließlich führte die Nivellierungstendenz zu dem Resultat, daß der Funktionswert des Besitzplural-*n* gänzlich unterging und beide Reihen verschmolzen (unter lautlichem Ausgleich). Damit war dem Plural-*i* der absoluten Deklination als Ausdrucksmittel für den Besitzplural Tür und Tor geöffnet. Die heutigen Suffixe 1. sg. -*ni* (< * -*nni*), 3. sg., pl. -*nsa*', -*nsä*' (< * -*nsak*, * -*näk*) und 2. pl. -*nne* (< * -*ndek*) haben ihr -*n*- aus der B)-Reihe bezogen; das geminierte *m* der 1. pl. -*mme*' (< * -*mmek*) dürfte auf dem Einfluß der 1. pl. der Verba (-*mme*' < * -*kmek*, wo das *k* vor dem *m* vermutlich eine Art Präsenszeichen ist) beruhen. Daß wiederum auch in der 3. sg. -*nsa*', -*nsä*' der konsonantische Verschluß ' als Fortsetzer eines geschwundenen Auslaut-*k* auftritt, beruht auf Einwirkung der 3. pl. Ebenso dürfte in dem Suffix der 3. sg., Vokaldehnung + *n* (z. B. *paδasta-an*, elat. sg. von *pata* 'Topf' + 3. sg., pl., < * *paδastahen* < * *paδastaʒen*), das

---

[1]) Siehe z. B. Mark: SUST 54 S. 242 f, später Aulis Joki FUF 32 Anz. 8 mit Literaturangaben.

[2]) An Stelle von *e* kann in diesen Suffixen (auch B)-Reihe) auch ein anderer Vokal gestanden haben.

Auslaut-*n* mit dem alten Besitzplural-*-n*, das schon früh außerhalb seines ursprünglichen Vorkommensbereiches geraten ist, identisch sein. Abweichend von dieser die Meinung der bisherigen Forschung widerspiegelnden Darstellung hat Erkki Itkonen die Ansicht vertreten[1]), daß vor der Auflösung der ostseefinnisch-lappischen Spracheinheit das Possessivsuffixsystem noch eine Dualserie aufwies, deren Kennzeichen gerade dieses *-n-* war, und daß nach dem Dualschwund im Urfinnischen dieses *n* in pluralischen Suffixvarianten und in der 3. Person auch im Singular weiterlebte. Schon dieser Umstand hat nach Itkonen einen bedeutenden Suffixreichtum bewirkt, der aber durch früh eintretende Ausgleichs- und Kontaminationsvorgänge noch vermehrt wurde; so soll u. a. das *e* in der 3. Person (pro *-a-*, *-ä-*) analogisch aufgekommen sein (vgl. § 62).

Aus den Mängeln der Lautstruktur, die auch diesem neuen Possessivsystem anhaften, resultiert der Umstand, daß im heutigen Finnisch nom. sg. und gen. sg. wie auch nom. und acc. pl. nicht unterschieden werden: *kalani kiehuu* 'mein Fisch kocht' ∼ *kalani rasva* 'das Fett meines Fisches' ∼ *kalani loppuivat* 'meine Fische gingen zu Ende'. – Wie schon früher (§ 28 A 5) erwähnt, haben einige Ausgleichungen dazu geführt, daß in der heutigen Sprache vor dem Possessivsuffix ohne Rücksicht auf Offenheit oder Geschlossenheit der Silbe der Konsonant bzw. die Konsonantengruppe immer in der starken Stufe steht: *poikansa* 'sein Sohn, seine Söhne, ihr (pl.) Sohn, ihre Söhne', *patamme* 'unser Topf o. Töpfe', *(omin) apuinsa* 'mit seinen o. ihren (pl.) eigenen Hilfsmitteln'. In den Dialekten und in der alten Schriftsprache sind Überbleibsel sowohl von einer Unterscheidung der A)- und B)-Reihe (z. B. *-mi* in der 1. sg. bei singularischem Besitz: *pienoisemi* 'mein Kleiner' u. a.) wie auch von schwacher Stufe vor dem Possessivsuffix (der Typ *ajansa*, heute *aikansa* 'seine oder ihre (pl.) Zeit' usw.) erhalten[2]).

Wie schon in anderem Zusammenhang erwähnt (§ 39), gehen die Possessivsuffixe wahrscheinlich aus den Personalpronomina hervor, deren früherer Gestalt die Suffixe der A)-Reihe genau entsprechen, wenn man voraussetzt, daß bei den gegenwärtigen Pronomina *minä* und *sinä* (< * *tinä*) die Silbe *-nä* sekundär ist (vgl. § 75 Fußn. 2).

2. KOMPARATION

50. Das Komparationssuffix lautet in der heutigen Sprache im nom. sg. *-mpi* (< * *-mpa*, * *-mpä*, s. ob. § 23 B), in den übrigen Kasus *-mpa-*, *-mpä-*, *-mma-*, *-mmä-* (im pl. *-mpi-*, *-mmi-*, s. § 23 C, E); der Stammauslautvokal *e* der zweisilbigen *a*- und *ä*-Stämme vor dem Komparativformans beruht auf Analogie der *e*-Stämme[3]). Beispiele: *korkea-mpi* 'höher', *avara-mpi* 'geräumi-

---

[1]) Vir. 1955 S. 161 f. (dtsch. Referat S. 175).
[2]) Siehe z. B. Rapola: SKH I S. 103–109, wo auch eingehendere Erklärungen über die lautliche Entwicklung der Possessivsuffixe gegeben werden. Über die entsprechenden Formen der Dialekte s. zuletzt Eeva Lindén: Vir. 1946 S. 1 f. (dtsch. Referat S. 90 f.).
[3]) Kalima: Vir. 1911 S. 57, Kettunen: Vir. 1924 S. 59, Ravila: FUF 23 S. 37.

ger', *viileä-mpi* 'kühler', *iso-mpi* 'größer', *hullu-mpi* 'verrückter', *villi-mpi* 'ausgelassener', *piene-mpi* 'kleiner', *nuore-mpi* 'jünger', *kaunii-mpi* 'schöner', *kirkkaa-mpi* 'klarer'; *vanhe-mpi* 'älter', *kuive-mpi* 'trockener', *ale-mpi* 'weiter unten befindlich', *yle-mpi* 'weiter oben befindlich', *ene-mpi* 'mehr', *pare-mpi* (Positiv * *para* fehlt) 'besser', *pite-mpi* o. *pide-mpi* (Positiv * *pitä* fehlt) 'länger'. Man beachte die Pronominalstämmigen *jompi* 'welcher (von beiden)' relat., *kumpi* 'dass.' interr., *kumpikin* 'beide', *(ei) kumpikaan* 'keiner von beiden', *jompikumpi* 'einer von beiden', *molemmat* 'beide', *tännempänä* 'mehr hierherzu befindlich', *tuonnempaa* 'weiter von dort her', *sinnemmäksi* 'weiter nach dort zu' sowie die Adverbia *semminkin, -kään* 'zumal, besonders' vom veralt. Komparativ des anaphor.-sächl. Pronomens *se : sempi*. Auch die Bildung von Komparativen zu Substantiva ist beachtenswert: *ulompi* (: *ulko-* 'Außenseite') 'weiter draußen', *lähempi* (: *lähi-* 'Nähe') 'näher liegend', *kauempana* (: *kauka-* 'Abstand, Ferne') 'in größerer Ferne', *edempänä* (: *esi-* 'vorn gelegene Stelle' oder *etä* 'abgelegener Ort') 'weiter vorn' oder 'weiter entfernt', *peremmäksi* (: *perä* 'der hinterste Teil') 'weiter nach hinten', *sisempi* (: *sisä-* 'das Innere') 'innerer', *rannemmaksi* (: *ranta* 'das Ufer') 'mehr zum Ufer hin', *illempana* (: *ilta* 'Abend') 'weiter am Abend', *päivemmällä* (: *päivä* 'Tag') 'bei fortgeschrittener Tageszeit', *keväämmäksi* (: *kevät* 'Frühjahr') 'späterhin zum Frühling', *syksympänä* 'im fortgeschrittenen Herbst' usw.

Der finnische Komparativ, der außerhalb des Ostseefinnischen sichere Verwandte im Lappischen und offensichtlich auch im Ungarischen hat (in beiden Sprachen geht das einschlägige Formans auf * *mp* zurück), wurde als solcher für eine aus der finnischugrischen Ursprache stammende Formenkategorie gehalten, bis es wahrscheinlich gemacht wurde[1]), daß die finnische systematische Komparation erst im ostseefinnisch-lappischen Zusammenleben (also vielleicht etwa im Frühurfinnischen) entstanden ist, wenn auch ihre Wurzeln weiter zurück verfolgt werden können, und daß sich andererseits der ungarische Komparativ für sich gesondert, freilich mit demselben Formans, herausgebildet hat, daß also auch er als solcher kein Erbgut aus der Ursprache ist. Am frühesten ist das Formans *-mpa-* wohl an Pronominalstämmen aufgetreten, wie finnisch *kumpi* 'welcher von beiden', *jompi-kumpi* 'einer von beiden' (nur solche urtümliche Verwandte des finnischen Komparativs beggenen uns im Mordwinischen und Tscheremissischen). In den Pronomina hat dieses Derivans auf dem Untergrund der Eigenbedeutung der pronominalen Wortstämme lokale Entsprechung resp. Gegensätzlichkeit bezeichnet (wie tscher. *tembal* ~ *tumbal* 'eine Stelle hier ~ eine Stelle da', lapp. *dobbĕ* ~ *dabbĕ* 'dort ~ hier', oder auch finnisch *jompi* ~ *kumpi* 'welcher von beiden', relat. ~ interr.), und von da aus konnte diese Endung auf Paare von Nomina, die einen Gegensatz ausdrücken, übergehen: wie *ala-* ~ *ylä-* 'Unter-, Oberraum resp. -fläche', *matala* ~ *korkea* 'niedrig ~ hoch', *pieni* ~ *iso* 'klein ~ groß', *vanha* ~ *uusi* 'alt ~ neu'

---

[1]) Ravila: FUF 24 (1937) S. 29–58. Die Erklärung Ravilas, daß *-mp-* aus den Formantia *-m-* (§ 52.11) und *-p-* (§ 52.22) verschmolzen sei, bedarf noch weiterer Untersuchung. Eine solche „Additions"annahme ist bei solchen altererbten Suffixen methodisch bedenklich.

u. a.; aus solchen Gegensatzpaaren konnte sich nun, wiederum gegen den Hintergrund der Bedeutungen der Wortstämme, zumal deren Gegensätzlichkeit sehr relativ und graduell ist, ein Adjektivderivans mit tatsächlich komparativer und die Vergleichsstufe bezeichnender Bedeutung herausbilden[1]).

51. Das Superlativ-Formans ist im nom. sg. *-in* (< * *-im*, s. § 27 C 4), in den übrigen Kasus *-impa-, -impä-, -imma-, -immä-* (im Plural *-impi-, -immi-*, s. § 23 C, E) : *alin* 'der unterste, unterst', *alimpana* ess. sg., *alimmaksi* transl. sg., *alimpina* ess. pl., *alimmiksi* transl. pl.; *ylin* 'oberst', *lähin* 'nächst', *enin* 'meist', *vanhin* 'ältest', *isoin* 'größt', *hulluin* 'verrücktest', *villein* 'ausgelassenst'[2]), *kaunein-* oder *kauniin* 'schönst', *kirkkain* 'klarst', *pisin* 'längst' (vom Positiv * *pitä*, vgl. komparat. *pitempi, pidempi*). Über *alin* pro * *aloin* usw., s. § 23 E. Die Parallelform *paras* neben dem Superlativ *parhain* 'best' vom Adjektiv *hyvä* 'gut' enthält kein morphologisches Superlativzeichen[3]), sondern hat sich mittels der Bedeutung seines Grundwortes * *para*, vgl. komparat. *parempi* 'besser', zum Superlativ entwickelt; in vielen Dialekten und z. B. im Estnischen ist es gar kein Superlativ, sondern bedeutet 'passend, gebührend'.

Der eigentliche Superlativ hat im Ostseefinnischen nur in den olonezisch-karelischen Dialekten eine Entsprechung, dürfte aber aus dem Frühurfinnischen stammen, denn sog. superlativische Adjektive, d. i. deutliche Ableitungen vom Superlativ (wie im heutigen Finnisch: *ensimmäinen* 'der erste', *jälkimmäinen* 'der letzte', *takamainen* 'der hinterste', *viimeinen* 'der letzte') kommen in allen ostseefinnischen Sprachen vor, und außerdem ist im Lappischen ein eigentlicher, mit dem finnischen vergleichbarer Superlativ vorhanden. Das Formans scheint ursprünglich nur * *ma*, * *mä* gelautet zu haben. *p* ist unter dem analogischen Einfluß des viel häufigeren Komparativs in den Superlativ eingedrungen (in den finnischen Dialekten sind die Superlative ohne *p* noch allgemein: *suurimmia* schriftspr. *suurimpia* part. pl. von *suurin* 'größt' und *väkevimmiä* schriftspr. *väkevimpiä* part. pl. von *väkevin* 'kräftigster'), die Geminierung des *m* kann jedoch schon viel älter sein, wie z. B. *vasen* 'linker' (gen. *vasemman*) und von *sydän* 'Herz' *sydämmen* dial. gen. Jedoch auch vom *i*, das heutzutage den charakteristischsten Bestandteil des Superlativformans bildet, muß angenommen werden, daß es erst im Urfinnischen vor das Suffix *ma, mä* getreten ist. Die ursprüngliche *i*-Losigkeit vertreten wohl der lappische Superlativ sowie solche finnischen superlativischen Adjektive wie *alamainen* 'untertan', *etumainen* 'vorangehend', *takamainen* 'hinten befindlich'. Woher das *i* stammt, ist noch nicht im einzelnen erforscht.

Das superlativische *ma, mä* ist offensichtlich identisch mit dem (ursprünglich deminutiven?) Denominalsuffix, das wir schon im Komparativ vorgefunden haben, und seine Funktion dürfte sich schon früh in der Rich-

---

[1]) Vgl. auch Alo Raun: Zur ursprünglichen Bedeutung des Komparativs (Contributions of Baltic University) Pinneberg 1947 Nr. 42.
[2]) Der Diphthong *ei* rührt von dem analogischen Einfluß solcher Formen wie *tervein* sup. zu *terve* 'gesund' her.
[3]) Über das Derivans s. § 52.16.

tung entwickelt haben, daß es den Geltungsbereich des Grundwortes beschränkt, so daß z. B. *tä-mä* ursprünglich 'dieser hier (unter mehreren andern)' bedeutet, *ala-ma* (später *alin*) = 'unter mehreren unten befindlich'. Man vergleiche auch, daß im Lappischen das komparativische *goab'ba* 'welcher von zweien' bedeutet, aber das superlativische *guttimuš* 'wer von vielen'; ebenso im Altindischen das komparativische *kataráḥ* = 'welcher von zweien', das superlativische *katamáḥ* = 'wer (von vielen)[1].

3. ANDERE NOMINALDERIVANTIA

52. Im folgenden werden – von der Gestalt ausgehend, wie sie die moderne finnische Schriftsprache bietet – die **einfachen denominalen Ableitungssuffixe der Substantiva und Adjektiva** aufgeführt. Nach Möglichkeit wird dabei ihre Vorgeschichte gestreift.

1) -*e*'. Nach den Ausführungen von § 27 B läßt sich das Suffix auf die früheren Gestalten -*eh* oder -*ek*, die in der Umgangssprache und auch in den meisten Dialekten zusammengefallen sind, zurückführen.

a) Der größte Teil der gegenwärtigen Denominalia auf -*e*' ging früher auf -*eh* aus. Zu ihnen kann man nach Ausweis der Dialekte und verwandten Sprachen z. B. folgende **Substantiva** zählen: *aarre*' 'Schatz', *aine*' 'Stoff', *amme*' 'Wanne', *eine*' 'Frühkost', *halme*' 'Schwendenland', *hilse*' 'feine Schlacke, dünne Eisrinde', *home*' 'Schimmel', *huone*' 'Zimmer', *hurme*' 'geronnenes Blut', *hylje*' 'Robbe', *ihme*' 'Wunder' < dial. *imeh* (§ 27 B 2), *kaarne*' 'Rabe', *kide*' 'Schneeflocke, Kristall', *kiire*' (= dial. *kiiru*') 'Eile', *kone*' 'Maschine' (vgl. dial. *kona* 'Spiel', *konu* 'sonderbar'), *korte*' 'Schachtelhalm', *kuje*' 'Verschmitztheit, Neckerei', *kuve*' 'die Weichen', *laine*' 'Welle', *lyhde*' 'Garbe', *made*' 'Aalraupe (gadus lota)', *murhe*' 'Trauer' < noch dial. *mureh*, *näre*' 'junger Nadelbaum', *perhe*' 'Familie' < noch dial. *pereh*, *purje*' 'Segel', *rae*' 'Hagel', *rahje*' 'Zugriemen', *rove*' 'Schachtel aus Birkenrinde', *ruode*' 'Latte' (vgl. *ruota* id.), *säie*' 'das Endchen Zwirn, Faser', *tähde*' 'Rest', *vanne*' 'Faßreifen', *vene*' 'Boot', *viikate*' 'Sense'; ebenso **Adjektive**: *ahne*' 'gierig', *kade*' 'neidisch', *maire*' 'schmackhaft, lieblich', *terve*' 'heil, gesund'. (Ableitung vom baltischen Lehnwort *terwa* 'Teer').[2]

Da die Grundwörter dieser Derivativa fast durchgängig unbekannt sind, läßt sich die Bedeutung des Derivans (des Ableitungssuffixes) nicht bestimmen. Es ist möglich, daß -*e*- weder in der -*eh*- noch in der -*ek*-Gruppe ursprünglich zum Derivans gehört hat, aber wie es in dasselbe gekommen ist, hat die Forschung noch nicht geklärt. -*h* < * -*š* (s. § 27 F 2); dieses Formans -*š*- geht vor das Urfinnische zurück, aber seine Entsprechungen außerhalb des Ostseefinnischen sind noch nicht genügend aufgehellt. – Vgl. -*ke*' (§ 53.12), -*le*' (§ 53.20), -*ne*' (§ 53.36), -*nne*' (§ 53.40), -*re*' (§ 53.45). Beachte auch § 55.6, 18.

---

[1] Ojansuu: Pronominioppia 22; Ravila: FUF 24 S. 48. Wiklunds etymologische Vergleichung des finnisch-lappischen Superlativformans und des indogermanischen Superlativformans * -*mo*- ist hinfällig – diese Übereinstimmung kann nur auf Zufall beruhen. Vgl. Collinder: Indo-uralisches Sprachgut 30–31.
[2] Siehe Kiparsky: Vir. 1952 S. 94 – .

Alte Lehnwörter, die sich dem *-eh*-Typ angepaßt haben, sind z. B. *helle'* 'Schwüle, Hitze', *herne'* 'Erbse', *käärme'* 'Schlange', *?tiine'* 'trächtig', *toe'* 'Damm, Zaun im Wasser für Fischgeräte' (sämtl. < balt.); *?helve'* 'Hülse, Spreu', *kahle'* 'Fessel, Kette', *kaide'* 'Weberkamm', *luode'* 'Nordwest', *palje'* 'Blasebalg', *ranne'* in der Bedeutung 'Ufer', *tarve'* 'Bedürfnis', *turve'* 'Torf, Rasenstück' (< germ.).

b) Wahrscheinlich gibt es gar kein altes denominales Derivans auf *-(e)k*. Immerhin haben nach dem Zeugnis der verwandten Sprachen folgende Nomina ursprünglichen *k*-Auslaut: *hete'* 'Schwankmorast, Quellgrund', *jänne'* 'Sehne', *lieve'* 'Saum, Besatz, Rand', *lude'* 'Wanze', *puhde'* (?) 'Arbeitszeit beim Feuerschein morgens und abends', *päre'* 'Kienspan, Schindel', *säde'* 'Strahl', *säe'* 'Vers'. Aber solche relativ vereinzelte Ableitungen muß man wohl durch die zahlreichen und alten deverbalen Bildungen auf *-e'* < *-ek* (§ 54.1) als analogisch beeinflußt ansehen. Zum Teil könnte es aber auch geradezu Ableitungen von gegenwärtig unbekannten Verben unter ihnen geben. – Den *-e'* < *-ek*-Ableitungen haben sich auch gewisse Lehnwörter angepaßt, z. B. *ruoste'* 'Rost' und *vaate'* 'Kleid' (< germ.).

Mangels ausreichender Angaben ist es von vielen heutigen *-e'*-Ableitungen bis auf weiteres schwer zu sagen, zu welcher der beiden obigen Gruppen sie gehören; dies betrifft z. B. folgende Wörter: *aave'* 'Vorzeichen, Ahnung' (vermutl. < *haave'* < dial. *haame'* > dial. *aame'* = 'Vorzeichen, Ahnung' also wie *aave'*); vgl. *haamu* = dial. *haama*[1]), *ilme'* 'Ausdruck, Miene' > *ilve'* 'Spaß, Grimasse'[2]) (vgl. *ilma* 'Luft' [*ilman tähden* „für nichts" = 'zum Spaß']), *kiire'* 'Scheitel' (vgl. dial. *kiira* 'Hügel'), *kuume'* 'Fieber', dial. auch: 'Schimmer, Flimmern' (vgl. *kuuma* 'heiß'), *lahje'* 'Hosenbein' (auch als Lehnwort erklärt; ? vgl. jedoch *lahko* 'Abteilung, Sekte', dessen urspr. Bedeutung 'Abzweigung' gewesen sein dürfte), *laide'* 'Bord, Rand' (vgl. *laita* 'Rand'), dial. *latve'* : *latveet* 'Werg, Hede aus den Leinspitzen', *laude* : *lauteet* 'Schwitzbank in der Sauna' (vgl. *lauta* 'Brett'), *lumme'* 'Seerose, nymphaea alba u. nuphar luteum', **vave'* : *vapeet* 'Gestell zum Trocknen der Netze' (vgl. *vapa* 'Rute, Stange'), *vehje'* 'Werkzeug, Kniff', *vihne'* 'Ährenbart', *virhe'* 'Fehler', *vuode'* 'Schlaflager' (? vgl. *vuota* 'Fell')[3]). – Weder *-h-* noch *-k*-Auslaut liegt in den relativ zahlreichen Ableitungen auf *-e'* vor, die bewußt für die Umgangssprache künstlich geschaffen wurden und von denen nur einige genannt seien: (von Elias Lönnrot in den 1830er Jahren gebildet:) *hyve'* 'Tugend', *pahe'* 'Laster'; (Schöpfungen des Sprachneuerers W. Kilpinen in den 1840er Jahren:) *kirje'* 'Brief', *suhde'* 'Verhältnis' (bis dahin gab es nur die Postpos. *suhteen* 'in bezug auf'; vgl. auch dial. *suhta* 'Maß, Richtung'), *suure'* 'Größe (math.)', *tunne'* 'Gefühl' (vgl. *tunto* 'dass.'); *muste'* 'Tinte'.

---

[1]) Siehe SF I: 2 S. 182 f.

[2]) Beachte, daß dial. *ilve'* = 'Aussehen, Miene, Gesicht'; die Bedeutungsentwicklung 'Miene' > 'Grimasse' ist leicht verständlich.

[3]) Für *vuode'* werden Verwandte von gleicher Bedeutung bis zum Ungarischen [*ágy*] angeführt. Vieles weist jedoch in der Richtung, daß es sich um eine bodenständige Ableitung von dem baltischen Lehnwort *vuota* 'geschundenes, aber ungegerbtes Tierfell' handelt. Jedoch steht eine endgültige Klärung noch aus.

2) **-ea, -eä**. Substantive[1]: *hopea* 'Silber', urspr. Adjektiv 'weich'[2]), *häpeä* 'Schande' (vgl. *häpy* 'Scham, Schamteile'), *lipeä* 'Lauge' (vgl. *lipu* 'Glätte'), *pallea* 'Diaphragma', dial. 'Mitte des menschlichen Körpers' (Stammwort unbekannt). Adjektive: *aukea* 'offen', *eheä* 'unversehrt, gediegen' (vgl. *eho* 'vollkommen, schön'), *haikea* 'wehmütig' (frühere, dial. und noch als veralt. Bedeutung 'bitter, herb', vgl. *haiku* 'unbehaglicher Geruch, bitteres, beunruhigendes Gefühl'), *ilkeä* 'böse' (vgl. *ilka* 'Spötterei'), *kankea* 'steif' (vgl. *kanki* 'Stange, Pfahl'), *kapea* 'schmal' (vgl. *kapu* = *kapula* 'Rolle, runder Stab'), *kauhea* 'schrecklich' (*kauhu* 'Schrecken'), *kipeä* 'schmerzend, krank, heftig' (vgl. *kipu* 'Schmerz'; das Adjektiv bedeutete früher: 'herb, bitter', vgl. estn. *kibe* 'dass.')[3], *korea* 'schmuck' (vgl. *koru* 'Schmuck'), *korkea* 'hoch' (vgl. *korko* 'Hügel, Erhöhung'), *kostea* 'feucht' (vgl. *kosto* heute 'Rache', eig. 'Vergeltung, auch von Gutem', „Wiedergabe", daher urspr. Bedeutung von *kostea* 'zurückgebend, [von der Trockenheit sich] wieder abkehrend oder zurückkehrend')[4], *kukkea* 'blühend' (vgl. *kukka* 'Blume'), *lempeä* 'milde' (vgl. *lempi* 'Wohlwollen, Milde, Güte, Liebe'), *makea* 'süß' (vgl. *maku* 'Geschmack'; die frühere Bedeutung des Adjektivs: 'schmackhaft', wie heute noch dial., 'süß' daraus entwickelt), *nopea* 'schnell', *pimeä* 'finster, dunkel', *pyöreä* 'rund' (vgl. *pyörä* 'Rad'), *rohkea* 'kühn', *ruskea* 'braun' (vgl. *rusko* '(Abend-, Morgen-) Röte'), *sileä* 'glatt' (*silo* 'Glätte'), *sokea* 'blind', *usea* 'mancher, mehrere', *valkea* 'weiß, hell' (vgl. *valko* 'das, die Weiße'), *viileä* 'kühl' (dial. *vileä*, vgl. *vilu* 'Frösteln').

Die urfinnische Gestalt des Derivans lautete * -*eδa*, * -*eδä*, aber das eigentliche Derivans ist wohl nur * -*δa*, * -*δä*. Einen abweichenden Vokalismus hat das wohl zu dieser Gruppe gehörige *lapio* 'Spaten', dial. *lapia* entwickelt (? vgl. *lapa* 'Blatt des Ruders, der Schaufel, der Schulter usw.'). Verwandte dieses Formans sind bis zum Syrjänischen und Wotjakischen beigebracht worden[5]. Die Bedeutung scheint possessiv gewesen zu sein: *haikea* = 'das, was unangenehmen Geruch (unser 'Beigeschmack') hat', *makea* = 'das, was Geschmack hat' usw. Vgl. -*ut*, -*yt* (§ 52.20); beachte § 53.59.

3) **-i: -i-** ist von allen Nominalableitungssuffixen das häufigste. Substantive: dial. *kerkki* (= *kerkkä* 'einjähriges Gewächs, Schößling'), dial. *kermi* (= *kerma* 'Sahne'), dial. *kokki* 'Oberboden' (vgl. *kokka* 'etwas in die Höhe Stehendes, z. B. Vordersteven, Gallion', *kokko* 'kegelförmiger Haufen, z. B. Holzhaufen für das Johannisfeuer')[6], dial. *kontti* 'Fuß, Knochen' (vgl. *kontallaan* 'auf allen vieren'), *koppi* 'Zelle' (vgl. *koppa* 'ausgehöltes Ding, Schädel (Vorderteil), Korb'), dial. *kuiri* 'Löffel' (vgl. *kuiru* 'Boot'), dial. *kulppi* 'Becher' (vgl. dial. *kulppa* 'Höhle, Grube'), *lakki* 'Mütze' (*lakka* 'Vorsprung am oberen Stock eines Gebäudes, Schirmdach'), *liekki* 'Flamme'

---
[1]) Es handelt sich bei dieser wie bei den folgenden Aufzählungen natürlich immer nur um eine Auswahl von Beispielen. Vollständigkeit wird nirgends angestrebt.
[2]) E. Itkonen: Vir. 1944 S. 355 f.
[3]) SUST 98 S. 195 f.
[4]) Vir. 1940 S. 43 f.
[5]) Uotila: SUST 65 S. 94 f., 103.
[6]) Toivonen: FUF 18 S. 172 f.

(= dial. *liekka*), *lippi* 'Trinkgefäß von Birkenrinde, Kelle' (vgl. *lippa* 'Mützenschirm'), *luokki* 'Kummetbogen' (*luokka* 'Bogen > Klasse'), *maiti* 'Fischmilch' (vgl. *maito* 'Milch'), *Musti* (Name für einen schwarzen Hund; vgl. *musti-kka* 'Heidelbeere'), *mämmi* 'süßer Brei von Roggenmalz', *mäti* 'Fischlaich' (? vgl. *mätä* 'faul, Fäule'), *mökki* 'ärmliche Hütte' (früher: 'Klumpen', wie noch dial.; vgl. dial. *mökkä* 'Klumpen'), *neiti* 'Fräulein' (vgl. *neito* 'dass.'), *nänni* (= *nännä*) 'Brustwarze', *näppi* 'Fingerspitze, was mit zwei Fingern gefaßt wird, Schnippchen', dial. *panki* 'Eimer mit gebogenem Handgriff' (vgl. *panka* 'bogenförmiger Handgriff'), *piiri* 'Kreis, Umkreis', *rikki* 'Schwefel, sulfur', *rätti* 'Hader, Lappen', *syli : sylin* (gen. sg.) 'Schoß, Umarmung' (vgl. *syli : sylen* 'Klafter, Faden'), *turkki* 'Pelz', *täti* 'Tante', *ukki* „'Opa'", *vihi* (= *saada vihiä* 'Wind bekommen, Lunte riechen'), *väli* 'Zwischenraum' (< * *välji*, vgl. *väljä* 'weit, geräumig, flach'; s. § 23 H), dial. *ämmi* 'Großmutter' (vgl. *ämmä* 'altes häßliches Weib'); Tierbezeichnungen: *kolli* 'Kater', *kuovi* 'Brachvogel', *lokki* (= dial. *lokka*) 'Möwe', *peni* 'Hündchen' (urspr. 'Hund'; vgl. *penin-kulma* < * *penin kuuluma*, urspr. 'die Strecke, so weit Hundegebell gehört wird'; vgl. *penikka* = dial. *penu* 'Hündchen', Grundwort vermutlich * *penä*), *siili* 'Igel', *sipi* 'Strandläufer', *sonni* 'Stier', *tavi* 'Krickente (anas crecca)'. Die Wörter *hupi ~ huvi* 'Vergnügen' (vgl. *hupa* 'vergänglich, angenehm', *hupainen* 'dass.') und *koti* 'Heim' (vgl. *kota* 'Hütte', *koto* 'Heimat, Wohnung')[1]) dürften ursprünglich nicht zu dieser Gruppe gehörige *i*-Ableitungen sein, sondern sind aus dem Pluralstamm ihrer auf -*a* auslautenden Grundwörter abstrahiert (vgl. z. B. *olla jonkun hupina* 'jmds. Wonne (ess. pl.) sein', *tehdä jonkun huviksi* 'zu jmds. Freude (transl. pl.) tun', *saapua omiin kotiin* 'in sein eigenes Heim (ill. pl.) kommen'). – Adjektive (sämtl. dial.): *himmi* 'dunkel, unklar', *hulmi* 'gierig', *humppi* 'drollig, einfältig', *närkki* 'ungeduldig' (= *närkkä*), *näävi* 'ohne Eßlust' (vgl. *näävä* 'Ermattung, Abzehrung'), *salkki* 'schlank', *suppi* 'zusammengedrückt, zugespitzt', *tiivi* 'schmuck, adrett, nett', *välkki* 'weit, ausgedehnt'. Adjektive dürften auch die heute nur als erstes Glied von Komposita verwendeten *i*-Ableitungen gewesen sein, wie *huhti*- in *huhti-kuu* 'April' (vgl. *huhta-* 'Schwendenland'), *iki-* in *ikivanha* 'uralt' (vgl. *ikä* 'Alter', *kolmi-vuotinen* 'dreijährig' („dreiig-") vgl. *kolme* 'drei', *lehmi-savu* „Kuhrauch" (zum Vertreiben von Mücken beim Melken) zu *lehmä* 'Kuh', *nelikulmainen* 'viereckig' (*neljä* 'vier', *neli* < * *nelji*-), *perikato* 'Untergang' (veralt. auch *peräkato* 'dass.', *perä* 'Hinterteil', also wörtl. „Verschwinden in den Hintergrund, ins Hintertreffen"). In den Dialekten sind solche Komposita viel häufiger als in der Schriftsprache (*heini-mato* 'Heuwurm', *heini-* zu *heinä* 'Gras', *lehmi-vasikka* 'Kälbchen, Milchkalb',wörtl. „Kuhkalb", *lehmä* 'Kuh', *leipi-varras* 'Brotspieß', *metsi-kana* 'Schneehuhn, lagopus', wörtl. „Waldhuhn", *seini-vieri* 'der Raum neben der (äußeren) Wand', *seinä* 'Wand', *vieri* 'Raum neben etwas', usw.).

Das *i* der heutigen *i*-Stämme vertritt eigentlich das Ergebnis einer Verschmelzung des Ableitungssuffixes *i* mit dem auslautenden Stammvokal; s. § 23 C. Man vergleiche die in § 53 erwähnten Suffixe -*hko*, -*io*, -*iso*, -*kki*,

---

[1]) Setälä: ÄH 270, Tunkelo: Vir. 1933 S. 399 f., E. Itkonen: Vir. 1938 S. 456 f., vgl. weiterhin dial. *sevi* 'Vorderteil des Schlittens' = *sepä* 'dass.'.

§ 52 Einfache denominale Nominalsuffixe

-kko, -li, -lo, -mo, -nki, -nko, -nto, -o, -ri, -ro, -sto. Beachte weiterhin § 55.2, 7, 8, 14, 16, 17, 21, 22, 24, 27. Das *i*-Formans hat Entsprechungen in den verwandten Sprachen bis zum Samojedischen. Es hat teils deminutive, teils possessive Bedeutung. Über die eventuelle Verwandtschaft dieses *i*-Derivans und des Plural-*i* siehe § 42, über sein Auftreten in der Komitativendung § 471 und über sein Verhältnis zum Formans *-ja, -jä* der deverbalen Nomina agentis § 54.4. – Aus fremden Sprachen sind z. B. die folgenden Wörter entlehnt, die sich in dem Auslautvokal ihres nom. sg. und ihres Flexionsstammes den einheimischen *i*-Stämmen angepaßt haben (die Grundform vieler von diesen Wörtern hat in der Ursprungssprache konsonantischen Auslaut): aus dem Schwedischen: *arkki* '(Papier-) Bogen', *häkki* 'Käfig', *kaali* 'Kohl', *kaappi* 'Schrank' [vgl. auch dtsch. 'Schaff' heute noch in 'Schaffner'], *kalkki* 'Kalk', *keppi* 'Stock', *kuppi* 'Tasse', eig. (Tassen) 'Kopf', *kyyti* 'Fuhre', urspr. 'Reisen mit Mietpferden', *laji* 'Art', *lasi* 'Glas', *lesti* 'Leisten', *maali* 'Farbe', *malmi* 'Erz', *merkki* 'Zeichen', *pari* 'Paar', *peili* 'Spiegel', *portti* 'Pforte', *posti* 'Post', *tukki* 'Klotz, Stamm', *tykki* 'Geschütz, Stück', *vanki* 'Gefangener', *äyri* 'Steuereinheit', „Öre", (Adjektiva:) *höyli* 'höflich', *kiltti* 'brav', *villi* 'wild, ausgelassen'; aus dem Russischen: *koni* 'altes, untaugliches Pferd, Kracke, Mähre', *naatti* 'Blätter und Stengel der Knollengewächse', *pappi* 'Geistlicher', *risti* 'Kreuz', *sirppi* 'Sichel', *säppi* 'Türangel', *sääli* 'Mitleid', (Adjektiva): *siisti* 'sauber', *vari* 'siedeheiß'. (Vgl. § 18.)

4) -(i)nen: -(i)se- ~ -(i)tse-. Substantiva: *hevonen* 'Pferd' (früher u. dial. *heponen*, vgl. *hepo*), *hitunen* 'ein bißchen' (vgl. *hyde* 'Schale, Hülse, Stückchen'), *hyppynen* 'Fingerspitze, Prise', *hyttynen* 'Mücke' (vgl. dial. *hyde, hytykkä*), *ihminen* 'Mensch', *kalanen* 'Fischlein' (vgl. *kala* 'Fisch'), *kukkanen* 'Blümlein' (vgl. *kukka* 'Blume'), *kyyhkynen* 'Täubchen' (vgl. *kyyhky* 'Taube'), *kärpänen* 'Fliege', *leivonen* '(kleine) Lerche' (vgl. *leivo* 'Lerche'), *lintunen* 'Vöglein' (vgl. *lintu* 'Vogel'), *loinen* 'Einlieger, Wohnungsloser, Parasit' (vgl. Partikel *luona* 'bei'), *murunen* 'Bröckchen, Krümel' (vgl. *muru* 'Brocken'), *nainen* 'Frau', *palanen* 'Stückchen' (vgl. *pala* 'Stück'), *rukkanen* 'Handschuh' (vgl. dial. *rukka* 'Pelz'), *ukkonen* 'Gewitter, Donner' (vgl. *ukko* 'der Alte', urspr. Name des Donnergottes). Defektive Adverbialia: *kyykkysillään* 'in Kniebeuge o. überh. geduckter Haltung', *paitasillaan* 'im Hemd', *sukkasillaan* 'in Strümpfen', *varpaisillaan* 'auf den Zehen', *(olla) leskisillä* 'Witwe laufen, Fangball spielen', *(olla) sokkosilla* 'Blindekuh (spielen)', *tukkanuottasilla* 'sich bei den Haaren kriegen', *vieraisilla* 'zu Gast, auf Besuch'; beachte *päitset* 'Halfter' (zu *pää* 'Kopf'), *suitset* 'Zaum' (*suu* 'Mund'), dial. *öitsissä* 'beim Fensterln' (*yöj* 'Nacht'). – Adjektiva: *aikainen* 'früh', *hikinen* 'schwitzend, schweißig', *'äinen* 'eisig, eisbedeckt', *kalainen* 'fischreich', *karvainen* 'behaart', *kukkainen* 'blumenbedeckt', *kuusinen* 'voll Fichten, fichtenbestanden', *(vasen-)kätinen* '(links)händig', *likainen* 'schmutzig', *luinen* 'knöchern, knochig', *mainen* 'erdig, tellurisch, ländlich', *pilvinen* 'bewölkt', *puinen* 'hölzern', *punainen* 'rot', *(itse)päinen* '(eigen)sinnig* („seinen eigenen Kopf aufsetzend"), *soinen* 'moorig', *talvinen* 'winterlich', *toinen* 'der andere, zweite' (vgl. *tuo*), *vetinen* 'wässerig', *viimeinen* 'letzter', *öinen* 'nächtlich'.

Man beachte auch folgenden, auf Adverbia fußenden Adjektivtyp: *muinainen* = *muinoinen* 'altertümlich' (vgl. *muinoin* 'vor alters' = veralt.

muinain), *silloinen* 'damalig' (vgl. *silloin* 'damals'), *äskeinen* 'soeben geschehen' (vgl. dial. u. veralt. *äskein* = schriftl. *äsken* 'soeben'), *omintakeinen* 'selbständig' (vgl. *omin takein* „mit eigener Bürgschaft o. Verantwortung", 'selbständig'), *nurinkurinen* 'verkehrt' (vgl. *nurin kurin* 'verkehrt herum, in verkehrter Weise') (vgl. § 53.52).

Daß dieses Ableitungssuffix in der heutigen Sprache an zweisilbigen Substantivstämmen ohne *i* auftritt (*hevonen : hevosen* 'Pferd' nom. u. gen. sg., *poikanen : poikasen* 'Knäblein' nom. u. gen. sg., usw.), ist das Resultat später Entwicklung und in der Schriftsprache das bewußter Regelung, denn früher hat *i* zu dem Suffix auch in Substantiven der genannten Art gehört; dialektisch und noch in der Literatur des 19. Jh. begegnen uns solche Formen wie *hevoinen (hepoinen), poikainen* usw. – Dieses verbreitetste Ableitungssuffix für Deminutiva und Adjektiva in der heutigen Sprache ist dadurch ausgezeichnet, daß seine Gestalt im nom. sg. *-inen* nicht in regelmäßigem, deklinationsparadigmatischem Verhältnis zu der Gestalt desselben in den obliquen Kasus steht *(-ise-, -is-, -isi-, -itse-, -itsi-)*. Dieses Verhältnis konnte bisher nicht befriedigend erklärt werden[1], aber darin sind die Forscher einer Meinung, daß es sich hier um zwei verschiedene Derivantia handelt, die sich aus irgendwelchem Anlaß schon im Frühurfinnischen zu einem und demselben Paradigma vereinigt haben, wobei das eine im nom. sg. (und im acc. II sg.), das andere in allen anderen Kasus Fuß faßte. Das *i* des Derivans dürfte jedoch auf Einfluß des Derivans *-i(t)se-* beruhen. Es ist nicht ausgeschlossen, daß das Formans *nen* irgendwie verwandt ist mit dem unten sub 11) angeführten denominalen Derivans *-na* ~ *-n*. Im Ableitungssuffix, das den obliquen Kasus zweier Wörter zugrunde liegt (*päitset* 'Halfter' und *suitset* 'Zaum'), haben wir *ts*, das eine relativ ursprüngliche Gestalt unseres Ableitungssuffixes widerspiegelt (s. ob. § 21); in der alten Schriftsprache findet sich dieses *ts* neben *s* auch bei vielen anderen Wörtern, die heute nur *-ise-* aufweisen (z. B. bei Agricola *synneitzen*, heute *syntisen*, gen. sg. von *syntinen* 'sündig'), und in Dialekten trifft man auch heute noch *-tt-*Formen, die auf solche mit *ts* zurückgehen (z. B. in Häme-Dialekten *semmottet*, heute *semmoiset* 'solche', *tämmöttet*, heute *tämmöiset* 'solche' mit dieser – Deixis)[2]. Wie es gekommen ist, daß neben der Lautgestalt *-itse-* teilweise schon im Urfinnischen die Variante *-ise-* aufkam, ist noch nicht völlig geklärt; es wurde angenommen, daß der Wechsel in der Weise von den Betonungsverhältnissen abhing, daß *ts* nach betonter und *s* nach unbetonter Silbe eintrat. – Für dieses Ableitungssuffix *-ise-, -itse-* sind Entsprechungen aus vielen verwandten Sprachen angeführt worden; zu seinen alten Bedeutungen hat jedenfalls die deminutive gehört, was sich auch noch deutlich in den obigen finnischen Beispielen widerspiegelt. – Über Weiterbildungen s. § 53.5, 9, 10, 13, 16, 17, 18, 24, 25, 28, 30, 31, 33, 35, 37, 42, 52, 53, 55, 57.

---

[1] Die einschlägige Forschungsgeschichte gibt Toivonen: FUF 19 S. 38–54.

[2] Indirekt wird die *-ts-*Gestalt des Derivans *-inen* durch solche Ortsnamen in Satakunta wie *Kauvatsa* und *Äetsä* bezeugt, die P. Virtaranta mit den Adjektiven *Kaukainen* 'abgelegen' und *äkeinen* schriftspr. *äkäinen* 'heftig, reizbar' verglichen hat (Satakunta 13, 1946 S. 191 f.).

5) **-isa, -isä.** Adjektiva: *antoisa* 'ergiebig' (vgl. *anto* 'Gabe'), *eloisa* 'lebhaft' (vgl. *elo* 'Leben'), *hupaisa* 'vergnüglich' (vgl. *hupa* 'angenehm'), *joutuisa* 'geschwind, fix', *kalaisa* 'fischreich', *karttuisa* 'sich reichlich vermehrend o. schnell zunehmend', *kuuluisa* 'berühmt' eig. „was viel gehört wird" o. „worüber man viel hört", *leikkisä* 'scherzhaft', *leppoisa* 'versöhnlich' (vgl. *leppeä* 'mild, sanft'), *lukuisa* 'zahlreich', *mieluisa* 'angenehm', *näkyisä* 'lange andauernd, ausreichend', *raivoisa* 'wütend', *sopuisa* 'verträglich', *sotaisa* 'kriegerisch', *suotuisa* 'günstig', *taipuisa* 'biegsam, nachgiebig', *toraisa* 'zänkisch', *tuhoisa* 'verderblich', *varjoisa* 'schattig', *viihtyisä* 'angenehm dort zu leben', *voittoisa* 'siegreich', *ärtyisä* 'reizbar'; defektive Adverbialien: *koto(i)-salla* 'zu Hause', dial. *kulku(i)salla* 'auf der Wanderschaft', dial. *kuulu(i)-salla* 'im Hörbereich', *näkö(i)sällä, -e* 'in Sichtweite', *ulko(i)salla, -e* 'draußen resp. hinaus (auf den Hof, die Straße)'. Substantiva gibt es kaum andere als *emisä* (vgl. *emä* 'Mutter') = *imisä* 'Weibchen', insbes. 'Sau', und auch diese beiden sind gleichzeitig Adjektive.

Dieses Suffix geht als solches mindestens ins Urfinnische zurück. Die Bewahrung von *a* vor *i* in Fällen wie *kalaisa* 'fischreich' und *sotaisa* 'kriegerisch' zeigt uns, daß *i* hier kein ursprünglicher Laut ist (s. § 23 E). *-isa* steht sowohl seiner Lautgestalt als auch seiner Bedeutung nach dem Derivans *-ise-*, das neben dem nominativischen Derivans *-nen* auftritt, sehr nahe verwandt (s. vor. Punkt 4) und sein *-is-* hat mit der gleichen Lautgruppe in jenem Suffix offensichtlich denselben Ursprung. Das Suffix bezeichnet reichliches Vorkommen oder Fülle des vom Grundwort gemeinten Gegenstandes o. ä.: *kalaisa* 'reich an Fischen', *eloisa* 'reich an Leben, lebensvoll', usw. – Über die Weiterbildung *-iso*, die sich bedeutungsmäßig teilweise anders entwickelt hat, s. § 53.8.

6) **-ja[1], -jä[1].** Nur Substantiva (und daraus entwickelte Adverbien).

a) Ortsnamen: *Kalaja* (vgl. *kala* 'Fisch'), *Kytäjä*, *Lohja* (? vgl. *lohi* 'Lachs'), *Lohtaja*, *Loimaa* < veralt. *Loimaja* (vgl. dial. *loima*, u. a. 'Sandheide'), *Sonkaja* (? vgl. dial. *sonka* 'Ecke, Winkel' < lapp.), *Tyrvää* < veralt. *Tyrväjä* (vgl. *Tyrväntö*), *Vanaja* (vgl. *vana* 'Schlittenspur', 'Spur eines Schiffes', 'Flußbett'), *Ypäjä*. Möglicherweise gehören hierher auch solche Appellative wie *apaja*[1]) 'offene, ebene Geländestelle', 'Netzzugstelle', dial. auch als Adjektiv 'offen, flach, eben', dial. *vataja*[2]) 'sumpfiges Gelände', 'Haferboden'.

b) Defektive Adverbia: *kaikkia-lla* 'überall', *-lta, -lle* < noch dial. *kaikkija-* (<?* *kaikkja-*), *kolmia-lta* 'aus drei Richtungen' < noch dial. *kolmija-* (<?* *kolmja-*), *takia* 'wegen', urspr. offenbar 'nach hinten' (Grundw. *taka-* 'hinter'; vgl. *tautta* 'wegen'), dialektisch sind: *jokajalla* 'überall' = schriftspr. *joka taholla* 'allenorts', *kaukajalla* = schriftspr. *kaukana* 'weit entfernt', *kumpajalla* 'in beiden Richtungen'.

Die ursprüngliche Form dürfte ebenso gelautet haben, also *-ja, -jä*, und es dürfte den Ort (Aufenthaltsort) des vom Grundwort genannten Gegenstands bezeichnet haben. Das Suffix geht mindestens aufs Urfinnische zu-

---
[1]) Über dieses Derivativum, dessen Grundwort unklar ist, siehe z. B. SUSA 25: 1 S. 47.
[2]) Über eventuelle Entsprechungen des Grundwortes in verwandten Sprachen s. FUF 19 S. 118.

rück[1]). Zum mindesten für die Wörter der Gruppe b) bedarf die Geschichte des Suffixes noch weiterer Klärung.

Eine Weiterbildung des Suffixes ist wohl das *-jas, -jäs*, das in den nur dial. vorkommenden Kollektivsubstantiven wie *kyläjäs* gen. *kyläjäksen* 'die Dorfleute', *niemijäs* 'die Bewohner(schaft) der Landzunge', *Ilomantsijas* 'die Bevölkerung des Kirchspiels Ilomantsi' u. a. dgl. auftritt und in denen *-s* (§ 52.17) an das Formans *-ja, -jä* angetreten ist.

7) **-ja**^{II}, **-jä**^{II} ~ **-va**^{I}, **-vä**^{I}. Substantiva (fast nur Pflanzen- und Tiernamen): *kataja* (dial. *katava;* auch als balt. Lehnwort angesprochen) 'Wacholder', *petäjä* 'Kiefer', *pihlaja* 'Eberesche' (dial. *pihlava*), *huuhkaja* 'Uhu', *tohtaja* 'colymbus arcticus' oder = schriftspr. *kuikka* (numenius arcuata 'Brachvogel'; mergus albellus 'Gänsejäger') o. 'fuligula glacialis' = schriftspr. *sotka* (dial. *tohtava*); *halava* 'Weide' (salix fragilis 'Bruchweide'), *jalava* 'Ulme', *salava* 'Palmweide', *kajava* 'Möwe', *majava* 'Biber', *säynävä* 'Kühling' (= *säynäjä, säynäs, säyne*); besonders beachtenswert dial. *ehtava* 'Abend, Abendbrot' (= dial. *ehtavo* < **jektavo* > *ehtoo*). Adjektiv: *vajava* (= *vajaa* 'unvollständig'; < ** vajaya*). Die Ursache des Nebeneinanders von *j* und *v* ist nicht geklärt. Die urfinnische Gestalt des Suffixes dürfte **-γa, * γä* gewesen sein. Entsprechungen sind auch außerhalb des Ostseefinnischen angeführt: überall scheint es sich bei dem Suffix um Pflanzen- und Tiernamen zu handeln. Vielleicht ist das Suffix verwandt mit dem sogleich zu behandelnden Derivans *-ka, -kä.* (In dem Worte *ehtavo* tritt offensichtlich eine Weiterbildung des Derivans **-γa* auf: *-vo* < ** -γo* < ** -γoi* < ** -γai*.) – In diesen Zusammenhang gehören nicht *veräjä* 'Zaungatter', das bis auf sein Formans *-j* slawischen Ursprungs ist, und auch nicht *hunaja* 'Honig' und *vainaja* 'Verstorbener', die beide germanische Lehnwörter sind; das *-ja* der letzteren ist freilich auch aus ** -γa* entstanden.

8) **-ka, -kä** ~ **-a, -ä.** Wird an Pronominalstämmen angetroffen: *joka* 'welcher, relat.', 'jeder', *kuka* 'wer, interr.', *mikä* 'was, interr., relat.' und in schwacher Stufe in heutigen pronominalen Adverbien: *siellä* 'dort' < noch dial. *siällä* < ** siγälnä* (s. § 22 A), *tuolla* 'dort, da' < ** tuoalla* (> dial. *tuualla*)[2]) < ** tooγalna, täällä* 'hier' < ** tä'ällä* < ** täγälnä.* – Auch außerhalb des Ostseefinnischen bis zum Samojedischen[3]). Möglicherweise ursprünglich identisch mit dem lativischen *k* (§ 48 B1). S. § 58.2.

9) **-kka, -kkä.** Substantive: a) gewöhnliche Deminutive: *haarukka* 'Gabel' (vgl. *haaru, haara* 'Zweig, Verzweigung, Flußarm'), *kalikka* 'Knüttel, Knebel', *kannikka* 'äußerster Rand, Brotranft' (vgl. *kanta* 'Grundlage, Nagelkopf'), *kierukka* (zu sehr gedrehtes Garn bildet 'Spiralen'; vgl. *kieru* 'Schraubenwindung, Lockendrehung'), dial. *lahdukka* 'kleine Bucht' (zu *lahti* 'Bucht'), *näpykkä* 'kleines Bläschen, Pickelchen' (vgl. *näppy* 'Blase, Pickel'), *sopukka* 'Winkelchen' (vgl. dial. *soppu* = *soppi* 'Winkel'); b) Pflanzen-

---
[1]) Tunkelo: Vir. 1932 S. 389 f., 1933 S. 9 f., SUST 67 S. 385 f.
[2]) In den archang.-karelischen Dialekten *tuualla, -lda, -nne* = schriftspr. *tuolla, -lta, -nne.* S. auch Jännes: Suomi III: 4 S. 184. Die Lautentwicklung *tuolla* < ** tuoalla* ist nicht regelmäßig, sondern fußt vielleicht auf dem Muster: *tää : täällä*, woraus sich ergab: *tuo : tuolla* (Ojansuu: Pronominioppia 8).
[3]) Lehtisalo: SUST 72 S. 392–393.

namen: *kastikka* 'Gras' (agrostis, calamagrostis) vgl. *kasti*, *mansikka* 'Erdbeere' (vgl. *mantu* 'Erde, Scholle', *mantere* 'Festland', vgl. nhd. 'Erdbeere'), *mustikka* 'Heidelbeere' (vgl. *musta* 'schwarz', vgl. nhd. dial. 'Schwarzbeere', allerdings häufiger dial. 'Blaubeere', immerhin auch nach der Farbe), *puolukka* 'Preiselbeere' (vgl. *puola* 'dass.'), *rentukka* 'Löwenzahn' (? *rento* 'schlaff, herabhängend, zerfetzt'), *ulpukka* 'weiße Seerose (cf *ulpu*), *vatukka* 'Himbeere' (cf *vattu* 'dass.'); c) Namen von Tieren und anderen lebenden Wesen: *elukka* 'Stück Vieh', „Kreatur" (vgl. **elu, elo* 'Leben'), *itikka* 'Mücke', Österbotten: 'Rindvieh', *lutikka* 'Wanze' (vgl. *lude* 'dass.'), *matikka* 'Aalraupe, Quappe' (vgl. *made* 'dass.'), *mullikka* 'junger Stier' (vgl. *mulli* 'dass.'), *penikka* 'junger Hund' (vgl. *peni* 'dass.'), dial. *vaihdokka* 'eingetauschtes Pferd' (vgl. *vaihto* 'Tausch'), *vasikka* 'Kalb' (vgl. *vasa* 'dass.'), *kopukka* 'mageres Pferd', *kuhnukka* 'trödelnder Mensch, Trottel', *letukka* 'leichtfertiges, schlampiges Mädchen', *pullukka* 'aufgedunsener Mensch', *ressukka* 'Hemdenmätzchen', *typykkä* „Stift", „Steppke"; d) von der Art des vom Grundwort Bezeichneten o. mit dem, was das Grundwort bezeichnet, ausgerüstet: *perukka* 'am äußersten Ende befindliche Gegend' (vgl. *peru*, *perä* 'hinteres Ende'), *pohjukka* 'der innerste Teil von etwas' (vgl. *pohja* 'Grund, Hintergrund'), dial. *salakka* (vgl. *sala* 'verborgen, geheim') 'unsichtbarer Pflock oder Nietnagel, z. B. zwischen den Dauben eines Gefäßes', *silmukka* 'Öhr, Schlinge, Schleife, Masche' (vgl. *silmu*, *silmä* 'Auge'), *haarikka* 'Humpen aus Holz' (urspr. mit gegabeltem Griff versehen), *naapukka* 'Nachbarin', *tallukka* 'Stoffschuh' (vgl. *talla* 'Sohle'); e) andere, ihrem Grundwort nach zum Teil unklare Derivativa: dial. *hiilikka* 'auf Kohlen geröstetes Brot' (= *hiilikko*), *kurikka* 'Schlegel, Klöppel, Keule', *rusikka* 'geballte Faust', *veitikka* 'Schelm'. Auch zahlreiche Lehnwörter sind unter den Bildungen auf *-kka* vertreten, insofern ihr fremdsprachlicher Habitus dazu Anregung bot. Z. B. (aus dem Schwedischen:) *etikka* 'Essig', *marsalkka* 'Marschall', *neilikka* 'Nelke', *retikka* 'Rettich', *räätikkä* 'Kohlrübe', *tupakka* 'Tabak', (aus dem Russischen:) *kapakka* 'Kneipe', *kasukka* 'Meßgewand', *majakka* 'Bake, Leuchtturm', *nassakka* 'Fäßchen', *patukka* 'Peitsche', *piirakka* 'Pastete', *simpukka* 'Schnecke, kleine Muschel', (? aus dem Baltischen:) *harakka* 'Elster'; solche Personennamen wie *Hanikka*, *Hartikka*, *Hintikka*, *Hännikkä*, *Jahnakka*, *Lyytikkä*, *Reinikka*, *Tiilikka*, *Viinikka*, *Vitikka* (< schwed. < niederdtsch.)[1]) usw. – Adjektive: *helakka* 'licht, klar' (vgl. *heleä* 'grell'), *kalvakka* 'bläßlich, bleichlich' (vgl. *kalpea* 'blaß'), *kimakka* 'helltönend, durchdringend' (vgl. *kimeä* 'dass.'), *punakka* 'rötlich' (vgl. *puna* 'rot'), *puuhakka* 'geschäftig' (vgl. *puuha* 'Geschäfte', 'Beschäftigung'), *rivakka* 'flink, behende' (vgl. *ripeä* 'dass.'), *solakka* 'schlank' (vgl. *solea* 'dass.'), *tanakka* 'steif, dick und fest', 'zuverlässig' (vgl. *tana* 'fertige, gerüstete Stellung', *tanea* = *tanakka*), *urhakka* 'heldenhaft' (vgl. *urho* 'Held', *urhea* 'heldenhaft').

Das *u* vor dem *-kka* (*elukka* 'Haustier, Vieh', *haarukka* 'Gabel' usw.) und *i* (*mansikka* 'Erdbeere', *vasikka* 'Kalb' usw.) werden heute als zum Suffix gehörig betrachtet, aber ursprünglich waren sie Auslautvokale des (freilich bereits abgeleiteten) Grundwortes (über das *i* vgl. § 52.3, über das *u* § 53.54).

---

[1]) Siehe Viljo Nissilä: Vir. 1951 S. 352 f. (frz. Referat S. 513).

-*kka*, -*kkä* ist in den meisten Fällen von deminutiver Bedeutung (in Adjektiven ist seine Bedeutung bisweilen moderativ: *punakka* 'ziemlich rot' usw.), und es handelt sich denn hierbei auch um ein altes, vermutlich auf die uralische Grundsprache zurückgehendes Deminutivsuffix[1]). Über seinen Antritt an andere Ableitungssuffixe s. § 53.2, 9, 11, 13, 14, 15, 16. Vgl. das deverbale -*kka* (§ 54.5).

10) **-la, -lä** ~ 1. Substantive: a) Ortsbezeichnungen: *appela* 'Heim des Schwiegervaters', *etelä* 'Süden', urspr. 'Platz vor dem Hütteneingang, der nach Süden lag', *manala* 'Totenreich', 'Unterwelt', *miehelä* 'Heim des (Ehe)mannes', *setälä* 'Heim des Onkels', *takala* 'hinten liegende Gegend, hinterer Teil'[2]), *tuonela* 'Totenreich'; neuere: *kahvila* 'Café', *kylpylä* 'Bad(eort)', *pappila* 'Pfarrhaus', *ravintola* 'Restaurant'; b) andere Wörter, wenigstens zum größten Teil (jetzige oder frühere) Deminutiva: *atula(t)* 'kleine Zange, Pinzette' (= dial. *atu*), *hetula* 'Walfischbart', *jumala* 'Gott', *jäkälä* 'Flechte', *kampela* 'pleuronectes flesus', *kukkula* 'Anhöhe' (vgl. *kukkupää* 'übervoll', *kukku* 'kegelförmiger Gipfel', ?*kukka* 'Blume'), *käpälä* 'Tatze', dial. *käsälä* 'lange gebogene Stange mit Haken am Ende, mit der die Netzzugstange unter dem Eis zu fassen versucht wird', *mukula* 'Klumpen, Knorren, scherzhafte Bezeichnung für kleine Kinder', *nappula* 'Zwecke', 'Pflock', *näppylä* 'Pickelchen' (vgl. *näppy* 'Pickel'), *pykälä* 'Kerbe, Paragraph', *pyörylä* 'Ringel, Kringel' (*pyöry* 'Rondell, Zirkel'), *raakila* 'unreife Frucht' (vgl. *raaka* 'roh, unreif'), *räpylä* 'Schwimmfuß der Wasservögel und einiger Säugetiere' (vgl. dial. *räpy* 'Pfote, Klaue'), *sukkula* 'Weberschiff', *vihvilä* 'Binse' (juncus), 'Segge' (carex) Grundwort < balt., *virvilä* 'Erve' (ervum), 'Wicke' (vicia) ?vgl. *virva* 'Irrlicht, Luftschein'. – Adjektive: *hankala* 'schwierig', *hintelä* 'zart' (vgl. dial. *hinto* = *hento* 'zart'), *imelä* 'süß (widerlich)', *kamala* 'schrecklich' (vgl. *kaamea* = dial. *kamea* 'dass.'), *katala* 'heimtückisch', dial. = 'klein'), *matala* 'niedrig', *nokkela* 'findig', *ovela* 'schlau', dial. *sekala* 'verworren', *sukkela* 'behend, einfallsreich', *tukala* 'schwierig', *vetelä* 'wässerig' (vgl. *vesi*, St. *vete-* 'Wasser'), *vikkelä* 'flink'.

Gewöhnlich ist das -*la*, -*lä* der a)-Gruppe aus semasiologischen Gründen von dem der Gruppe b) und c) getrennt worden, obwohl beide dieselben Entsprechungen in den verwandten Sprachen haben, auch außerhalb des Ostseefinnischen. Es ist daher auch wahrscheinlich, daß es sich um ein und dasselbe auf das Finnischugrische zurückgehende ursprüngliche deminutive Derivans handelt. Es lassen sich nämlich auch andere Fälle anführen, wo ein ursprüngliches Deminutivsuffix dazu übergegangen ist, bestimmte lokale Beziehungen zu bezeichnen[3]). Im vorstehenden (§ 46 F) wurde darauf

---

[1]) Lehtisalo: SUST 72 S. 359 f.

[2]) „*Kust' on kjelet kandelehen? Kalan purstosta hyvästä, Takalasta kaunihista*" 'Woher stammen die Saiten der Kantele? Vom guten Fischschwanz, aus dem schönen Hinterteil' (Zitat aus der Volksdichtung in Gananders Wörterbuch).

[3]) Siehe Szinnyei: Ny H⁷ 91–92. Aus dem Finnischen beachte z. B. *tau-s* 'hinten befindlicher Ort' ~ *neljänne-s* 'vierter Teil', eig. 'kleines Viertes' (§ 52.17); *paju-kko* 'weidenbestandener Ort' ~ *kepa-kko* 'kleiner Stock' (§ 53.15); *lehto* 'Hain' < *lehto-i* 'mit Laubbäumen bestandener Ort' ~ *emo* < *emo-i* 'Mütterchen' (§ 52.3); *seinä-mä* 'Ort an der Wand' ~ *äkä-mä* 'kleines Geschwür'.

hingewiesen, daß dasselbe *l*-Formans vermutlich auch mit dem Kennzeichen der äußeren Lokalkasus identisch ist. – Über den Zusammentritt des *-la*, *-lä*-Formans mit andern Suffixen s. § 53.17, 19, 20, 21, 22, 23, 27.

Wenn man berücksichtigt, daß neben den in § 52.11, 12, 15 behandelten Derivantia *-ma, -mä, na, -nä* und *-ra, -rä* auf Konsonant ausgehende Varianten *-n (-me-)*, *-n (-ne-)* und *-r (-re-)* auftreten, besteht durchaus die Möglichkeit, daß auch neben den deminutiven Ableitungen *-la*, *-lä* schon früh konsonantische *-l*-Derivativa auftraten. Solche können z. B. sein: *askel* (dial. *askela*) 'Schritt', *kyynel* (dial. *kyynelä*) 'Träne', *sammal* 'Moos' (dial. *sammala*), *sävel* 'Melodie', *vemmel* (dial. *vempelä*) 'Krummholz am Kumt', obwohl wir deren eventuelle Grundwörter nicht kennen. Über die lautlichen Verhältnisse *-la, -lä* ~ *-l* s. § 18. Über die *-le'*-Derivativa neben den *l*-Wörtern s. § 53.20. – Lehnwörter, in denen auch das *l*-Formans entlehnt ist, sind z. B. *humala* 'Hopfen', später auch 'Rausch', *kapula* 'runder Stab, Walze, Rolle u. ä.', *kattila* 'Kessel', *?kavala* 'arglistig', *kynttilä* 'Kerze', *rinkilä* 'Kringel', *satula* 'Sattel', *siivilä* 'Milchseihe', *sinkilä* 'Klammer, Krampe', *sämpylä* 'Semmel', *vintilä* 'Bohrer, kleiner Bohrer mit krummem Stiele', *vispilä* 'Quirl' (<germ.), *apila* 'Klee' (<balt.).

11) -ma, -mä ~ -(i)n: -ma-, -mä-, -(i)me-. Substantive: a) Ortsbezeichnungen: *kaljama* 'glatte Stelle' (vgl. dial. *kalja* 'glatte Stelle', *kalju* 'Kahlkopf'), dial. *kinkama* 'abschüssige Stelle, Anhöhe' (vgl. dial. *kinka* 'Hügel, Holzstoß'), *lahtema* 'Bucht' (vgl. *lahti* 'Bucht'), *laitama* 'Stelle am Rande' (z. B. des Waldes) (vgl. *laita* 'Rand, Saum'), *maisema* 'Landschaft', dial. 'Landgegend' (vgl. *mainen* 'zum Land gehörig', *maa* 'Land')[1]), dial. *patama* 'runde Terrainvertiefung' (vgl. *pata* 'Topf'), *pengermä* 'Erdwall, Terrasse' (vgl. *penger* 'dass.'), *poukama* 'tiefe Stelle zwischen zwei Wasserfällen, kleine Bucht', *rantama* (vgl. *ranta* 'Ufer') 'Uferstreifen, -stück', *reunama* (vgl. *reuna* 'Rand') 'Rand(stück)', dial. *saarema* 'Wasserpfütze, -rückstand', (vgl. *saari* 'Insel'), *seinämä* 'Bergwand' o. ä. (*seinä* 'Wand'), dial. *selkämä* 'Landrücken, Ås', *kintaan selkämä* 'der Rücken des Handschuhs' (*selkä* 'Rücken'), *uoma* 'Flußbett' (vgl. *vuo* 'Fluß[bett]', wo *v* sekundär ist; vgl. § 26F). Beachte auch *iltama* 'Abendveranstaltung', dial. auch 'Abendzeit'; *halkein : halkeimen* 'gespaltene o. geborstene Stelle', auch adj. 'geborsten', dial. u. veralt. *kodiksin : kodiksimen* 'das Areal des Wohnhauses, Grundstück' (vgl. *kodis* § 52.16a), *laidun : laitumen* 'Weide' (?vgl. *laita*)[2]), dial. *ojaksin : ojaksimen* 'niedrig liegendes Terrain an einem Bach', *poikkion : poikkiomen* 'querüber liegende o. schräg abgebrochene' resp. derartige Stelle

---

[1]) In dem Wort *maisema* lautet der Stamm vielleicht gar nicht *maise-*, sondern es kann sich vielleicht um das zusammengesetzte Derivans *-isema*, urspr. * *-isoma* handeln, in dem *-iso-* etwa dasselbe Formans darstellt wie das § 53.8 aufgeführte Derivans. Siehe J. Kalima: Vir. 1945 S. 200 f. Auf jeden Fall ist die Sache noch unklar. Sicher ist aber, daß es sich um ein volkssprachliches Wortgebilde und keine gelehrte Wortschöpfung handelt.

[2]) Der Wortstamm auch als germanisches Lehnwort erklärt und die Ableitung als deverbal angesehen: Ojansuu: Suomen kielen tutkimuksen työmaalta (Vom Arbeitsfeld der finn. Sprachforschung) 57.

(also adj. u. subst.), *rikkein : rikkeimen* 'zerrissen' resp. derartige Stelle (also adj. u. subst.), dial. *seinin : seinimen* 'Wandstück', 'Wandpflock', dial. *selkoin : selkoimen* 'die Rückseite des Bogens beim Schießbogen o. der Armbrust, waagerechter Balken an der Rückseite von Gerüsten', *uudin : uutimen* dial. u. a. 'Schlafzelt, Bettvorhang', hierher gehören vielleicht auch *sydän* 'Herz' und *ydin* 'Mark' (vgl. dial. *yti, yty* 'dass.'), die beide 'eine im Innern befindliche Stelle' bedeuten. – b) Deminutivische oder diesen nahestehende Derivantia: dial. *kesämä* 'ein Lamm vom Sommerwurf' (*kesä* 'Sommer'), *kuusama* 'Geißblatt (lonicera xylosteum)', dial. *muurama* schriftspr. *muurain* 'Brombeere, Sumpfbrombeere, Multbeere', *nikama* 'Knoten bei Pflanzen, Wirbelknochen', *pisama* 'Sommersprosse' (*pisara* 'Tropfen'), *pukama* 'Beule, Geschwulst', dial. *puolama* 'Preiselbeere', dial. *siestama* 'schwarze Johannisbeere (ribes nigrum)', *sikermä* 'Kreis, Umkreis' (vgl. *sikerö* 'Gruppe', *sikko* 'Haufen, Vorrat'), *suurima* 'Graupe' (*suurus* 'Frühstück'), *äkämä* 'Geschwür, Eiterbeule' (*äkä* 'Haß'); dial. *kalin : kalimen* 'eine der Netzarten im Schleppnetz', *kuusan : kuusamen, kuusaman* 'lonicera xylosteum', *muura(i)n : muura(i)men* '(Sumpf)brombeere', dial. *puola(i)n : puola(i)men* 'Preiselbeere', *seitsen : seitsemän* 'sieben', dial. *seitsemen* (auch adj.), dial. *siesta(i)n : siesta(i)men* 'ribes nigrum', *toutain : toutaimen* 'aspius rapax', 'leuciscus cephalus', dial. *vaara(i)n : vaara(i)men* 'Himbeere'. – Adjektiva: c) *mokoma* 'so einer' (oft iron.), *muutama* 'ein gewisser', *tämä*[1]; *avoin : avoimen* 'offen' (< veralt. *avojoin : avojoman*)[2], *hapan* 'sauer' : *happamen, happaman, irtain* 'lose, beweglich' : *irtaimen* (< veralt. *irtajain : irtajaman*)[2], *kiintein* 'festliegend', 'immobil' : *kiinteimen, lämmin* 'warm' : *lämpimän, muu(d)an : muutaman* 'ein gewisser', *muutamen*, dial. *rivioin : rivioimen* 'abgenutzt, zerquetscht, krüppelig und lahm', *vasen : vasemman*[3], dial. *vasemen* 'link'; beachte auch die oben sub a) erwähnten: *halkein, poikkion, rikkein* und das sub b) genannte *seitsen*.

Entsprechungen gibt es in allen verwandten Sprachen bis zum Samojedischen. Die Form -*ma*, -*mä* vertritt einen ursprünglicheren Typus als -*n*, das frühurfinnischen vokalischen Auslautschwund voraussetzen dürfte (§ 18). Nach der Apokope dürfte auch ein allgemeiner Übergang der -*ma*-, -*mä*-Stämme in die -*me*-Gruppe erfolgt sein, da ursprünglich nur die *e*-Stämme Konsonantstamm neben sich hatten. Das vor -*n* : -*me*- oft anzutreffende sekundäre *i* läßt sich als analogischer Einfluß der deverbalen Derivativa auf -*in* ansehen (s. § 54.3). Die Starkstufigkeit in solchen Nominativen wie *halkein, kiintein, rikkein, selkoin, toutain* kann von früherer Dreisilbigkeit herrühren, wobei die 2. Silbe offen war; vgl. z. B. den Umstand, daß neben *poikkioin* auch *poikkein* auftritt. – Die Bedeutung des Derivans scheint deminutiv gewesen zu sein. Über das Verhältnis dieses Formans zu dem *m* im Komparativ- und Superlativzeichen s. §§ 50, 51. Über Weiterbildungen s. § 53.5, 26, 30, 32, 34, 48, 51, 60. – Lehnwörter, deren Endung sich diesem Suffix angepaßt hat, sind z. B. *morsian* 'Braut' und dial. *pahlain* 'lange Rute' (< balt.).

---

[1]) Über diese Pronomina vgl. Lehtisalo: SUST 72 S. 386–388.
[2]) Siehe Rapola: SKH I S. 222.
[3]) Die Geminierung des *m* ist sekundär; vgl. dial. *sydän : sydämmen* (s. § 27A3).

12) **-na, -nä ~ -n: -ne-**. Substantive: a) *haapana* 'anas penelope', *kamana* 'Türsturz', *kipinä* 'Funke', *omena* 'Apfel', *papana* 'Kügelchen, Schafo. Hasenmist' (vgl. *papu* 'Bohne'), *pähkinä* 'Nuß', *raappana* 'der große Brachvogel' (scolopax arquata), *räppänä* 'Rauchfang', *sarana* 'Türangel', *sarvena* 'Hüftbein' (*sarvi*[1]) 'Horn'), *tevana* 'weibliches Renntier, überh. großes Tier' (= *teva* 'männl. Renntier'); pejorative Bezeichnungen lebender Wesen: dial. *hönttänä* 'alberner Mensch', *rehvana* 'Lump, verkommener Mensch', *tolvana* 'Dummkopf', dial. *vilkuna* 'Spaßmacher, Spötter'; über die Pronomina: *minä* 'ich', *sinä* 'du' s. S. 54 Fußn. 3; Ortsnamen: *Karuna, Asuna, Löytänä, Täysinä*; b) *ahven* 'Barsch' (dial. *ahvena*), dial. *ammen* 'Brunnen-, Schöpfeimer' (*amme* 'Wanne'), *haiven* '(dünnes) Haar', *hiven* 'Stäubchen, ein bißchen', *huomen* 'Morgen' (Postpos. *huomassa* 'unter der Obhut', das Grundwort dürfte urspr. 'Schatten, Dämmer' bedeutet haben), *höyhen* 'Daune' (dial. *höyhenä*), *joutsen* 'Schwan', *jäsen* 'Glied, Mitglied' (dial. *jäsenä*), *kiven : kipenen* 'Funke' (dial. *kipenä*), dial. *lemmen* 'Feuer, Flamme[2])' (*lempi* 'Liebe'), *ruumen* 'Spreu, Achel' (dial. *ruumena*), dial. *sarven* = schriftspr. *sarvena* 'Hüftbein' (s. ob.), *säen : säkenen* 'Funke' (dial. *säkenä*), *taimen* 'salmo trutta', 'salmio fario', *terhen* 'Obdach, Verschlag, Schutz, Nebel', dial. *tarmen* 'Fähigkeit, Tüchtigkeit' (vgl. *tarmo* 'Energie'), dial. *toimen* (*täydessä toimenessa* = 'bei vollem Bewußtsein'; vgl. *toimi* 'Beschäftigung, Umsicht'), dial. *tuumen* 'Euter' (= *tuumi* gen. *tuumen*), *uumen* 'Spaltung, Höhlung, Inneres' (vgl. *uuma* 'Weichen, Taille'[3]). – Adjektive: a) *ihana* 'wunderbar, entzückend' (dial. *iha* 'Anmut; froh'); b) dial. * *rien : rikenesti* adv. 'schnell, eilig' (*rientää* 'eilen').

Da die Stämme der meisten Beispiele unbekannt sind, läßt sich natürlich nicht mit Sicherheit sagen, ob sie alle abgeleitet sind; vielleicht gibt es unter ihnen auch uralte *n*-Stämme. Jedenfalls hat dieses Formans Entsprechungen bis zum Samojedischen; es dürfte ursprünglich deminutivisch gewesen sein, wie auch die meisten erwähnten finnischen Beispiele nahelegen. Über das Verhältnis -na, -nä ~ n s. § 18. – Über Weiterbildungen s. § 53.35, 36. Vgl. das deverbale -na (§ 54.7). – Man beachte jedoch, daß viele Wörter mit dem Aussehen dieser Derivativa bis auf ihr -n resp. -na Lehnwörter sind, z. B. *orpana* (< idg.), *akana* 'Achel, Spreu', *apina* 'Affe'), *etana* 'nackte Schnecke', *kumina* 'Kümmel', *lakana* 'Laken', *leijona* 'Löwe', *mammona* 'Mammon', *markkinat* 'Markttag', *murkina* 'Frühstück', *taikina* 'Teig', *vaakuna* 'Wappen', *veskuna* 'Zwetsche', *viikuna* 'Feige' (< germ.), *akkuna* ~ *ikkuna* 'Fenster', *arssina* 'Arschin', *pakana* 'Heide', *palttina* '(feine vierschäftige) Leinwand', *porkkana* 'Mohrrübe', *talkkuna* 'steifer Brei von Gerste o. Hafer', *värttinä* 'Spindel, Kunkel' (aus dem Russischen); *karsina* 'Pferch, Hürde, Keller unter dem Fußboden', *paimen* 'Hirt', *siemen* 'Samen' (aus dem Baltischen).

13) **-nka**. Als Derivans eines Apellativums jedenfalls in den Vogelnamen *karanka* 'cinclus aquaticus' (vgl. *kara* 'Zäpfchen, Zünglein, Dorn', *koskikara*

---
[1]) Wiklund: SUSA 23:16 S. 9.
[2]) Siehe Kalevalaseuran vuosikirja (Jahrbuch der Kalevala-Gesellschaft) 22 S. 7f.
[3]) Siehe M. E. Liimola: Vir. 1934 S. 183, V. Kiparsky: Vir. 1934 S. 271.

'Sturmvogel') und *kuusanka* 'garrulus infaustus' sowie in der dial. Terrainbezeichnung *oilinka* (= *oilinki*) 'eine sich in der Weite verlierende geradlinige Wegstrecke zu Wasser oder zu Lande', vgl. *ojelmus* 'dass.', Grundwort *oikea* 'gerade'. Ziemlich verbreitet in Ortsnamen, z. B. *Himanka* (vgl. *Himainen*), *Liminka, Luhanka, Maaninka, Oulanka* (vgl. *oulu* 'Überschwemmungswasser'), *Pieninkä, Vesanka* (?vgl. *vesa* 'Schößling'). – Die Bedeutung des mindestens bis zu den permischen Sprachen verbreiteten Suffixes ist deminutiv. Über Weiterbildungen s. § 53.37, 38, 39. Vgl. deverbales -*nki* (§ 55.16).

14) **-nta, -ntä ~ -s: -nte-.** Das erstere tritt in der Schriftsprache nur in zwei Substantiven auf: *emäntä* 'Hausfrau', „Wirtin" [in meist älteren Übersetzungen!] (vgl. *emä* 'Mutter') und *isäntä* 'Hausherr, Hausvater' [veralt. Übersetzung „Wirt"] (vgl. *isä* 'Vater')[1], dial. *korenta*, schriftspr. *korento* 'Tragstange, Wassertrage, Wasserjungfer (Libelle)'; Ortsnamen: *Pyhäntä* (*pyhä* 'heilig, geweiht'), *Sarvanta* (vgl. *sarpa* 'Binse'). Nur ein Adjektiv: *vihanta* '(üppig) grünend' (*viha* heute 'Haß', selt. daneben u. urspr. 'Grün', *viheriäinen* 'grün'). – Das an zweiter Stelle genannte Derivans -*s: -nte-* bildet heute nur Ordinalia, somit Adjektiva: *kolmas* 'dritter' : *kolmantena* ess. sg. : *kolmannen* gen. sg. : *kolmatta* part. sg. : *kolmansia* part. pl., *neljäs* 'vierter' : *neljänteen* ill. sg. : *neljänneksi* transl. sg. : *neljättä* part. sg. : *neljänsien* gen. pl. usw. Über die Lautentwicklung s. § 23B, § 27 A 4[2]). – Es handelt sich um ein Derivans, das mindestens in die finnischugrische Urzeit mit seinem -*nt*- zurückreicht, die Bedeutung ist deminutivisch; auch die ordinale Bedeutung scheint sich spätestens schon in der finnischugrischen Ursprache herausgebildet zu haben. Über Weiterbildungen s. § 53.6, 40, 41, 43. Vgl. deverbal -*nta* (§ 54.8).

15) **-ra, -rä ~ -r: -re-.** Substantive: a) *hamara* 'Rücken von Axt, Beil usw.', dial. *hankura* 'die Stelle, wo die Schenkel auseinandergehen' (vgl. *hanka* 'Henkel, Haken usw.'), *hattara* 'Fetzen von Kleidern, auch von Wolken', *jakkara* 'Schemel' (= dial. *jakku*, hierüber § 53.54 S. 127 Fußn. 2), *kamara* 'Kruste, Schwarte', *kattara* 'bromus secalinus' u. a., *ketara* 'Schlittenständer', *kiehkura* 'Haarlocke, Ring(el)' u. ä. (vgl. *kiekko* 'Scheibe' < dial. *kiehko*), *kiemura* 'Windung, Krümmung', *kihara* (auch adj. 'Locke, lockig', *kukkura* 'Gipfel, Übermaß' (vgl. *kukkupää* 'überfüllt", „gehäuft", *kukkula* 'Hügel', ? *kukka* 'Blume'), *kyttyrä* 'Buckel', *makkara* 'Wurst' (vgl. est. *makk* 'Darm, Wurst'), *mäkärä* 'Mücke, große Stechmücke', *pahkura* 'Knollen, Knast' (vgl. *pahka* 'dass.'), dial. *pentura* 'Rain', *pisara* 'Tropfen' (vgl. *pisama* 'Sommersprosse'), dial. *sapara* = schriftspr. *saparo* 'kurzer Schwanz' (vgl. dial. *sapa* 'Schwanzstumpf'), dial. *siestara* schriftspr. *siestar* 'Johannisbeere'; b) *askar* 'Verrichtung, Arbeit' (dial. *askara*), *kangar* 'steinige Anhöhe', dial.

---

[1]) *Emäntä* und *isäntä* wurden wahrscheinlich zunächst nur von der Schwiegertochter und den Stiefkindern als Anrede gebraucht. Die Wörter dürften 'Vaters, Mutters statt vertretende Person', also m. a. W. 'Schwiegervater, -mutter, Stiefvater, -mutter' bedeutet haben; später wurden diese Anredeformen auch vom Gesinde übernommen sowie schließlich von einem weiteren Personenkreis, so daß sich die heutige Bedeutung ergab. Nach R. E. Nirvi: Vir. 1954 S. 35. Vgl. § 53.6.
[2]) Vgl. Szinnyei: Ny H⁷ 99; Uotila: SUST 65 S. 95.

§ 52   Einfache denominale Nominalsuffixe   91

kankara, kankaro), dial. *koider* (eine Lachssorte, = *koitere*), *manner* 'Kontinent' (dial. *mantera;* vgl. *mantu* 'Boden, Erde'), *penger* 'Terrasse' (dial. *penkerä*), dial. *pisar* schriftspr. *pisara* 'Tropfen', *piennar* 'Rain' (dial. *pientaro*), *siestar* 'ribes nigrum'; Ortsnamen: *Inger : Inkeren (= Inkeri), Koider (= Koitere).* – Adjektive: *ahkera* 'fleißig' (vgl. dial. *ahku* 'dass.'), *ankara* 'streng', *avara* 'geräumig, weit', *hatara* 'lose, locker, rissig u. ä.' (vgl. dial. *hata* 'zerstreut, „aufsperrend"'), *hämärä* 'dämmerig' (*hämy* 'Dämmer'), *katkera* 'bitter' (*katku* 'Brandgeruch'), *kiikkerä* 'schwierig, zweifelhaft' (*kiikku* 'Schaukel'), *kovera* 'krumm, ausgehöhlt, konkav', *kumara* 'gebeugt, krumm', *kupera* 'gewölbt, kuppig, konvex' (vgl. *kupu* 'Kropf, Knolle, Kuppel'), *näppärä* 'geschickt (Hände)' = dial. *näpperä* (? vgl. *näppi* 'Fingerspitze'), dial. *säserä* 'schwankend, zitternd; heikel' (vgl. *säsy* 'Gallerte, Gelee'), *typerä* 'dumm, beschränkt' (dial. = 'kurz'; vgl. *typykkä* 'Endchen, Stumpf'), *täpärä* 'am äußersten Rand aufsitzend, knapp, beschränkt in den Hilfsmitteln', *uuttera* 'emsig', dial. *viherä*[1]) schriftspr. *viheä* 'grün' (vgl. *viheriäinen* 'dass.', *vihanta* 'Grün', *viha* 'dass.'). Adjektiva auf *r* gibt es nicht.

Entsprechungen gibt es aus allen finnischugrischen Sprachen. Die ursprüngliche Bedeutung wird als deminutiv betrachtet, obwohl es bisweilen schwierig ist, die heutigen Bedeutungen von dieser Grundlage aus zu verstehen (z. B. *manner* 'Festland'). Über das Lautverhältnis *-ra, -rä* ~ *-r* s. § 18. Beachtenswert ist, daß sich neben allen *r*-Derivativa, und zwar noch allgemeiner verbreitet, Weiterbildungen auf *re'* finden (*askare'* 'Haushaltungsverrichtung', *kankare'* 'sandige Heide' usw.). Über diese und andere Weiterbildungen s. § 53.45, 46, 47. – Lehnwörter, in denen das *-r* aus der fremden Sprache stammt, sind z. B. *udar* 'Euter', *vasara* 'Hammer' (< urarisch), *kypärä* 'Helm', *sakara* 'hervorstehende Spitze', *sisar* 'Schwester', *tytär* 'Tochter' (< balt.), *antura* 'Sohle', *haikara* 'Reiher, Storch', *matara* 'Labkraut (galium)' (< germ.), *kassara* 'Laubsichel', *tappara* 'Streitaxt', *tavara* 'Ware', *päistär* 'Schäbe' (< slav.).

16) *-s: -(h)-*. Substantiva: *eväs* 'Morgenkost', *havas : hapaan* 'Schleppnetzflügel' < früher u. noch dial. *hapahan*, *kangas* 'Heide(land)' (vgl. *kangar, kankare* 'sandige Heide'), *kangas* 'Tuch, Kleiderstoff', dial. *karjas* 'brünstig' (vgl. *karja* 'Vieh', *karju* 'Eber'), *keidas* heutige Schriftspr. 'Oase', in den Dial. u. a. 'Sumpfinselchen', 'Schwankmorast', 'feuchte Niederung' (vgl. dial. *keidanne* 'Anhöhe'; auch als germ. Lehnwort erklärt), *kiuas* (dial. *kiukaa*) 'steinerner Ofen', *koiras* 'Männchen' (*koira* 'Hund'), *kunnas* 'Anhöhe', *kyäs : kykään* '(Getreide-)Hocke', *lipas* 'Schrein', dial. auch 'Traufdach der Darrscheune' (vgl. *lippa* 'Mützenschirm, Hutkrempe'), *lounas* 'Südwesten' (dial. *louna*), *mätäs* 'Erdhügelchen', *naaras* 'Weibchen' (vgl. *naara* 'dass.'), *opas* 'Wegweiser' (vgl. *oppi* 'Lehre'), *oras* 'Saatkeim', *patsas* 'Standbild, Säule', *pensas* 'Gebüsch', *pudas* 'Flußarm', *pylväs* 'Stütze, Strebe', *raavas* '(Rind) Vieh', *rahvas* 'das gemeine Volk' (ohne verächtl. Nebensinn), *ratsas* 'Reitpferd' (vgl. *ratsu* 'dass.'), *ryntäät* (pl.) 'Brustknochen', *räystäs* 'Dachtraufe', *tahdas*

---

[1]) Aus diesem deutlich auf *-rä* endigenden Derivativum von *viha* scheint durch Metathese, die vielleicht durch das *h* veranlaßt wurde, die heute ganz allgemeine Form *viheä* hervorgegangen zu sein, die sich dem *eä*-Typ angepaßt hat.

'gekneteter Teig', *töyräs* '(großer) Hügel' (vgl. *töyry* 'dass.'), *uros* 'erwachsener Mann', *valjaat* 'das Pferdegeschirr', *varras* '(Brat-) Spieß' (? vgl. *varsi* 'Schaft, Stiel'), *varvas* 'Zehe', *äyräs* 'abschüssige (Ufer-)Stelle'; *nauris* 'Rübe', *ruumis* 'Körper'. – Adjektive: *ahdas* 'eng', *eräs* 'gewisser' (vgl. *erä* 'entlegener Ort', *eri* 'verschieden'), *hauras* 'brüchig, mürbe' (dial. *hapras*, *hapero* 'spröde'), *hidas* 'langsam', *irstas* 'ausschweifend' (früher = 'lose, frei'; vgl. *irta-*[1])), *karsas* 'schieläugig, neidisch' (vgl. dial. *karso* 'Schieler'), *kielas* 'geschwätzig' (*kieli* 'Zunge'), *kiivas* 'heftig' (? vgl. *kiima* 'Brust'), *kirkas* 'hell' (vgl. estn. *kirg* 'Feuerfunke'[2])), *kitsas* 'knickerig', *kuulas* 'durchscheinend', *kärkäs* 'begierig' (? vgl. *kärki* 'Spitze'[3])), *närkäs* 'der eilige, aufbrausende Zorn', *paljas* 'bloß, nackt', *paras* 'best', vgl. (**para:*) *parempi* 'besser', *puhdas* 'rein', *raikas* 'frisch', *raihnas* 'siech, gebrechlich', *rakas* 'lieb'[4]), *raskas* 'schwer', dial. *riemas* 'froh' (vgl. *riemu* 'Jubel'), *rietas* 'unanständig' (vgl. *rietta* 'Schmutz'), *runsas* 'reichlich', *uljas* 'stattlich, heldenmütig', *uuras* 'emsig', *valpas* 'wachsam' (vgl. das Verb *valvoa* 'wachen', das vielleicht von demselben Nominalstamm herkommt), dial. *varas : varaan* 'früh(zeitig)', davon schriftspr. *varhain* 'früh, adv.' < *varahin*, *vauras* 'wohlhabend', *vehmas* 'fruchtbar, saftig, gut gedeihend, üppig', *viekas* 'schlau, verschlagen', *vieras* 'fremd, Gast' (vgl. subst. *vieri* 'Rand, Seite, Stelle daneben'), *vilkas* 'lebhaft' (vgl. dial. *vilkka* 'dass.'), *ylväs* 'erhaben' (*ylpeä* 'stolz'); *aulis* 'hilfsbereit' (= dial. *auli* 'mildtätig'), *kallis* 'teuer', *tiivis* 'dicht', *valmis* 'bereit'; zu den s-Ableitungen wurde auch das Adjektiv *tuores* 'frisch' : *tuoreen* gerechnet, dessen Entsprechung in der heutigen Sprache meist *tuore* ist.

Das Derivans kommt also heutzutage meist an *a*-, *ä*-, teilweise auch an *i*-Auslaut in den Gestalten -*as*, -*äs*, -*is* (beachte jedoch *uros*) vor. Der Vokal hat vielleicht ursprünglich nicht zum Derivans gehört und ist erst aus bestimmten Stammworttypen losgelöst und zum Suffix geschlagen worden, von wo er sich dann weiter ausgebreitet hat. Das Formans -*s* ist für das moderne Sprachgefühl vollkommen funktionell verdunkelt, und auch der Forschung ist bisher bei den meisten Derivativa die Aufhellung der Stammwörter nicht gelungen. Unter den obigen Beispielen kann sich somit auch dies oder jenes Lehnwort verbergen, in dem damit die Endung aus der betreffenden fremden Sprache stammt; gerade unter diesen Worttypen finden sich nämlich relativ reichlich Lehnwörter, z. B. *porsas* 'Schwein', *talas* 'Holzverschlag' < urar., *hirvas* u. a. 'unverschnittenes Renntiermännchen', *rastas* 'Drossel', *ratas* 'Rad', *seiväs* 'Pfahl', *taivas* 'Himmel' < balt., vgl. lit. *strãzdas*, *rãtas*, *stíebas*, *diẽvas*; *armas* 'lieb', *karvas* 'bitter, herb', *tehdas* 'Werkstätte, heute nur: Fabrik', *kaunis* 'schön', *ruis* 'Roggen' < germ. * *armaz*, * *harvaz*, * *stehtaz*, * *skauniz*, * *rugiz*. Obgleich das Derivans *s* nach allem zu schließen zu den ältesten gehört, konnten wegen lautlicher Schwierigkeiten seine Entsprechungen nicht so weit in den verwandten Sprachen verfolgt werden,

---

[1]) Kalima: FUF 20 S. 132, Itämerensuom. kielten balt. Lainasanat (Die balt. Lehnwörter der ostseefinnisch. Sprachen) 104.
[2]) Vir. 1933 S. 159 f. Vgl. § 56.
[3]) Pukki: Vir. 1933 S. 189.
[4]) Toivonen: Vir. 1933 S. 306 f., Kannisto: ebda. 420 f.

daß Schlußfolgerungen betreffs der Grundbedeutung möglich wären. – Über den Zusammentritt von *s* mit anderen Ableitungssuffixen s. § 53.(?2), 4, 11, 19, 22; § 55.1, 5, 9, 10.

17) **-s (∼ -ksi): -kse-**. Adjektive: dial. *huoles* 'traurig' (vgl. *huoli* 'Sorge'), dial. *kelvos* 'ordentlich' (vgl. *kelpo* 'dass.'), *veres* '(blut)frisch' (vgl. *veri* 'Blut'). Substantive: a) Zu dem gehörig oder von der Art dessen, das vom Grundwort bezeichnet wird: *alus* 'Unterlage' (vgl. *ala* 'untere Stelle'), *edus* 'Vorderraum' (vgl. *etu, esi* 'Vor-'), *hiilos* = *hiilus* 'Kohlenfeuer' (vgl. *hiili* 'Kohle'), *hius* 'Haar' (< *hivus;* vgl. *hipiä* 'Oberhaut'), *huoneus* 'Gebäude' (vgl. *huone* 'Zimmer'), *jalas* 'Schlittenkufe', dial. *jalakset* 'Fußende der Schlafstätte' und *jalus* 'Schote (des Segels)' (dial. Schuhwerk, Fußwerk, vgl. *jalka* 'Fuß'), dial. *jyväs* 'Kornkasten' (vgl. *jyvä* 'Getreide, Korn'), *kannas* 'Landenge; äußerster Teil der Schlittenkufe', *kannus* 'Sporn', dial. 'Ferse, Hacke'; vgl. *kanta* 'Grundlage', *kaulus* 'Kragen' (vgl. *kaulu, kaula* 'Hals'), *kehys* 'Rahmen' (*kehä* 'Umkreis, dass.'), *keskus* 'Zentrum' (*keski* 'mittel', dial. *kesku-*), *kidus* 'Kieme' (vgl. *kita* 'Rachen'), *kives* 'der Stein am Fischernetze', eig. 'zu den Netzsteinen gehörig', dial. *kodis* 'Hof o. Gebiet des Heimes' (vgl. *koti* 'Heim' resp. *kota* 'Hütte'), *kyljys* 'Kotelett' (*kylki* 'Seite'), *kymmenys* 'der Zehnte' (vgl. *kymmenen* 'zehn'[1])), *kynnys* 'Schwelle' (vgl. *kynsi* 'Klaue, Kralle', *kyntynen* demin.[2])), *latvus* (vgl. *latva*) 'Gipfel, Scheitel, Krone', *laudus* 'Netzschwimmer, Dobber', jedenf. urspr. ein Brettstück (vgl. *lauta* 'Brett'), *ohjakset* (= *ohjat* 'Zügel'), *perus* 'Grund, Fundament' (vgl. *peru* 'Grund, Boden', *perä* 'der äußerste, hinterste Teil'), *pieles* 'runder, kegelförmiger Heuschober' (vgl. veralt. *pieli* 'Mast, Säule'), *pielus* 'Kissen' (vgl. mit einem anderen Wort *pieli*, das mit dem vorigen *pieli* nichts zu tun hat. Die alte Bedeutung dieses *pieli* ist 'Stelle oder Gegend neben etwas', z. B. *suupieli* 'Mundwinkel'), *pilves* 'schattige Stelle' (vgl. *pilvi* 'Wolke'), *pohjus* 'Boden, Grund' (dial. z. B. 'Kopfkissen'), *polvus* 'Knieband' (vgl. *polvi* 'Knie'), dial. *puolus* 'Hälfte', *miespuolus* 'verkommener Mann', wörtl. „halber Mann", [vgl. nhd. „Halbstarker"], *päällys* 'das Obere, der Überzug' (< *päälys*, vgl. dial. *pääli* 'Überzug'), *reunus* 'Kante, Borte, Einfassung' (*reuna* 'Rand'), *rinnus* 'Brustriemen, Bruststück' (vgl. *rinta* 'Brust'), dial. *ruumenus* 'Spreubehälter', *sisus* 'Inneres' (*sisu, sisä* 'dass.'), *sormus* 'Fingerring' (vgl. *sormi* 'Finger'; dial. *sormu* schriftspr. *sormustin* 'Fingerhut'), *suojus* 'schattiger Platz, Schutzverschlag' (vgl. *suoja* 'Schutz'), *suomus* '(Fisch-)Schuppe' (*suomu* 'dass.'), *sylys* 'Armvoll' (vgl. *syli* 'Schoß, Busen', dial. *syly*), *säärys* 'Gamasche' (vgl. *sääri* 'Unterschenkel'), *tuohus* 'Kerze' (? vgl. *tuohi* 'Birkenrinde'), *vastus* 'Entgegenstehendes, Hindernis' (vgl. *vasta-* 'gegen-'), *vierus* 'daneben befindliche Stelle o. Gegend' (vgl. *vieru, vieri* 'dass.'), *ympärys* 'Einfassung, Umkreis' (vgl. *ympäri* 'das ringsum Befindliche, ringsherum');

b) der Stoff, aus dem der durch das Grundwort bezeichnete Gegenstand zubereitet wird (auch bildl.): *aidas* 'Zaunpfahl' (*aita* 'Zaun'), *harjas* 'Borste' (*harja* 'Bürste'), *kengäs : kengäkset* 'Stoff für Schuhe' (*kenkä* 'Schuh'), *luudakset*

---

[1]) Vgl. § 53.40.
[2]) Über den Bedeutungszusammenhang zwischen 'Schwelle' und 'Klaue, Kralle' im einzelnen siehe jetzt P. Partanen: Vir. 1956 S. 134 f. (mit franz. Referat).

'Besenreiser' (*luuta* 'Besen'), *puurokset* 'Zubehör, insbes. Mehl zum Brei' (vgl. *puuro* 'Brei'), *tervas* 'Teerholz, Kienholz' (*terva* 'Teer'), *teräs* 'Stahl' (*terä* 'Spitze, Schneide'), *tulukset* 'Feuerzeug' (*tuli* 'Feuer'), *tunnus* 'Kennzeichen, Merkmal' (*tuntu* 'Empfindung, Gefühl von etwas'), *turkikset* 'Pelzzeug' (*turkki* 'Pelz');

c) die Zugehörigkeit von einer Verwandten- o. Bekannten- u. ä. Gruppe (gew. pl.): *kaimakset* (vgl. *kaima* 'Namensvetter'), *kumppanukset* (vgl. *kumppani* 'Kamerad'), *kälykset* (*käly* 'Schwägerin'), *langokset* (*lanko* 'Schwager'), *naapurukset* (*naapuri* 'Nachbar'), *serkukset* (*serkku* 'Cousin, Cousine'), *sisarukset* ~ *sisarekset* 'Geschwister, das letztere zunächst nur von Schwestern', *veljekset* 'Geschwister nur von Brüdern' (*sisar* 'Schwester', *veli* 'Bruder'), *ystävykset* (*ystävä* 'Freund').

d) (meist verächtliche) Bezeichnungen für ein menschliches Wesen: *hutilus* 'Pfuscher' (vgl. dial. *hutilo*), dial. *isännys* 'Hausherr' (zwar demin. Nuance, aber bei diesem Wort nicht verächtl.), *kuhnus* (dial. *kuhnu*) 'zaudernder, unentschlossener Mensch', dial. *lahjus* 'bestechlicher Mensch' (*lahja* 'Geschenk'), *lurjus* 'Lump', *nahjus* 'Schlafmütze', *rahjus* 'Zauderer' (ähnliche Bedeutung wie *kuhnus*), *tuhrus* 'schmieriger Kerl' (dial. *tuhru*), *vätys* 'langsamer Mensch', nhd. „Pflaume"; beachte bes. *pahus* 'Teufel, Schlingel, Mordskerl, Schwerenöter' (vgl. *paha* 'böse', aber auch iron. 'schlimm'), *vanhus* 'Greis (sachliche Benennung)', *vetelys* 'Faulenzer' (vgl. *vetelä* 'ohne Haltung'); auch Propria *Kattelus* (vgl. *Kattela*), *Salmelus* (vgl. *Salmela*), nach deren Analogie vielleicht die einzig in ihrer Art dastehende Ableitung *rumilus* 'häßliches Wesen' entstanden ist (*ruma* 'häßlich');

e) vereinzelte Bildungen meist unklarer Herkunft: *ilves* 'Luchs', *jänis* 'Hase', dial. *metsäs* 'tetrao urogallus' 'Auerhahn' (vgl. *metso* 'dass.', dürfte nicht mit *metsä* 'Wald' verwandt sein[1]), *otus* 'Wildbret', *uros* 'Männchen', auch: 'der tapfere Mann, Held' (wird auch *uros : uroon* wie *uros* sub 16 dekliniert), *varis* 'Krähe', *kelles* 'gespaltener Baumstamm, Schal-, Tafelbrett', *kinos* 'Schneewehe', *kuras* 'Messer, Keule' (? vgl. *kurikka* 'Knüttel'), *siimes* 'Schatten', *suurus* 'Frühstück' (vgl. *suurimo* 'Graupe');

f) einige defektive Adverbalia: *oudokselta(an)* 'ungewohntermaßen (zunächst etwas tun und dabei vielleicht falsch verfahren)', vgl. *outo* 'ungewohnt, fremd (z. B. die neue Umgebung, Arbeit usw.)', *äkiksestä(än)* = *äkikseltä(än)* 'im Jähzorn, in der Heftigkeit, in der „Hitze des Gefechtes"', vgl. *äkki-* 'jäh, plötzlich', dial. *kylmäksestä, muuri ei tahdo lämmetä kylmäksestä* 'der Ofen will nicht warm werden, weil er so sehr verkühlt, ausgekühlt war („von seinem kalten Zustand heraus")';

g) möglicherweise ist dieses gleiche Formans auch an einige Einsilber angetreten: dial. *piiksi* 'Grat auf den Brustbeinen der Vögel', *piikset* = *piisluut* 'Schambeine des Vogels, ossa pubis' (? vgl. z. B. *selkäpii* 'Rückgrat'[2]), dial. *pääksi* 'Bootskiel, hinteres Kielende' (*pää* 'Kopf, Ende'), das dial. Adverb *suuksin* 'Mund an Mund' (< ? instr. pl. eines Wortes * *suuksi*), *vuoksi* 'steigendes Wasser, Fluß, Strom' (vgl. *vuo* 'Fluß[bett]').

---

[1] Toivonen: FUF 19 S. 149.
[2] Toivonen: FUF 28 S. 206 f.

Für dieses Derivans, das ursprünglich *ks* lautete (über den Lautwandel -*s* < * -*ks* s. ob. § 27 E 2), sind Entsprechungen bis zu den permischen Sprachen nachgewiesen worden. Das *u* vor dem *s* in der a)-Gruppe wird heute als zum Derivans gehörig aufgefaßt, rührt aber offensichtlich vom Grundstamm eines bestimmten Ableitungstyps her. Bisweilen gibt es, wie ersichtlich, zwei Derivativa nebeneinander, das eine mit dem sekundären *u*-Stamm und das andere direkt vom Grundstamm, wobei die Bedeutungen sich nach verschiedener Richtung entwickelt haben: *jalus* ∼ *jalas*, *kannus* ∼ *kannas*. In der d)- und vielleicht auch in der c)-Gruppe dürfte das gleiche *u(y)* aus den Eigenschaftsabstrakta auf -*us* : -*ute*-, -*ys* : -*yte*- stammen, deren Paradigma in den obliquen Kasus bisweilen mit den Derivativa auf -(*u*)*s*: -(*u*)*kse* vermengt ist (*vanhus* urspr. = *vanhuus* 'das Alter'; ähnliche ursprüngliche Ableitungen auf -*us* : -*ute*- dürften z. B. *vajaus* 'Defizit' und *sylys* 'Armvoll' gewesen sein).

Die Entsprechungen in den verwandten Sprachen haben durchgängig ganz ähnliche Funktionen wie im Finnischen. Auch hier wurde die ursprüngliche Bedeutung als deminutiv angesehen. Die heutigen Verwendungsweisen lassen sich in natürlicher Weise davon herleiten. – Über kombinierte Derivantia s. § 53.34, 41, 49, 58, 59, 60. Vgl. auch deverbales -*s* (§ 54.10; außerdem beachte § 55.15, 19, 25, 32).

18) **-s: -nte-**. Derivans der Ordinalia. S. ob. Punkt 14).

18a) **-sa, -sä**. Adjektive: *nopsa* 'flink' (vgl. *nopea* 'schnell'), *näpsä* (= *näpeä*, *näppärä*) 'flink mit den Fingern, fingerfertig', dial. *kepsa* 'leicht' (vgl. *kepeä* 'dass.'); Substantiv: *kopsa* 'Korb' (vgl. *koppa* 'ausgehöhltes Ding, Korb'). Das Derivans ist selten und wahrscheinlich ganz neu.

19) **-tsa**. Aus der Umgangssprache dürften wohl nur folgende drei Substantive hierher gehören: *kammitsa* 'Fußfessel' (vgl. *kampi* 'krummer Stiel, krumme Handhabe, Rudergriff u. ä.'), *karitsa* 'Lamm' (vgl. dial. *kari*, *karu* 'dass.'), *kurmitsa* 'charadrius'. Dialektisch stößt man auf solche Wörter wie *tulitsa* 'Biwakfeuer' (vgl. *tuli* 'Feuer'), *rumitsa* 'großes Tier o. Mensch' (*ruma* 'häßlich'), *vaskitsa* 'Blindschleiche' (vgl. *vaski* 'Kupfer'). Die Ortsnamen *Kauvatsa* und *Äetsä* gehören nicht hierher. – Auf mouillierte Affrikate (* -*t't's* ∼ * -*t't'š*) zurückgehende Entsprechungen sind bis aufs Samojedische angeführt worden. Die Grundbedeutung war deminutiv.

19a) **-tta**. Dürfte in der Umgangssprache nur in *navetta* 'Kuhstall' (< * *nauðetta*, vgl. *nauta* 'Rindvieh') vorkommen. Aus den Dialekten sind die Synonyma *karjetta* und *ometta* (vgl. *karja* 'Vieh', *oma* 'eigen') bekannt. Unklaren Ursprungs. Vgl. § 53.52a.

20) **-ut: -ue-, -yt: -ye-**. Substantiva: *hurstut* 'altmodisches Kopftuch für Frauen' (vgl. *hursti* 'vierschäftige Hanfleinwand, Sackleinen'), *immyt* '„Mägdelein"' (vgl. *impi* 'Maid'), *kuuhut* 'lieber Mond', „Möndchen" (*kuu* 'Mond'), *kytkyt* (vgl. dial. *kytky*) 'Halsfessel des Viehes', *kätkyt* 'Wiege', *lapsut* 'Kindlein' (vgl. *lapsi* 'Kind'), *neitsyt* 'Jungfrau' [insbes. Jungfrau Maria] (? < * *neitisyt*, Grundw. *neitinen* 'kleines Fräulein, Mädchen'; vgl. Volksd. *emosut* von *emonen* 'Muttchen' und *isosut* von *isonen* 'Väterchen', *hevoisut* 'Pferdchen'), *päivyt* 'liebe Sonne, demin.' (*päivä* 'Sonne, Tag'), *pääbyt* demin. von *pää* 'Kopf', *tiehyt* demin. von *tie* 'Weg', *vyöhyt* zu *vyö* 'Gürtel', *yöhyt* demin.

zu *yö* 'Nacht'. Die meisten Ableitungen kommen nur in der dichterischen Sprache vor. – Adjektiva: *ainut* 'allereinzigstes' (*ainoa* 'einzig'), *ehyt* 'ganz, unversehrt' (vgl. *eheä* 'dass.', *eho* 'hübsch, schön'), *kevyt* 'leicht' (*kepeä* 'dass.'), *lyhyt* 'kurz' (*lyhykäinen, lyhkäinen* 'dass.'), *ohut* 'dünn' (vgl. *ohukainen, ohkainen* 'dass.'), *pehmyt* 'weich' (*pehmeä* 'dass.'). – Beachte besonders die Adverbien *mieluummin* < * *mieluemmin* 'lieber' und dial. *mieluusti* < * *mieluesti*, die das Adjektiv * *mielut* 'lieb' (vgl. *mieli* 'Sinn, Gemüt') voraussetzen[1].

Für dieses Derivans, das zum mindesten aufs Urfinnische zurückgeht, sind außerhalb des Ostseefinnischen noch keine Entsprechungen angeführt worden. Vielleicht ist das *t* dieses Suffixes mit dem ursprünglichen * δ in *-ea* < * *-eδa* identisch (§ 52.2). Vergleiche die parallelen Fälle *ehyt* ∼ *eheä*, *kevyt* ∼ *kepeä*, *pehmyt* ∼ *pehmeä* usw.; wenn dies zutrifft, dann verhalten sich diese Ableitungssuffixe zueinander ebenso wie die übrigen konsonantstämmigen Derivantia und deren entsprechende vokalstämmige Varianten (*-n* < * *-m* ∼ *-ma, -n* ∼ *-na, -r* ∼ *-ra, -l* ∼ *-la*). Das *h*, dem wir vor dem Derivans *-ut, -yt* an einsilbigen Stämmen begegnen (*kuu-h-ut, tie-h-yt*), ist offensichtlich gleichen Ursprungs wie das oben Punkt 15) besprochene *-s : -h-*; beachte z. B. in der Volksdichtung *varpahut* 'das Zehlein'. – Das Derivans hatte jedoch schon im Urfinnischen deminutive Bedeutung. Vgl. § 53.55. – Die Lehnwörter *airut* 'Herold, Bote' (< germ.) und '*olut* Bier' (? < balt.) haben sich in ihrer Endung dem Derivans *-ut* angeglichen.

21) *-(u)us: -(u)ute-, -(y)ys: -(y)yte-*. Die hierher gehörigen Wörter sind sämtlich Substantiva: die heutige fast durchgängige Verwendungsweise hat ihnen im Finnischen die Bezeichnung „Eigenschaftsnamen" eingetragen; doch ist im Deutschen der Ausdruck 'Eigenschaftsabstrakta' grammatisch sachgemäßer, weil dadurch gerade erst ihr substantivischer Charakter klar zum Ausdruck kommt. Das Derivans wird in der heutigen Schriftsprache eingeleitet a) nach Vokal durch kurzen Vokal, b) nach Konsonant durch langen Vokal: a) *ahtaus* 'Enge', *heikkous* 'Schwäche', *kauneus* 'Schönheit', *kevyys* 'leichtes, geringes Gewicht, leichter Charakter, Leichtigkeit', *korkeus* 'Höhe', *lakeus* „Flachheit" (jedoch konkrete Verwendung

---

[1] Als ausgesprochenes Adjektiv begegnet uns dasselbe Derivativum in folgender Sprichwortvariante, die Henrik Florinus anführt: „*Omat maat macuammat; omat metzät mieluammat*" 'Die eigenen Ländereien sind schmackhafter, die eigenen Wälder süßer'; *macuammat* d. i. *makuammat* (nom. pl.) setzt den nom. sg. * *maut* 'schmackhaft, süß' (Schriftspr. *makea* 'dass.') voraus. Zu den Vokalstämmen *mielua-* pro * *mielue-* und *makua-* pro * *makue-* vgl. dial. *lyhyä-* pro *lyhye-* 'kurz', *ohua-* pro *ohue-* 'dünn', beachte weiterhin dial. *tanhut = tanhua* 'der beiderseits bezäunte Weg, Viehhof' (s. sogl.). Ursprünglichen Wortausgang auf *-ut, -yt* dürften folgende jetzt auf *-ua, yä* auslautende Ortsnamen gehabt haben: *Halsua, Kauttua, Keikyä, Lapua, Ranua, Uhtua* usw.; es ist auch zu beachten, daß neben der Namensform *Uhtua* dial. auch die Form *Uhut : Uhtuen* auftritt. Einheimische Apellativa mit dem Derivans *-ua, yä* kennt die heutige finnische Schriftsprache wohl nicht; aber unter den Lehnwörtern gibt es einige von der Art: *herttua* 'Herzog', *porstua* 'Vorhaus, Hausflur', *saippua* 'Seife', *tanhua* 'beiderseits bezäunter Weg, Viehhof' (< germ.).

'flache Gegend, Ebene'), *lankous* 'Schwägerschaft', *lempeys* 'Milde', *oikeus* 'Recht, Gerechtigkeit', *siisteys* 'Sauberkeit', *talous* 'Wirtschaft' (kein Eigenschaftsabstraktum in semasiol. Sinne), *terveys* 'Gesundheit', *varkaus* 'Diebstahl' (also Tätigkeitsabstraktum), *veljeys* 'Brüderlichkeit'; b) *halpuus* 'Billigkeit, Geringwertigkeit', *hulluus* 'Torheit', *kurjuus* 'Elend', *kohtuus* 'Angemessenheit', *kylmyys* 'Kälte', *nuoruus* 'Jugend(zeit), das Jungsein, Jugendlichkeit', *osuus* 'Anteil' (also kein „Eigenschaftsname"), *pahuus* 'Schlechtigkeit', *pienuus* (nicht * *pienyys*) 'Kleinheit', *pituus* (nicht * *pityys*, vgl. *pitempi, pisin* 'länger, längster') 'Länge', *tylyys* 'Unfreundlichkeit, Schroffheit', *vanhuus* 'das Alter'; *ahkeruus* 'Fleiß', *arvokkuus* 'Würde', *ikävyys* 'langweiliger Charakter' (einer Person, einer Arbeit o. Sache, z. B. eines Vortrages)', *isännyys* 'Hausvaterschaft' (beachte die schwache Stufe, also nicht * *isäntyys*), *kavaluus* 'Hinterhältigkeit', *lihavuus* 'Korpulenz', *miehekkyys* 'Mannhaftigkeit', *nähtävyys* 'Sehenswürdigkeit', *ystävyys* 'Freundschaft'; *etäisyys* 'Entfernung, Abgelegenheit', *iloisuus* 'Frohsinn, Lustigkeit', *salaisuus* 'Geheimnis' (dies die üblichere Bedeutung heutzutage, doch immerhin auch heute noch daneben Eigenschaftsabstraktum: 'der geheime Charakter' z. B. einer 'Mission'), *turhamaisuus* 'Eitelkeit', *varovaisuus* 'Vorsicht', *ymmärtäväisyys* 'verständnisvoller Charakter', *ylhäisyys* 'Vornehmheit', *äärimmäisyys* 'extremer Charakter'; *hajanaisuus* 'Zerstreutheit', *kokonaisuus* 'Vollständigkeit' (aber auch konkrete Ganzheiten so bezeichnet), *yksinäisyys* 'Einsamkeit'; *satunnaisuus* 'Zufälligkeit', *sovinnaisuus* 'konventioneller Charakter einer Person oder einer Kunstrichtung o. Morallehre u. ä.', *teennäisyys* 'posierende, gekünstelte, auch vorgetäuschte Haltung', *kokeneisuus* 'Erfahrung' im Sinne von 'Erfahrenheit, Besitz von Erfahrung, auch Routine', *rajoittuneisuus* 'Beschränktheit'; dial. *saamuus : syöminen on saamuudessa* = 'das Essen (= das tägliche Brot) hängt davon ab, was man bekommt bzw. sich durch seine Tüchtigkeit verschaffen kann', also *saamuus* 'die Möglichkeit oder der Umfang des Bekommens'; *avuttomuus* 'Hilflosigkeit', *kelvottomuus* 'Untauglichkeit', *syyttömyys* 'Schuldlosigkeit'; *nuoremmuus* 'das Jüngersein, die größere Jugendlichkeit, jüngeres Alter' (gen. sg. usw. schwachstufig: *nuoremmuuden*, nicht * *nuorempuuden*), *paremmuus* 'die Überlegenheit, die bessere Qualität, Qualitätsüberlegenheit', *suosituimmuus* 'das Favoritentum, (der Umstand, daß jemand die) größte Beliebtheit (genießt)'; dial. * *jalkuus : jalkuuden kipeä* 'an der „Füßigkeit" krank', von jemand, der zwar nicht bettlägerig ist, aber doch das Zimmer hüten muß, also nicht draußen herumlaufen darf; hierher gehören auch die schriftsprachlichen Adverbialien wie *jalkeilla* 'auf den Beinen' und *paikkeilla* 'an der Stelle von, in der Gegend von, etwa'. Es handelt sich hier eigentlich um pluralische Adessive von den vorauszusetzenden Eigenschaftsabstrakta *jalkuus* „Füßigkeit" und * *paikkuus* 'Örtlichkeit'[1]. (Betreffs des Vokalismus vgl. *kuollut* 'gestorben' : *kuolleilla* adess. pl. u. ä.)

Von den jetzigen Formen des Derivans ist die kurzvokalige die ältere, früher hieß es z. B. * *vanhus* statt heutigem *vanhuus*, * *kylmys*, * *pienus*. Der lange Vokal stammt aus den obiquen Kasus; nachdem der dentale Spirant

---

[1] Pertti Virtaranta: Länsiyläsatakuntal. murteiden äännehistoria (Lautgeschichte der Dialekte von Westobersatakunta) I (Helsinki 1946) S. 166 f.

von -*uδe*-, -*yδe*- nach unbetonter Silbe lautgesetzlich geschwunden war[1]), ist das *e* der unbetonten Silbe mit dem *u* verschmolzen (in nebenbetonter Silbe blieb das *e* von der Verschmelzung verschont). Somit wurde seinerzeit flektiert z. B. * *vanhus* : * *vanhuun* : * *vanhue:sta* : * *vanhutta*, * *kylmys* : * *kylmyyn* : * *kylmye:stä* : * *kylmyttä*. Der so entstandene lange Vokal wurde dann analogisch auf das übrige Paradigma übertragen: so entstanden *vanhuus* und *vanhuutta*. Andererseits bewirkte die Analogie des nach nebenbetonten Silben erhaltenen *t*∼*δ*-Stufenwechsels (z. B. *oikeu:tena* : * *oikeu:δen*), daß der Nachfolger von *δ* auch in die Stellungen nach unbetonter Silbe eindrang. So entstanden die Formen *vanhuuden* : *vanhuudesta*, *kylmyyden* : *kylmyydestä* usw.[2]). Man beachte speziell solche Weiterbildungen: *kohtuullinen* 'angemessen', *kohtuuton* 'unbillig' < * *kohtuδe*-, *miehuullinen* (veralt. *miehuellinen*) 'mannhaft', *miehuuton* 'unmännlich' < * *miehuδe*-; bis auf diese hat sich die analogische Wiedereinführung des Nachfolgers vom Spiranten nicht erstreckt. – Über die Entwicklung des nom. sg. -*s* siehe oben § 27 E1.

In der heutigen schriftspr. Pluralbildung der Eigenschaftsabstrakta weisen die obliquen Kasus sämtlich einen analogischen Stamm auf, den sie vom Derivans -*s* : -*kse*- übernommen haben: *heikkoudet* 'die Schwächen' : *heikkouksien* : *heikkouksia*, *syvyydet* 'die Tiefen' : *syvyyksistä* : *syvyyksillä* usw., während zu erwarten wäre: *heikkousien* : *heikkousia*, *syvyysistä* : *syvyysillä* usw. (dieser Deklinationstyp ist auch tatsächlich mundartlich vertreten). Ja, sogar im Singular haben einige ursprüngliche Eigenschaftsabstrakta die -*ks*-Deklination übernommen, da sie sich auch semantisch von ihrer Gruppe entfernt hatten (*vanhus* heute: 'der Alte', *pahus* 'der Teufelskerl' und *vajaus* 'das (konkrete) Defizit'); daß andererseits das kurze *u* erhalten blieb, rührt natürlich ebenfalls davon her, daß diese Wörter nicht mehr zum Gros ihrer ursprünglichen Gruppe gezählt wurden. So ist auch in dem gemeinsprachlichen *terveisiä* 'Grüße' < *terveysiä*, das ebenfalls in eine abseitige Stellung von seiner Gruppe geraten war, eine Erinnerung an den alten part. pl. von *terveys* 'Gesundheit' erhalten geblieben (der nom. pl. *terveiset* ist eine sekundäre Analogieform).

Das Derivans -*us*, -*ys* läßt sich nicht über das Urfinnische zurückverfolgen, und seine Bedeutungsentwicklung ist noch ungeklärt. Wenn die Ansicht zu Recht besteht, daß die kollektiven Bildungen auf -*ue'*, -*ye'* die ursprünglicheren Gebrauchsweisen der als 'Eigenschaftsabstrakta' bezeichneten Gruppe bewahrt haben (s. § 53.56), muß man voraussetzen, daß sich auch das Derivans -*us*, -*ys* früher den ortsbezeichnenden Wörtern angeschlossen und seiner Bedeutung nach eine Art Gruppenwörter gebildet hatte. Die Vermutung nämlich, daß in dem Suffix das zum Derivans umgewandelte *vuosi*, Stamm *vuote*-, 'Jahr, Zeit' vorliege (so z. B. *nuoruus* < * *noore voote* 'junge Zeit'), eine Ansicht, die sich auf das Lappische berufen kann: lapp. *nuorrâvuottâ* = fi. *nuoruus* resp. dessen Vorstufe *noore voote* (jedenfalls ist lappisch *vuottâ* offensichtlich die Entsprechung des finnischen

---
[1]) Vgl. *taloa* < * *taloδa*, *vapaa* < * *vapaδe* u. a.
[2]) Rapola: SUST 52 S. 216–237. Anders Kettunen: Die finnischen Dialekte III B S. 102 f.

Wortes für 'Jahr'), konnte zum mindesten bis jetzt noch nicht genügend begründet werden, weder semasiologisch noch lautgeschichtlich[1]. Über Weiterbildungen s. § 53.57.

22) -va[II], -vä[II]. Substantive: *harava* 'Rachen', *orava* 'Eichhörnchen', *otava* 'Sternbild Großer, Kleiner Bär, Lachsnetz', *pellava* 'Lein, Flachs', *sulkava* 'abramis ballerus', *ystävä* 'Freund'; Ortsnamen: *Kaukava, Sulkava, Tyrnävä, Ähtävä* (soweit diese nicht zu der ob. sub 7 behandelten Gruppe gehören).

Adjektive: *alava* 'niedrig gelegen', *etevä* 'vorzüglich', *ikävä* 'langweilig', *juureva* 'wurzelfest, kernig, markig', *jäntevä* 'sehnig, muskulös', *kaareva* 'gebogen, geschwungen', *kirjava* 'bunt', *kätevä* 'geschickt', *lehtevä* 'belaubt', *lihava* 'dick', *luonteva* 'natürlich, ohne Zwang' (-e- analogisch? – vgl. *luonto* 'Natur'), *mukava* 'passend, bequem', *terävä* 'scharf', *tilava* 'geräumig', *tukeva* 'stützend, stark, kräftig', *verevä* 'vollblütig, gesund', *viljava* 'fruchtbar', *väkevä* 'kräftig', *ylevä* 'hochgesinnt, erhaben, vortrefflich', *ylävä* 'hochliegend, hochmütig'; *luiseva* 'knochig' (*luinen* 'beinern, aus Knochen o. Bein [Elfenbein] gefertigt'), *puiseva* 'hölzern, trocken' (vgl. *puinen* 'hölzern = aus Holz gefertigt'), dial. *töisevä* 'viel Arbeit mit sich bringend (Amt) o. verursachend'. – Das finnischugrische *-pa, *-pä, *-βa, *-βä liegt zugrunde, mit dem die sog. possessivischen, d. h. den Besitzer anzeigenden Nomina gebildet wurden. Dasselbe Derivans geht wahrscheinlich in das Komparativsuffix ein (hierüber § 50). – Vgl. das homonyme deverbale -pa, -pä, -va, -vä (§ 54.9).

53. Wir kommen jetzt zu einer Reihe **zusammengesetzter oder auch sonst relativ spät entstandener denominaler Ableitungssuffixe von Substantiven und Adjektiven**.

1) -(h)inen. Die hierhergehörigen Wörter treten in der heutigen Gemeinsprache nur teilweise mit *h* auf; der größte Teil hat sein *h* verloren, aber die entsprechenden Formen in einigen Dialekten und bestimmte lautliche Fakta ermöglichen oft auch heute noch die Feststellung, ob ursprünglich ein *h* vorgelegen hat oder es sich nur um das Suffix *-inen* handelt. Substantiva: *ete(h)inen* 'Vorsaal', *hirtehinen* eig. 'ein Mensch, der an den Galgen gehört', *jälkeiset* (dial. -ehi-) 'die Nachfolgenden; Nachgeburt', dial. *kaulahinen* 'Kopftuch', *kylkeinen* (dial. -ehi-) 'an die Seite (*kylki*, St. *kylke*-) der Darrscheune gebauter Verschlag', *lakeinen* (dial. -ehi-) 'Rauchloch im Dache', *maahinen* 'in der Erde wohnendes übernatürliches Wesen', dial. *päähinen* schriftspr. *päitset* 'Zaum', *sijainen* (dial. -ahi-) 'Stellvertreter', *vetehinen* 'Wassergeist'. – Adjektiva: *ikäinen* (dial. -ähi-) 'in einem bestimmten (im gen. vorausgesetzten) Alter befindlich', *jokainen* (dial. -ahi-) 'jeder', *kiukkuinen* (dial. -uhi-) 'zornig', *käteinen* (dial. -ehi-) 'bar', *mieleinen* (dial. -ehi-) 'wohlgefällig, willkommen', *mittainen* (dial. -ahi-) 'von einem gewissen Maße', *puoleinen* (dial. -ehi-) 'auf jmds. Seite befindlich', Volksd. *päähinen*

---

[1] Vgl. Toivonen: Suomi 101 S. 265 f. Wenn man als Vertreter der Grundbedeutung eine relativ so abstrakte Gruppe, wie sie in der temporalen von *nuoruus* vorliegt, ansetzen will, hält es schwer, den offensichtlich primitiveren, konkretlokalen Typ als daraus entwickelt hinzustellen. Die umgekehrte Entwicklungsrichtung wäre natürlicher.

'zum Kopf gehörig'[1]), *salainen* (dial. *-ahi-*) 'geheim', *syrjäinen* (dial. *-ähi-*) 'am Rande o. abseits befindlich', *tuskainen* (dial. *-ahi-*) 'heftige Schmerzen o. große Qualen erduldend', *täyteinen* (dial. *-ehi-*) 'voll, ausgefüllt', „in voller Last befindlich", *velkainen* (dial. *-ahi-*) 'verschuldet', *viereinen* (dial. *-ehi-*) 'daneben befindlich', *viluinen* (dial. *-uhi-*) 'frostig, frierend, unter Kälte leidend', *yhteinen* (dial. *-ehi-*) 'gemeinsam, gemeinschaftlich'; beachte die metathetischen Formen *alhainen* < dial. *alahinen* 'niedrig (liegend)' und *ylhäinen* < dial. *yläbinen* 'hoch (liegend)'.

Das Derivans geht mindestens aufs Urfinnische zurück. Ursprünglich scheint es 'dort befindlich oder zu dem gehörig, was das Grundwort ausdrückt' bedeutet zu haben. Die mit seiner Hilfe abgeleiteten Wörter hat man von jeher als 'inessivische' Nomina bezeichnet, und ihr *-h-* hat man denn auch als verwandt mit dem inessivischen *-s* angesehen[2]). – Über das Formans *-inen* s. § 52.4.

2) **-hka, -hkä, ~ -hko, -hkö.** Adjektiva: a) dial. *haleahka* 'graulich, fahl', dial. *keyhkä* 'leicht(lebig)' (< *kevyhkä), dial. *olohka* 'reichlich' (= *olohko*, vgl. *olo* 'das Sein' [*on oloksi; ololta rahaa* 'man hat Geld im Überfluß']), dial. *sileähkä* 'etwas glatt'; b) *harvahko, isohko, kalpeahko, laihahko, lyhyehkö, nuorehko* 'ziemlich vereinzelt, groß, blaß, mager, kurz, jung', dial. *olevahko* 'ziemlich reichlich', *pienehkö, suurehko, taajahko* 'ziemlich klein, groß, dicht'. Substantive: a) dial. *leuhka* 'breitgehörntes Renntier' (vgl. *leveä* 'breit'), dial. ? *silahka* 'Strömling' schriftspr. *silakka* (auch als Lehnwort erklärt); b) *keuhko* 'Lunge' (vgl. *kevyt, kepeä* 'leicht'; in morphol. Hinsicht vgl. *keyhkä* : *keveä* 'leicht', *leuhka : leveä*; beachte auch das in § 53.16 erwähnte *keuhkoinen* 'leichtsinniges Mädchen'[3])); ein Nomen * *piahko* wird von dem Adverb *piakkoin* 'bald' < dial. *piahkoin* vorausgesetzt (vgl. *pika-* 'schnell'), ebenso vielleicht *hiljakkoin* 'unlängst, vor kurzem' < * *hiljahkoin* zu einem Nomen * *hiljahko* und *kohdakkoin* 'bald' < * *kohdahkoin* zu einem Nomen * *kohdahko*.

Von den erwähnten Beispielen kommen, wie ersichtlich, die der a)-Gruppe nur in Dialekten vor, die Adjektive der b)-Gruppe, die sog. moderativen Adjektive, sind in der Gemeinsprache ganz gewöhnlich, und zwar in der Bedeutung 'einigermaßen oder ziemlich so, wie das Grundwort anzeigt'. – Die ältere Form des Derivans ging auf *-a, -ä* aus; mit weiterem *i*-Suffix ist daraus *-hko* entstanden: * *-hkoi* < * *-hkai*. Die *ö*-Variante fußt auf relativ

---

[1]) Vgl.: *Otin päähisen kypärän, Otin vyön selän takaisen, Otin kintahat käteiset.* 'Ich nahm den auf den Kopf gehörenden Helm. Ich nahm den Gürtel, den hinter den Rücken gehörigen. Ich nahm die Fausthandschuhe, die auf die Hand gehörigen'.

[2]) Tunkelo: Vir. 1930 S. 370 f. In Ergänzung seiner dortigen Ausführungen hat Professor Tunkelo Verfasser mitgeteilt, daß seiner Meinung nach sich das *h* in *-hinen* zum alten Inessiv *-sa, -sä* (mit einem s) verhalte wie z. B. das wepsische (viel jüngere) Derivans *-śńe ~ -śńe* (z. B. *tomuśńe* 'staubig', vgl. fi. *tomuinen*) zur allgemeineren Inessivendung *-ssa, ssä* (< *-*sna*, *-*snä*). Siehe Tunkelo: Õpet. Eesti Seltsi Toim. 30 S. 750 f.

[3]) Semasiologisch wären zu vergleichen z. B. portug. *leve* 'Lunge' ~ lat. *levis* 'leicht', russ. *legkoje* 'Lunge' ~ *legkÿ* 'leicht', engl. *lights* 'Tierlunge' ~ *light* 'leicht'. Daß beim Kochen von Innereien die Lunge nach oben kommt, mußte natürlich auffallen. Mägiste: Akad. Emakeele Selts, Aastaraamat V S. 16.

spätem Einfluß der Vokalharmonie. Der Bestandteil *ka* ist offenbar mit dem deminutivischen *-kka* identisch (§ 52.9), und die ursprüngliche Bedeutung des Derivans ist ja auch deutlich deminutivisch. Wie es sich mit dem Suffixelement *h* verhält, ob es beispielsweise mit dem *h* im Derivans *-eh* (§ 52.1 b) etwas zu tun hat oder etwas anderes ist, konnte noch nicht eruiert werden. – Sichere Entsprechungen kennen wir aus den ostkarelischen und lüdischen Dialekten sowie aus dem Wepsischen[1]. – Andere Derivantia mit moderativer Bedeutung s. § 53.17b, 25, 26, 28c.

3) **-iainen, -iäinen.** Substantive. a) Tiernamen: *hippiäinen* 'Königsvogel' regulus cristatus (vgl. *hippi* 'Haube'), dial. *mauriainen* schriftspr. *muurahainen* (Stamm germ.), *nahkiainen* 'Fledermaus' (vgl. *nahka* 'Fell, Haut'), *nilviäinen* 'Weichtier, Molluske' (vgl. dial. *nilvi* 'glatt'), *sittiäinen* 'Mistkäfer' (vgl. *sitta* 'Dreck, Mist'), *sontiainen* 'Mistkäfer' (= dial. *sonnikainen;* vgl. *sonta* 'Dung, Mist'), *sänkiäinen* 'Frühsommerkalb' (vgl. *sänki* 'Stoppel'), *urpiainen* 'Grauhänfling' (vgl. *urpa* 'Birken-, Erlenknospe, Samengehäuse an den Laubbäumen, Blütenkätzchen'), *viiriäinen* 'Wachtel (perdix dactylisonans o. coturnix)' (vgl. *viiri* 'Wetterfahne, Wimpel', *viiru* 'Strich, Linie, Streifen'), *äyriäinen* 'Krebs' (vgl. *äyräs* 'Ufer'); b) Familiennamen (besonders verbreiteter Typ): *Hyytiäinen* (vgl. dial. *hyytiä* 'strix bubo'), *Parviainen* (dial. *parviainen* 'Haselhuhn'; ? vgl. *parvi* 'Schwarm'), *Tarkiainen* (? vgl. *tarkka* 'genau'; über das Nebeneinander von *k* und *kk* s. § 56), *Rautiainen* (vgl. *rautio* 'Eisenschmied', *rauta* 'Eisen'), *Torniainen* (? vgl. veralt. *tornio* 'Speer'), *Turtiainen* (? vgl. *turta* 'steif, starr, unempfindlich'), *Vahviainen* (vgl. *vahva* 'stark'); c) Pflanzennamen: dial. *hikiäinen* 'weichhaarige Birke' (betula odorata) (vgl. *hiki* 'Schweiß'), *karviainen* ~ *karviaismarja* 'Stachelbeere (ribes grossularia)' (vgl. *karva* 'Haar'), dial. *kastiainen* schriftspr. *kastikka* 'Straußgras, Agrostis', 'Reitgras, Calamagrostis' (vgl. *kasti*), *mustiainen* 'Vergißmeinnicht, Myosotis' (vgl. *musta* 'schwarz'), dial. *nukuliainen* 'Nessel' (= *nukula* 'dass.'), dial. *rautiainen* 'eine Birkenart' (*rauta* 'Eisen'), *saniainen* 'Farn' (heutige Gemeinspr. *sananjalka* 'dass.'); diesen Wörtern hat sich das baltische Lehnwort *ta(k)kiainen* 'Klette, lappa' angepaßt; d) andere Wörter: *helmiäinen* 'Perlmutter', dial. *koipiainen* 'Schuhwerk aus ungegerbtem Rindsleder', dial. *kurkiainen* 'Dachsparren', *kylkiäinen* 'kleinerer Anbau an einem Gebäude', dial. *latviaiset* 'Werg von den Flachsspitzen', *multiainen* 'die aufgeworfene Erde um das Bauernhaus (von der Ausschachtung)', dial. *muniainen, silmän m.* 'Augapfel' (*muna* 'Ei'), *päkiäinen* (= dial. *päkiä, päkkä, päe*) 'der Teil der Fußsohle, der den Zehen am nächsten ist', *vuoliainen* 'Dachlatte, Bodenbalken' (*vuoli : vuole-* 'dass.').

Adjektive: dial. *harviainen* schriftspr. *harvinainen* 'selten' (vgl. *harva* 'dass.'), *viheriäinen* 'grün' (vgl. dial. *viherä* schriftspr. *vihreä* 'grün'), *ympyriäinen* 'rund' (vgl. *ympyrä* 'Kreis').

Wir haben es hier wohl mit einer Gruppe zu tun, die nach Analogie der Deverbalia auf *-iainen* (= *-jainen*) gebildet ist (wie *ampiainen* 'Wespe', *tuuliainen* 'Wirbelwind' § 55.4); vgl. auch *-ias* (folg. Punkt). Bisweilen ist es

---

[1] Setälä bringt ÄH 359 eine eventuelle Entsprechung aus dem Mordwinischen bei. Über die weps. Entsprechung s. Aimo Turunen: SUST 89 S. 67.

ohne Spezialuntersuchung unmöglich, zwischen Denominalen und Deverbalen zu unterscheiden (z. B. *kastiainen* 'agrostis, calamagrostis').

4) **-ias.** Hierher gehören sehr wenige einheimische Wörter. Die gewöhnlichsten sind davon: *monias* 'irgendeiner' (vgl. *moni* 'viel'), *talvias* in *kaksitalvias hevonen* 'Zweiwinter-Pferd' (*talvi* 'Winter'), *vuotias* '-jährig' (z. B. *yksivuotias* 'einjährig' usw.). Dieses Derivans ist wahrscheinlich mit dem deverbalen *-ias* (< *-jas*) identisch, das bisweilen auch an Nominalstämme angetreten ist (s. § 55.1); über das *s* siehe § 52.16. Vgl. § 53.22. – Das Substantiv *kauppias* 'Kaufmann' ist bis auf die Endung germanisches Lehnwort (< germ. * *kaupjaz*), ebenso *laupias* 'mild, barmherzig' (< germ. * *glaubeigaz*); dagegen können *valtias* 'Machthaber' und *armias* 'gnädig, barmherzig' auch mit finnischem Suffix vom germanischen Stamm abgeleitet werden, ebenso dial. *kupias* 'Aufseher bei Arbeiten' (wovon der Familienname *Kupiainen* stammt) entsprechend von einem slawischen Wortstamm (das letztgenannte Wort dürfte voll und ganz aus dem Estnischen ins Finnische entlehnt sein)[1].

5) **-i(m)mainen -i(m)mäinen ~ -mainen, -mäinen.** Hierher gehören die sog. superlativischen Adjektive: a) *ali(m)mainen* 'unterst', *ensi(m)mäinen* 'erster', *jälki(m)mäinen* 'hinterster' (dial. auch *jälimmäinen*), *keski(m)mäinen* 'mittelster', *liki(m)mäinen* 'nächster', *lähi(m)mäinen* 'nächster' (in der religiösen Sprache auch Subst.), *nuorimmainen* 'jüngster', auch Subst.: 'jüngstes Kind der Familie' (dial. auch *nuorimpainen*), *nurkimmainen* 'im hintersten Winkel befindlich', *rannimmainen* 'am nächsten nach dem Ufer liegend', *ta(k)i(m)mainen* 'hinterster', *tuli(m)mainen* 'heißest, am meisten brennend' (*tuhat tulimmaista* 'tausend heißeste näml. Teufel', *tulimmainen helvetti* 'heißester Höllenpfuhl' (beides Flüche sanfterer Art) vgl. *tuli* 'Feuer', *ulo(i)mmainen* 'am weitesten draußen befindlich', *yli(m)mäinen* 'oberster', *ääri(m)mäinen* 'äußerster'; b) *alamainen* 'unten befindlich, Untertan', *etumainen* 'vorn befindlich', *takamainen* 'hinten befindlich', dial. *perämäinen* schriftspr. *perimmäinen* 'ganz im Hintergrund befindlich', *syrjämäinen* schriftspr. *syrjimmäinen* 'ganz am Rande befindlich', *ulkomainen* schriftspr. *uloimmainen* 'ganz weit draußen befindlich'. – Von diesen mindestens bis aufs Urfinnische zurückgehenden Derivantia *-i(m)ma-, -i(m)mä-* ist der Bestandteil *-ma-, -mä-* mit dem Superlativformans identisch (§ 51), an welches das bekannte *-inen* (*-ise-* usw. § 52.4) angetreten ist. Beachtenswert ist auch, daß dialektisch auch das entsprechende Derivans sich an den Komparativ angeschlossen hat: *vanhemmaiset* 'die Eltern'. Die Schreibweise der zur a)-Gruppe gehörigen Wörter mit *-mm-* wird in Übereinstimmung mit der heutigen Aussprache immer üblicher.

6) **-intima, -intimä.** Nur Substantiva, heute hauptsächlich in den Dialekten: *emintimä* 'Stiefmutter' (vgl. veralt. *emä* 'Mutter'), *isintimä* 'Stiefvater' (*isä* 'Vater'), *pojintima* 'Stiefsohn', *tytintimä* 'Stieftochter' (dial. Bedeutung von *tyttö* 'Tochter'). – Die Bestandteile könnten ganz einfach folgende sein: *-i* (§ 52.3) + *nta, -ntä* (§ 52.14) + *-(i)ma, -(i)mä* (§ 52.11). Eine andere Möglichkeit, die sich auch sachgeschichtlich begründen läßt, ist die, daß

---

[1] Kalima: FUF 30 S. 279 f.

man als Ausgangspunkt die Derivativa * *eminti* 'Stiefmutter' und * *isinti* 'Stiefvater' ansetzt (vgl. deren dial. Synonyma *emänti, isänti*) und das wortschließende *-mä* als Verkürzung eines reduplizierend angetretenen *emä*, und zwar zunächst natürlich nur bei *emintimä*, ansieht (auf *isintimä* wäre dieses verkürzte *mä* dann analogisch übertragen worden)[1]. Vgl. estn. *pojand; pojandi* 'Stiefsohn', *tütrend* = *tütrind* 'Stieftochter'.

7) **-io, -iö**. Nur Substantiva, und zwar von recht verschiedener Bedeutung. a) Namen von irgendwelchen Wesen: dial. *aarnio* 'Geist eines vergrabenen Schatzes' (beachte *aarniometsä* 'Urwald'), *hirviö* 'Ungetüm' (*hirveä* 'schrecklich', *houkkio* 'Idiot' (*houkka* 'verrückt, blödsinnig'), *hulttio* 'Taugenichts' (Grundwort unbek.), *ilkiö* „das Ekel" 'bösartiger, niederträchtiger Mensch' (*ilkeä* 'bösartig, niederträchtig'), *kääpiö* 'Zwerg' (? vgl. dial. *kääppä* '(sandige) Anhöhe'; vgl. § 56), *Lumio* Name für weißen Ochsen (vgl. *lumi* 'Schnee'), dial. *pattio* 'Lump' (vgl. *patto* 'Verbrechen'), dial. *piettiö* 'unvollkommen kastriertes Pferd oder Renntier' (Grundwort *pietti* 'dass.' germ. Lehnw.)[2], *Punio* Name für roten Ochsen (*puna* 'rot'), dial. *pöyt(t)iö* 'Fresser' (*pöytä* 'Tisch'), *rautio* 'Schmied' (*rauta* 'Eisen'), dial. *sokio* 'blindes Wesen', *Vauhkio* Name für einen Ochsen (vgl. *vauhko* 'kollerig'), *vintiö* 'Spitzbube' (unbek. Stammw.). – b) Ortsbezeichnungen: *aukio* 'offenes, ödes Feld' (*aukea* 'offen, flach, öde'), *halkio* 'geborstene Stelle, Spalte', dial. *lappio* 'breite, flache Seite des Daches, die Abdachung', dial. *rahkio* 'Schwankmorast' (*rahka* 'Bodensatz, dicker schaumiger Bodensatz'), dial. *raisio* 'Moorboden, Sumpf', *vainio* 'Acker, Flur'; Propria: *Kemiö* (vgl. dial. *kemi* 'unfruchtbare Flur' u. a.), *Kihniö, Kuopio, Köyliö, Mustio* (*musta* 'schwarz'), *Paimio* (vgl. *Paimala*), *Perniö* (vgl. dial. *pernä* 'Linde'), *Piikkiö, Tornio*. – c) Gefäß u. ä.: *ahkio* 'Fuhrschlitten der Lappen, Schleppboot' (dial. *ahku* 'großer Baum'), *haapio* '(urspr. 'Espenholz-) Trog', dial. *honkio* '(aus einer großen Kiefer ausgehöhlter) Trog', *laitio* 'Korbschlitten' (vgl. *laita* 'Rand'), *lapio* 'Schaufel' (? vgl. *lapa* 'Blattfläche'), *sammio* 'Zuber, Bottich'. – d) Andere Wörter: *avio* 'Ehe(stand), Ehegatte', *joukkio* 'Bande, Horde' (vgl. *joukko* 'Schau, Menge'), *kapiot* 'Ausstattung der Braut' (? vgl. dial. *kapo* 'junges Mädchen'), *kavio* 'Huf' (früher *kapio, kapjo* 'dass.'), Entsprechungen in allen ostseefinnischen Sprachen; dial. *koirio* 'Endholz am Netz; ein Hilfswerkzeug beim Tuchweben oder Netzstricken' (vgl. *koira* 'Hund')[3], dial. *pallio* (= *pallea* 'Zwerchfell, die Weichen'), dial. *pohkio* 'Wade', dial. *sainio* 'Fackel', *tuokio* 'Moment, Augenblick', *vaurio* 'Unfall'; in der modernen Schriftsprache sind eine große Anzahl von Neubildungen (Kunstwörtern) mit *-io, -iö* abgeleitet worden, wie z. B. *aitio* 'z. B. Theaterloge' (vgl. *aita* 'Zaun'), *kaksio* 'Doppelzimmer-Wohnung', *kansio* 'Album', *kasvio* 'Flora, Botanik (bot. Bestimmungsbuch)', *kiintiö* 'Kontingent', *kolmio* 'Dreieck', *kuutio* 'Kubus', *lehtiö* 'Schreibblock', *neliö* 'Viereck', *selviö* 'Axiom', *vakio* 'Konstante, Standard', *yksiö* 'Einzimmerwohnung'.

---

[1]) R. E. Nirvi: Vir. 1954 S. 27 f.
[2]) Zuletzt Veikko Ruoppila: Kotieläinten nimitykset suomen murteissa (Haustiernamen in den finnischen Dialekten) I (Helsinki 1943) S. 55 f.
[3]) Vilkuna: SUST 67 S. 420 f.

Diese Endung ist insofern von besonderer Art, als sie von sehr heterogenem Ursprung ist; eigentlich kann man sie nicht für ein in sich einheitliches Ableitungssuffix im gleichen Sinne wie die meisten übrigen Derivantia ansehen. In allen sonstigen Fällen außer einem Teil der als Ortsnamen fungierenden Propria ist das auf das *i* folgende *o* aus früherem *a* hervorgegangen, an das deminutives *i* antrat (wodurch *a* > *o* überging), später aber wieder schwand (§ 52.3, § 23E); *ö* ist vokalharmonisches analogisches Pendant zu *o*. Das *i* vor *o*, *ö* hat jeweils verschiedenen Ursprung. Zunächst beruht ein Teil der denominalen *-io-*, *-iö-*-Ableitungen auf Analogie der deverbalen *io*-Derivantia (§ 55.2). Von dieser Art dürfte ein großer Teil der in der a)-Gruppe aufgezählten Wörter sein. Zweitens kann dieses *i* vom Stammwort herrühren; so findet sich neben dem Substantiv *aukio* 'offenes, ödes Feld' das dial. Adjektiv *aukia* 'offen' (schriftspr. *aukea*), neben dem Substantiv *hirviö* 'Ungeheuer' existiert das dial. Adjektiv *hirviä* 'schrecklich', neben *ilkiö* 'das Ekel' das dial. Adjektiv *ilkiä* 'garstig, niederträchtig', neben *kavio* 'Huf' das dial. Substantiv *kavia* (früher *kapja*) 'dass.', neben *lapio* 'Schaufel' das dial. *lapia* 'dass.' (< **lapiδa*), neben *rautio* 'Schmied' dial. *rautia* 'dass.'. Neben dem Ortsnamentyp *Paimio, Tornio, Kemiö* usw. gibt es auch einen Typ auf *-a, -ä: Laihia, Multia, Kälviä* usw.; möglicherweise ist die letztere Variante Ausgangsbasis für die erste gewesen und enthält wenigstens teilweise das lokale, in der heutigen Gemeinsprache meist nur in Partikeln vorkommende Formans *-ja, -jä* (§ 52.6); dasselbe **-ja* kann auch in den Grundwörtern solcher Ortsappellativa wie *rahkio, raisio, vainio* wie z. B. auch in dem Grundwort von *kääpiö* 'Zwerg' enthalten sein. Der *kääpiö* würde also auf einem *kääppä*, d. h. auf einer sandigen Anhöhe in der Heide hausen, d. h. er würde die Seele eines Verstorbenen oder überhaupt ein Geist sein. In einigen südwestfinnischen Ortsnamen geht *-io* als letztes Glied eines Kompositums auf *joki* 'Fluß', und zwar die schwachstufige Form *jo(γ)e-* zurück; z. B. *Kuusio*, dial. *Kuusjo* << *Kuusijoe-*. – Schließlich dürfen die zahlreichen alten, insbesondere germanischen Lehnwörter nicht vergessen werden, in denen *io* resp. *jo* schon aus der Sprache des Originals stammen und somit sogar als Muster für finnische Nachbildungen dienen konnten; solche Lehnwörter sind z. B. *autio* 'öde', *kallio* 'Fels', *kammio* 'Kammer', *karpio* 'Getreidemaß', *lantio* 'lumbus, pelvis hominum, Lende, Becken des Menschen', *liikkiö* 'Speckseite, succidia', *nuotio* 'Feuer von Baumstämmen', dial. *pantio* 'runder Zaum zum Vogelfang', *raitio* 'Radspur', *tunkio* 'Misthaufen'. Die slawischen Lehnwörter *kaatio(t)* 'Hüfte, Lende' und *suntio* 'Küster' würden nach der Herkunftssprache zunächst die Formen *kaatia(t)* und *suntia* erwarten lassen, wie man sie beide auch tatsächlich dialektisch antrifft; das *o* nach dem *i* beruht also auf finnischer Analogie[1].

Die *io*-Derivantia dürften im allgemeinen kaum über die finnische Sonderentwicklung zurückreichen, in Einzelfällen vielleicht aber doch bis aufs späte Urfinnische.

---

[1] Untersuchungen über dieses Derivativum: Arvi Jännes: Koitar VI (1899) S. 56 f.; V. V. Zilliacus: Suomenkielen *io-, iö-* loppuiset nominit (Die fi. Nomina auf *-io, -iö*, handschriftl., 1936, im Arch. der Wörterbuchstiftung).

8) **-iso, -isö.** Nur Substantiva. a) Kollektiva: *alhaiso* 'das niedere Volk', *nuoriso* 'die jungen Leute', die „Jugend" = 'Jungvolk', *yhteisö* 'Gemeinschaft', *yleisö* 'Publikum', *ylhäisö* 'die Vornehmen, Aristokratie'; b) Personenbezeichnung: *puoliso* 'Gatte' (vgl. *puoli* 'halb'). Die Wörter sub a) sind späte Kunstwörter außer *nuoriso*, das wohl in erster Linie aus den Alten Liedern des archangelschen Karelien ins Kalevala und von dort aus in die finnische Schriftsprache gelangt ist und so zum Muster für die Kollektive auf *-iso*, *-isö* wurde. Auf demselben Wege ist wohl auch *puoliso* (sub b)) in die finnische Schriftsprache gekommen. – Ursprung und Bedeutungsentwicklung des Suffixes sind z. T. unklar. Zum mindesten in dem Wort *puoliso*, dem in der alten Schriftsprache auch *puolisa*[1]) entspricht, haben wir *-isa* (§ 52.5) + *-i* (§ 52.3, beachte § 23 E). Bei den Wörtern der a)-Gruppe hat jedoch vielleicht das Suffix *-sto* (§ 53.49) mit zur Entwicklung beigetragen. Es ist nämlich zu berücksichtigen, daß in der alten Volksdichtung, in den *runot*, auch *nuoristo* (neben *nuoriso*) vorkommt (z. B. VR [= *Suomen Kansan Vanhat Runot* 'Alte Lieder des finnischen Volks'] III: 1 nrr. 824, 1048, 1234). Aus diesem *nuoristo* hat sich stellenweise mittels der schwachen Stufe *nuorisso* entwickelt (z. B. ebda. nr. 820), ebenso *puolisto : puolisson* 'Gatte' (VR IV: 2, nrr. 1902, 1895, 1897, 1898).

9) **-kainen, -käinen.** Substantiva: *kaunokainen* 'die Schöne' (vgl. *kauno* 'schönes Wesen'), dial. *konnikainen* 'Frosch' (= *konna* dass.'), *lapsukainen* 'Kindchen', *nuorukainen* 'Jüngling', dial. auch 'junge Kuh', 'junge Frau, junges Mädchen', *pienokainen* 'kleines Kind, Kleine(r)', dial. *silmikäinen* 'vierschäftiger Stoff'; Adjektive: *ainokainen* 'einzig', *köykäinen* < dial. *kevykäinen* 'leicht(fertig)' (§ 221), *lyhykäinen* 'kurz', *ohukainen* 'dünn' (gemeinspr. auch Subst., 'kleiner Eierkuchen'), *uutukainen* 'ganz neu' (analog. *t* pro *d*), *ymmyrkäinen* 'rund-(lich)'. – Bestandteile des Derivans: *-kka, -kkä* (§ 52.9) + *-inen* (§ 52.4). Über das Vorkommen der schwachen Stufe von *hk* vor offener Silbe s. § 28 A 4 (dial. finden sich auch Formen mit *kk*: *nuorukkainen*, *pienokkainen* usw.). – In dem folgenden Familiennamentyp, der zum großen Teil fremde Wortstämme aufweist, kann sich das *-(k)ka* oft schon in dem fremden Original vorfinden: *Hannikainen, Hartikainen, Pentikäinen, Turakainen, Vitikainen*: z. B. *Hartikka* < mittelschwed. (< niederdtsch.) *Hartika*[2]), *Turakka* < ? russ. *durak* 'Dummkopf'; bisweilen, z. B. in solchen Fällen wie *Viljakainen* (vgl. *vilja* 'Getreide'), *Puhakainen* (vgl. dial. *puhakka* 'aufgeblasen'), ist es dagegen wohl finnisch und erklärt sich hier somit wie oben.

10) **-kalainen, -käläinen.** Hierher gehört eine Gruppe Nomina, die von Pronomina abgeleitet ist und sowohl substantivisch wie adjektivisch verwendet wird (sog. Pronominalia): *meikäläinen, teikäläinen, heikäläinen* 'einer der unsrigen, eurigen, ihrigen', *täkäläinen* 'hiesig', *sikäläinen* 'dortig', *muukalainen* 'fremd', 'Ausländer (mit abschätzigem Unterton)'. Auf einem Substantiv fußt *maakalainen* 'einheimisch', 'Urbewohner oder jedenfalls autochthon'. Bestandteile: *-ka, -kä* (§ 52.8) + *-lainen, -läinen* (§ 53.17).

---

[1]) Bei Agricola, Vir. II (1886) S. 178; beachte auch Schrodcrus: Lexicon Latino-Scondicum (1637) S. 16.
[2]) S. § 52.9 Fußn. 1.

11) **-kas: -kkaa-, -käs: -kkää-.** In der Gemeinsprache liegt fast immer ein Substantiv zugrunde, sei es im Singular- oder Pluralstamm. Substantiva (Bedeutung gew. possessivisch oder Zugehörigkeit zu dem, was das Grundwort bezeichnet, ausdrückend): *ajokas* 'Zugpferd' (*ajo* 'das Fahren'), *alokas* 'Rekrut' (setzt * *alko* = *alku* 'Anfang' voraus), *ehdokas* 'Kandidat, z. B. für eine Wahl o. ein Amt', vgl. *panna ehdolle* 'vorschlagen', *haudikas* 'in einer Grube *(hauta)* gebratene Rübe', *hoidokas* 'Pflegling' (*hoito* 'Pflege'), *ihokas* 'Unterkleid' (*iho* 'Haut'), *juurikas* 'Wurzel(*=juuri*)gewächs', *lapikas* 'eine Art Stiefel', dial. *ostokas* 'gekauftes Pferd' (vgl. *osto* 'Kauf'), dial. *paasikas* 'zwischen zwei platten Steinen gebratene Rübe', *paistikas* 'gebratene Rübe o. Kartoffel o. Apfel u. ä.' (*paisti* 'Braten'), *puolikas* 'Hälfte, z. B. Brot' (*puoli* 'halb'), *sormikas* 'Handschuh mit Fingerlingen' (*sormi* 'Finger'), *tarjokas* 'Volontär, Freiwilliger' (*tarjo* 'Anerbieten, Angebot'), *tulokas* 'Ankömmling' (*tulo* 'Ankunft'), *vaihdokas* 'Wechselbalg' (*vaihto* 'Tausch'). Adjektiva: *halukas* 'gewillt, geneigt, willig' (*halu* 'Lust'), *iäkäs* 'betagt' (*ikä* 'Alter'), *kookas* 'stämmig' (*koko* 'Umfang'), *luonnikas* 'natürlich, der Natur nach angemessen' (*luonti* 'Schöpfung, Natur'), *maukas* 'schmackhaft' (*maku* 'Geschmack'), *miehekäs* 'mannhaft' (*mies* 'Mann'), *sapekas* 'gallig, scharf (z. B. Worte)' (*sappi* 'Galle'), *siivekäs* 'geflügelt' (*siipi* 'Flügel'), dial. *silmikäs* 'schön', *täplikäs* 'fleckig, gesprenkelt', *varakas* 'wohlhabend', *ytimekäs* 'markig' (*ydin* 'Mark'), *äänekäs* 'laut' (*ääni* 'Laut'). – Solche Adjektive sind gewöhnlich possessivisch, d. h. sie bedeuten: versehen mit dem oder reich an dem, was das Grundwort bezeichnet. Sie entsprechen da dem Derivans *-llinen;* ein Vergleich beider Suffixe in semasiologischer Hinsicht findet sich in § 53.24. – b) Dialektisch findet sich *-kas* an Adjektive angehängt, und es hat dann eine moderative Bedeutung: *pienekäs* 'ziemlich klein o. dünn', *tuoreekas* 'etwas feucht, einigermaßen frisch' usw.; beachte *paljokas* 'sich viel nehmend, anspruchsvoll'; auch die Gemeinsprache kennt das Adjektiv: *nuorekas* 'jung aussehend, jugendlich wirkend', *pitkäkäs* 'ziemlich lang, lang aufgeschossen' sowie als eine Art Tadel *hyväkäs* 'dieser Bursche', auch nur iron. Tadel 'Tausendsasa'. – Bestandteile: -kka, -kkä (§ 52.9) + -s (§ 52.17). Vgl. deverb. *-kas* (§ 55.5). – Entsprechungen in den übrigen ostseefinnischen Sprachen und im Lappischen.

12) **-ke'.** Nur Substantive, mit deminutiver oder verwandter Bedeutung: dial. *arake'* 'kleiner Anger, d. i. feuchte Naturwiese', *kaareke'* 'kleiner Gewölbebogen', *lahdeke'* 'kleine Bucht', *niemeke'* 'kleine Landzunge', *ohdake'* 'Distel (cirsium, carduus)' (= dial. *ohtainen, ohtoi*), *poimuke'* 'kleine Falte', *polveke'* 'kleine Krümmung', *saareke'* 'längliche, schmale Insel', *salmeke'* 'lange und schmale Meerenge', *sarake'* 'Kolumne' (vgl. *sarka* 'Ackerbeet, Wiesenschlag, Jagen, Waldabteilung'), *veruke'* 'Vorwand' (unbek. Grundw.), dial. *ääreke'* 'von einem Birkenrindenband zum Ausgleich abgeschnittener Randstreifen' (*ääri* 'Rand'). Bestandteile: -kk- (§ 52.9) + e' (§ 52.1). Vgl. Deverbale *-ke'* (§ 55.6).

13) **-kkainen, -kkäinen.** Nur Adjektive: *lähekkäinen, peräkkäinen, päällekkäinen, vastakkainen, vierekkäinen*. Die Bedeutung ist reziprok: *lähekkäiset talot* 'nahe beieinanderliegende Häuser', *päällekkäiset maakerrokset* 'aufeinanderliegende Bodenschichten'. (Die Bedeutungen der übrigen: hinter-, ge-

§ 53   Sekundäre denominale Nominalsuffixe   107

gen-, nebeneinander (*perä* 'Hinterteil', *vasta-* 'gegen', *vieri* 'Raum daneben').) – Bestandteile: Adverbderivans *-kkain, -kkäin* (§ 57.2) + damit teilweise verschmolzenes *-inen* (§ 52.4). Die obigen Derivativa gehören zu den jüngsten aus der finnischen Sonderentwicklung (vgl. § 53.25, 42, 52).

14) **-kki**. Nur Substantiva. Es handelt sich meist um Tiernamen, die zum größeren Teil halbappellativ sind, insbesondere von Kühen: *Ainokki* (vgl. *ainoa* 'einzig'), *ajokki* 'Zugpferd, Arbeitspferd', *Kyllikki* (Kuhname, aber auch Mädchenname; vgl. *kylläinen* 'satt, fett'), dial. *lumikki* 'mustela nivalis', *Mielikki* (vgl. *mieli* 'Sinn, Gemüt', also etwa: 'Liebling'), *Mairikki* (vgl. dial. *maire* 'süß, anmutig'), *Mansikki* (vgl. *mansikka* 'Erdbeere', *mantu* 'Erdscholle'), *Mustikki* (vgl. *mustikka* 'Heidelbeere', *musta* 'schwarz'), *Punikki* (*puna* 'rot'), *Sarvikki* (vgl. *sarvi* 'Horn'), *Tuorikki* (vgl. *tuore* 'frisch'), *Tähäikki* (vgl. *tähti* 'Stern'); in der heutigen Sprache sind auch derartige Pflanzennamen üblich. Die große Mehrheit davon ist künstlich gebildet, besonders von Lönnrot: *kaunokki* 'Kornblume', *lehdokki* 'Hagedorn, Weißdorn', *orvokki* 'Veilchen', *talvikki* 'Wintergrün, Pyrola'. Bestandteile: *-kka* (§ 52.9) + *i* (§ 52.3, beachte § 23 C). Vgl. das deverbale *-kki* (§ 55.7).

15) **-kko, -kkö**. In der Gemeinsprache fast nur Substantiva. Bedeutung entweder deminutiv oder possessivisch: *ennakko* 'im voraus zu entrichtender Betrag', als determinierendes Glied von Komposita 'Vor-(aus)-', Volksd. *illakko* 'Abend', *kepakko* (vgl. *keppi* 'Stock'), *kesakko* 'Sommersprosse', dial. 'Lamm vom Sommerwurf' (*kesä* 'Sommer'), *lammikko* 'Weiher, Pfütze' (*lampi* 'Teich'), *nelikko* 'Vierteltonne' (*neljä* 'vier'), *palmikko* 'Flechte, Zopf' (vgl. dial. *palma* und estn. *palmu*, gen. *-i* 'dass.'), *piikko* 'zweischäftiges Tuch' (vgl. *pii* 'Zahn eines Gerätes'), *puikko* 'das Stöckchen' (vgl. adj. *pujo*[1]) 'langsam schmäler werdend'), *puolikko* 'Hälfte' (*puoli* 'halb'), *puukko* 'Dolchmesser, im Heft feststehend' (urspr. *puukkoveitsi* d. i. mit Holz(griff) versehenes Messer[2], dial. *pääkkö* 'kleiner Kopf', auch 'Fell mit Kopfhaut', 'aufgeregtes Wesen', adj. 'drehkrank (von Schafen)', *silmikko* u. a. 'Augenschutz an der Kopfbedeckung', *suukko* 'kleiner Mund, Kuß', dial. auch als adj. 'großmäulig, häßliche Reden führend', *talikko* = *tadikko* 'Mistgabel' (*tade* 'Mist'); *kahdeksikko* dial. 'Puppe von acht Garben', *kymmenikkö* 'zehngarbige Puppe', *seitsikko* dial. u. a. '7-Kopeken-Münze', *viisikko* dial. 'fünfgarbige Puppe', *yhdeksikkö* 'neungarbige Puppe'; b) Bezeichnung von Wesen: *emakko* 'Muttersau', dial. *esikko* 'Erstling', *hiirakko* 'mäusefahles Pferd' (*hiiri* 'Maus'), *hätikkö* 'nervös aufgeregter Mensch' (*hätä* 'Not'), *juonikko* 'Intrigant', *liehakko* 'Kriecher, Schmeichler' (vgl. dial. *lieha* 'Schmeichelei'), *lumikko* 'Wiesel', *nimikko* 'dem Namen jemandes gewidmeter Gegenstand', *nuorikko* gew. 'jungverheiratete Frau', Volksd. auch 'Jüngling, junger Mann', *pahikko* eig. 'Verderben anrichtender Mensch', aber meist iron. 'Wildfang, Schlingel' (vgl. *paha* 'schlimm, böse'), *päällikkö* < dial. *päälikkö* (vgl. dial. *pääli* 'Oberseite') 'Anführer', *raudikko* 'rostfarbiges Pferd, Fuchs' (*rauta* 'Eisen'), *ruotsikko* abschätzige Bezeichnung der Finnland-Schweden, soweit sie sich pol., insbes. fanatisch, gegen die Finnen betätigen: 'Sueco-

---

[1]) Kalima: Vir. 1945 S. 411.
[2]) Vir. 1930 S. 277.

man', dial. auch 'schwedisches Weib', *sammakko* 'Frosch', dial. *suomakko* 'Schaf finnländ. Rasse', *sydämikkö* 'unbändiger, eigensinniger Mensch', dial. *talvikko* 'im Winter geborenes Lamm', *ummikko* 'nur des Finnischen mächtig' eig. 'nur der Muttersprache mächtig', *veikko* 'Brüderlein' (vgl. *veli* 'Bruder', die absonderlichen lautl. Verhältnisse wohl kindersprachl.), *venakko* 'Russenweib' (abschätzig), *voikko* 'butterfarbiges Pferd', *yökkö* 'Fledermaus'; c) Ortsbezeichnungen: *aavikko* 'weite Ebene, Wüste', *allikko* 'stillestehendes Wasser', dial. *esikko* 'Vorsaal', *hietikko* 'Sandfläche' (vgl. *hieta* 'Sand'), *kosteikko* 'Oase', *kulokko* 'Waldbrandstelle, vom Brand zerstörter Wald', *lätäkkö* 'Pfütze', *matalikko* 'Untiefe', *nurmikko* 'kleine Wiese', *rannikko* 'Küste' (dial. nur demin.), *rapakko* 'Schlamm (pfütze)' (vgl. *rapa* 'dass.'), *ryteikkö* 'Windbruch' (vgl. *rytö* 'dass.'), dial. *seinikko* 'Raum neben der äußeren Wand', *tiheikkö* 'Dickicht', *ullakko* 'Oberboden', *viidakko* 'Gebüsch, Dickicht, Dschungel'; d) Gruppenbezeichnungen: *aallokko* 'Wellengang', *haavikko* 'Espenbestand' (*haapa* 'Espe'), *heinikko* 'Rasenplatz', *hongikko* 'Kiefernbestand', *juurakko* 'Wurzelstock', *kaislikko* 'schilfbewachsene Stelle', *katajikko* 'Wacholderbestand', *koivikko* 'Birkengehölz', *kolmikko* 'Trio', *kuusikko* 'Tannenwald', *lepikko* 'Erlenbestand', *metsikkö* 'Hain', *männikkö* 'Kiefernwald', *pensaikko* 'Gebüsch', *petajikkö* 'Kiefernwald', *risukko* 'Reisig', *ruohikko* 'Rasen', *valja(i)kko* 'Pferdegeschirr', *vesakko* 'Jungholz, Dickicht von Sprößlingen junger Laubbäume'.

Bestandteile: -*kka*, -*kkä* (§ 52.9) + -*i* (§ 52.3, vgl. § 23 E). Was die Entwicklung von lokaler Bedeutung aus ursprünglich deminutiver betrifft (c)-Gruppe!), so vergleiche man etwa ein solches -*kka*-Deminutivum wie *perukka*, bei dem sich folgende Entwicklungsreihe ganz natürlicherweise denken läßt: 'kleines Hinterstück' > 'Teil eines Hinterstücks' > 'zum Hinterstück gehörig' > 'hintere Seite o. Gegend, abgelegene Gegend'. Die lokale Bedeutung konnte sich weiter ganz natürlich zur kollektiven (d)-Gruppe) umgestalten, je nach dem sachlichen Gehalt, z. B. *kivikko* 'steinige Stelle, Stelle, wo sich Steine befinden' > 'Steingruppe, Steinhaufen' usw. – Vgl. deverbales -*kko* (§ 55.8).

16) -**koinen**. Substantive: *esikoinen* (vgl. dial. *esikko* 'Erstgeborener'), dial. *keukoinen* (= *keuhkoinen*) 'leichtsinniges Frauenzimmer' (< **kevu-;* vgl. *kevyt* 'leicht'), *varikoinen* 'ein süßliches weiches Brot bes. Sorte' (vgl. dial. *vari* 'heiß'); Adjektiv: *erikoinen* 'besonderer' (vgl. dial. *erikko* 'Einzelgänger'). – Bestandteile: -*kko* (§ 53.15) + -*inen* (§ 52.4); über die schwache Stufe von *kk* s. § 28 A 4.

17) -**lainen**¹, -**läinen**¹. Substantiva: *apulainen* 'Gehilfe', *jälkeläinen* 'Nachkomme', *jättiläinen* 'Riese' (Stammw.: *jätti* germ. Lehnw.), *karkulainen* 'Flüchtling, Ausreißer, Deserteur', *kerjäläinen* 'Bettler', *käskyläinen* 'Bediensteter', *käypäläinen* 'Bettler', *matkalainen* 'Reisender', *mehiläinen* 'Biene', *paholainen* 'Teufel', *pakolainen* 'Flüchtling, Emigrant', *saarelainen* 'Inselbewohner', *sukulainen* 'Verwandter', *syöpäläinen* 'Ungeziefer, Parasit', *vainolainen, viholainen* (beides: 'Feind', vornehml. 'Feind des eigenen Volkes'). Der Typ ist in der heutigen Sprache sehr beliebt. Es entstehen immer neue Bildungen: *kansalainen* 'Volksgenosse', *koululainen* 'Schüler', *liittolainen* 'Verbündeter', *metsäläinen* 'Waldmensch', *opintokerholainen* 'Studienklubbesucher', *palokuntalainen*

'Feuerwehrmann', *raakalainen* 'Barbar', *rautatieläinen* 'Eisenbahner', *seurakuntalainen* 'Gemeindemitglied', *tehtaalainen* 'Fabrikarbeiter'. Sowohl substantivisch als adjektivisch werden folgende meist von Ortsbezeichnungen hergeleitete Wörter gebraucht: *hämäläinen* 'Tawastländer, tawastländisch' (nach der schwed. Bezeichnung, das fi. Wort könnte natürlich auch in Gebrauch genommen werden: 'aus der Landschaft Häme gebürtig, zum Häme-Stamm gehörig', oder einfach: 'der Häme', vgl. 'der Flame'), *kaupunkilainen* 'Städter', *kirkonkyläläinen* 'Bewohner u. a. des Kirchdorfes', *lappalainen* 'Lappe, lappisch', *maalainen* 'Landbewohner, ländlich', *mustalainen* 'Zigeuner, zigeunerisch', *paikkakuntalainen* 'Ortsbewohner, aus der betreffenden Gegend gebürtig oder dort wohnhaft, Ortsansässiger, lokal' u. ä., *pohjalainen* 'Österbottnier, österbottnisch, aus Pohjanmaa gebürtig', *ruotsalainen* 'Schwede, schwedisch', *saksalainen* 'Deutscher, deutsch', *suomalainen* 'Finne, finnisch', *venäläinen* 'Russe, russisch', *virolainen* 'Este, estnisch', *hattulainen* 'Einwohner von Hattula' („Hattula-er" würde wohl befremdlich klingen), *kuopiolainen* „Kuopioer" siehe voriges Beispiel.

Nur adjektivisch verwendete Bildungen sind sehr selten, vgl. dial. *paikkulainen* 'stellenweise auftretend, ungleichmäßig vertreten', *pitkulainen* 'langgestreckt, länglich rund' (*pitkä* 'lang'), *täyteläinen* 'strotzend voll' (*täysi* 'voll', St. *täyte-*). Beachte das besonders angeführte -*kalainen*, -*käläinen* (§ 53.10). Hierher nicht im eigentlichen Sinne *karjalainen* 'Karelier', *hölmöläinen* 'Schildbürger', 'Mann aus Hölmölä', da das -*la* hier zum Stammwort gehört. Andererseits gibt es nicht solche Grundwörter wie * *apula*, * *kerjälä*, * *lappala* und * *suomala*, so daß die obigen Beispiele mit Recht unter dem Derivans -*lainen*, -*läinen* angeführt wurden. Ihrem Stamme nach nehmen folgende Wörter eine Sonderstellung ein: *mehiläinen* 'Biene' (vgl. dial. *mehi* : *mehen*), *paholainen* 'Teufel' (vgl. *paha* 'böse') und *viholainen* 'Feind' (vgl. *viha* 'Haß'); hier hat sich das Derivans an sekundäre, ursprünglich auf -*i* ausgehende, heute aber unbekannte Grundwörter angeschlossen: * *mehi* : * *mehin*, * *paho*, * *viho*. Man beachte auch den teilweise ursprünglichen, teilweise analogischen Stammesauslaut in Wörtern wie *hämä-läinen* (pro * *hämee-läinen*), *suoma-lainen* (pro * *suome-lainen*), *lappa-lainen* (pro * *lappi-lainen*), *ruotsa-lainen* (pro * *ruotsi-lainen*), *venä-läinen* (pro * *venäjä-läinen*). Bestandteile: -*la*, -*lä* (§ 52.10) + -*inen* (§ 52.4).

18) **-lainen**^{II}, **-läinen**^{II}. Nur Adjektive mit pronominalem, numeralem oder adjektivischem Grundwort: a) *erilainen* 'verschieden', *jollainen* 'welch(artiger)', *jonkinlainen* 'eine Art von, irgendwie geartet', *kahdenlainen* ~ *kahtalainen* 'zweierlei Art', *kaikenlainen* 'jede Art von, allerlei', *monenlainen* '(von) vielerlei (Art), mannigfaltig', *muunlainen* 'andersartig', *samanlainen* 'von gleicher Art, gleichartig, ähnlich', *sellainen* [entspr. *tällainen*, *tuollainen*] 'solch', *toisenlainen* 'andersgeartet o. -artig', *yhdenlainen* ~ *yhtäläinen* 'gleichartig'; b) *heikonlainen* 'schwächlich', *huononlainen*, *hyvänlainen*, *pahanlainen*, *suurenlainen*, *viisaanlainen* 'ziemlich schlecht, gut, schlimm, groß, klug'. – Dieses Derivans ist in seinem ersten Teil anderer Herkunft als das im vorigen Abschnitt § 53.17 behandelte Homonym; -*lainen*^{II} ist nämlich ein -*inen*-Derivans von dem Nomen, das in der heutigen Gemeinsprache *laji* lautet und das ein jüngeres schwedisches Lehnwort ist (vgl. modernes Schwed. *slag* 'Art,

Qualität', urspr. 'Schlag'); in heutiger Schreibweise wäre also ursprünglich *-lajinen* anzunehmen, doch konnte das Wort tatsächlich sogleich in der heute noch dial. Form *lai* entlehnt werden und somit an andere Wörter antreten. Das Derivans hat insofern den Charakter eines selbständigen Wortes bewahrt, als es im allgemeinen nicht der Vokalharmonie angepaßt ist; nur ein Fall, nämlich *yhtäläinen*, bildet eine Ausnahme (vgl. *tällainen*, jedoch dial. *tälläinen*). – In der b)-Gruppe hat das Derivans moderative Bedeutung, in der es dem in § 52.2 behandelten Derivans *-hko, -hkö* entspricht, z. B. *heikonlainen = heikohko*.

19) **-las : -laa-, -läs : -lää-.** Substantive: *karilas* (*ukon karilas* „alter Krauter o. Zausel", 'altersschwacher Greis', Grundwort unbek., das Wort wurde auch als germ. Entlehnung angesehen), dial. *karkulas* 'Ausreißer' (vgl. *karku* 'Flucht'), dial. *naittilas* 'heiratsfähige Person', auch Adj., Grundw. vermutlich subst. * *naitti* 'das Verheiraten', *potilas* 'Patient' (* *poti* 'das Kranksein'), *rumilas* 'häßliches Wesen', „Spottfigur" (*ruma* 'häßlich'), *syöttiläs* 'Mastvieh' (*syötti* 'das Füttern, Lockspeise'); Kunstwörter: *lähettiläs* 'Gesandter' (vgl. *lähetti* 'Bote'), *oppilas* 'Schüler'; Adjektive: *joutilas* 'müßig, Muße habend' (Grundw.: * *jouti* 'das Zeithaben, Muße'), dial. *puulas* 'in den Holzpartien plump gearbeitet, überh. von plumper Machart' (*puu* 'Holz'), *suulas* 'redselig' (nicht unbedingt tadelnd; = estn. *suulas, suilas*, Grundw. *suu* 'Mund'), *työläs* 'viel Arbeit erfordernd', *täyteläs* 'strotzend voll' (vgl. *täysi* 'voll'), *vuolas* 'stark strömend, reichlich fließend' (= estn. *voolas;* vgl. *vuo* 'Strömung'). – Bestandteile: *-la, -lä* (§ 52.10) + *-s* (§ 52.16). Vgl. deverbales *-las* (§ 55.9). – Die Wörter *purilas*, gew. pl. *purilaat* 'eine Art primitives Beförderungsmittel; Zugstangen', und *turilas* 'eine Art Käfer o. dessen Larve, auch Name eines mythol. Wesens' sind bis auf die Endsilbe als germanische Lehnwörter erklärt worden (das germanische Original des letzteren lautet im heutigen Schwedischen *troll* 'Zauberer, Gespenst').

20) **-le'.** Nur Substantive: a) *hetale'* 'Fetzen' (vgl. *hetula* 'dass.'), *järkäle'* 'Block (z. B. Stein)' (vgl. dial. *järky* 'Klumpen, Block'), *kaistale'* 'Scheibe, Tafel, Scherbe u. ä.' (vgl. *kaista* 'Zipfel, Keil, Streifen'), *ketale'* 'Fleischfetzen' u. a. (vgl. *kesi* 'äußerste Haut', *kettu* 'Häutchen, feine Haut'), *kimpale'* 'Bröckchen' (vgl. *kimppu* 'Brocken'), *perkele'* 'Teufel' (Wortstamm wahrsch. balt. Lehnwort), *pirstale'* 'Splitterchen' (*pirsta* 'dass.'), *riekale'* 'Fetzen, Lappen', *rypäle'* 'Traube' (dial. *ryväs : rypään*), *ryökäle'* 'Rekel, Schurke', dial. 'Lumpen, Fetzen', *sirpale'* 'Scherbe, Splitter', *säpäle'* 'Splitter, Spleiße u. ä.', *viipale'* 'Scheibe'; b) *askele'* 'Schritt', *kyynele'* 'Träne', *sammale'* 'Moos', *sävele'* 'Melodie', *vempele'* 'Kummetholz'; c) Ortsnamen: *Keitele* (? vgl. dial. *keidas* u. a. 'Moorinselchen', dial. *keidanne* 'Anhöhe'), *Kempele'*, *Simpele'*, *Vitele'*. – Bestandteile: *-l* (§ 52.10) + *-e'* (< *-eh;* § 52.1). Neben der b)-Gruppe werden in gleicher Bedeutung auch entsprechende *-l-*Derivantia verwendet (*askel, kyynel* usw.). – Aus fremden Sprachen entlehnt sind bis auf das *l*-Formans z. B. *seppele'* 'Kranz' (schwed. < rom., vgl. frz. *chapelet* 'Blumengewinde', urspr. 'kleine Kopfbedeckung'), *kappale'* 'Stück', ? *kantele'* 'Kantele (Musikinstr.)', ? *kekäle'* 'Feuerbrand' (< balt.). Vgl. § 54.5a, § 55.9a.

21) **-li.** Nur Substantiva: a) Namen von Wesen: *heppuli* „drolliger Knabe, ulkiger, verdrehter Mensch", *kepuli* 'leichtfertig, Luftikus', dial. *kukkeli*

'kleiner Hahn', *kuukkeli* 'garrulus infaustus', *tomppeli* „Toffel"; b) andere Wörter: dial. *hetuli* 'Fischbein', *kokkeli* (= dial. *kokka* = *kokkapiimä* 'im Ofen geronnene Magermilch'), *koppeli* 'kleines Zimmer, Kabine', dial. auch 'kleines Behältnis, Schachtel' (vgl. *koppa* 'hohler Gegenstand: Hirnschale, Korb u. ä.', *koppi* 'kleines·Zimmer'), *koveli* 'Messer zum Aushöhlen', *naskali* (Lehnwort? 'Ahle, Pfriem'), dial. *nikuli* 'Garbenpaar von Gerste' (= *nikula* 'dass.'), *ripuli* 'Durchfall', *sekali* = *sekuli* 'Mischfutter'. Familien- und Ortsnamen: *Ainali, Mankali* (= *Mankala*), *Mönkeli, Onali, Rapeli, Toivali, Uskali*. – Bestandteile: -*l* (§ 52.10) + -*i* (§ 52.3, beachte § 23 C). – Beachte, daß viele Lehnwörter auf -*li* ihr *l* schon mitgebracht haben, z. B. *enkeli* 'Engel', *kaapeli* 'Kabel', *kappeli* 'Kapelle', *manteli* 'Mandel', *pumpuli* 'Baumwolle', *seteli* „Zettel" = 'Banknote', *sipuli* 'Zwiebel', *sokkeli* 'Sockel', *vääpeli* 'Feldwebel' (< schwed.), *kiipeli* 'bedrängte Lage' (<russ.); in einigen Lehnwörtern wiederum ist das *l*, sei es durch Dissimilation oder durch Analogie, entwickelt, z. B. *kumppali* < *kumppani* 'Kamerad', „Kumpan", *räätäli* < *räätäri* 'Schneider' (< schwed.), *remeli* 'Riemen' < dial. *remeni*, *sepeli* 'Schotter' (< * *sepeni*, vgl. dial. *sepenä*) (< russ.).

22) **-lias, -liäs.** Nur dial. Adjektive: *kokolias* = *koolias* 'stattlich', *kuormelias* = *kuormulias* 'schwanger' (*kuorma* 'Last'), *näpyliäs* 'gierig, lüstern auf etwas', *tyveliäs* 'mit dickem unteren Ende'. – Diese Wörter beruhen auf Analogie nach solchen Deverbalia auf -*ias*, -*iäs* (§ 55.1), deren Grundstamm auf *(e)l* endet (*antelias* 'freigebig' usw.) und deren -*(e)lias* als einheitliches Derivationssuffix mit der Bedeutung 'reichlich an dem vom Stammwort Bezeichneten' aufgefaßt wurde. Vgl. -*ias* (§ 53.4). Die schwache Stufe des Stammkonsonanten in einem Fall wie *koolias* rührt daher, daß -*lias*, -*liäs* < * -*ljas*, * -*ljäs*, so daß *l* früher zur vorhergehenden Silbe gehört hatte und die Silbe somit geschlossen gewesen war: *koolias* < * *kool-jas* < * *koγol-jas*.

22a) **-liini.** Kommt in vereinzelten, aber allgemein gebrauchten scherzhaft tadelnden Ausdrücken vor: *hölmöliini* 'Dummchen' (*hölmö* „Knallkopp", *koipeliini* „Hopfenstange, Latte" 'langstelziges Gestell von einem Menschen' (*koipi* 'Schenkel, Bein'), *tuhmeliini* = *tyhmeliini* [so im finnischen Text; immerhin doch der Unterschied, daß *tuhma* und dementsprechend *tuhmeliini* 'dumm = unartig, albern, unverständig, ungezogen' und *tyhmä* 'dumm als Mangel an Intellekt' ausdrückt, *tyhmeliini* daher kaum scherzhaft oder ironisch zu verwenden. Es bedeutet ganz sachlich grob: 'Dummkopf, Idiot']. Die Quelle dieses Derivans stellen solche Familiennamen mit schwedischem Wortausgang dar wie *Koskelin* (vgl. fi. *koski* 'Stromschnelle', fi. Name *Koskela*), *Mustelin* (fi. *musta* 'schwarz', *Mustonen*), *Mäkelin* (vgl. *mäki* 'Hügel', *Mäkelä*), *Tammelin* (vgl. *tammi* 'Eiche', *Tammela*). Dieser Wortausgang -*lin* wurde in der finnischen Volkssprache mit -*liini* wiedergegeben [solche Namen wurden von der finnischen Bevölkerung immer als lächerlich empfunden]. Vgl. schwed. -*lin*: *Fridolin* u. a.

23) **-listo, -listö.** Nur Substantive: a) kollektivische: dial. *hyvälistö* 'wohlhabende Leute', *kurjalisto* 'elendes Volk', *köyhälistö* 'Proletariat' (eig. 'Armeleute'), dial. *pappilisto* 'Geistlichkeit'; b) Ortsbezeichnungen: dial. *suolisto* 'Sumpfgegend, Moorwiese', *takalisto* 'Hinterland' (schon bei Ganander, Wörterbuch). Diese Derivativa stammen aus den östlichen Dialekten, die

der a)-Gruppe speziell aus den karelischen Dialekten. – Bestandteile: *-la, -lä* (§ 52.10) + *-(i)sto* (§ 53.49).

24) **-llinen.** Eines der allgemeinsten finnischen Nominalsuffixe. Adjektiva: a) Ortsadjektiva. Volksdichtung: *Menin riihelle mäelle, riihelle mäellisselle* 'ich ging zur Scheune auf dem Hügel, zur „hügeligen" Scheune'; *kaa'an maalliset katehet*[1]*, ve'elliset velhot voitan* 'ich mache die im Erdboden wohnende Mißgunst[1] zunichte, ich besiege die Zauberer aus dem Wasser', wörtl. „die irdischen, die wässerigen"; *saarehen selällisehen, luotohon merellisehen* 'zur Insel auf dem (Meeres-)Rücken, zur Schäre auf dem Meere'; *oi Ukko, ylinen luoja, taivahallinen jumala* 'oh Ukko, oberster Schöpfer, himmlischer Gott'; *pilven päällinen jumala* 'Gott über, auf der Wolke' „von der Wolkenoberfläche"; *neiti kosken-korvallinen, impi virran-vierellinen* 'Jungfrau vom Rande der Stromschnelle, Maid vom Stromesufer', „Stromschnellenohrige (= -randige) Jungfrau, stromesrandseitige Maid"; b) Zeitadjektive: *aamullinen* 'morgendlich', *hetkellinen* 'momentan', *illallinen* 'abendlich, Abendbrot', *kesällinen* 'sommerlich', *keväällinen* 'lenzlich, Frühjahrs-', *päivällinen* 'Tages-, Mittagsbrot', *talvellinen* 'winterlich', *yöllinen* 'nächtlich'; c) possessivisch: *aseellinen* 'bewaffnet', *elollinen* 'lebendig', *hampaallinen* 'mit Zähnen ausgestattet', *kannellinen* 'mit Deckel versehen', *kädellinen* 'mit Händen versehen, geschickte Hände habend', *nimellinen* '(nur) dem Namen nach (etwas sein o. vorstellen)', *onnellinen* 'glücklich', *perheellinen* 'verheiratet', *pilkullinen* 'tüpfelig', *varrellinen* 'mit Schaft, Stiel versehen', *velallinen* 'verschuldet', *velvollinen* 'verpflichtet', *viallinen* 'beschädigt', *värillinen* 'farbig'; d) ihrer Bedeutung nach abstrakte, meist unter fremdsprachlichem Einfluß spät entstanden: *aatteellinen* 'ideell', *aineellinen* 'stofflich, materiell', *hengellinen* 'geistlich (z. B. geistlicher Stand)', *isällinen* 'väterlich', *inhimillinen* 'menschlich', *jumalallinen* 'göttlich', *maallinen* 'irdisch (z. B. irdische Obrigkeit)' (vgl. *maallinen* 'in der Erde wohnend' von Gruppe a)!), *kansallinen* 'national', *kielellinen* 'sprachlich', z. B. 'sprachlicher' Mißstand (Unzulänglichkeit der Sprache beim Ausdruck bestimmter Begriffe o. der klaren Bezeichnung von Sachverhalten), *kirjallinen* 'schriftlich (z. B. Gesuch o. schriftstellerische Produktion)', *kunnallinen* 'Gemeinde-', *lihallinen* 'fleischlich', *naisellinen* 'weiblich', *pirullinen* 'teuflisch', *suullinen* 'mündlich, z. B. Vertrag', *säädyllinen* 'standesgemäß', *taivaallinen* 'himmlisch' (z. B. 'himmlische Wonne', dagegen Punkt a) 'im Himmel wohnend'), *teollinen* 'industriell', *uskonnollinen* 'religiös', *valtiollinen* 'politisch', *vanhoillinen* 'konservativ' (dial. = 'altmodisch, aus der alten Zeit'), *ystävällinen* 'freundlich'. Substantive: e) (sich an die Adjektive der a)-, b)- und c)-Gruppe eng anschließend, oft deren Substantivierungen: *ehtoollinen* 'hl. Abendmahl', *illallinen* 'Abendbrot', *itsellinen* '(selbständiger) Einlieger, Hausbewohner', Volksd. *kannoillinen* 'Kutscher' (urspr. 'der auf dem hintersten Teil der Schlittenkufe Stehende'), *korvallinen* 'die Ohrgegend, die Stelle hinterm Ohr', z. B. *raapia korvallistaan* 'sich hinterm Ohr kratzen', *palkollinen* 'bezahlte Arbeitskraft (im Unterschied zu den ohne Entgelt mitarbeitenden Familienmitgliedern, Verwandten usw.)',

---

[1] **Anm.** „das Antun", vgl. den Moosnamen „Widerton" (Polytrichum commune) = 'wider das Antun'. Dieses 'Antun' ist mit fi. *kade* gemeint.

§ 53 Sekundäre denominale Nominalsuffixe

päällinen 'oben befindlich' = 'Überzug', *sivullinen* 'Nebenperson, Unbefugter (z. B. Unbefugten ist der Zutritt verboten)', *suullinen* 'Sackverschlußband (das sich am „Munde" *suu* des Sackes befindet)', *tallollinen* 'Hofbesitzer', *varpaallinen* 'Fußriemen am Schneeschuh', *vihollinen* 'Feind'; f) volles Raummaß anzeigend: *hyppysellinen* 'Fingerspitzevoll, Prise', *kahmalollinen* 'doppelte Handvoll', *kourallinen* 'Handvoll', *kuormallinen* 'eine Fuhre', *lapiollinen* 'eine Schaufel(voll)', *lusikallinen* 'ein Löffelvoll', *vasullinen* 'ein Korbvoll'.

Als Synonyme der Adjektiva unter b) und c) werden die entsprechenden *-inen*-Bildungen als zweite Teile von Komposita verwendet: *hyvähampainen* 'mit guten Zähnen', *punakantinen* 'mit rotem Einbanddeckel', *samanniminen* 'gleichnamig', *pitkävartinen* 'langschäftig', *eilisiltainen* 'von gestern abend', *viimekeväinen* 'letztes Frühjahr geschehen o. ä.'. Neben zahlreichen Derivativa der b)-Gruppe gibt es annähernd synonyme *-kas*-Bildungen: *halullinen* ~ *halukas* 'gewillt', *iällinen* ~ *iäkäs* 'betagt', *nerollinen* ~ *nerokas* 'genial', *onnellinen* ~ *onnekas* 'glücklich', *parrallinen* ~ *parrakas* 'bärtig', *siivellinen* ~ *siivekäs* 'geflügelt', *voimallinen* ~ *voimakas* 'kräftig'. Diese Doppelheit beruht auf einem Dialektunterschied: *-llinen* stammt zumeist aus westlicheren, *-kas, -käs* aus östlicheren Dialekten. Da die alte Schriftsprache verhältnismäßig mehr auf den Westdialekten basierte und somit die *-llinen*-Bildungen bevorzugte, während der *-kas*-Typus erst in der modernen, durch die Ostdialekte bereicherten Schriftsprache allgemein wurde, hat das *-llinen* heutzutage oft gegenüber der entsprechenden *-kas*-Bildung eine archaistische Färbung; so beispielsweise in den Fällen *halullinen* ~ *halukas*, *iällinen* ~ *iäkäs*, *nerollinen* ~ *nerokas*, *voimallinen* ~ *voimakas* 'kräftig'. Bisweilen haben sich wiederum (besonders in der d)-Gruppe) die verschiedenen Derivativa eines und desselben Grundwortes bedeutungsmäßig differenziert, vgl. z. B. *aistillinen* 'sinnlich' ~ *aistikas* 'geschmackvoll', *itsellinen* 'Einlieger' ~ *itsekäs* 'selbstsüchtig', *osallinen* 'teilhabend' ~ *osakas* 'Aktienbesitzer', *sielullinen* 'seelisch' ~ *sielukas* 'seelenvoll', *sormellinen* 'gefingert, Finger-' ~ *sormikas* 'Handschuh mit Fingern' (beachte auch die verschiedenen Stämme!), *tyylillinen* 'stilistisch' ~ *tyylikäs* 'stilvoll', *vauhdillinen* 'mit Anlauf' ~ *vauhdikas* 'schwungvoll', *värillinen* 'gefärbt, farbig' ~ *värikäs* 'farbenfreudig', *älyllinen* 'intellektuell' ~ *älykäs* 'intelligent', *äänellinen* 'das Lautliche betreffend, Stimm-, Laut-' ~ *äänekäs* 'laut'.

Bestandteile: Adessivendung *-lla, -llä* (§ 46 F) + *-inen* (§ 52.4). Die ursprünglich lokale Bedeutung ist noch in den Beispielen der a)-Gruppe lebendig. Man vgl. das in § 53.1 über den Ursprung des Derivans *-hinen* Gesagte. Grundwort ist meist ein Substantiv. Ausnahmen: *autuaallinen* 'selig', *itsellinen* 'selbständig', *kärsivällinen* 'geduldig', *pitkällinen* 'langatmig', *suurellinen* 'pompös, mit großen Gesten o. ä.', *syvällinen* 'tiefsinnig', *terveellinen* 'gesund = für die Gesundheit zuträglich', *täydellinen* 'vollständig', *vanhoillinen* konservativ, altertümlich (oder jedenfalls 'konservativ' nicht bloß im eng' pol. Sinn)'. Das Derivans hat sich meist dem Singularstamm angeschlossen; nur ausnahmsweise liegt der Pluralstamm zugrunde: *kannoillinen, palkollinen* (< *palkoillinen*), *perillinen* 'Erbe' (vgl. dial. *perät* 'das Erbe'), *vanhoillinen*, *velvollinen* (< *velvoillinen*), vgl. *velka* 'Schuld'; *v* und *o* stammt aus den Südwestdialekten, in denen z. B. *halko* 'Holzscheit': *halvon* flektiert wird, *vihollinen* (< *vihoillinen*), dial. *silmillinen* 'Augen besitzend'. Das Derivans *-llinen* ist im Urfinnischen entstanden; außer im Ostseefinnischen ist es auch im Lappischen vertreten[1]).

25) **-lloinen**[I], **-llöinen**[I]. Nur Adjektiva, und zwar von temporaler Bedeutung: *kulloinen(kin)* 'jeweilig' (vgl. *kuka* 'wer'), *muulloinen* 'sonstig' (*muu* 'anderer'), *silloinen* 'damalig' (*se* 'der, es'), *tuolloinen* 'damalig' (*tuo* 'jener'), *tällöinen* 'diesmalig' (*tämä* 'dies'). Das Grundwort ist immer ein Pronomen; eigentlich wären freilich pronominale Adverbia auf *-lloin, -llöin* (§ 57.7) als Ausgangsbasis anzusehen. Diesen hätte sich das adj. Derivans *-inen* (§ 52.4) in eigenartiger Weise angeschlossen (vgl. § 53.13, 42, 52); beachte auch ein solches in seiner Art für sich alleinstehendes Adjektiv auf adverbieller Grundlage wie *ammoinen* 'uralt' (vgl. *ammoin* 'vor Urzeiten').

26) **-lloinen**[II]. Adjektive: dial. *haitalloinen* 'schädlich', *kivulloinen* 'kränklich', *sairalloinen* 'kränklich', *vaivalloinen* 'mühsam, lästig', *vialloinen* 'gebrechlich', dial. *virheelloinen* 'verdorben, schlecht'; Substantiv: dial. *lehmilloinen* 'Kuhprodukt, d. i. Milch, Butter'. Dieses Derivans ist wahrscheinlich eine Variante von *-llinen* (§ 53.24) und nicht, wie man es früher erklärte, mit dem Subst. *loinen* (vgl. *luona* 'bei', s. § 52.4) vereinbar[2]).

27) **-lma, -lmä**. Nur Substantiva: dial. *haudelma* 'Sumpfloch' (*hauta* 'Grube, Grab'), *lahdelma* '(kleinere) Bucht' (*lahti* 'dass.'), *mutkelma* 'kleinere Biegung o. Krümmung' (*mutka* 'Biegung'), *notkelma* 'die kleine Biegung, Tälchen' (*notko* 'kleines Tal'), *ongelma* 'Problem' (dial. u. a. krummer Baum'; die Bedeutung 'Problem' viell. so bildl. entstanden: 'gewundene, reich gekrümmte, komplizierte Sache', ?vgl. *onki* 'Angel'), *rykelmä* 'Gruppe, Haufen', *vadelma* 'Himbeere'. Diese Derivativa dürften sich nach Analogie mit dem gleichen Suffix abgeleiteter Deverbalia (§ 54.6d) gebildet haben; möglicherweise kann eins von ihnen auch von einem gegenwärtig unbekannten Verbum abstammen.

Wenn diese Auffassung zu Recht besteht, wären solche dialektischen Gebilde wie *lahderma* (vgl. auch *odelma* ~ *oderva* 'neuer Saatschößling') u. a. als sekundär anzusehen, die durch Dissimilation entstanden wären. Diese Erklärung wird aber dadurch erschwert, daß Formen mit *r* in entsprechenden Derivantia auch im Estnischen auftreten (*-lmu : -rm*)[3]). Die Frage bedarf also noch weiterer Klärung.

28) **-lo, -lö**. Substantiva: *hinkalo* 'Ständer im Stall der Kühe u. Pferde', *hulpilo* 'Stoffsaum' (= dial. *hulpa*), dial. *höpelö* 'weich gewordene Rübe', *kahmalo* 'Handvoll', *kapalo* 'Windel', *karpalo* 'Moosbeere (oxycoccus), Tropfen', *kaukalo* 'Trog', *kohtalo* 'Schicksal' (dial. = 'Fleischportion eines Teilnehmers am Mahle'), *naulan kohtalot* = 'die Pfundzeichen an der hölzernen Hand-Schnellwaage'[4]), vgl. *kohta* '(richtige) Stelle', *koppelo* 'Auerhuhn', *koskelo* 'Gänsesäger, Mergus' (vgl. *koskut* 'Fichtenrinde')[5]), *kotelo* 'Futteral, Kapsel' (vgl. *kota* 'Hütte'), *onkalo* 'Höhle, Schlucht', *ontelo* 'Höh-

---

[1]) Tunkelo: Vir. 1930 S. 391.
[2]) Rintala: Vir. 1956 S. 313 f.
[3]) Mägiste: Studia Linguistica (Lund) I: 1 S. 63.
[4]) Über *kohtalo* Ruoppila: Vir. 1933 S. 361 f., Setälä: Vir. 1935 S. 55–57.
[5]) Nirvi: Vir. 1941 S. 333 f.

lung, ausgehöhlte Stelle' (vgl. *onsi* 'hohl, Höhlung'), *peukalo* 'Daumen', *purtilo* 'Trog' (vgl. *pursi* 'Boot, Trog'), *pökkelö* 'der dürre Baumstummel, der verfaulte Baumstamm', *röybelö* '(Hals)krause', dial. *sisälö* 'Inneres', *sokkelo* 'Labyrinth' (vgl. *sokko* 'das blinde Geschöpf', *sokea* 'blind', über das Lautliche § 56), *suppilo* 'Mühltrichter, Tüte' (vgl. *suppu* 'zusammengezogener Zustand, Verstopfung', *suppea* 'zusammengezogen, verstopft'), dial. *takalo* 'Hinterland', *vartalo* 'Rumpf' (vgl. *varsi* 'Schaft, Stiel usw.'); wegen seiner abstrakten Bedeutung *rettelö* 'Verwicklung, Verwirrung, Prozeßhader' (? vgl. mit dem Wortstamm schwed. *rättegång* 'Prozeß', welcher Bedeutung auch das fi. Wort nahekommt); Kunstwörter (W. Kilpinen): *henkilö* 'Person' und *yksilö* 'Individuum'. Das Wort *kuontalo* 'Knocken, Flachs o. Wolle' ist bis auf das *l* slawischer Entlehnung. Adjektiva: *hontelo* 'hohl, schwächlich, untauglich, zerbrechlich' (*honto* 'hohl, leer'), *höpelö* 'geistesschwach', *kömpelö* 'plump, unbeholfen', dial. *rapelo* 'bröcklig, krümelig' (vgl. *rapa*, *rapea* 'dass.'). Einzig in seiner Art ist das Adjektiv *untelo* 'schläfriger Mensch', das mit dem Verb *untua* 'in Schlaf versinken' verwandt sein dürfte, obwohl sonst kein deverbales Derivans *-lo* bekannt ist, vgl. jedoch auch das dial. Subst. *unto* 'verschlafener Mensch'.

29) **-läntä.** Tritt nur an vereinzelte Wörter, nur an Adjektive und bildet moderative Adjektive: *laihanläntä*, *lyhyenläntä*, *pienenläntä* 'ziemlich mager, kurz, klein'. Das Derivans gehört nicht zusammen mit dem schwed. Subst. *land* (= d. *Land*), wie eine ältere Erklärung lautete, sondern ist wahrscheinlich mit einigen deskriptiven Wörtern von dem Stamm *länt-* in Verbindung zu setzen.[1]

30) **-mainen[I], -mäinen[I].** Adjektiva: *alamainen, etumainen, takamainen* usw. (§ 53.5).

31) **-mainen[II], -mäinen[II].** Adjektiva: a) von Substantiven abgeleitet mit der Bedeutung wie das vom Grundwort bezeichnete: *akkamainen* 'weibisch', *kettumainen* 'schlau wie ein Fuchs', *lapsimainen* 'kindisch' (dial. *lapsenmainen*), *miesmäinen* 'mannhaft', *petomainen* 'bestialisch', *poikamainen* 'burschikos, jungenhaft', *sikamainen* 'saumäßig', *tyttömäinen* 'mädchenhaft, backfischhaft', *ukkomainen* 'großvaterhaft', *veitikkamainen* 'schelmisch', *ämmämäinen* 'wie ein altes Weib, weibisch'; b) von Adjektiven abgeleitet, von verschiedener Bedeutung: *arkamainen* (etwa = *arka* 'scheu, bedenklich'), *halpamainen* 'moralisch minderwertig', *pikkumainen* 'pedantisch', *turhamainen* 'eitel'; c) von Adjektiven abgeleitet, Bedeutung moderativ, nur in den westlichen Dialekten: *hyvämäinen* 'ziemlich gut', *isomainen* 'ziemlich groß', *paksumainen* 'ziemlich dick'. — Dieses junge Derivans ist ursprünglich selbst ein Derivativum von *maa* mit dem Derivans *-inen*. Vgl. die Redeweise: *hän on sitä maata*[2]); erst nach Verblassung der Eigenbedeutung von *maa* hat sich das Suffix der Vokalharmonie angepaßt (vgl. in dieser Beziehung *-lainen*[II], § 53.18).

32) **-mo, -mö.** Substantiva. a) Ortsbezeichnungen: *ohimo* 'Schläfe', auch 'Weichen, Körpermitte' (vgl. dial. *oha* 'dünn')[3], dial. *ojamo* 'Grabenseite', dial. *patamo* 'runde Vertiefung' (= *patama*, vgl. *pata* 'Topf'); Ortsnamen: *Kiramo*,

---
[1] Tunkelo: Vir. 1914 S. 129 f., Rintala: Vir. 1956 S. 313 f.
[2] Ahlqvist: SKR 75.
[3] Ural-Alt. Jb. 1956 S. 196 f.

Kuusamo (vgl. *kuusama* 'Geißblatt, Lonicera'), *Onkamo, Otamo, Sotkamo* (vgl. *sotka* 'Ente'), *Valtimo;* b) Lebewesen: *portimo* 'Hermelin'; Personennamen: *Ihamo, Joukamo, Tuhkimo, Untamo, Väinämö* (vgl. *väinä* 'stilles Wasser zwischen Wasserfällen, enges Fahrwasser'). – Bestandteile: *-m̄a, -mä* (§ 52.11) + *-i* (§ 52.3, beachte § 23 E). – Vgl. deverbales *-mo* (§ 55.14).

33) **-moinen, -möinen.** Adjektiva auf der Basis von Pronomina oder Adjektiva, die etwas von der Art des vom Grundwort Bezeichneten meinen: *aikamoinen* 'bedeutend, groß, gewaltig', *jommoinen* 'von welcher Art' (rel.), *kummoinen, mimmoinen* 'dass.' (interr.), *samanmoinen* 'von gleicher Art', *semmoinen* 'ein solcher', *suurenmoinen* 'großartig', *tuommoinen, tämmöinen* 'solch'. Das Derivans geht auf das selbständige Adjektiv *moinen* < * *moyoinen* (vgl. *mokoma*[1]) 'so einer, ach so einer') zurück; daraus erklärt es sich, daß das Grundwort (außer dem indekl. *aika* 'sehr (groß)') vor dem Derivans im Genitiv steht.

34) **-mus, -mys.** Nur Substantiva. a) Sie bezeichnen ein Wesen: *hurjimus* 'tollkühner, fanatischer Mensch', *ilkimys* 'Bösewicht', *kurjimus* 'elender Wicht', *köyhimys* 'armer Teufel', *laiskimus* 'Faulpelz', dial. *miehimys* 'mannstolles Weib, Menschen anfallendes Tier', dial. *mäkimys* 'am Hügelhang scheuendes Pferd', dial. *papumus* 'geschecktes Pferd o. Luchs' (= *papurikko*, vgl. *papu* 'Bohne'), dial. *turhimus* 'Pedant', *ylimys* 'Aristokrat' (dial. = 'zu den Besten gehörender Mensch'), dial. *äkämys* 'störrischer Mensch o. Pferd'; b) Stelle: *rintamus, selkämys* 'Brust- resp. Rückenpartie (auch bei Kleidungsstücken, Möbeln)', *sisälmys : sisälmykset* 'die Gedärme, das Innere' (vgl. dial. *sisälö* 'Inhalt'); Ortsnamen: *Lintumus, Mäyränys, Verkkomus*. – Bestandteile: *-m-* (§ 52.11) + *-(u)s, -(y)s* (§ 52.17, dort auch über den Ursprung von *u* und *y*). Vgl. deverb. *-mus, -mys* (§ 55.15). Auch das eine oder das andere der obigen Beispiele könnte von einem heute unbekannten Verb abstammen.

35) **-nainen, -näinen.** Nur Adjektiva: *avonainen* 'offen', *erinäinen* 'besonder(er), verschieden(er), gewiss(er)', *hajanainen* 'zerstreut, auseinanderliegend', *halkinainen* 'geborsten, gespalten', *harvinainen* 'selten' (der Vokal der zweiten Silbe ist unregelmäßig), *irtonainen* 'lose', *itsenäinen* 'selbständig', veralt. *kaikkinainen* 'allerhand, allerlei', *katkonainen* 'fragmentarisch, unzusammenhängend, abgebrochen', *keskinäinen* 'gegenseitig, wechselseitig', *kokonainen* 'vollständig', *liikanainen* 'überflüssig', *moninainen* 'vielfältig', *ominainen* 'charakteristisch', *puolinainen* 'halb (fertig), unvollständig', *rikkinäinen* 'entzweigegangen, zerrissen, „angeschlagen"', *suoranainen* 'direkt, unmittelbar', *täysinäinen* (= dial. *täytenäinen*) 'voll (angefüllt)', *ulkonainen* 'äußerlich, oberflächlich', *umpinainen* 'verschlossen', *vaillinainen* 'unvollständig, mangelhaft', *vajanainen* 'unzureichend, einen Defekt, ein Defizit aufweisend (z. B. Geisteskräfte)', *vakinainen* 'fest, ständig', *varsinainen* 'eigentlich, wesentlich', *väkinäinen* 'gezwungen, gewaltsam', *yhtenäinen* 'einheitlich, homogen', *yksinäinen* 'einsam', *äkkinäinen* 'plötzlich'. – Bestandteile: Essivendung *-na, -nä* (§ 47 D) + *-inen* (§ 52.4). Ein Ableitungstyp von relativ jungem Alter, vielleicht aus der finnischen Sonderentwicklung. Er lehnt sich bedeutungsmäßig speziell an solche adverbialen Formen mit Possessivsuffix an wie

---
[1]) Ojansuu: Vir. 1912 S. 51 f.; Rapola: Vir. 1919 S. 111 f., 1920 S. 57 f.

erinään (*erinänsä*) 'für sich', *kokonaan* 'gänzlich', *yksinään* 'allein, einsam', *yhtenään* 'ununterbrochen, in einem fort'; von diesen Beispielen aus, wo das Derivans tatsächlich an den Essiv angetreten ist, hat es sich weiter ausgebreitet (z. B. *halkinainen*, vgl. adv. *halki* 'entzwei, gespalten', *harvinainen*, vgl. adj. *harva* 'undicht', *vaillinainen*, vgl. die Partikel *vailla* 'ohne'; beachte den analogen Stamm in *keskinäinen*, veralt. *keskenäinen*).

36) **-ne'**. Substantiva: a) Demunitiva: *ikene'* (vgl. *ien*) 'Zahnfleisch', *kipene'* (vgl. *kiven, kipinä*, dial. *kipenä*) 'Funke', *murene'* 'Krume' (vgl. *muren, muru* 'dass.'), *säkene'* (vgl. *säen*) 'Funke'; b) Gebrauchsgegenstände: *jalkine'* 'Fußbekleidung, Schuhwerk', *kapine'* 'irgendwelcher Gebrauchsgegenstand' (? vgl. *kapu* = *kapula* 'runder Stab'), *käsine'* 'Handschuh', dial. *riikineet* 'Bekleidungsstücke, Gebrauchsgegenstände', *tamine'* 'Kleidungs- und beruflicher o. ä. Ausrüstungsgegenstand', pl.: 'volle Ausrüstung einschl. Bekleidung' (vgl. dial. *tamina*), *teline'* pl. 'Gestell' (vgl. *tela* pl. 'dass.', auch ,Walze', dial. *telus;* auf Form wie Bedeutung konnte schwed. *ställning* einwirken); Kunstwörter: *esine'* 'Gegenstand' (W. Kilpinen schlug dies am 28. 7. 1842 vor), *väline'* 'Gebrauchsgegenstand, Werkzeug'; beachte *päähine'* 'Kopfbedeckung' (vgl. *päähinen* § 53.1); Ortsnamen: *Kuortane', Lummene', Päijänne'* < dial. *Päijäne', Pälkäne'*. c) Adjektive: dial. *hapine'* 'begierig, eifrig, fleißig' (vgl. *hapoinen* 'gewillt, geneigt'), dial. *rikene'* 'eilig, munter, frisch' (*rikenehen* = *rikenehesti* 'eilig, munter'; vgl. *rientää* 'eilen'). – Bestandteile: *-n-* (§ 52.12) + *-e'* (< *-eh*, § 52.1). Die frühere Bedeutung des Derivans spiegelt sich in den Gruppen a) und c) wider; die Bedeutungsentwicklung in der b)-Gruppe ist dagegen unklar.

37) **-nkainen, -nkäinen.** Nur Substantiva (außer den beiden ersten alle andern dial.): *hevonkainen* 'rubus arcticus' (vgl. *hepo* 'Pferd'), *juominkainen* 'Rauschbeere, vaccinium uliginosum' (vgl. *juoma* 'Getränk'), *lepinkäinen* 'lanius'[1] (vgl. *leppä*[2] 'Erle'), *menninkäinen* = *männinkäinen* 'Schatten eines Verstorbenen' (Stammwort möglicherweise germ.), *pörrinkäinen* 'Struwwelpeter', *sonninkainen* 'Mistkäfer' (vgl. *sonta* 'Mist'), *suolinkainen* 'Angelwurm' (vgl. *suoli* 'Darm'), *syötinkäinen* 'Köder' (*syötti* 'dass.'). – Bestandteile: das deminutive *-nka, -nkä* (§ 52.12) + *-inen* (§ 52.4); das *i*, das vor dem ersteren steht oder gestanden hat, ist entweder analogisch aus irgendwelchen Grundwortstämmen übernommen worden oder es handelt sich um das deminutive *i*, das früh mit dem Derivans verschmolzen ist (§ 52.3). – Der Personenname *Lemminkäinen* würde nur scheinbar in diese Gruppe gehören, wenn sich die unsichere Erklärung bewährt, daß es altskandinavischen Ursprungs ist *(flaemingr* 'Flame'*)*, da in dem Falle *-nk-* schon im Original vorhanden war[3].

38) **-nki.** Nur Substantiva: dial. *kujanki* 'enge Gasse, Feldweg o. ä., meist beiderseits Zäune', dial. *oilinki* 'gerade (Wasser-) Wegstrecke, soweit das Auge reicht' (vgl. *oilinka* § 52.13), dial. *täplinki* 'scheckiges Pferd' (*täplä* 'Fleck'), *vaillinki* < noch dial. *vailinki* 'Defizit' (vgl. dial. *vaili* 'dass.'), dial. *vuolinki* 'Dachsparren, Oberboden' (vgl. *vuoli* 'Decken- o. Dielenbalken'),

---

[1]) Vogelgattung 'Würger'.
[2]) Hugo Suolahti: Vir. 1906 S. 142.
[3]) Krohn: SUSA 35: 1 S. 213; vgl. Setälä: Sammon arvoitus (Das Sampo-Rätsel) 415.

juominki 'Trinkgelage', *syöminki* 'Eßgelage' (*juoma* 'das Trinken, Getränk', *syömä* 'Speise'). – Ortsnamen: *Kiestinki, Kiiminki, Sarvinki* (vgl. *sarvi* 'Horn'), *Sääminki* (vgl. *Säämä-järvi*), *Vastinki*. – Bestandteile: *-nka, -nkä* (§ 52.13) + *-i* (§ 52.3, beachte § 23 C). Vgl. das deverbale *-nki* (§ 55.16). – Lehnwörter mit fremdem *-nk-* sind z. B. *kaupunki* 'Stadt', *latinki* 'Ladung' u. a. (< schwed.).

39) **-nko, -nkö.** Nur Substantiva: *ahdinko* 'Engpaß, Verlegenheit' (dial. = 'enge Stelle'), *alanko* 'Niederung', *aurinko* 'Sonne', *iljanko* 'schlüpfrige Stelle, Glatteis' (vgl. dial. *ilja* 'Leim, Glätte, schleimig, glatt'), dial. *ojanko* 'grabenartige Furche' (= *ojange*), *osinko* 'Anteil, Dividende' (dial. z. B. *osinkolehmä* = 'Erbkuh der Braut'; vgl. *osa* 'Teil'), dial. *salanko* 'versteckt angebrachter Stift o. ä., z. B. zwischen Faßdauben', dial. *tulinko* 'Fackel', *ylänkö* 'Hochland'; unklares Stammwort in *hunninko* 'Verfall, Verwahrlosung', *vahinko* 'Schaden'; Ortsnamen: *Aulanko, Jyränkö, Luhanko, Rudanko, Vuolinko*. – Bestandteile: *-nka, -nkä* (§ 52.12) + *-i* (§ 52.3, beachte § 23 E). Vgl. deverbales *-nko* (§ 55.17).

40) **-nne' : -ntee-.** Nur Substantiva. a) 'Von der Art, wie das Grundwort anzeigt' bei Terrainbezeichnungen: *alanne'* 'niedrig gelegene Stelle', *harjanne'* 'Landrücken', *ihanne'* = dial. u. a. 'wunderbar', die Bedeutung 'Ideal' beruht auf Sprachneuerung[1]), *jyrkänne'* 'steiler Abhang', dial. *keidanne'* 'Anhöhe, kleiner Hügel' (vgl. *keidas*, dial. u. a. 'Moorinsel'), *kujanne'* 'Spalier', *ojanne'* 'Kanalarm', *selänne'* 'Bergrücken', dial. *suvanne'* 'stilles Wasser zwischen zwei Stromschnellen', *syvänne'* 'Vertiefung, Wasserwirbel'; Ortsnamen: *Irjanne', Päijänne', Tarjanne';* b) einige andere Gegenstandsbezeichnungen: *lavanne'* 'Art Löffel o. Stock zum Bier-, Teig- o. Blutmischen' (vgl. *lapa* 'Blatt'), *virvanne'* 'Ring unter dem Topf aus Weide o. Stroh' (vgl. *virpa* 'Zweig, Rute, Reis'); c) Kunstwörter: *suhdanne'* 'Konjunktur', *tilanne'* 'Situation'; in dem Wort *asenne'* 'Einstellung, Pose' gehört das *-nn-* eigentlich zum Grundwort (vgl. *asento* 'Stellung'); auch *liikenne'* 'Verkehr' gehört eigentlich nicht hierher, sondern läßt sich als Derivativum auf *-e'* von einem nicht existierenden deverbalen * *liikentä* erklären. – Bestandteile: *-nta* (§ 52.14) + *-e'* (§ 52.1); der ursprünglich deminutive Charakter schimmert in den Wörtern der a)- und b)-Gruppe noch durch. Vgl. das deverbale *-nne'* (§ 55.18).

41) **-nnes : -nnekse-.** Bruchzahlsubstantiva: *kolmannes* 'Drittel', *neljännes* 'Viertel', *sadannes* 'Hundertstel'. Bestandteile: *-nte-* (§ 52.14) + *-s* (< * *-ks*, § 52.17); z. B. *kolmannes* bedeutet also ursprünglich: 'kleiner Dritter' usw. In den Dialekten und in der alten Schriftsprache ist in gleicher Funktion auch *-nnus, -nnys* bekannt: *kuudennus* 'sechster Teil', *neljännys* 'vierter Teil'; beachte das Wort *kymmenys* 'der Zehnte' aus der Bibelsprache, das eine Art Analogieform darstellt (zu erwarten wäre * *kymmenennys*).

42) **-noinen.** Nur Adjektive, von temporaler Bedeutung und ganz jungem Alter: *muinoinen* 'altertümlich' (*muu* 'anderer'), *taanoinen* (vgl. dial. *taa* 'dieser'), *tuonoinen* (vgl. *tuo* 'jener') [beide Wörter immerhin im Nhd. ziem-

---

[1]) Rapola: Vir. 1942 S. 143 f. Dieser Forscher hält es auch für möglich, daß *ihanne* ein Derivativum vom Verb *ihantaa* 'entzücken, bezaubern' ist, sofern dieses Verb nicht erst eine Schöpfung Lönnrots ist. Vgl. später Kangas: Vir. 1956 S. 129 f.

§ 53   Sekundäre denominale Nominalsuffixe   119

lich gleichbedeutend, sie sind ja eig. nur deiktisch unterscheidbar: neuerlich, damalig, wobei das eine 'da' etwas der unmittelbaren Gegenwart näherliegt als das andere]. Im Grunde handelt es sich hier um Ableitungen von Adverbia auf *-noin* mit einem Derivans *-inen* besonderer Art (§ 52.4); vgl. § 53.13, 25, 52.

43) **-nto, -ntö.** Substantiva. a) Appellativa, meist Terrainbezeichnungen: dial. *kamento* 'Felshöhle, Höhlung', dial. *katvento* 'schattige Stelle', *kesanto* 'Brache' (*kesä* 'Sommer'), dial. *ojanto* 'Grabenbett', *permanto* 'Fußboden' (das lapp. Gegenstück bedeutet 'Längsbalken der Hütte'), *pimento* 'schattige Stelle' (*pimeä* 'dunkel'), *saarento* 'schmale Landzunge', *suvanto* 'stilles Wasser zwischen zwei Stromschnellen' (? vgl. dial. *suvas: supaan* 'Höhlung'); Ortsnamen: *Silvento*, *Tyrväntö*, *Vesanto*; b) sonstige Ableitungen: *korento* 'Tragstange; Libelle', dial. *virvanto* 'geflochtener Ring für Töpfe' (vgl. *virpa, virpi* 'Rute, Zweig, Reis'); Adjektive: dial. *vihanto* 'das Grün'. – Bestandteile: *-nta, -ntä* (§ 52.14) + *-i* (§ 52.3, beachte § 23E). Vgl. deverbales *-nto, -ntö* (§ 55.22).

44) **-o, -ö.** a) Substantiva: *aukko* 'Öffnung' (vgl. *aukea* 'offen', auch Subst., s. § 56), *emo* (vgl. *emä*) 'Mutter', *eno* 'Mutterbruder' (vgl. *enä-* 'groß', z. B. als erster Teil in Ortsnamen, und als Grundwort im Komparativ *enempi* 'mehr'), *hanko* 'Gabel' (vgl. *hanka* 'Griff, Henkel'), *hermo* 'Nerv', *hillo* 'Beerenmus' (*hilla* 'rubus chamaemorus', auch 'rubus saxatilis'), *inho* 'Widerwille', dial. auch adjektivisch = 'böse, garstig' (vgl. *inha* 'boshaft, widerlich'), *into* 'Leidenschaft, Eifer' (= dial. *inta*), *kanto* 'Stumpf, Stammende' (*kanta* 'Grundlage'), *kielo* 'Maiglöckchen, convallaria' (*kieli* 'Zunge'), *kokko* 'kegelförmiger Holzstoß' (*kokka* 'etwas Vorstehendes, Vordersteven' u. ä.; dial. *kokki* 'Oberboden'), *kolo* 'kleine Grube, Höhlung', dial. 'Futteral, Trog, Napf' (vgl. dial. *kola* u. a. 'Höhlung, Trog, Kasten'), *korvo* 'zweihenkeliges Gefäß, Zuber' (*korva* 'Ohr, Henkel'), *koto* 'Heimat, Wohnhaus' (vgl. *kota* 'Hütte', *koti* 'Heim'), *kulho* 'Schale, Faß' (= dial. *kulha*), dial. *kärkö* 'Laubsichel' (*kärki* 'Spitze'), dial. *kättö* 'Einarmiger' (s. § 56), *laiho* 'wachsendes Getreide', dial. *lavo* 'Sauna-Schwitzbank' (vgl. *lava* 'Butterbank, Schwitzbank'), *lehto* 'Hain' (dial. auch 'Blatt', vgl. *lehti* 'Blatt'), *loukko* 'Winkel' (*loukas* 'Falle', *loukku* 'Flachsbreche'), *mekko* 'Jacke, Kittel', *nojo: etunojossa* 'in vorgebeugter Stellung' usw., dial. u. a. 'schief wachsender junger Baum' (vgl. *noja* 'Stütze, Stützlage'), *peto* 'Bestie', *poro* 'das zahme Renntier', *raivo* (= dial. *raiva*) 'Schädel, Hirnschale', dial. *riiho* 'ungedroschener Getreidehaufen auf dem Fußboden in der *riihi* 'Darrscheune', *rokko* 'Blattern', eine Krankheit, die auf der Haut wie Erbsen *rokka* 'aussehende Flecken hinterläßt'[1]), *ruoto* 'Fischgräte' (vgl. *ruota*), *sanko* 'Eimer mit *sanka* 'Henkel', dial. *(nahka)süppo* 'Fledermaus' (*siipi* 'Flügel'; über das Verhältnis *pp : p* s. § 56), *sohjo* (= dial. *sohja*) 'Eisbrei', *sulo* 'Liebreiz, lieblich' (vgl. *sula*, das in der Volksdichtung auch = *suloinen* 'anmutig'), *tarmo* 'Energie' (= dial. *tarma*), *tyttö* 'Mädchen' (vgl. *tytär* 'Tochter', das vermutl. balt. Lehnwort ist), *vaahto* 'Schaum' (vgl. dial. *vaahti*, veralt. *vaaksi*), *veno* 'kleines Boot' (vgl. *vene* 'Boot'), *verho* 'Decke, Hülle, Vorhang' (vgl. dial. *verha* 'Kleid, Stoff'). b) Adjektive:

―――――――
[1]) Vir. 1928 S. 258.

eto 'vortrefflich, ausgezeichnet' (iron.) (indekl., vgl. *esi, ete-* 'vor'), *heikko* 'schwach' (= dial. *heiko*, vgl. *heikeä* 'schwach, gedämpft'; s. § 56), *hento* 'zart', dial. 'dünn, z. B. von Fäden' (= dial. *hentto, henttu* § 56), *hölmö* 'beschränkt', *iso* (Volksd. auch Subst. = *isä* 'Vater') 'groß', *jörö* 'störrisch, verdrießlich', *kehno* 'schäbig, jämmerlich', *kiero* 'falsch' (vgl. dial. *kierä* u. a. 'straff gedreht, vom Garn'), *koito* 'rauh, unbebaut, kläglich', *kolho* 'roh, rüpelhaft', „Klotz", *kolkko* 'rauh und feucht, öde' (=dial. *kolkka*), dial. *lanto* 'niedrig' (vgl. dial. *lanta* 'Niederung'), dial. *nirso* 'wählerisch beim Essen', *nolo* 'verlegen, unangenehm, beschämend, fatal', *orpo* 'verwaist', *perso*[1]) 'gierig, lüstern nach etwas', *raivo* 'wild, unbändig, wütend' (vgl. *raju* ungestüm'), *siivo* 'ordentlich, anständig, gelassen' (dial. auch 'eben, glatt'), *suippo* 'zugespitzt', *veltto* 'schlaff', *viisto* 'schräg, schief', *vino* 'schief'. — Die Adjektiva dürften auch solche bestimmende erste Kompositionsglieder gewesen sein wie *aito-* in *aitovieri* 'Streifen neben dem Zaun', *jalko-* in *jalkopää* 'Fußspitze', *karjo-* in *karjopiha* 'Viehhof', *siko-* in *sikotauti* 'Mumps' und *sikopaimen* 'Schweinehirt'; vgl. *huhtikuu* 'Schwendmonat, April' *(huhta)*[2]) (§ 52.3).

Die Lautentwicklung *-o* < * *-oi* < * *-ai* (§ 52.3, vgl. § 23E; *-ö* ist wohl das Ergebnis relativ später Angleichung an die Vokalharmonie). Das in Frage stehende *-o* ist also ursprünglich kein eigentliches Derivans, sondern hat sich erst unter dem Einfluß des angetretenen (und nachmals wieder abgefallenen) *i* aus dem Stammesauslaut selbst entwickelt. Das *i*-Derivans hatte ursprünglich einerseits deminutive, andererseits possessivische Bedeutung, und beide spiegeln sich in den obigen Beispielen wider. Über das gegenseitige Verhältnis des gegenwärtigen Nebeneinanders von *-o* ~ *-i* (einerseits z. B. *hanko, verho* usw., andererseits z. B. *koppi, luokki* usw.) und des Vokals der ersten Silbe s. § 23C. Vgl. das Suffix mit dem möglicherweise anders entwickelten entsprechenden deverbalen Suffix (§ 55.24). Über das Verhältnis zum Derivans *-u, -y* vgl. § 53.54. — Lehnwörter, in denen *o* entweder aus der Herkunftssprache stammt oder auf späterer Analogie einheimischer finnischer Wörter beruht, sind z. B. *aalto* 'Welle', *aatto* 'Vorabend (eines Festes)', *ahjo* 'Schmiede, Esse', *airo* 'Ruder', *juusto* 'Käse', *lato* 'Scheune', *linko* 'Schleuder', *mato* 'Wurm', *pino* 'Holzstoß', *runo* 'Lied, Gedicht', *sakko* 'Geldstrafe', *teljo* 'Fell', *varjo* 'Schatten, Schutz', (adj.) *helppo* 'leicht' (sämtl. < germ.), *hako* 'abgehauener grüner Zweig, Reisig', *salo* 'Urwald, bewaldete Insel', *kuuro* 'taub' (sämtl. < balt.).

---

[1]) Daß dieses auch in der Schriftsprache beliebte Wort eine Ableitung von dem vulgären *perse* 'Hinterer' ist, wird semasiologisch durch das dial. *puokko* 'gierig, lüstern' bezeugt, das von dem Subst. *puo* 'podex' abgeleitet ist.

[2]) Einige Forscher haben die ersten Glieder von *aitovieri* und *huhtikuu* als Pluralstämme angesehen. Dagegen spricht u. a. der Umstand, daß einige Dialekte diese *i*-Derivantia von den entsprechenden Pluralstämmen gesondert halten; vgl. z. B. folgende Stelle aus einer ingermanländischen Variante: *Toi suan sukoimäeltä, Harjan harjusmättähältä* (VR III: 1 nr. 298) 'Er (Sie?) brachte einen Kamm vom Kammhügel, Eine Bürste vom Bürstenhügelchen'. *Vaikk' en joua laulamaan Kesoi töiltä kiirehiltä* 'Obwohl ich nicht zum Singen kommen, Von den Sommerarbeiten, den eiligen' (nr. 261), *Hiiroherne* 'Maus-Erbse' (nr. 278). Vgl. weiterhin solche Fälle wie *seinu-vieri* 'Wand-Nebenraum' (§ 53.54).

45) **-re'**. Nur Substantiva: *askare'* 'leichte Hausarbeit', *autere'* 'warmer Dunst, Sonnenrauch', *jäntere'* 'Sehne' (vgl. *jänne'* 'dass.'), *kankare'* 'Sandheide, sandige Anhöhe' (vgl. *kangas* 'dass.'), *kintere'* 'Ferse' (*kinttu* 'dass.', dial. *kinne'* 'Faser'; s. § 56), *kumpare'* 'kleiner Hügel' (*kumpu* 'Anhöhe'), *lampare'* (vgl. *lampi* 'Teich'), *leipäre'* 'ein Stück Teig, das zu einem Brot geformt wird', *liuskare'* (vgl. *liuska* 'Scheibe, Streifen, Zipfel'), *lohkare'* (vgl. *lohko*) 'Klumpen', *mantere'* 'Festland' (*mantu* 'Erde'), *nokare'* 'Klumpen', *penkere'* 'Terrasse, Erdstufe, Erdwall', *pientare'* 'Feldrain', *saivare'* 'Nisse', *tantere'* 'Grasplatz, hartgetretener Boden', *äpäre'* 'Nachwuchs, Grumt'; Ortsnamen: *Inkere'* (vgl. *Inkeroinen, Inkala, Inki*), *Koitere'* (vgl. *Koitajoki*). – Bestandteile: -r (§ 52.15) + -e' < -eh (§ 52.1). Wie beim Derivans-r erwähnt wurde, finden sich neben zahlreichen Wörtern dieser Gruppe vollkommen synonyme -re'-Bildungen: *askar* ~ *askare'*, *manner* ~ *mantere'* usw., dialektisch auch -ra-Ableitungen, z. B. *askara, mantera*.

46) **-ri** (-*ari*, -*eri*, -*äri*, -*uri*, -*yri*). Substantiva: a) Berufsbezeichnungen: *haavuri* 'Feldscher', dial. *harjuri* 'Trödler' (urspr. 'Borstenaufkäufer'), *kankuri* (= estn. *kangur*; vgl. *kangas* 'Stoff') 'Weber', *laivuri* 'Schiffsreeder', *lampuri* 'Schäfer' (= estn. *lambur*; vgl. *lammas* 'Schaf'), *laukkuri* = *reppuri* 'Trödler (mit dem Ranzen herumziehend)', *lautturi* 'Flößer', *nahkuri* 'Gerber', *ojuri* 'Erdarbeiter zum Grabenausschaufeln', *paturi* 'Töpfer', veralt. *sikuri* 'Schweinehirt' (= estn. *sigur*), *turkkuri* 'Kürschner'; b) sonstige Bezeichnungen von lebenden Wesen, meist abschätziger Art: *aituri* 'das über den Zaun springende Pferd', *apuri* 'Gehilfe, Handlanger', dial. *hituri* 'langsamer Arbeiter' (= *hitura*; auch adj.), *julmuri* 'Wüterich', *juomari* 'Säufer' (*juoma* 'Getränk'), *kätyri* 'Handlanger, Helfershelfer, Kreatur' (*käsi* 'Hand'), *laiskuri* 'Faulpelz', *niskuri* 'Widerspenstiger', veralt. *nisuri* 'Säugling' (*nisä* 'Saugwarze'), *saituri* 'Geizkragen', dial. *sikkuri* 'brünstiges Tier' (vgl. *sikka* 'brünstig'), *syömäri* 'Freßsack' (vgl. *syömä* 'Speise'), *uimari* 'Schwimmer' (neues Wort; vgl. *uima* 'Schwimmen'), *valapatturi* (= *valapatto* 'Meineid, Meineidiger'); c) nomina propria für Personen: *Hyväri, Ilmari, Toivari;* d) Tierbezeichnungen: *kaakkuri* (= dial. *kakari*) 'Polartaucher, colymbus arcticus', *latteri* = *pasuri* (= dial. *pasu*) 'abramis björkna', dial. *neituri* 'dem Kühling o. der Plötze nahestehender Fisch', dial. *pehuri* 'salmo alpinus', *tuhkuri* 'vison lutreola' ('Krebs-, Nerzotter'); e) Gegenstandsbezeichnungen: dial. *huhmari* 'Stampftrog, hölzerner Mörser', dial. *kauluri* 'Kragen', dial. *koveri* 'Krummmesser, Schabemesser', *laituri* (schon im Wörterbuch von Juslenius von 1745) 'Landungsbrücke, Kai' (vgl. *laita* 'Rand'), dial. *kinturi* 'Flachsbreche', *naamari* 'Maske', *viemäri* (Neubildung) 'Abflußröhre' (vgl. *viemä* 'was weggeschafft wird'); f) sonstige Wörter: * *hieveri : henkihieverissä* (= dial. *hengen hieverinä*) 'Zustand der äußersten Schwachheit', *vatsuri* 'Durchfall'. Ortsnamen: *Inari, Inkeri, Kalmari, Kolari, Luonteri, Syväri, Ätsäri (Ähtäri)*. – Adjektiva: dial. *hituri* 'langsam bei der Arbeit' (= *hitura*; auch Subst.), *vikuri* 'zügellos, ausschweifend' (? vgl. *vika* 'Fehler'; auch Subst.), dial. *väättyri* 'umgekehrt, krumm, schief' (auch Subst. 'verbissen hartnäckiger Mensch oder Pferd', vgl. part. pass. *väätty* 'verdreht').

In verschiedenen Fällen scheint dieses Derivans verschiedenen Ursprungs zu sein: zum Teil – wahrscheinlich jedenfalls in den Wörtern der c)- und d)-Gruppe, vielleicht auch in denen der e)- und f)-Gruppe – dürften die Bestandteile -r, -ra (§ 52.15) + -i (§ 52.3), zum anderen Teil die -ri-Derivativa – vornehmlich die der a)- und b)-Gruppe – offensichtlich Einflüsse von zahlreichen Lehnwörtern erfahren haben, wie z. B. *alttari* 'Altar', *hilleri* 'Iltis' (schwed. *hiller*), *kellari* 'Keller', *kinkeri* 'kirchliche Prüfung im Lesen' (schwed. *gingerdh*), *kupari* 'Kupfer', *lehteri* (mittellat. *lectarium*) 'Kirchenchor, Galerie', *lukkari* 'Kantor, Küster' (schwed. *klockare*), *moukari* 'schwerer Hammer, Schlegel' (neuschwed. Dial. *mokare*), *paperi* 'Papier', *pikari* 'Becher', *pilari* 'Pfeiler', *puntari* 'Schnellwaage' (altnord. *pundari*, neuschwed. *pyndare*), *sankari* 'Held' [eig. ,,Sänger"], *säteri* 'Rittergut' (schwed. *säteri*), *säteri* 'Satin, Atlas' (altschwed. *säter* 'Schetter, Glanzleinwand'), *tikkuri* = 10 Stck. Felle (altschwed. *digur* 'dass.'), *tuomari* 'Richter' (altschwed. *domari* 'dass.'), *kypäri* 'Helm' (lit. *kepùré* 'Mütze, Hut'), dial. *kassari* = *kasuri* 'Laubsichel' (russ. *kosarn* 'dass.'), *toveri* 'Genosse' (russ. *tovarischtsch* 'dass.'). In allen diesen Wörtern stammt, wie aus den beigefügten fremdsprachlichen Originalen ersichtlich, das *r* und oft noch das *i* aus der Herkunftssprache. *Tunturi* (norw. *fjell*) 'hohes kahles Bergterrain' ist lappisches Lehnwort[1]. Das -ri der Gruppen a) und b) ist als indirekte Fortsetzung des lateinischen -arius zu betrachten. – Vgl. das deverbale -ri (§ 55.26)[2].

47) **-ro, -rö.** S u b s t a n t i v a : *komero* 'Nische, Zelle, Vorratskammer' (vgl. dial. *komi, komo, komu* 'hohl, Höhlung, hohler Gegenstand, Kammer'), *koppero* (vgl. *koppa* 'ausgehöhltes Ding', *koppi* 'Zelle, Kammer'), dial. *kottero* u. a. 'Höhlung' (vgl. dial. *kotti* u. a. 'Sack, Futteral u. ä.'), *koukero* (vgl. *koukku* 'Haken'; über das Verhältnis *kk* : *k* s. § 56), *lokero* 'Schlupfwinkel, Höhle', *lonkero* 'etwas sich Schlingendes, Windendes, Rebe, Ranke' (vgl. *lonka* 'etwas aus der gewöhnlichen Lage Geratenes, schräge Stellung, einzelne Wolke u. ä.'), *paatero* 'kleine Steinplatte, Steinfliese' (vgl. *paasi* 'Felsplatte'), dial. *pientaro* (vgl. *piennar, pientare*' 'Rain'), *saparo* 'Schwanz' (vgl. *sapa* 'Schwanzstumpf'), *somero* (= *somer*) 'Kies', *suovero* 'Zwinge am Schistock', *sykerö* 'etwas dicke Haarflechte, zusammengerollter Haarschmuck' (vgl. dial. *sykky* = *sykkyrä* 'Schlinge am verfilzten Zwirn, zusammengerollter Zwirn', s. § 56), *tyllerö* 'kurzer rundlicher Gegenstand, daher oft von kleinen Kindern, insbes. Mädchen' (vgl. dial. *tylly* 'Netzschwimmer aus Birkenrinde'), *tötterö* 'Tüte (auch Schachtel, Dose)' (= dial. *töttö*), *vehmaro* 'Deichsel für ein Ochsenpaargespann', dial. *vihkero* 'kleines Heft o. Bündel (z. B. Schindeln o. Stroh)'; Ortsname: dial. *Inkero* 'Ingermanland'. A d j e k t i v e : dial. *avaro* 'weit ausgedehnt', dial. *hataro* 'zerfetzt', *höperö* 'etwas blöd, beschränkt', dial. *kopero* 'plump', *kovero* 'ausgehöhlt, konkav' (schriftspr. *kovera*), *löperö* 'leichtfertig, insbes. beim Reden', *nykerö* z. B. 'stups(näsig)' (auch Subst.: 'abgestumpft', vgl. *nykä* 'Stumpf'), *tökerö* 'grob, unverschämt'. – Bestandteile: -*ra*, -*rä* (§ 52.15) + -*i* (§ 52.3, beachte § 23 E). – Lehnwörter, und zwar in erster Hand aus dem Schwedischen, sind bis auf das -*r*: *kukkaro* 'Geldbörse', *numero* 'Nummer' und *pusero* 'Bluse'[3].

---

[1] E. Itkonen: Vir. 1945 S. 395.
[2] Über den Ursprung des Derivans s. Uotila: Vir. 1942 S. 277 f.
[3] Emil Öhmann: Vir. 1950 S. 132 f.

48) **-sin : -sime-**. Nur Substantiva: *alasin* 'Amboß, Unterlage, Gestell' (dial. auch u. a. 'Ofenbankunterlage'; vgl. *alainen* 'Unterlage'), dial. *haarasin* 'verzweigtes Seil, das an dem Ober- und Unterseil des Fischernetzes endet und an dessen anderem Ende das Zugseil befestigt wird', *jyväsin* 'Visierkorn', dial. auch 'hohle Stelle auf der Kaufläche der Pferdezähne', *kalvosin* 'Handgelenk' (= *kalvonen*), dial. *kaulasin* 'Halsfessel der Kühe', *kovasin* 'Wetzstein' (vgl. *kova* 'hart', *kovanen*), dial. *lautasin* (= *lautanen*) 'Kreuz o. Lende des Pferdes', dial. *nenusin* (= *nenus*) 'Schnauzenpartie der Tiere' (*nenä* 'Nase'), *peräsin* 'das Steuerruder', *purasin* (= *pura, puras, purha*) 'Hau-, Stemmeisen o. -meißel', dial. *rauhasin* 'Drüse', dial. *takasin* 'Hinterbein des Pferdes', dial. *tarhasin* 'gehegeartige Birkhuhnfalle', *vipusin* 'Hebevorrichtung, Hisse', dial. *yläsin* 'oberes Seil am Netz'. – Wie ersichtlich, ist die Bedeutung einerseits 'wohin gehörig': *alasin* = '(unten befindlich (Stelle, Gegenstand)', *nenusin* 'bei der Nase befindliche (Stelle)' usw., andererseits 'Werkzeug': *kovasin* '(hartes) Schleifwerkzeug', *peräsin* 'Vorrichtung zur Bedienung des Steuers' usw.; beide Bedeutungen lassen sich aus früherer deminutiver Bedeutung herleiten. Die Derivativa dieser Gruppe konnten wenigstens teilweise unter Anlehnung an die Derivativa *-ise-* (§ 52.4) vielleicht schon im späten Urfinnischen entstehen, so daß das *-s-* auf dieses Derivans zurückgeht; zum Teil dürften sie aber auch auf dem Muster der deverbalen *-sin*-Derivativa beruhen (*laukaisin* 'Schlagbolzen, Schlagstift', *liipaisin* 'Hahn zum Abdrücken') und in der finnischen Sonderentwicklung entstanden sein. Das *-s-* mag hier aus dem Stamm der Momentanverba (§ 66.2) herrühren. Der Schlußteil des Derivans ist in beiden Fällen *-(i)n : -(i)me-* (§ 52.11)[1]. Vgl. *-ustin, -ystin* (§ 53.60).

48a) **-ska ~ -sko, -skö ~ -sku**. Substantiva: *haaska* (= dial. *haiska* (vgl. *haja-*) 'Aas', dial. *koiska* (= *koi*) 'Motte', *laimiska* 'Pfütze, Lichtfleck' (vgl. dial. *laimi* 'ruhige Stelle im Wasser'), *luuska* 'alter Klepper von Pferd' (*luu* 'Knochen'), dial. *lopuska* 'Überbleibsel' (vgl. *loppu* 'Schluß'), dial. *penska* 'Kind' (pejor.: 'Göhre') (vgl. *penikka, pentu* 'dass.'), dial. *perska(t)* 'Tabakreste auf dem Grund der Tabakspfeife' (vgl. *perät* 'dass.'), dial. *puoliska* 'die Hälfte', dial. *puoska* 'Kind' (pejor.) (vgl. *puo* 'podex')[2], *raiska* 'Gerümpel', adj. 'erbärmlich' (vgl. *raja* 'abgenutzter Gegenstand'), dial. *tuiska* 'Schneegestöber' (? vgl. *tujakka* 'dass.'), *laimisko* = *laimiska* 'Regenpfütze' (s. vor.), dial. *lohisko* 'losgesprungenes Stück, z. B. von einem Tongefäß' (vgl. *lohko* 'das abgesonderte Stück'), *puolisko* 'Hälfte', dial. *tollisko* 'Hütte, Bude' (= dial. *tolla*), dial. *älliskö* = *ölliskö* 'Dummkopf' (= dial. *ällerö, öllerö*), *tuisku* (vgl. vorst. *tuiska*); Adjektive: *latuska* 'platt' (vgl. *mennä lattuun*, *lattu* 'niedergedrückte Lage', *lattea* 'platt'), *pulska* 'üppig blühend, schön' (? vgl. *pullea* 'aufgeblasen, aufgedunsen'), *riuska* 'Dreschflegel' (vgl. *rivakka*, *ripeä* 'hurtig, rasch'); beachte die Weiterbildungen: *herraskainen* „ein feiner Herr" (iron.), *latuskainen* = *lituskainen* 'platt' (vgl. *mennä littuun, litteä*). – Der Ursprung des Derivans ist unklar; es macht einen zusammengesetzten Eindruck (*-s-* + *-ka*?). Wenn z. B. *raiska* und *tuisku* tatsächlich in diesen Zu-

---

[1] Rapola: Suomi IV: 17 S. 241 f.
[2] Zuletzt R. E. Nirvi: Suomi 106: 1 S. 36.

sammenhang gehören, dürfte das Derivans schon aus dem Urfinnischen stammen (Entsprechungen u. a. im Estnischen und Livischen). Die meisten obigen Beispiele sind freilich nur in einem Teile der jetzigen Dialekte beheimatet, was natürlich auf ein junges Alter hinweist.

49) -sto, -stö. Nur Substantiva, von kollektiver oder lokaler Bedeutung. a) Ein Pluralstamm liegt zugrunde: *hongisto* 'Kiefernbestand', *humalisto* 'Hopfengarten', *katajisto* 'Wacholderdickicht', *kivistö* 'steinige Stelle', *kuusisto* 'Fichtenbestand', *lepistö* 'Erlengehölz', *lähistö* 'nahe Umgebung', *puisto* 'Park' (dial. = 'Baumgruppe o. -haufen (z. B. auf der Schwende)[1]), *saaristo* 'Inselgruppe, Archipel' (schwed. *skärgård*), *ympäristö* 'Umgebung'; neue Wörter: *enemmistö* 'Mehrheit', *vähemmistö* 'Minderheit', *parhaimmisto* 'Elite', *oikeisto* 'die Rechte', *vasemmisto* 'die Linke', *eläimistö* 'Fauna, Tierwelt', *kasvisto* 'Flora, Pflanzenwelt', *elimistö* 'Organismus', *(joen)suisto* 'Flußmündungsdelta', *vesistö* 'Wassersystem'; b) auf analogem *i*-Stamm fußen: *kaislisto* 'Schilfbestand' (vgl. *kaisla* : *kaisloja* 'Schilf, Binse'), *kalmisto* 'Begräbnisstätte' (vgl. *kalma* : *kalmoilla* 'Tod, Grab'), *kannisto* 'Platz mit Baumstümpfen, Baumschlag' (vgl. *kanto* 'Baumstumpf'), *koivisto* 'Birkengehölz' (vgl. *koivu* 'Birke'), *männistö* 'Kieferngehölz' (*mänty* 'Kiefer'); c) vom Standpunkt der Gemeinsprache und der Westdialekte vom Singularstamm, vom Standpunkt anderer Dialekte ebensogut auf den Singular- wie auf den Pluralstamm rückführbar: *karisto* 'Schärengruppe', *papisto* 'Geistlichkeit' (dial. 'Leseprobe'), *pillistö* 'Pfeifensatz' (z. B. bei der Orgel) (dial. 'Röhricht'); d) Singularstamm als Basis: *ilmasto* 'Klima', *jyvästö* 'Brotvorrat, Brotlager', *kasvusto* 'Vegetation', *kirjasto* 'Bibliothek', *kuormasto* 'Train, Troß', *laivasto* 'Flotte', *linnusto* 'Vogelwelt', dial. *lumesto* 'verschneite Stelle', *luusto* 'Skelett', *maasto*[2]) 'Terrain', *osasto* 'Abteilung', *puusto* (forstw.) 'Holzbestand', *rahasto* '(Geld-)Fonds', *tilasto* 'Statistik', (Volksd.) *vanhasto* 'die alten Leute, die Alten', *varasto* 'Vorrat', *virasto* 'Amt', *väestö* 'Bevölkerung'; e) Sonderfälle: dial. *edusto* 'Vorplatz; Vorderseite, Fassade' (= *edus*; vgl. *etu*), dial. *hiilusto* (= *hiilus*) 'Haufen brennender Kohlen', *huoneusto* 'Wohnung' (vgl. *huoneus*), dial. *pilvestö* 'Schatten' (= *pilves*), *päällystö* (vgl. *päällystä*, *päällys*) 'das Kommando (= die Gesamtheit der Kommandierenden)', *veljestö* 'Bruderschaft' (vgl. *veljes* : *veljekset* 'Gebrüder'), *ylimystö* 'die Vornehmen, das Patriziat' (vgl. *ylimys* 'Vornehmer, Aristokrat'), dial. *ympärystö* 'Umgebung' (vgl. *ympärystä*, *ympärys*).

Den ursprünglichsten Typ dürften solche Wörter der e)-Gruppe (die übrigens sonst größtenteils ganze neue Kunstwörter enthält) wie *hiilusto*, *ympärystö* vertreten. Diese können als *i*-Derivativa von *hiilusta* und *ympärystä* (§ 53.59) oder auch als -*to*-, -*tö*-Ableitungen von Stammwörtern auf -*s* wie: *hiilus*, *ympärys* angesehen werden; bei diesem Typ ist dann -*sto*, -*stö* als Suffix abstrahiert und danach verallgemeinert worden. Somit wäre das Derivans folgendermaßen zu analysieren: -*s*- (< *-*ks*-, § 52.17) + -*ta*-, -*tä*-

---

[1]) Rapola: Vir. 1939 S. 16.
[2]) Als Beispiel für die schnelle Ausbreitung notwendiger und geglückter Neubildungen sei erwähnt, daß dieses heute allgemein verbreitete Derivativum J. J. Mikkola erst 1918 für die militärische Sprache geschaffen hat.

(siehe *-usta, -ystä*, § 53.59) + *-i* (§ 52.3, beachte § 23 E). Über die gegenseitigen Entwicklungsmöglichkeiten der deminutiven, lokalen und kollektiven Bedeutungen s. § 53.15. – Wie aus den Beispielen der b)-Gruppe ersichtlich, wird das *i* vor dem *s*-Element oft als Teil des Derivans aufgefaßt; die schriftsprachlichen Wörter der d)-Gruppe sind durchgängig späte Kunstwörter. Die in der Gemeinsprache synonymen Kollektivbildungen *-sto, -stö* und *-kko, -kkö* verteilen sich in der Volkssprache so, daß der *-sto*-Typ in großen Zügen auf den Westen und der *-kko*-Typ auf die östlichen Dialekte beschränkt ist.

50) **-tar, -tär.** Nur Substantiva, weibliche Wesen bezeichnend. a) In gewissen Ortsdialekten (in der Sprache der Alten) Tochter oder Frau der im Grundwort genannten Person bezeichnend: *Hartikatar, Hillutar, Niskatar, Pasatar, Ruotsatar, Taskitar* 'Tochter oder Frau von Herrn *Hartikainen, Hiltunen, Niskanen, Pasanen, Ruotsalainen, Taskinen*'[1]); b) feminine Entsprechung von Personennamen auf *-lainen, -läinen*, die die Bewohner einer gewissen Gegend bezeichnen: *helsingitär, hämeetär* (jedoch nicht **hämäläisetär*), *karjalatar* (nicht **karjalaisetar*), *norjatar, pariisitar, saksatar, savotar, suometar, tanskatar, virotar* 'Bewohnerin oder Kind von Helsinki, von Häme, Karelien, Norwegen, Paris, Deutschland (also: die Deutsche), von Savo, die Finnin, Dänin, Estin'; c) in Titeln, meist Gattin des betreffenden im Grundwort bezeichneten Titelträgers: *herttuatar* 'Herzogin', *kauppaneuvoksetar* 'Frau Kommerzienrat', *kreivitär* 'Gräfin', *kuningatar* 'Königin' (nicht *kuninkaatar*), *maaherratar* 'Frau Gouverneur', *paronitar* 'Frau Baronin', *piispatar* 'Frau Bischof' (jedoch im Nhd. kaum üblich), *ruhtinatar* 'Fürstin', *valtiatar* 'Herrscherin', *vapaaherratar* 'Freifrau, Freiin'; d) mythologische oder dichterische Wesen: *aallotar* 'Wellengöttin, Wasserfee', *halti(j)atar* 'weiblicher Schutzgeist, Fee', *hengetär* 'dass.', *jumalatar* 'Göttin', *luonnotar* 'Naturgöttin', persönlich mythologisierte Natur, *onnetar* 'Fortuna', *raivotar* 'Furie', *runotar* 'Muse der Dichtung', *vauvatar* 'geheimnisvolles Wesen, das die kleinen Kinder zum Weinen bringt'; nach diesen Mustern entstanden Alltagsbildungen wie *kaunotar* 'die Schöne', *sankaritar* 'Heldin', *ystävätär* 'Freundin'; e) auf deverbalen *-ja-, -jä-*Derivativa, die den Täter bezeichnen, fußend: *hierojatar* 'Masseuse', *hoitajatar* 'Pflegerin', *johtajatar* 'Leiterin', *laulajatar* 'Sängerin', *myyjätär* 'Verkäuferin', *näyttelijätär* 'Schauspielerin', *ompelijatar* 'Näherin', *palvelijatar* 'Dienstmädchen', *syöjätär* 'Hexe' (eig. 'Fresserin').

-tar, -tär gehört zu solchen seltenen Suffixen der jetzigen Sprache, die auf ein selbständiges Wort zurückzuführen sind: es muß nämlich für eine Verkürzung von dem baltischen (od. arischen?) Lehnwort *tytär* 'Tochter' angesehen werden. Auf die Entstehung und Verallgemeinerung besonders der Wörter von den b)-, c)- und e)-Gruppen haben die Vorbilder der fremden Sprachen eingewirkt, und die zu ihnen gehörenden Derivative sind jungen Datums.

51) **-ton: -ttoma-, -tön: -ttömä-.** Nur Adjektive, fast immer von Substantiven abgeleitet, Bedeutung karitiv ('ohne das vom Grundwort Bezeichnete'), z. B.: a) *aiheeton* 'ohne Anlaß', *aseeton* 'waffenlos, unbewaffnet',

---
[1]) Siehe Tunkelo: Vir. 1928 S. 268 f.

avuton 'hilflos, unbeholfen', *eloton* 'ausdruckslos, ohne Leben', *haluton* 'ohne Begeisterung o. Lust', *hengetön* 'geistlos', *hevoseton* 'ohne Pferd', *hännätön* 'schwanzlos', *iloton* 'freudlos', *jumalaton* 'gottlos', *juureton* 'wurzellos', *jäätön* 'eisfrei', *kuriton* 'unartig, ohne Zucht', *kuuton* 'mondlos', *kynnetön* 'ohne Klauen', *lapseton* 'kinderlos', *luonnoton* 'unnatürlich', *maaton* 'landlos, ohne Grundbesitz', *mahdoton* 'unmöglich' (also in diesem Falle nicht Negierung des Grundwortes!), *mauton* 'geschmacklos', *naiseton* 'ohne Frauen', *onneton* 'unglücklich', *osaton* 'ohne Anteil', *pariton* 'ohne paariges Pendant', *perätön* 'ohne Hand und Fuß, windig (z. B. Gerücht)', *puuton* 'baumlos', *päätön* 'kopflos', *rukkaseton* 'ohne Handschuhe', *ruokoton* 'schamlos' (eig. „ohne Pflege o. Kultur"), *siivoton* 'unanständig', *suunnaton* „maßlos", 'außerordentlich groß', *tulokseton* 'ergebnislos', *työtön* 'arbeitslos', *tähdetön* 'sternenlos', *tähteetön* 'ohne Überbleibsel, restlos', *uskoton* heute gew. 'untreu', *vallaton* „ohne Obergewalt", heute gew. 'unbeherrscht' (von Erwachsenen), 'ungezogen' (von Kindern), *varpaaton* 'zehenlos', *verraton* 'unvergleichlich', *viaton* 'unschuldig' (eig. „ohne Fehler"), *yletön* 'übermäßig', *älytön* 'unverständig', „ohne Grips", *äärétön* 'grenzenlos'; beachte *kohtuuton* 'unmäßig, überhoch' (von Preisen o. Forderungen), *miehuuton* 'unmännlich' (< * *kohtuδeton*, * *miehuδeton*, s. § 52.21); b) auf dem Pluralstamm des Grundwortes fußend: dial. *kansiton* 'ohne Deckel', dial. *pojiton* 'ohne Sohn', *silmitön* 'blind (übertragen), verblendet' (vgl. *silmätön*), dial. *tyttäritön* 'tochterlos'[1]); c) unregelmäßige Lautentwicklung weist auf *alaston* 'nackt' < ? * *alaiseton* (vgl. dial. *alainen*, das einst 'Unterkleid, Hemd' bedeutet haben dürfte); vgl. *alasti* (§ 57.11 I), und *mitätön* 'unbedeutend' (vgl. *ei mitään* 'nichts' < * *mitäyä-*). – Von Adjektiven sind nur zwei abgeleitet: *kesytön* 'nicht zahm, wild, ungezähmt', *siveetön* 'unsittlich' (vgl. *siveä*, dial. *sivee* 'sittlich'); *kelvoton* 'untauglich' weist zwar ein Grundwort auf, das heute nur adjektivisch vorkommt, aber früher war *kelpo* auch Substantiv, wie heute noch in Dialekten (*Maaten on unesta kelpo*, Sprichw., „Beim Liegen ist auch vom Schlaf Brauchbarkeit", d. i. 'Wenn man sich niedergelegt hat, ist auch der Schlaf etwas Brauchbares und Nützliches'. – Bestandteile: Abessivendung *-tta, -ttä* (§ 47 G) + *-(i)m(a)* (§ 52.11); frühere Lautgestalt * *-ĭtoim (< * *-ĭtaim)* : *-ttama-* (§ 23 E); *i* dürfte anfänglich nicht zum Derivans gehört haben, ist aber schon früh, vielleicht infolge irgendwelcher Analogie, vor dem silbenschließenden *-m* eingeschoben worden (also * *-ĭtaim* < * *-ĭtam*)[2]). Über die Lautentwicklung * *-ttama* > * *-ĭtam* s. § 18. Für hohes Alter des Derivans zeugen die Entsprechungen in den meisten finnischugrischen Sprachen bis aufs Ostjakische. Siehe auch das deverbale *-maton, -mätön* (§ 55.12). – Auf Grund der mordwinischen Entsprechung ist gefolgert worden, daß das karitive Derivans *-tt-* < * *-kt-* oder * *-pt-*; die Lautgestalt des südlappischen Abessivs weist jedoch ausdrücklich in der Richtung eines ursprünglichen * *-pt-*[3]). Dieser Punkt bedarf noch weiterer Klärung.

52) **-ttainen, -ttäinen.** Nur Adjektive, von distributiver Bedeutung: *ajoittainen* 'zeitweise', *asteittainen* 'stufenweise', *hetkittäinen* 'momentan auf-

---

[1] H. Ojansuu: Vir. 1921 S. 71 f.
[2] Ravila: FUF 24 S. 45.
[3] Y. H. Toivonen: FUF 28 S. 208.

tretend', *osittainen* 'partiell', *parittainen* 'paarweise auftretend', *pitkittäinen* 'längsgerichtet', *puolittainen* 'zur Hälfte o. in Hälften, „hälftenweise" auftretend', *puuskittainen* 'anfallsweise o. stoßweise einsetzend u. ä.', *päivittäinen* 'täglich stattfindend', *summittainen* 'summarisch', z. B. Überblick, *säteittäinen* 'strahlenförmig, radial', *vähittäinen* 'in kleinen Portionen o. ä.'. Wie ersichtlich, ist das Grundwort meist ein Substantiv; eigentlich bilden die Basis dieser Derivativa Adverbia auf -*ttain*, -*ttäin* (*ajoittain* 'zeitweise, zu Zeiten', *asteittain* 'grad- o. stufenweise' usw. § 57.14); an diese hat sich auf eine ganz besondere Weise das Derivans -*inen* angeschlossen (§ 52.4); vgl. § 53.11, 25, 42.

52a) **-tto, -ttö.** Nur zwei Wörter: *pihatto* 'Viehhof, Viehstall' (vgl. *piha* 'Hof'), *pyhättö* 'Heiligtum' (vgl. *pyhä* 'heilig'). Vgl. § 52.19a.

53) **-tuinen, -tyinen.** Nur Adjektiva: *monituinen* 'vielfältig', Volksd. *tuiretuinen* 'unbedeutend', *vakituinen* 'fest, beständig' (*vakinainen* 'fest', z. B. 'festangestellt'); *vasituinen* = *vasittu* 'einzig und allein, speziell' § 55.29), *yksityinen* 'einzel, privat'. Diese vereinzelten Wörter scheinen nach der Analogie der entsprechend abgeleiteten Deverbalien (§ 55.29) aufgekommen zu sein.

54) **-u, -y.** Substantiva: *aamu* 'Morgen' (? < *haamu* 'Gespenst', der Schwund von *h* wahrscheinlich in der Verbindung * *huomenhaamu*, Grundbedeutung wahrscheinlich 'Dämmerung')[1]), *apu* 'Hilfe', *etu* 'Vorteil' (vgl. *esi*, *ete-* 'Vorderes'), *haamu* 'Gespenst' (= dial. *haamo*, *haama*), *haaru* 'Verzweigung' (vgl. *haara* 'Zweig'), *harju* 'Bergrücken, Ås' (vgl. *harja* 'Mähne', *vuoren harja* 'Bergrücken'), *herkku* 'Leckerbissen' (? vgl. *herkkä* 'feinfühlend, empfindlich'), *huippu* 'Gipfel', *huppu* 'Kopfbedeckung', dial. *härky* 'kleiner Ochse', dial. *jalku* u. a. 'Schemel[2]), Wanne auf Füßen' (*jalka* 'Fuß'), *karju* 'Eber, Keiler' (vgl. *karjas* 'läufisch', *karja* 'Vieh'), *kauhu* 'Schrecken' (= dial. *kauha*, das vor seinem Homonym, dem balt. Lehnwort, das 'Kohl' bedeutet, zurückgewichen ist; urspr. Bedeutung 'Blässe', vgl. *kauhtua* 'verblassen'), dial. *kielu* 'Zünglein' (vgl. *kielo*, *kieli* 'Zunge'), *kimppu* 'Bündel' (vgl. *kimpale*; über das Verhältnis *pp : p* § 56), *kinttu* 'Ferse' (vgl. *kintere* 'dass.'; über das Verhältnis *tt : t* § 56), dial. *Kirju* als Bezeichnung eines bunten Ochsen (vgl. *kirja* 'Buch'), *kirppu* 'Floh' (vgl. *kirppa* u. a. Käfer von der Gattung 'phyllotreta'), *koru* 'Schmuck' (vgl. *korea* 'schmuck'), dial. *korvu* 'schwerhörig' (vgl. *korvo*, *korva* 'Ohr'), *koukku* 'Flachsbreche' (= dial. *koukka*), *kouru* 'Rinne' (*koura* 'hohle Hand'), *kuhmu* 'Beule' (= dial. *kuhmo*, *kuhma*), dial. *kuiru* 'Boot' (vgl. dial. *kuiri* 'Holzlöffel'), *kumpu* 'Anhöhe' (vgl. *kumpare* 'hügelige Örtlichkeit'), dial. *kuohu* (= *kuoho*) 'Widder, kastrierter Bock' (vgl. *kuoha* 'Stein am Fischernetz'), *lastu* 'Splitter' (vgl. *lasta* 'langes u. dünnes Holzstäbchen'), dial. *leuku* 'eine Art Axt, „Bartaxt"' (vgl. *leuka* 'Kinn'), *liinu* 'Pferd mit heller Mähne' (vgl. *liina* 'Flachs'), *lintu* 'Vogel', *lippu* 'Fahne, auch Mützenschirm, Billett' (vgl. *lippa* 'Mützenschirm, Hutkrempe'), *lippo* 'Fischhamen', *lippi* 'Kelle, Trinkgefäß von Birkenrinde', *lisku* 'Mäuse- o. Marderfalle' (= *liska*), *mehu* 'Saft' (= dial. *mehi : mehen*), *mänty* (= dial. *mäntö*)

---

[1]) Studia Fennica I: 2 S. 192 f.
[2]) Dial. *jakku* 'Schemel, Fußbank', viell. < *jalku*, in welchem Falle man es als Kinderwort ansehen müßte; vgl. dial *häkky* < *härky* (ebenfalls Kinderspr.).

'Kiefer', *naarmu* 'Schramme' (= dial. *naarma*), *nisu* 'Weizen', *pehku* 'Kaff, Spreu' (vgl. dial. *pehka* 'morscher Baum'), *peru* (= dial. *pero*) 'Nachlaß' (*perä* 'das Hintere'), *pilkku* 'Fleck, Kerbe' (vgl. *pilkka* 'Fleck' > 'Spott'), *pääsky* (= dial. *pääskö*) 'Schwalbe', *riemu* 'Jubel', *ruoju* 'eine Art Schuh' (vgl. dial. *ruoja* 'Ledersohlen, Sandalen für Frauen', *silmu* 'Neunauge, petromyzon' (*silmä* 'Auge'), *siru* (= dial. *siro*) 'Scherbe, Span, Bißchen', *solu* 'Zelle' (anat.) (*sola* 'enger Gang' < germ.), *säly* 'Plunder, Last' (= dial. *sälä*), *tilkku* 'Lappen, Zipfel, einige Tropfen' (vgl. *tilkka* 'Tropfen'), *töyry* 'Hügel, Erhöhung' (vgl. *töyräs* 'dass.'), *törky* 'Kehricht, Schutt' (vgl. *törkeä* 'unverschämt'), *urpu* 'Birken-, Erlenknospe (= *urpa*), *varpu* (= *varpa*) 'dürrer o. blattloser Zweig, Gerte'. – Adjektive: *hullu* 'verrückt', *häijy* 'garstig', *kalju* (dial. *kalja*) 'kahlköpfig', *paksu* 'dick', *pikku* 'klein' (vgl. *pikkainen*), *raisu* 'lebhaft, hurtig', *raju* 'ungestüm' (vgl. *raivo* 'Wut'), *tyly* 'unfreundlich, schroff', *vilu* 'kalt, frostig', auch Subst. 'Frösteln, Frost, Schauder'; vgl. *viileä* 'kühl' (= dial. *vileä*), *virkku* 'lebhaft, flink' (vgl. *virkeä* 'dass.'; über das Verhältnis *kk : k* § 56), *äksy* 'störrisch'. Adjektive dürften auch die determinierenden Teile in solchen dial. Komposita sein wie *harju-hirsi* 'Firstbalken', *karju-piha* 'Viehhof', *kesku-paikka* 'zentraler Ort', *lippu-lakki* 'Schirmmütze', *seinu-vieri* 'Platz an der Außenwand' (vgl. *aitovieri* 'Streifen am Zaun', *huhtikuu* 'Schwendmonat (April)' u. a., § 52.3, § 53.44). Aus Komposita haben sich zweifellos viele heutige selbständige Substantiva auf -*u*-, *y* losgelöst (z. B. viell. *karjusika* 'läufischer Eber Keiler' > *karju* 'Eber', *jalkutuoli* „Fußstuhl" > *jalku* 'Schemel').

Wie die Beispiele zeigen, treten zahlreiche -*u*-, -*y*-Ableitungen synonym neben -*o*, -*ö*-Derivativa auf. Wenn die in § 24 besprochene Erklärung stichhält, daß im Urfinnischen der Lautübergang -*u* < -*o* vor sich gegangen sei und daß das heutige Nebeneinander -*u* ~ -*o* auf analogischen Ausgleichungen beruhe, so wäre das hier behandelte Derivans lediglich als eine Weiterentwicklung des *o*-Suffixes (§ 53.44) anzusehen: -*u* < -*o* < -*oi* < * -*ai*; -*y* dürfte relativ spät unter dem Einfluß der Vokalharmonie neben -*u* entwickelt sein. Somit ist auch -*u* ursprünglich kein eigentliches Ableitungselement gewesen, sondern Fortsetzung eines unter dem Einfluß von angetretenem *i* aus dem Stammesauslaut -*a* entstandenen -*o*. – Wenn wiederum in den Deverbalia vom Typ *luku* das *u* (und *y*) die Weiterentwicklung eines lautgesetzlichen **v* und des mit ihm verschmolzenen Stammesvokals (§ 24) darstellt, muß wohl auch die Möglichkeit ins Auge gefaßt werden, daß die denominalen *u*-, *y*-Derivativa wenigstens teilweise nach dem Muster der entsprechenden Deverbalia geschaffen worden sind. Vgl. deverbales -*u* § 55.30.

Lehnwörter, von denen die einen ihren Auslautvokal als solchen aus ihrer Ursprungssprache mitbringen, die anderen ihr -*u*, -*y* erst einer Angleichung an die finnischen -*u*-, -*y*-Derivativa verdanken, sind z. B. folgende Wörter: *almu* 'Almosen', *?halju* (auch adj.) 'welk, schlaff, abgespannt', *joulu* 'Weihnachten', *kannu* 'Kanne', *katu* 'Straße', *kiulu* 'Milcheimer', *koju* 'Hütte, Bude', *korppu* 'Zwieback', *koulu* 'Schule', *lyijy* 'Blei', *lyyry* 'Leier, Lyra', *mylly* 'Mühle', *palmu* 'Palme', *piippu* 'Pfeife', *pumppu* 'Pumpe', *pyssy* 'Büchse', *rapu* 'Krebs', *rumpu* 'Trommel', *sielu* 'Seele', *sänky* 'Bett', *taulu* 'Tafel', *tikku* 'Hölzchen' (< germ.); *kurkku* 'Gurke, *laatu* 'Qualität', *papu* 'Bohne', *rotu*

'Rasse', *virsu* 'Schuh aus Birkenrinde' (< slaw.); ?*kiuru* 'Lerche', *pelu(t)* 'Häcksel' (< balt.).

55) **-uainen**. Nur Substantiva: *malluainen* dial. 'Sauna-Grille', lit. 'eine Art Wasser-Insekten'; ?vgl. dial. *mallu* 'großer Sack', *munuainen* 'Niere' (= dial. *munua*, *munukkainen*; vgl. *muna* 'Ei'), *(silmän) mustuainen* 'Pupille' (= dial. *mustukainen*; *musta* 'schwarz'), *(munan) ruskuainen* 'Eigelb, Dotter' (= dial. *ruskulainen*; vgl. *rusko* '(Morgen-, Abend-) Röte', *ruskea* 'braun'), *(munan) valkuainen* 'Eiweiß' (= dial. *valkulainen*; vgl. *valko*, *valkea* 'weiß'). – Ursprung unklar. Möglicherweise ist *-ua-* (? < *-uya-*) in irgendeiner Weise verwandt mit dem Deminutiv auf *-ukka-* (beachte die dial. *munukkainen*, *mustukainen*); auch auf die dial. Deklination der *-ut-*Deminutiva *-ut* : *-ua-* (§ 52.20) läßt sich verweisen; so setzt z. B. dial. *munua* wohl den ursprünglichen Nominativ *munut* voraus; in diesem Falle wäre *-ua-* < *-uδa-* vorauszusetzen. Folgende *-ua-* enthaltende Wörter sind germanische Lehnwörter: *autuas* 'selig', *herttua* 'Herzog' und *saippua* 'Seife'.

56) **-ue', -ye'**. Nur Substantiva, meist von kollektiver Bedeutung: *alue'* 'Gebiet' (dial. = 'die Untersassen'; vgl. *ala* 'Gebiet'), dial. *kylye'* 'die Dorfbewohner(schaft)', *linnue'* 'Burgbesatzung' (karel. Dial. 'die Städter'), *matkue'* 'Reisegesellschaft', *nuottue'* 'am Fischzug Beteiligte, Netzgenossenschaft', *pesue'* ~ *pesye'* = *poikue'* 'die Jungen, die Brut im Nest', dial. *rantue'* 'die Uferbewohner', *puolue'* 'Partei' (dial. 'die Bewohner einer „Seite" o. Gegend, die Gegend selbst'), *seurue'* 'Gesellschaft, die zu einer bestimmten Gelegenheit versammelt ist', dial. *venye'* 'die in einem Boot Mitfahrenden'; Kunstwörter: *joukkue'* '(Sports-)Mannschaft', *laivue'* 'Geschwader', *ratsue'* 'Eskadron', *sanue'* 'Wortgruppe'. *-ue'*, *-ye'* ist ein durch Vermittlung des Vokalstammes sekundär entwickelter, wenn auch nicht allzu spät entstandener Nominativ, dem früher *-us*, *-ys* entsprochen hat (dial. auch heute noch z. B. *kylyys* 'die Dorfbewohner', *matkuus* 'die Reisegesellschaft', *poikuus* 'die Brut', *seuruus* 'Gesellschaft'); somit ist dieses Derivans seiner Lautgestalt nach von gleicher Art wie das Suffix der Eigenschaftsabstrakta auf *-us*, *-ys* (§ 52.21). Die in Frage stehenden Derivativa scheinen ebenso solchen *-us-*, *-ys-*Ableitungen wie *sormaus* 'zwischen den Fingern Platz findende Menge, z. B. Flachs', *sylys* 'was im Schoß (*syli*) Platz hat, ein Armvoll' verwandt zu sein. Diese Wörter werden zwar heute wie *-kse-*Stämme flektiert, können aber von den *-ute-*Stämmen ausgegangen sein, wie dies nachweislich einige andere Wörter getan haben (z. B. die in § 52.21 erwähnten *vajaus* 'Defizit' und *vanhus* 'Greis')[1]. Es ist möglich, daß die *-ue'*, *-ye'*-Derivativa relativ ursprünglichere Bedeutungen auch der gegenwärtigen Eigenschaftsabstrakta (§ 52.21) widerspiegeln. – Vgl. das deverbale *-ue'* (§ 55.31).

57) **-uinen, -yinen**. Nur Adjektive, die das Maß angeben, an sich von ergänzungsbedürftiger Bedeutung und daher immer auf eine genitivische Bestimmung folgend: *kevyinen* '(feder)leicht', *korkuinen*, *laajuinen*, *levyinen*, *paksuinen*, *pituinen*, *suuruinen*, *syvyinen*, *vahvuinen* '(so und soviel Meter) hoch, weit, breit, dick, lang, groß, tief, stark'; beachte in der Volksd. *kauneuinen* 'von der Schönheit eines...', *valkeuinen* 'von der Weiße eines...'. Die frühere

---

[1] Rapola: Vir. 1918 S. 111 f., Vir. 1954 S. 122 f.

Gestalt ist * -uδeinen, * -yδeinen und die darin zutage tretenden Bestandteile sind * -uδe-, * -yδe- (§ 52.11) + -inen (§ 52.4). Es handelt sich also um -inen-Ableitungen der Eigenschaftsabstrakta; beachte an Stelle der zu erwartenden * keveyinen, * korkeuinen, * leveyinen die Formen kevyinen, korkuinen, levyinen, die an Stelle der heutigen gemeinsprachlichen Gestalt der Eigenschaftsabstrakta die dialektischen Derivativa kevyys, korkuus, levyys voraussetzen. Besonders beachtenswert ist mieluinen 'beliebt, Lieblings- (z. B. Beschäftigung), angenehm z. B. Gast' < * meeluδeinen, das keine Ableitung von einem Eigenschaftsabstraktum, sondern von dem in § 52.20 besprochenen Adjektiv mielut ist.

58) **-us : -ukse-, -ys : -ykse-.** Siehe § 52.17 *(-s : -kse-.)*

59) **-usta, ystä.** Nur Substantive, meist Ortsbezeichnungen: *alusta* 'Grundlage' (vgl. *alus, ala*), *edusta* 'Raum davor' (vgl. *edus, etu, esi-*), *jalusta* 'Fußgestell, Sockel' (vgl. *jalus, jalka* 'Fuß'), *keskusta* 'Mittelpartie, Zentrum, City, Mittelparteien im Parlament „die Mitte"'), *miehusta* 'Leibesmitte, Taille' (*mies* 'Mann'), dial. *nenusta* 'Fußriemen am Schneeschuh' (*nenä* 'Nase'), *perusta* 'Grundlage', *päällystä* 'Überzug, Oberzeug, Schiffsverdeck, Umschlag' (< dial. *pääłystä*, vgl. dial *pääli* 'dass.'), *reunusta* 'Einfassung', *rinnusta* 'Brustriemen, Kumtriemen, Chemisett', *seinusta* 'Stelle neben der Wand', *selusta* 'Rückenlehne, Rückenteil (Kleidung, Stuhl)', dial. *silmusta* 'Schlinge, Masche, Öhr', *sisusta* 'das Innere', *tausta* 'Hintergrund', *vierusta* 'Seite, Stelle daneben', *ympäristä* 'Umgebung'. – Bestandteile: -us (< * uks), -ys (< * -yks, § 52.17) + -ta, -tä. Der Ursprung dieses letzten Suffixbestandteiles ist unklar, möglicherweise handelt es sich um dasselbe Derivans wie bei dem postvokalischen *-δa, *-δä (§ 52.2, vgl. § 52.20) und um das -ta im Adjektiv *musta* 'schwarz' (? vgl. dial. *musea* 'dunkel'). Eigentlich haben wir es hier mit Weiterbildungen der faktischen -us-, -ys-Derivativa mit -ta, -tä zu tun.

60) **-ustin : -ustime-, -ystin : -ystime-.** Nur Substantiva: *harjustin* 'oberer Riemen des Kumts', dial. 'auf dem Kumt befestigtes Bärenfell' (vgl. *harjus, harja* 'Mähne, Bürste'), *jalustin* 'Steigbügel' (vgl. *jalusta* 'Fußgestell, Sockel'), dial. *kaulustin* 'Kragen; oberer Kumtriemen', dial. *miehustin* 'Rumpf eines Kleidungsstückes, Leibchen, Mieder' (*mies* 'Mann'), *mäystin* 'Fußriemen beim Schi' (< * mäδystin; Grundwort unbekannt), dial. *perustin* 'Fessel für das Vieh' (vgl. *perusta* 'Grundlage', *perä* 'Hinteres'), *rinnustin* 'Kumtriemen' (vgl. *rinnusta* 'dass.'), *sormustin* 'Fingerhut' (*sormus* 'Fingerring'), *säärystin* (*säärys*) 'Gamasche'. – Neben den meisten dieser Derivative tritt von demselben Grundwort eine Ableitung auf -*usta*, -*ystä* auf, die vielfach sogar identische Bedeutung aufweist. Das heutige Sprachgefühl vermutet als Grundwörter meistens Verba wie * *harjustaa*, * *jalustaa*, * *kaulustaa* usw. und faßt die betreffenden Wörter als instrumentale Ableitungen dieser Verba auf (§ 54.3). In Wirklichkeit gibt es solche Verba nicht in dem vermuteten Umfange [zum Teil sind sie vielleicht erst auf Grund solcher 'Volksetymologie' entstanden. Erwast (Finnisch-deutsches Wörterbuch, 1888) kennt weder * *harjustaa*, noch * *jalustaa*, noch * *kaulustaa*, aber *säärystää* 'mit Strumpfbeinen versehen']. Der Ableitungstyp ist also rein denominal. Bestandteile des Derivans: -*usta*, -*ystä* (§ 53.59) + -(i)n : -(i)me- (§ 52.11).

54. Von den deverbalen Nominalsuffixen sollen zunächst ebenfalls erst eine Reihe einfacher Suffixe aufgeführt werden. Diese stellen (mit Ausnahme von 6c) und 9a)) sämtlich Substantiva vor.

1) -e'. a) Bezeichnungen von Handlungen: *aate*' 'Idee' (vgl. dial. *ajate*' ‚Gedanke'; als Grundwort ist *ajattaa* anzusetzen; vgl. dial. *aatos* 'dass.', *aatella* < *ajatella*), *aie*' 'Absicht', *ele*' 'Geste' (zu dieser schriftspr. Bedeutung vgl. die dial. Bedeutung von *elää* 'sich bewegen'), *haaste*' 'gerichtliche Vorladung', *hanke*' 'Unternehmen, Vorbereitung, Absicht', *hohde*' 'Glanz', *jyske*' 'starkes Pochen, Krach, Gepolter', *kaste*' 'Taufe', *katse*' 'Blick', *koe*' 'Probe', *liike*' 'Bewegung' (in: *teki nopean liikkeen* 'er machte eine schnelle Bewegung', *on liikkeellä* 'ist in Bewegung'), *loiste*' 'Glanz', *maine*' 'Ruhm', auch einfach 'Ruf', *miete*' 'Reflexion', *moite*' 'Tadel', *murre*' 'Dialekt, Mundart', *nuhde*' 'Tadel' (Grundw. unbekannt), *ote*' 'Zugriff, Griff (als Handlung)' (*yhteen otteeseen* 'auf einen Griff, in einem Anpacken o. ä., auf einen Ritt, *lujat ottet* 'festes, zielbewußtes Anpacken'), *paiste*' '(Sonnen-) Schein, Glanz', *pauke*' 'Krach, Knall, Bums' (vgl. *paukkaa* 'es knallt, schmettert'), *polte*' 'das Brennen', *puhe*' 'Rede', *puute*' 'Mangel', *roiske*' 'das Klatschen, Geplätscher', *sade*' 'Niederschlag (als Schnee o. Regen)', *syyte*' (Neubild.) 'Anklage', *toive*' 'Wunsch, Hoffnung', *väite*' 'Behauptung' (dial. u. a. 'Anstrengung, das Streiten, Auseinandersetzung'); unter den Kunstwörtern sind hervorzuheben *taide*' 'Kunst' und *tiede*' 'Wissenschaft' (W. Kilpinen 28. 7. 1842); dial. wird letzteres Wort als Defektivum in Ortskasus verwendet: *mennä tieteille* oder *tieteisiin* 'den Zauberer aufsuchen', wörtl. „zum Wissen, d. h. zur Wissensquelle gehen". – b) Resultat oder Gegenstand der Handlung: *aihe*' 'Anlaß' (frühere dial. Bed. wohl: 'Entwurf', vgl. dial. *aihoa* 'in „verlorenen", undichten Stichen nähen'), *anne*' 'die Gabe' ('was gegeben wurde o. wird'), *ape*' 'Pferdefutter' (vgl. *appaa* 'trinken, verschlingen'), *aste*' 'Grad, Stufe' (W. Kilpinen, 1840er Jahre; vgl. *astua* 'schreiten, steigen'), dial. *harje*' : *harjeet* 'gehechelter Flachs', *haude*' 'Umschlag', *huurre*' 'der Reif (gefrorener Tau)', *jauhe*' 'Mahlkorn' (dial. gew. *jauheet* 'dass.'), *juonne*' 'Linie, Rinne, Furche' (vgl. *juontaa* 'furchen, herleiten'), *jäte*' 'Abfall', *kierre*' '(Schrauben-) Windung, (pl.) Gewinde, Schraubenrille', *kure*' 'Furche, Falte', *käänne*' 'Wendung, Wende, Aufschlag (am Ärmel)', *lause*' 'Satz', *liite*' 'Fuge, Anhang o. Beilage (Buch, Zeitung)', *murre*' 'gebrochene Linien als Gewebemuster', *neste*' 'Flüssigkeit' (vgl. dial. *nestää* 'tropfen, für Wasser undicht sein'), *neule*' 'Näharbeit', *nide*' 'geheftetes Druckerzeugnis, Heft' (z. B. als Teillieferung eines späteren Gesamtbandes) (Kunstwort), *näyte*' 'Probe(stück)' (Neuwort), *ompele*' 'Naht' (analog. sekundär *ommel*, vgl. *-l* ~ *-le*', § 52.10, § 53.20), *ote*' 'Auszug' (Kunstw., z. B. *pöytäkirjan ote* 'Auszug aus dem Protokoll'), *paise*' 'Geschwür', *pilke*' 'Span', *piste*' 'Punkt, Stich beim Nähen' (dial. u. a. 'kegelförmiges Stangenzelt' oder 'Stelle unter dem Dachsparren, die auf einmal mit Garben vollgestopft wird'), *rakenne*' 'Bau, Konstruktion' (Neuwort), *ripe*' 'Spritztropfen (der danebengeht), Abschnitzel, Abfall' (*rippoa* 'verschüttet o. verspritzt werden'), *rouhe*' 'Schrot (Jagd)', *tae*' 'Schmiedearbeit', *taite*' 'Bruch, Kniff (Papier, Stoff)', *taive*' 'Biegung, Falte*, *tavoite*' '(erstrebtes) Ziel' (von E. A. Saarimaa in den 1920er Jahren vorgeschlagen), *uurre*' 'Kimme', *vaikute*' 'Eindruck, Anregung' (Neuwort),

äänne' 'Laut' (Neuwort). – c) Zustandsbezeichnungen, meist Defektiva: * *heite*' : *heitteellä* 'im Zustand des Werfens, Geworfenseins, z. B. ein Spiel äußerer Gewalten sein', * *here*' : *hereillä* 'im Zustand des Wachens sein, wach sein', * *kade*' : *kateessa* = *kateissa* 'nicht greifbar, abgängig sein' [im Nhd. jetzt leider sehr in Mode kommende, aber dem Fi. ganz entspr. Wendungen], dial. * *keite*' : *keitteellä* 'im Zustand des Kochens, „unterm Kochen" sein', * *kulje*' : *kulkeella* = *kulkeilla* 'im Zustand des Wanderns v. Reisens sein', * *mene*' : *meneellä* = *meneillä* 'im Zustand des Gehens, Wegganges sein', * *te'e*' : *tekeillä* 'unter Arbeit sein', * *tore*' : *henkitoreissaan* (vgl. *torata* urspr. 'kämpfen') 'im Todeskampf liegen', * *valve*' : *valveilla* 'wach sein', * *vede*' : *veteessä* : *jousi, kello on veteessä* 'der Bogen, die Uhr ist aufgezogen', * *vire*' : *vireessä, vireillä* 'im Zustand des Aufgezogenseins: also frisch und munter sein, in Schaffens- o. Festesstimmung sein, gut aufgelegt sein' (vgl. *viritä* 'wieder aufleben'). – d) Eine Art Bezeichnungen eines unpersönlichen Täters: *enne*' eig. 'was vorhergeht', 'Vorzeichen, Omen', *este*' 'Hindernis' ['was zunichte macht', vom Stamm *e-* des negat. Verbs nach Räsänen], dial. *heite*' 'der Wegrand, der die Fuhrwerke umwirft' = dial. *kaade*' 'was umschmeißt', dial. *hohde*' 'Klippe unter Wasser', dial. *ide*' 'Keim', dial. *kajanne*' 'Widerspiegelung am Wolkenhimmel' (vgl. *kajantaa* 'widerspiegeln'), *kaste*' : *kaste laskeutui nurmelle* 'der Tau senkte sich auf den Rasen nieder', *lähde*' 'Quelle' (urspr. „weggehendes Wasser"), dial. *pudote*' 'Wasserfall', eig. 'Fall(stelle)'. – e) Werkzeug, Mittel (der d)-Gruppe nahestehend) für eine Handlung: *ase*' 'Werkzeug, Arbeitsgerät im allgemeinen und Waffe im besonderen' (vgl. dial. *asea* 'in Ordnung bringen, vollbringen'), dial. *ele*' 'Lebensunterhalt, -mittel, d. i. Getreide', *höyste*' 'Würze', *johde*' 'der Zaun, der ins Wasser läuft, um das frei weidende Vieh von der Saat u. ä. fernzuhalten', wörtl. 'Leitung', dial. *kaste*' 'Tunke, „Titsche, Stippe"', *koriste*' 'Schmuckstück' (Neubild.), *kude*' 'Einschuß, Einschlag' (Weberei), *kääre*' 'Umschlag, Verband, Kompresse', *mauste*' 'Würze' (Neubild.), dial. *nide*' 'Bindemittel (z. B. bei der Sichel)', dial. *noste*' 'was den Teig „hebt", auftreibt, Hefe', dial. *nöyle*' (< *neule*') 'Nähfaden', *ohje*' 'Instruktion, Verhaltensmaßregel, Anweisung' (Neubild.), *osoite*' 'Adresse' (Neubild.), dial. *ote*' 'Brot o. ä., womit das Pferd angelockt wird, um es zu „greifen" (fi. *ottaa*), *peite*' 'Decke', *peruste*' 'Begründung' (Neubild.), dial. *pese*' 'flüssige Seife, Stückseife', * *pue*' : *pukeet* 'Kleidungsstück', *pyyhe*' 'Handtuch o. überh. Lappen zum Abwischen der Hände', *pääte*' 'der krumgebogene Teil eines durch ein Brett geschlagenen Nagels', *side*' 'Binde, Verband, Schnur', *sytyte*' 'Anzünder, Anzündemittel, wie Späne usw., Zunder, Lunte', *tuke*' 'Stöpsel, Damm, „Mittel zum Verstopfen"', *täyte*' 'Füllsel, Füllung, Supplement', *varuste*' 'Ausrüstung' (Neubild.), *vaihde*' 'Weiche der Eisenbahn u. a. -gleise' (Neubild.), *voide*' 'Schmiere'.

Die diesen *-e*'-Derivativa zugrunde liegenden Verba weisen die verschiedensten Vokale als Stammesauslaut auf: 1) *a-, ä*-Stämme, z. B. *anta-* : *anne*', *estä-* : *este*', *haasta-* : *haaste*', *hohta-* : *hohde*'; 2) *o*-Stämme, z. B. *aiko-* : *aie*', *katso-* : *katse*', *kuro-* : *kure*'; 3) *u*-Stämme, z. B. *astu-* : *aste*', *paisu-* : *paise*', *taipu-* : *taive*'; 4) *i*-Stämme, z. B. *hankki-* : *hanke*', *moitti-* : *moite*', *pyyhki-* : *pyyhe*'; 5) *e*-Stämme, z. B. *koke-* : *koe*', *kulke-* : * *kulje*' (*kulkeella*), *lähde-*

: *lähde*'; 6) kontrahierende Stämme: *herää-* : *** *here*', *kuiskaa-* : *kuiske*' ('flüstern: Geflüster', eig. 'ein einziges Zuflüstern'), *palkkaa-* : veralt. *palke*' 'Entschädigung, Lohn', *viittaa-* : *viite*' 'Weiser, Wink, Fußnote u. ä.' (Neubildung?).

-e' < *-ek* (§ 27 B, vgl. § 53.1). *-e* gehörte ursprünglich zweifellos nicht zum Derivans, in den Beispielen der Gruppe 5) (bei den *e*-Stämmen) vielleicht auch heute noch nicht. Es dürfte in den Bereich des ausgedehnten *a* ∼ *e*-, *ä* ∼ *e*-Wechsels gehören, der bisher noch keine allgemein befriedigende Erklärung gefunden hat (vgl. z. B. *anta-* : *anne-taan*, *anne-ttu*, *estä-* : *este-lee*, *kanta-* : *kanne-ksii*, *vanha* : *vanhe-mpi*); ein entsprechender Wechsel findet sich auch im Lappischen; somit muß er spätestens im frühen Urfinnischen entstanden sein[1]. Das eigentliche Derivans *-k* wiederum dürfte dasselbe Element sein wie das mindestens bis zur finnischugrischen Ursprache zurückreichende sog. Präsenszeichen *k* (z. B. *pesemme* < **pese-k-me-*, *ei pese-k*, s. § 61 a), das ursprünglich Derivans für den Täter (Agens) war (z. B. *ei pesek* somit urspr. = 'nicht-Wascher'; zum denominalen Ursprung des bejahenden Präsens und Imperfekt vgl. § 32)[2]. Somit dürften von unseren anfangs aufgeführten Beispielen die d)- und die sich daran nahe anschließende e)-Gruppe eine relativ ursprüngliche Bedeutung vertreten, und somit dürften solche auf den ersten Blick rein zufällig anmutenden Homonyme wie *lähde*' im Subst. *lähde*' 'Quelle' und in der Verbalform *(ei) lähde*' '(er) geht nicht' oder *pese*' im Subst. *pese*' 'Waschmittel' und in der Verbalform *(ei) pese*' '(er) wäscht nicht' sich als echte, uralte Synonyme erweisen. Die entsprechende Homonymie ist bei den Nicht-*e*-Stämmen nach dem Inkrafttreten des *a* ∼ *e*-Wechsels gestört worden: *kaste*' 'Taufe', aber *(ei) kasta*' '(er) tauft nicht' usw. Die Entwicklung der Bezeichnung des Täters (und Werkzeugs) zur Bezeichnung der Handlung (c ∼ d > a) ist unkomplizierter, als der erste Augenschein vermuten ließe; ist doch z. B. „der Regner" *(sade')* gleichzeitig auch „das Regnen" selbst, „der Leuchtende" *(paiste')* gleichzeitig auch „das Leuchten" und „der Donnernde" *(jyske')* gleichzeitig auch „der Donner" selbst [die reale Koinzidenz ist also vollkommen, weshalb auch in fast allen Sprachen der 'Schuß' für den 'Knall' steht] usw. Entsprechende Beispiele aus dem Samojedischen bringt Lehtisalo SUST 72, S. 65. Für die Entwicklung der Handlungsbezeichnung (nomen actionis) zur Bezeichnung des Handlungsresultates (a > b) gibt es reichlich Parallelen in anderen Derivationsgruppen (wie z. B. *kaivo* 'das Graben' > 'Brunnen', also „gegrabene Wasserfundgrube", *niitty* 'das Mähen' > 'gemähte o. zu mähende Stelle'), und sie stehen in der Tat einander so nahe, daß dasselbe Wort oft gleichzeitig zu beiden Gruppen gehören kann (z. B. *puhe*' 'noch fortdauernde Rede' ∼ 'gehaltene Rede o. niedergeschriebener Vortrag'.

2) *-i*. a) Bezeichnungen für Handlungen (die übrigen außer den beiden

---

[1] Ravila: FUF 23 S. 37–38; Rapola: Äännehist. tutkimus ... Kollaniuksen ... kielestä (Über die Sprache von Kollanius) 138 f.; Arno Bussenius: Zur ostseefinnischen Morphologie: Stammesalternation im Ostseefinnischen (Berlin–Leipzig 1939) S. 105 f.
[2] Setälä: Tietosanakirja 9 Sp. 304.

ersten sind Dialektbeispiele): *oppi* 'Lehre': *se on hänelle opiksi* 'das dient ihm zur Lehre', *hän on suutarin opissa* 'er ist bei einem Schuhmacher in der Lehre', vgl. das dial. Verb *oppea* 'lernen' (schriftspr. *oppia*); *paini* 'Ringkampf'; *kati* 'das Verschwinden o. Abhandenkommen, das Verschwundensein o. Verschollensein' (*kuukati* 'Neumond, „Mondschwund"', *katsi* 'Blick' (schriftspr. *katse*), *luisti* 'das Schlittschuhlaufen', *maitti* 'Appetit, „das Kosten"', *otti* 'das Zugreifen' (*yhteen ottiin* schriftspr.; *yhteen otteeseen* 'auf einen Ritt, mit einem Zupacken o. Zugriff'), *paisti : tulen paistissa* 'Glut, das Braten: in der Feuersglut', *poltti* 'das Brennen, der Brand', *raasti* 'das Plündern, Zerreißen', *ryösti* 'der Raub', *veti* 'das Ziehen, der Zug'. – b) Bezeichnungen für das Resultat oder den Gegenstand der Handlung: *anti* 'Gabe', *kasvi* 'Gewächs, Pflanze' (dial. = 'Schößling, Saat, keimende Knolle', 'krankhaftes Gewächs im menschlichen Körper'), dial. *keitti* 'Suppe', *paisti* 'der Braten', dial. *loppi* 'Schluß; Winkel' (vgl. dial. *loppea* 'zu Ende gehen, beenden'), *syötti* 'Köder', dial. *säästi* 'Ersparnis', *elätti* 'Zuchtkalb, Pflegekind', *kasvatti* 'Zögling', dial. *kevätti* 'Haustier, das im Frühjahr schwach ist' (vgl. impers. *kevättää* 'Frühjahrsschwäche o. -müdigkeit erleiden o. empfinden', 'es stellt sich Frühjahrsmüdigkeit ein'), *lähetti* (Neubild.) 'Bote', dial. *valvatti* 'der wachend Erwartete' eig. 'der „Er-wachte" d. i. durch Wachen Erlangte'. – c) Bezeichnungen für die Fähigkeit, etwas zu tun, oder für das Mittel (Werkzeug): *aisti* < *haisti* 'der Sinn (einer der fünf Sinne)', *aisti* dial. auch 'Geruchssinn', schriftspr. *haisti*[1]) (vgl. *haistaa* 'riechen'), dial. *juotti* 'Abflußgraben; tiefstes Rinnsal im Flußbett, Abgrund' (vgl. *juottaa* 'tränken'), dial. *kasti* 'Tunke, Sauce', *maltti* 'Mäßigung, Geduld', *muisti* 'Gedächtnis', *oppi* 'Lernfähigkeit' (vgl. dial. *oppea* 'lernen'), dial. *paini* 'Färbmittel' (vgl. dial. *painaa* 'färben'), *pelätti* 'Vogelscheuche', dial. *pisteli* 'Brotdurchlöcherer', dial. *uisti* 'fischförmige Zugangel' (vgl. *uistaa* 'mit dieser Angel fischen', dial. *uitti* 'Flößgraben'. – d) Bestimmte nomina agentis, meist dialektisch: *kaakatti* 'Taucher, colymbus arcticus', *läpätti* 'Schwätzer, Nuschler' (vgl. *läpättää* 'schwatzen, nuscheln'), *pipatti* 'Flughörnchen, sciuropterus (pteromys) volans' (Grundwort unbek.), *puputti* (scherzh.) 'Hase' (*puputtaa* 'von der Stimme des Hasen), *räkätti (rastas)* 'Krammetsvogel, turdus pilaris' (vgl. *räkättää* 'schwatzen'), *räpätti* 'Zwinkerer, Blinzler' (*räpättää* 'blinzeln, zwinkern'). – Soweit das deverbale *o*-Derivans für Tätigkeitsbezeichnungen durch Verschmelzung des frühurfinnischen Derivans *-v- und des Stammesvokals entstanden ist, wie in § 55.24 und § 24 für möglich gehalten wird, ist das in Rede stehende *-i* als analogische Bildung nach dem Muster der entsprechenden denominalen *i*-Derivative (§ 52.3) anzusehen.

3) **-in: -ime-.** a) Werkzeugnamen: *avain* (< * *avajin*[2]) 'Schlüssel', *haistin* 'Geruchsorgan', *hierin* 'Quirl', *kannatin* 'Stütze', *kannin* 'Schwertgehenk', *keritsimet* 'Schafschere', *laukaisin* = *liipaisin* 'Hahn, Drücker' (dial. *karkotin*), *luistin* 'Schlittschuh', *meloin* 'Steuerruder', *pistin* 'Bajonett', *pohdin* 'Kornschwinge', *poljin* 'Pedal, z. B. beim Spinnrocken', *puin: pukimet* 'Kleider', *sauvoin* 'Stange, Bootshaken', *tarvoin* 'Störstange', *tein: tekimet*

---
[1]) Studia Fennica I: 2 S. 73.
[2]) Rapola: SKH I S. 223.

'Instrument(e), Werkzeug(e), Hilfsmittel', *uistin* 'fischförmige Zugangel', *valin* 'Gießform', *viskain* 'Schöpfkelle, Wurfschaufel', *väännin* 'Kurbel, Schwengel'; neuere Bildungen: *aistin* 'Sinnesorgan', dial. 'Geruchssinn' (< *haistin*; vgl. *aisti* § 54.2 c), *elin* 'Organ', *kaihdin* 'Store, Vorhang, Gardine', *kannustin* 'Spore, Stimulus, Ansporn', *kuvastin* 'Spiegel', *piirrin* 'Reißfeder', *puhelin* 'Fernsprecher, Telefon', *sivellin* 'Pinsel' (Grundw. dial. *siveltää* 'bestreichen, pinseln'), *tähtäin* 'Visierkorn', *soitin* 'Musikinstrument', *vaikutin* 'Triebfeder, Motiv, Reagens', *varjostin* 'Schirm, Schutzbrille', *viivoitin* 'Lineal'; (als Determinans in Komposita): *koskin-puu* 'Schüreisen, Ofenkrücke', *loinpuut* 'Gerät zum Aufziehen der Kette'[1]) (vgl. *luoda* '[die Kette] aufziehen'), *pesin-rätti* 'Waschlappen', dial. *pistin-lapio* 'Teigspatel', *poltin-ora* 'Brenner, Brennbohrer'; b) nomina agentis (sämtl. dial.): *hölkötin* 'langsam trabendes Pferd', *höpötin* 'Quatschkopf', dial. *istu(i)met* 'Plazenta, Mutterkuchen', *kapitin* 'flinker Läufer', *lörpötin* 'Schwätzer', *katsin-vieras* 'Zaungast, [„Nassauer" = der „für naß" = umsonst zuschaut], „Sehleute" [aktueller Berliner Ausdruck, der dem Finnischen wortwörtlich und sinngenau entspricht], *reväisin-tauti* 'Bauchkneipen'; beachte das adjektivische *lähtimet halut* 'bereit zum Aufbruch' (mit dieser Gruppe vgl. *-jain, -jäin*, § 55.3); Bezeichnungen für Handlungen, Handlungsresultate oder Gegenstand einer Handlung: *annin* 'Gabe', *istuin* 'Sitz', dial. *hiirenjuoksutin* etwa „Mäuselauf", 'gebrochene Linie an der Vereinigungsstelle zweier Stoffpartien' (wörtl. 'von der Maus ausgelaufen'), *kudin* 'Strickarbeit', dial. *poljin* „das Getretene" = 'die Spur' (*jänö peittääpi jälkensä, koukku- polvi polkimensa* 'der Hase verdeckt seine Spur, das Hakenknie sein „Getretenes" = Spur', VR IV: 1 nr. 280), dial. *paisu(i)n* 'Geschwulst', *soidin* 'Balze der Vögel' (vgl. dial. *soitia* 'balzen'), *särvin* 'Zukost, Zuspeise' „das, was geschlürft wird", von *särpiä* ‚schlürfen', dial. *vanoin* 'Draht' *(= vanunki)*; (determinierender Teil von Komposita:) *asuin-sija* 'Wohnplatz', *astuin-rauta* 'Trittbrett' eig. 'Tritteisen an Wagen', *elin-kausi* 'Lebenszeit', *istuin-lauta* 'Sitzbrett', *kasvin-aika* 'Wuchszeit', *keitin-kota* 'Kochhütte, -zelt', *kuolin-hetki* 'Sterbestunde', *leivin-uuni* 'Backofen', *olin-paikka* 'Aufenthaltsort', *pääsinpäivä* 'Entlassungstag'; (aus solchen Komposita elliptisch losgelöst, dial. :) *laskin = pudotin* 'Wuhne zum Auswerfen des Netzes', *nostin* 'Wuhne zum Herausziehen des Netzes', *saatin* 'die Stelle des Netzzuges, wo die Fische hochgezogen werden', *vedin* 'Netzzugwuhne', *leivo(i)n : leipo(i)men* 'Teigtrog', *valkain* 'Bootshafen' (von einem sprachvergleichend erschließbaren Verbalstamm **valka-* 'sich herablassen'; analogische Form); besonders ist zu beachten *asen : asemen* 'Lage, Stellung' (vgl. das dial. Verbum *asea* 'liegen'[2]) und *kuudan : kuutamen* 'Mondschein' (als Grundw. ist anzusehen **kuutaa* 'scheinen' (vom Monde) (s. § 67.6). Über das Lautl. weiter unten.

---

[1]) Das als selbständiges Wort gebrauchte *loimi* (pro **loin*) 'Kette, Aufzug' ist eine analogisch entstandene sekundäre Bildung (vgl. *tuomi : tuomen*).

[2]) Volksd.: *Istun nyt, miun imoni, Ase aineni omani, Selin seinää sinistä, Vasten kantta valkiaista, Päin ristirahvahasen, Suin mustaan metoon* 'Setz dich *(istun nyt < istu` nyt)* jetzt, liebe Mutti, laß dich nieder, meine Einzige, mit dem Rücken zur blauen Wand, gegen das weiße Tischtuch hin, mit dem Gesicht zum Christenvolk, mit dem Mund dem dunklen Honigtrank zugewandt'.

Ein solcher Typ des heutigen Finnischen wie *kannin* ist analog (Muster *pistin, pohdin* u. a.; s. § 23 C), dial. *kannoin* dagegen ist lautgesetzlich, dessen späturfinnische Deklination wahrscheinlich *kannoin* (< * *kandoim*) : *kantomen* lautete. Vermutlich hat *i* ursprünglich nicht zum Derivans gehört, sondern hat sich vielleicht erst aus dem Stamm der verbalen *i*-Stämme (wie *meloa* < * *meloi-δak*) zunächst vor dem silbenschließenden * *-m* und erst viel später vor dem silbenbeginnenden eingefunden. Auf Grund der lappischen und mordwinischen Entsprechungen des Derivans hat man gefolgert, daß seine frühurfinnische Gestalt *-ma, -mä* gelautet habe; vor der Einfügung des *i* habe also der nom. sg. z. B. * *kantama* gelautet, in dem dann durch Apokope das * *-m* in den Auslaut trat. Da von jeher nur *e*-Stämme in ihrem Paradigma Konsonantstamm aufwiesen, gingen die *-ma-*, *-mä*-Formen in solche mit dem Vokalstamm *-me-* über. Wenn die beiden in der c)-Gruppe erwähnten Nomina *asen* und *kuudan* tatsächlich Ableitungen der Verba *asea* und *kuutaa* sind, so könnten wir in ihnen ein Überbleibsel der alten Suffixgestalt ohne *i* sehen. – Dem Suffix * *-ma,* * *-mä* als Derivans für Werkzeugnamen lassen sich lautlich entsprechende gleichbedeutende Derivantia auch außerhalb des Ostseefinnischen bis zum Ostjakischen und Wogulischen gegenüberstellen, so daß diese Funktion des Derivans als uralt angesehen werden darf. Faßt man die Wörter der c)-Gruppe ins Auge, die noch im heutigen Finnisch oft Synonyma auf *-ma, -mä* neben sich haben (*poljin = polkema, asuin-sija = asuma-sija, loin-puut = luoma-puut, valkain = valkama* usw.), so scheint es offensichtlich zu sein, daß es sich um dieselbe Aktionsbezeichnung handelt wie bei dem *-ma, -mä* des heutigen III. Infinitivs (§ 55.6); über die Ableitung von Werkzeug- resp. Agensbezeichnungen und Aktionsnamen mit demselben Derivans s. z. B. § 54.1. Wenn diese Derivantia weiterhin urverwandt sind mit dem denominalen *-ma, -mä* -Derivans (§ 52.11), was wahrscheinlich ist, so kann man vielleicht die deminutive Bedeutung des letztgenannten als die relativ ursprünglichste ansehen. Über Weiterbildung des Suffixes s. § 55.3 (*-jain, -jäin* usw.).

4) **-ja, -jä.** Eines der meistgebrauchten Derivantia des Finnischen, mit dem sich von jedem persönlichen Verbum die Agensbezeichnung bilden läßt. Zum Beispiel *luoja* 'Schöpfer', *myyjä* 'Verkäufer', *saaja* 'Empfänger'; *antaja* 'Geber', *elättäjä* 'Ernährer', *kalastaja* 'Fischer', *laulaja* 'Sänger', dial. *märäntäjä* „Feuchtmacher", 'eiternde Wunde, Ausschlag o. dgl.' (*märkä* 'feucht, Eiter'), *pitäjä* 'der Halter' usw. [also nom. agentis nach der jeweiligen Anwendungsweise von *pitää* 'Tierhalter, Buchhalter' usw.], als spezieller terminus technicus 'Kirchspiel', wohl zunächst das Gebiet, das die Steuerkosten für ein bestimmtes öffentliches Mahl aufbringen mußte[1]) [*pitää* näml. auch 'ein Mahl veranstalten, abhalten', daher 'das Mahl' = *pidot*], *rakentaja* 'Erbauer', *rientäjä* 'Streber, strebsamer Mensch'; *kutoja* 'Weber', *meloja* 'der das Steuerruder führt', *sitoja* 'Binder'; *astuja* 'welcher schreitet', *kysyjä* 'der Frager', *saapuja* 'der Ankommende'; *hiipijä* 'Schleicher', *kuokkija* 'der Hackende, Schmarotzer', *potkija* 'der von hinten Tretende', *repijä* 'der Zerreißer'; *kehrääjä* 'Spinner', *kerääjä* 'Sammler', *paikkaaja* 'Ausbesserer',

---

[1]) Kustaa Vilkuna: Vir. 1951 S. 267 (dtsch. Referat S. 508).

vastaaja 'der Antwortende', jur. 'der Beklagte, der Bürge'; beachte *kuolija* 'der Sterbende', *menijä* 'der Weggehende', *nousija* 'der Aufstehende usw.', *näkijä* 'der Seher', *olija* [meint mit Lokalkasus: 'der irgendwo'] 'sich Aufhaltende', *purija* 'der Beißer', *tekijä* 'Täter, Autor, Verfasser', *tuntija* 'der Kenner', *haravoitsija* 'der Harker', *katkaisija* 'Unterbrecher' (auch des elektr. Stromes: 'Schalter'), *palvelija* 'Diener', *paranija* 'der Gesundende' (jedoch 'Rekonvaleszent' als t. t. wäre *'toipilas'*). In den Verba, die Konsonantstamm aufwiesen (also in den *e*-Stämmen), ist *-ja*, *-jä* unmittelbar an diesen angetreten. Somit lauteten die oben angeführten Substantiva *kuolija, menijä* usw., statt deren andernfalls * *kuoleja*, * *menejä* usw. zu erwarten wäre, ursprünglich * *koolja*, * *menjä* usw. (dialektisch sind noch solche Formen wie *näkjä, olja, palvelja* erhalten); man beachte auch die schwache Stufe in dial. Weiterbildungen *anneljas* schriftspr. *antelias* 'freigebig' § 55.1; das jetzige *i* nach dem letzten Stammkonsonanten *(kuol-i-ja)* ist die vokalisierte Weiterentwicklung des ursprünglichen *j* (vgl. § 23 H), während das heutige *j* nach dem *i* rein orthographischen Charakter trägt im Dienste der Herstellung eines gleichen Schriftbildes mit den übrigen nomina agentis (früher schrieb man *kuolia, meniä* usw.)[1]. Zu dem Derivans *-ja, -jä* sind gleichbedeutende Entsprechungen außerhalb des Ostseefinnischen bis zum Samojedischen angeführt worden, so daß es vielleicht schon aus der uralischen Grundsprache stammt. – Über Weiterbildungen s. § 55.1 *(-ias, -jas)*, 3 *(-jain, -jäin* usw.), 4 *(-jainen, -iainen)*.

5) **-kka, -kkä**. a) Substantiva: Aktionsbezeichnungen (als Grundw. fungiert im allgemeinen ein deskriptives Verb): *jupakka* 'Streit, Krach' (vgl. *jupajaa* 'brummen, murren'), *kahakka* 'das Knistern, Rascheln, z. B. von Seide' > 'kleinerer Zusammenstoß, Geplänkel' (zur Bedeutungsentwicklung vgl. *kapina* 'Aufstand' < 'Gepolter, Krach'), vgl. *kahajaa* 'es knistert, raschelt'; *mellakka* 'Durcheinander, Putsch' (vgl. *mellastaa* 'lärmen', dial. *melajaa*), *rytäkkä* 'Krach, lauter Streit' (vgl. *rytäjää* 'Krachen'), *rähäkkä* 'Gebrüll und Streit, auch Rauferei' (*rähäjää* 'er schlägt Krach'), *öläkkä* 'Gebrüll' (*öläjää* 'brüllt'); für das in diese Gruppe passende *metakka* 'Durcheinander von Brüllen, Raufen, Streiten' läßt sich kein verbales Grundwort anführen; es scheint eine Kontaminationsbildung vorzuliegen: *meteli* 'Lärm' + *mellakka* 'Durcheinander, Putsch'; sonstige Wörter: dial. scherzh. *hirnakka* 'Wieherer, d. i. Pferd' (= *hirnakko*), *istukka* dial. 'Setzling', dial. *kiirikka* 'Scheibe' (vgl. *kiiriä* 'rollen'), dial. *kolikka* 'das silberne Rubelstück' (vgl. *kolisee* 'es klirrt'), dial. *leimakka* 'große Flamme, Feuerschein' (*leimahtaa* 'aufflammen', *leimuta* 'lodern'); Personenname *Toivakka* (vgl. *toivoa* 'hoffen'). – b) Adjektive: *heilakka* '(sich) hin und her schwingend' (vgl. *heilua* 'schwingen, pendeln'), dial. *puhakka* 'aufgeblasen' (vgl. dial. *puhua* 'blasen'), *riehakka* 'sehr lebhaft, mutwillig, außer Rand und Band' (vgl.

---

[1] Rapola: SKH I 257 f.; Lauri Posti: Vir. 1936 S. 324. – Da auch das Subst. *asia* < *asja* (Setälä ÄH 430), so hindert uns nichts daran, dieses Wort für ein altes nomen agentis des *e*-stämmigen Verbums *asea* 'liegen, sein' von dessen Konsonantstamm anzusehen (s. § 168 Fußn.); *asia* wäre somit urspr. 'das irgendwo Seiende o. Liegende'.

riehua 'rasen, brausen, wüten, flammen, lodern', *riehahtaa* mom.). – Gewöhnlicher als die Wörter auf *-kka, -kkä* sind deren Weiterbildungen; hierüber s. § 55.6 *(-ke')*, 7 *(-kki)*, 8 *(-kko, -kkö)*. Entsprechungen bis zum Samojedischen. Wenn es sich, wie offensichtlich, um dasselbe Suffix wie bei dem denominalen *-kka, -kkä* (§ 52.9) handelt, dann darf man wohl die deminutivpossessive Bedeutung des letzteren für die relativ ursprünglichste halten; für die Entwicklung von Handlungsbezeichnungen aus einer solchen Grundbedeutung bietet z. B. das Derivans *i* eine Parallele dar (s. § 54.2).

5a) **-l.** Hier lassen sich nur zwei wahrscheinliche Beispiele anführen: *nivel* 'Gelenk, Gliederfuge' (vgl. *nivoa*[1]), *taival* 'Wegstrecke' (vgl. *taipua*). Vgl. § 52.10, § 55.9a. Es handelt sich hier sicherlich um Analogiebildungen auf Grund der entsprechenden Denominalia.

6) **-ma, -mä** (Formans des III. Infinitivs). a) Nomina actionis: *elämä* 'Leben', *kuolema* 'Tod', dial. *kuutama* 'Mondschein' (Grundw. dial. *kuutaa*), *rupeama* 'die Zeit zwischen zwei Mahlzeiten', eig. „das Herangehen (an die Arbeit)", *salama* (als Grundwort auf Grund der verw. Spr. * *salaa* 'aufflammen' angenommen)[2], *surma* 'Mord' (vgl. *surra* alte Bed.: 'sterben'), *syntymä* 'Geburt', *voima* 'Kraft' (*teki voimansa takaa* 'er arbeitete nach seiner Kraft' = 'aus allen Kräften'); als determinierendes Glied in Komposita: *ampuma-taito* 'Schießkunst', dial. *asema-mies* heute: 'Stationsfaktotum', urspr. 'die Person, die die Sauna für das Baden in Ordnung bringt *(= asee)*', *istuma-paikka* 'Sitzplatz', *juoma-halu* 'Trinklust', *kiehuma-aika* 'Siedezeit', *lapioima-mies* 'Erdarbeiter, Ausschaufler', *leipoma-päivä* 'Backtag', *naima-ikä* 'Heiratsalter', *nukkuma-paikka* 'Schlafplatz', *onkima-kari* 'Angelschäre', *seisoma-sija* 'Platz zum Stehen, Stehplatz, z. B. in der Straßenbahn', *sulama-kuu* 'Monat der (Schnee- u. Eis-) Schmelze', *syömä-hammas* 'Backenzahn', „Eßzahn", *viemä-palkka* 'Fuhrgeld, Fuhrlohn'. – b) Resultat der Handlung oder Gegenstand der Handlung: *asema* 'die Lage' (vgl. das Verb *asea* 'liegen, sich placieren, niederlassen', s. § 54.3), *halkeama* 'Spalte', *juoma* 'Getränk', *kovettuma* 'verhärtete, d. i. auch geronnene, erstarrte u. ä. Stelle', *murtuma* 'Bruchstelle', *paisuma* 'Aufschwellung', *purema* '(Schlangen-) Biß', *sanoma* 'Nachricht' (pl. 'Zeitung'), *satama* 'Hafen' (vgl. *sataa* 'sich herabsenken, heruntergehen' [vgl. auch *sade*' 'Niederschlag']), *suurima* 'Graupe' (= *suurimo*; anzusetzendes Grundwort * *suuria*, womit das Verb *suurtaa* 'Graupen stampfen' in der alten Volksdichtung zu vergleichen ist; vgl. auch *suurus* 'Graupenfrühstück'); dial. *syömä* 'Wurstfüllmasse, Wurstfüllung', *tapahtuma* 'Ereignis', *valkama* 'Bootsanlegestelle, Bootshafen' (nach Ausweisen der verw. Sprachen von * *valkaa* 'sich herablassen'), *vasama* 'der maserne o. knöcherne Knopf am Pfeil, Pfeil mit einem solchen Knopf' (mit Hilfe des Lapp. von einem Grundw. * *vasaa* 'schießen' hergeleitet)[3], *vieremä* 'Geröll, Erdsturz, Lawine'. – c) sog. participia agentis von transitiven Verben, also mit adjektivischer Funktion: *tuulen kaatama puu* 'vom Wind entwurzelter Baum', *löylyn lyömä mies* „vom Saunadampf geschlagener Mann", einer, der was 'weghat

---

[1]) Siehe Vir. 1950 S. 317 f. (frz. Referat S. 511).
[2]) Setälä: FUF 2 S. 239.
[3]) Wiklund: SUST 10: 1 S. 132.

vom letzten Frost', *madon syömä nauris* 'madenzerfressene Rübe', *suden raatelema lammas* 'vom Wolf zerrissenes Schaf', *virran viemä vene* 'vom Strom (von der Strömung) entführtes Boot'. – d) Ableitungen von tatsächlichen oder nur hypothetischen -*ele*-Frequentativa, und zwar vom Konsonantstamm (auch in der Volkssprache anzutreffen): *ahdelma* 'eine Reihe Garben auf den Sparren der Darrscheune o. Riege' (vgl. *ahtelen* 'zusammenrücken, -stopfen'), *hedelmä* 'Frucht', dial. auch 'Getreideblüte' (vgl. dial. *hetiä* 'blühen, bei der Rede vom Getreide'), Volksd. *kanan kaapelma* 'von Hühnern aufgekratzte Stelle' (vgl. *kaappia* 'schaben, kratzen'), *katkelma* 'Fragment', dial. auch 'schneefreie Stelle auf der Landstraße im Winter' (vgl. *katkaista* 'ab-, unterbrechen'), *mustelma* (dial. auch *mustelema*) 'Brausche, Beule', *teelmä* (z. B. *verkon teelmä* 'in Arbeit befindliches Netz'; Grundw. *teellä* : *tekelen*), Volksd. *sian tongelma* (als Grundw. anzusetzen * *tongella*, vgl. *tonkia* 'wühlen') 'vom Schwein aufgewühlte Stelle'; nach solchen Mustern wurden z. B. folgende Kunstwörter geschaffen: *esitelmä* 'Vortrag', *kirjoitelma* 'Zeitungsaufsatz' o. ä., *näytelmä* 'Schauspiel', *ohjelma* 'Programm' (Grundw. * *ohjella* etwa: 'Anleitungen geben' nicht in Gebrauch), *runoelma* 'Dichtwerk', *suudelma* 'Kuß', *tunnelma* 'Stimmung', *unelma* 'Traum'; bei Agricola begegnen folgende, ihrer Funktion nach ganz gewöhnliche Infinitive wie *rucoelman* (lies: *rukoelmaan*) heute: *rukoilemaan* 'um zu beten', *wilpistelmen* (lies: *vilpistelmään*) heute: *vilpistelemään* 'um zu betrügen'.

Entsprechungen in allen finnischugrischen Sprachen und im Samojedischen; die Bedeutungen sind überall ganz ähnlich wie im Finnischen; der adjektivische Charakter der participia agentis der c)-Gruppe ist sekundär und geht auf frühere substantivische Bedeutung zurück[1]). Über das Verhältnis dieses Derivans zum deverbalen -*in* : -*ime*- sowie zum denominalen -*n* : -*me*- und -*ma*, -*mä* s. § 54.3. Über Weiterbildungen s. § 55.13 (-*minen*), 14 (-*mo*), 15 (-*mus*).

7) **-na, -nä.** Nomina actionis: a) Solche, die auf deskriptiven, mit dem Derivans -*ise*- gebildeten Verba fußen: *humina* (= *humu*) 'das Sausen', *hälinä* (= *häly*) 'Lärm', *jyrinä* 'Schmettern, Donnern', *kapina* 'Aufstand', urspr. 'Krach schlagen', *kahina*, *kopina*, *nurina* (sämtl. kaum lexikographisch exakt erfaßbar), *pakina* 'Plauderei' (*pakisee* '(er) plaudert'; urspr. etwa 'bläst, schnauft', vgl. estn. dial. *pagi* : gen. *pagina* 'Wind- o. Regenstoß'), *tärinä* 'Klappern, Erschütterung', *vilinä* 'Gewimmel'. – b) Ableitungen von anderen deskriptiven Verba: *kirkuna* 'Schreien', *tuoksina* 'das Kramen, Geschäftigkeit' (vgl. westl. Dialekte: *tuoksua* 'stauben' [vgl. auch nhd. 'einen Wirbel machen, viel Staub aufwirbeln']), *pauhina* (vgl. *pauhata*), *paukkina* (vgl. *paukkaa*) 'Krachen, Bumsen' (letzteres kräftiger als ersteres), *tuiskina* 'das Herumgeschmeiße', *voihkina* 'Gejammer u. Gestöhne' (*voihkia*). – Entsprechungen auch außerhalb des Ostseefinnischen, doch stimmen die Angaben der Forscher nicht überein. Auf jeden Fall stammt das Derivans zum mindesten aus der finnischugrischen Grundsprache (u. a. wurde das ungarische Inf.-Formans -*ni* hiermit zusammengestellt). Es ist jedoch nicht erklärt, warum sich dieses Formans im Finnischen nur an deskriptive Verba

---

[1]) Lehtisalo: MSFOu 72 S. 91 f.; E. Itkonen: ib. 98 S. 298 f.

angeschlossen hat. Urverwandtschaft dieses deverbalen *-na, -nä* mit dem denominalen Deminutivsuffix *-na, -nä* (§ 52.12) scheint möglich zu sein. – Gesondert zu erwähnen ist *tarina*, das wahrscheinlich bis auf die letzte Silbe entlehnt ist (< russ. *старина*)[1].

8) **-nta, -ntä.** Nomina agentis: a) von zweisilbigen Verba abgeleitet: *ammunta* (< * *ambunta*) 'das Schießen', *ammunta* (von *ammua*) 'das Brüllen der Kühe', *astunta* 'das Schreiten', *etsintä* 'die Suche', *hankinta* 'die Beschaffung', *hieronta* 'die Massage', *kosinta* 'die Werbung, die Freite', *kutsunta* 'die Einberufung', *kysyntä* 'die Nachfrage', *luenta* 'Vorlesung', *onginta* 'das Angeln', dial. *panenta* 'das Setzen, Legen, Stellen', *poiminta* 'das Pflücken', *ruokinta* 'das Füttern', dial. *tulenta* 'das Kommen' (*Tulennasta tuiman tunnen* 'aus der Art des Kommens erkenne ich den Feurigen, Hitzkopf'), *valvonta* 'das Wachen, die Überwachung, Kontrolle'; in Komposita: *kasvantaväärä* 'schief wachsend', dial. *panenta-tauti* 'vom Zauberer besprochene, angezauberte Krankheit', *synnyntä-rampa* 'lahm von Geburt'; b) die auf einsilbigen Wortstämmen fußenden Derivativa sind sämtlich dialektisch, z. B. *luonta* (*luonnan musta* 'von Natur schwarz') 'Natur', *lyöntä* 'der Schlag, Schlägerei' (*Ei lyönnän hyvää, jos ei luonnan hyvää* 'In der Schlägerei nicht gut, wenn nicht von Natur gut' d. h. 'Wer von Natur ein Schwächling ist, kann auch nicht im Kampfe seinen Mann stehen', *syöntä* 'das Essen', *tuonta* 'das Herbeibringen, Zufuhr u. ä.' (*Tuontapuu ja haentahalko* Sprichw. 'Wer das Holz weit hergebracht bekommt, muß sich auch die Scheite jeweils weit herholen', m. a. W. 'die Holzquelle, d. i. der Wald darf nicht zu weit vom Hause abliegen'; die einschlägigen Bildungen von dreisilbigen *-tse*-Verba und Konliegen'); die einschlägigen Bildungen von dreisilbigen, gewöhnlich *-tse*-Verba und Kontraktionsverba sind spät analogisch entstanden, meist sind es gelehrte Kunstwörter: *harkinta* 'Erwägung' *(harkitsen)*, *häirintä* 'Störung' *(häiritsen)*, *lääkintä* 'Heilbehandlung', *maininta* 'Erwähnung', *merkintä* 'Vermerk, Notiz, Markierung', *punninta* 'Erwägung', *valinta* 'Wahl'; *tajunta* 'Bewußtsein', *tarjonta* 'Angebot, Bewirtung, Ausschank'; *haaveksunta* 'Schwärmerei', *halveksinta* 'Verachtung', *huolehdinta* 'Besorgen'. Nur in Dialekten trifft man solche Ableitungen von dreisilbigen *-ele*-Verba wie *työhelentä* 'das Arbeiten' von *työhellä* 'arbeiten', vgl. auch *kolisenta* in *kolisentarauta* 'Türklopfer', vgl. *kolista* 'klopfen, rasseln, poltern'. – Außerhalb des Ostseefinnischen sind aus dem Syrjänischen und Wotjakischen Entsprechungen beigebracht worden, die u. a. Werkzeugbezeichnungen sind. Das Derivans dürfte letzten Endes mit dem denominalen *-nta, -ntä* (§ 52.14) identisch sein, und die relativ ursprüngliche Bedeutung dürfte deminutiv gewesen sein.

9) **-pa, -pä ~ -va, -vä** (= Formans des part. praes. act. = I. Partiz.).
a) Adjektive: *käypä* wörtl. 'gehend' = 'im Verkehr befindlich, gültig' (*käypä raha* 'gültige Münze o. Banknote'), *lyöpä* 'schlagend', *lyöpä kello* 'Uhr mit Schlagwerk', dial. *voipa* (wörtl. 'könnend') 'wohlhabend' (Schriftspr. *hyvinvoipa*), *keltaisenvoipa* 'ins Gelbe spielend', *valkoisenvoipa* 'weißlich, ins

---

[1] Anders Kalima: Die slawischen Lehnwörter im Ostseefinnischen, Berlin 1956 S. 129.

Helle, Blonde spielend', *hyvinvoipa, pahoinvoipa* 'sich wohl, übel befindend', *kaikkivoipa* 'allmächtig'; b) Substantiva: dial. *astuttapa* 'Stufe' („zu Ersteigendes"), Neubild. *etsivä* 'Geheimpolizist', *juopa* 'Abgrund', dial. 'Abflußgraben' (urspr. 'das, was trinkt'), *juova* 'Streifen, Linie', dial. 'Bachbett, Wasserleitungsausguß' (urspr. 'was trinkt'), dial. *jääpä: ei syöpä jääpää katso* = 'wer ißt, sieht nicht danach, was übrigbleibt' Sprichw.; *käytävä* 'Gang, Flur' (dial. 'Fußblatt'), dial. *naipa* 'heiratsfähiger Mann', dial. *laskettava* 'Zwischenraum, Vorsaal(abstell)nische' (wörtl. 'Abzustellendes'), *oltavat* 'die Lebensverhältnisse in einem Ort', 'das zu Seiende', veralt. *poikettapa* „wo man vom Wege abweichen kann", 'Seitenweg, Kneipe', dial. *saapa (Saapa saa vaikka linnun piimää* Sprichw. 'Der tüchtige Bettler, d. i. der Pfiffige bekommt was, und wenns bloß Vogelmilch ist') 'der Almosenempfänger'; *saatava* 'Außenstände', *syöpä* 'Krebsleiden', *tehtävä* 'Aufgabe', dial. *viepä* 'Abhang, schroffe Stelle', *vietävä* 'Lump', meist scherzh. (*senkin vietävä* 'von dem [d. i. dem Teufel] Mitzunehmender').

Der Umstand, daß die von ihren Paradigmata isolierten und zu selbständigen Nomina gewordenen Derivativa fast durchgängig die starke Stufe des Suffixes aufweisen, steht damit in Zusammenhang, daß die ursprünglich nur nach unbetonter Silbe vorkommende schwache Stufe in der Funktion des part. praes. act. die starke völlig verdrängt hat. – Über die Entwicklung des Derivans zur 3. sg. pl. praes. s. § 23B, § 19, § 32. – Entsprechungen aus den meisten finnischugrischen und samojedischen Sprachen, so daß das Formans als deverbales aus der uralischen Grundsprache stammen dürfte. Doch dürfte es ursprünglich mit dem denominalen, seiner Bedeutung nach possessivischen *-va, -vä* identisch sein (§ 52.22). Dieses letztere könnte in diesem Fall eine relativ ursprüngliche Grundbedeutung besitzen; so wäre beispielsweise *saapa* nach primitiver Denkweise 'der zu bekommen Habende', „der mit 'Bekommen' Versehene".

10) **-s : -kse-**. Nur Substantiva. a) Nomina actionis oder passionis (Tätigkeit oder Zustand): *hajaannus* 'Zerstreuung', *hengästys* 'Atemnot', *hätäännys* 'Hast, Unruhe', *ihastus* 'Entzücken' (heute auch als Gegenstands- resp. Personenbezeichnung: *tyttö oli hänen ihastuksensa* 'das Mädel war sein Entzücken'), *innostus* 'Begeisterung, brennendes Interesse', *kauhistus* 'der Schrecken, Entsetzen' [auch gegenständlich *voi kauhistus!* 'oh, so ein schrecklicher Kerl, so eine schreckliche Tat!' u. ä.], *kompastus* 'das Straucheln, Fehltritt', *kummastus* 'Verwunderung', *kyllästys* 'Übersättigung, Ekel', *lamaannus* 'Flaute, Erschöpfung', *masennus* 'Zerknirschung', *menestys* 'Erfolg, Gedeihen', *muodostus* 'die Bildung' [meist konkret: also z. B. *muodostus* als konkrete einzelne 'Wortbildung, (Wort)gebilde'], *närkästys* 'Verärgerung, Verstimmung', *pökerrys* 'leichte Ohnmacht' [*(olla) pökerryksissä* in Ton u. Bedeutung berlinisch: „nicht momentan sein", s. sogleich], *riemastus* 'Jubel', *rikos* 'Verbrechen', *sekaannus* 'Verwirrung' [herrschte in den Reihen der Partei, des Feindes o. ä.], *vihastus* 'das Aufbrausen, das Übelnehmen', *ällistys* 'Verblüffung, das Vor-den-Kopf-geschlagen-Sein' [aber nicht: 'vor den Kopf gestoßen']; b) der Zustand, der durch den Eintritt des vom Grundwort bezeichneten Geschehens hervorgerufen wird, kann meist nur durch defektive Nomina in pl. Ortskasus angegeben werden. So kommen alle Bei-

spiele der a)-Gruppe in den entsprechenden Kasus in Frage: *hajaannuksissa*, *hengästyksissä* usw.; weiter: *eksyksi-ssä, -stä, -in* 'auf, von Irrwege(n)', *juovuksissa* 'in „Volltrunkenheit"', *kadoksissa* '„abgängig", verschollen sein', *keskeyksissä* 'unterbrochen' (Grundw. *keskeytä*, Stamm *keskey-*) [z. B. vom Verkehr, einer Filmvorführung u. a.], *kiihdyksissä* 'erregt', *nukuksissa* 'im Schlaf, eingeschlafen', *näännyksissä* 'erschöpft', *painuksissa* 'niedergedrückt', auch konkret: 'untergetaucht, sich gesenkt habend' u. ä., *paisuksissa* 'geschwollen', *punoksissa* 'verwickelt' (z. B. Seil), *pyörryksissä* 'schwindlig, in Ohnmacht', *sammuksissa* 'verloschen', dial. *sidoksissa* 'zugebunden' (*säkki on sidoksissa* 'der Sack ist zu(gebunden)'), *suutuksissa* 'im Zorn', *taivuksissa* 'gekrümmt, gebeugt', *tukkeuksissa* (Grundw. *tukkeuta*, St. *tukkeu-*) 'verstopft', *upoksissa* 'versunken, auf dem Grund (liegen), „abgesackt"' (vgl. dial. *uppoa* = schriftspr. *upota* 'versinken'), *väijyksissä* 'im Hinterhalt, auf der Lauer', *väsyksissä* 'müde' [wie gesagt, sollen die hier in der deutschen Übersetzung auftretenden Partizipia nur einen jeweils vorübergehenden Zustand bezeichnen, also 'im Zustand der Zerstreuung, der Erschöpfung' usw.]; c) Resultat oder Gegenstand der Handlung: *ilmestys* 'die Erscheinung', *kudos* 'Gewebe' (Anat.), dial. 'das, was gewebt o. gestrickt wird', *leivos* 'Torte, Kuchen' (meist einzelne Stücke), *neulos* 'Näharbeit' (die einzelne, unter den Händen befindliche), *nidos* (Neubild.) '(Buch-) Band', *punos* 'geflochtenes Seil', *seos* 'Mischung, Mischmasch' (vgl. dial. *sekoa* 'sich trüben, sich vermengen'), *sidos* 'Verband, Bandage', *survos* 'Gestampftes'; d) Werkzeug oder überhaupt Mittel der Handlung: dial. *ammukset* 'die Schießvorrichtung, die der Bär selbst auslöst, wenn er in die Falle geht', dial. *rikokset* 'Zaubermittel, mit denen das Vieh eines Feindes verdorben (*rikkoa*) wird', *tunnus* 'Kennzeichen' (schon bei Ganander 1787; vgl. *tuntuu hitto hatustaan* 'man erkennt den Teufel an seinem Hut', Sprichw.).

Sicher anmutende Entsprechungen mit gleicher Bedeutung auch außerhalb des Ostseefinnischen bis zum Syrjänischen und Wotjakischen, doch ist das Derivans offensichtlich urfinnischugrisch. Urverwandtschaft mit dem denominalen *-s : -kse-*Derivans deminutiven Charakters scheint ganz natürlich. Vgl. deverb. *-os, -ös* (§ 55.25) und *-us, -ys* (§ 55.32).

55. Als letzte Folge bringe ich im folgenden **zusammengesetzte oder sonst sekundäre deverbale Nominalderivantia** auf:

1) **-ias, -iäs ~ -jas, -jäs.** Im allgemeinen nur Adjektive mit der Bedeutung 'ein solcher, dessen feststehende Eigenschaft die durch das Grundwort ausgedrückte Handlungsweise ist'. a) Das Grundwort ist ein frequentataives *-ele-*Derivativum: *antelias* (dial. *anneljas*) 'freigebig', *kohtelias* (Neubild.) 'höflich', *kyseliäs* 'neugierig', eig. „fragelustig", *loistelias* 'glänzend, glanzvoll', dial. *noutelias* 'gehorsam', *pisteliäs* 'spitz' (in der Redeweise), *puhelias* 'gesprächig', *säästeliäs* 'sparsam', *tuottelias* (Neubild.) 'produktiv', *utelias* 'neugierig', eig. „nachforschend", *yritteliäs* 'unternehmungslustig'; b) nach dem Muster der vorstehenden Beispiele gebildet, obwohl das entsprechende Grundwort auf *-ele-* nicht existiert: *armelias* 'mitleidig', *avulias* 'hilfreich', *häveliäs* 'verschämt' (vgl. *häpeillä*, *hävettää*), *kekseliäs* 'erfinderisch' (vgl. *keksiä* 'erfinden'), *kitulias* 'siech, verkümmert', *kivulias* 'kränkelnd', *mietteliäs* 'nachdenklich' (vgl. *miettiä* 'nachdenken'), *sovelias* 'passend' (vgl.

soveltua, sopia 'passen', dial. *sopea), toimelias* 'betriebsam', *unelias* 'schläfrig', *työteliäs* 'arbeitsam', *vaatelias* 'anspruchsvoll', *vaitelias* 'schweigsam', dial. *viitseliäs* 'fleißig'; die Grenzen zwischen diesen und gewissen als denominal zu betrachtenden Derivativa auf *-lias* ist schwankend (§ 53.22); c) besonders sei hingewiesen auf *kuolias* 'tot', gewöhnlich nur im ess. *kuoliaana* und transl. *kuoliaaksi* (vgl. *kuolla* 'sterben'), dial. *taintias: meni ihan taintiaaksi* = (schriftspr.) *tainnoksiin* 'er wurde ganz bewußtlos' (vgl. *taintua* 'ohnmächtig werden') und *uskalias* 'verwegen' (vgl. *uskaltaa* 'wagen'); das morphologische Verhältnis des Derivativums zu diesem Verbum ist nicht exakt erfaßbar. Mundartlich begegnen die Substantive *juoksias* 'Rheumatismus' „Läuferkrankheit", *pitäjäs* 'Kirchspiel', *väänneliäs* 'Girlande' (vgl. *väännellä: vääntele-* 'winden, drehen', beachte also die Schwachstufigkeit!). – Die frühere Gestalt des Derivans war *-jas, -jäs;* somit vertritt das oben erwähnte *anneljas* für schriftspr. *antelias* [wie auch *väänneliäs*] den ursprünglichen Typ. Bestandteile: *-ja, -jä* (§ 54.4) + denomin. *-s : -(h)-* (§ 52.16).

2) **-io, -iö.** Nur Substantiva (mit einer einzigen Ausnahme). a) Auf intransitiven Verba fußende Bezeichnungen von Wesen: dial. *joutio* 'Tagedieb' (vgl. *joutaa* 'Zeit haben, müßig sein'), *kontio* (Tabuwort für den Bären; vgl. dial. *kontia* 'kriechen, sich schwerfällig fortbewegen', estn. *kõndima* 'schreiten'), dial. *kosio* 'der Werber' (Gemeinspr. *kosio* 'Werbung'), dial. *kuolio* 'tot' (Mensch, Tier); *hylky* 'Wrack' (Gegenstand), dial. *liekkiö* 'Geist des Irrlichts, unbändiges Kind o. Tier' (vgl. dial. *liekkiä* 'auflodern'), *luopio* 'Renegat' (vgl. *luopua* 'sich lossagen'), *sikiö* 'Leibesfrucht' (= dial. *sikiä;* vgl. Verb *siitä, sikiän* 'gezeugt, empfangen werden' = dial. *sikiä*); *yltiö* 'Fanatiker' (vgl. *yltyä*); neue Kunstwörter: *alkio* 'Embryo', *eliö* 'Organismus', *itiö* 'Keim, Spore', *olio* 'Wesen, „Organismus" im Sinne von 'Lebewesen'; b) auf Transitiva fußende Bezeichnungen von Wesen: *heittiö* 'Schurke, Halunke', dial. auch 'Ausschuß', dial. *hurmio* 'ekstatische Person' (vgl. dial. *hurmia* 'hinreißen'), *hylkiö* 'Geächteter, Ausgestoßener, verworfener Mensch' (vgl. *hylkiä* 'verwerfen'), *riiviö* 'Besessener' (vgl. *riivata* 'behexen, bezaubern'), dial. *salvio* 'kastriertes Tier' (= *salvia* 'verschneiden'); c) Handlungs- oder Zustandsbezeichnungen: *arvio* 'Schätzung, Taxierung' (schon bei Juslenius), *huomio* 'Beachtung' (z. B. *herättää huomiota* 'Aufmerksamkeit erwecken'; neuen Datums ist die Bedeutung in *tehdä huomioita* 'Beobachtungen, neue Feststellungen machen', wo das Ergebnis der Tätigkeit gemeint ist), *hurmio* 'Ekstase, Raserei, Verzückung, Entzücken', *häiriö* 'Störung', *häviö* 'Niederlage' (vgl. dial. *häviä* 'verlieren, unterliegen'), *kaipio* 'Sehnsucht', *palkkio* 'Honorar, Belohnung' (auch Werkzeugbezeichnung = 'das, womit jemand belohnt wird'), *suosio* 'Gunst' (vgl. *suosia* 'begünstigen'), veralt. *ryöviö* 'Raub', *tappio* 'Verlust, Niederlage' (vgl. dial. *tapata* 'einen Verlust erleiden' < germ.), *toivio-retki* 'Wallfahrt', Volksd. *täyttiö* 'Füllsel'[1], dial. *uppio: jäädä uppioon* 'versinken'; Neubild. *ilmiö* (vgl. *ilmetä*

---

[1] Zum Beispiel *Virkki vanha Väinämöini: 'Kaikki on mieheksi kyhätty, Kymmenillä täyttijöiksi* VR VII: 1 nr. 101 a 'Es sprach der alte Väinämöinen: Alles ist zu Männern geschaffen, zehn Mann hoch treten sie auf', wörtl. 'Alles ist zu Männern geschaffen, zu Anfüllern o. Anfüllenden mit Zehnern (die Zehner füllen, vollmachen)'.

'erscheinen, sich offenbaren') 'Erscheinung'; d) Handlungsergebnis: *ansio* (Grundw. * *ansata* 'mit der Schlinge fangen'; beachte dial. *ansaan : ansata* 'verdienen', sozusagen 'sich angeln'; vgl. § 67.3 Fußn.), *haaskio* 'Verlust, Vergeudung', dial. *kuivio*, z. B. *järvikuivio* 'ausgetrockneter See', *perkiö* 'gerodetes Land', *raivio* 'gerodetes Kulturland', *rovio* (vgl. *rovita : rovitsen* 'aufhäufen') 'brennender Holzhaufen', *valio* 'Elite' (*valita* 'wählen'); beachte das Adjektiv *mainio* 'berühmt, berüchtigt' (dial. und veralt. Substantiv 'Erwähnung, Ruf'; vgl. *mainia* 'erwähnen)¹). Kunstwörter sind u. a.: *keittiö* 'Küche', *lukio* 'Gymnasium', *muistio* 'Notizheft', *solmio* 'Schleife, Krawatte', *säätiö* 'Stiftung', *yhtiö* 'Gesellschaft' [der z. B. ein Unternehmen gehört, also z. B. *osake-yhtiö* (Abkürzung *oy*.) 'Aktiengesellschaft'].

Lautstand und Bedeutung der Wörter der a)-Gruppe ermöglichen es uns, diese als Weiterbildungen der auf *-ja*, *-jä* endenden nomina agentis ihrer Stammverba anzusehen; das Derivans läßt sich also folgendermaßen analysiren: *-ja*, *-jä* (§ 54.4) + *i* (§ 52.3); über *-io*, *-iö* < * *-jo*, * *-jö* s. § 23 H. Das Derivans dürfte kaum über das Spätfurfinnische zurückreichen. Die Wörter der b)-, c)- und d)-Gruppen wiederum scheinen sich so zu erklären, daß sie zum Teil von *i*-stämmigen Verba sekundäre, analogische -o-, -ö-Ableitungen sind (§ 55.24), z. B. *hurmio* vom Verb *hurmia* 'bezaubern, hinreißen' (s. ob.), *hylkiö* von *hylkiä*, *häiriö* von *häiriä* 'stören', *suosio* von *suosia*, *mainio* von *mainia* 'erwähnen' (viele solche *i*-Verba konnten später vollständig schwinden); andere Wörter derselben Gruppen sind offensichtlich analogisch nach diesen Derivativa entstanden, nachdem die Sprecher sich daran gewöhnt hatten, statt des einfachen -o, -ö das zusammengesetzte Formans *-io*, *-iö*, dessen *i* also ursprünglich zum Wortstamm gehört hatte, als einheitliches einfaches Derivans aufzufassen²).

3) **-(j)a(i)n: -(j)a(i)me-, -(j)ä(i)n: -(j)ä(i)me- ∼ -ia(i)n: -ia(i)me-, -iä(i)n: -iä(i)me-**. Substantiva, ihrer Bedeutung nach zumeist nomina agentis: a) *asuja(i)n* 'Einwohner', dial. *irujain* 'ein Haustier, das zum Kleinvieh gehört' (vgl. *irua* 'quieken, piepen, winseln'), dial. *juoksija(i)n* 'Landstreicher, Wanderer', *kulkija(i)n* 'Reisender, Durchreisender', *kävijä(i)n* 'Besucher', dial. *läksiä(i)n* 'Einlieger' eig. 'der ausziehen wird, da ihm gekündigt ist', dial. *syntyjä(i)n* 'die gegenwärtige Generation' (Lönnrot), dial. *särkiä(i)n* 'großes schlimmes Geschwür, das schmerzt' *(särkee)*; dial. *oljamet* 'der mehrwöchige Besuch der jungen Frau im Elternhaus' (*olla oljamissa*, *tuoda oljamiin* 'auf diesem Besuch sein resp. zu diesem Besuch bringen [der Ehemann fährt seine junge Frau zu deren Besuch bei ihren Eltern]'; Syn. *opikset* 'kurze Aufenthalte'); b) *eläin* 'Tier' (dial. auch z. B. *nais-eläin* etwa: 'Frauenzimmer, Weibsen') < veralt. *eläjäin*, dial. *joutain* 'ungemolkenes Rindvieh' < * *joutajain*, *kasvain* < dial. *kasvajain* 'Schößling, Reis, Beule, Auswuchs', dial. *satain* 'sich mausernder Vogel' < * *satajain*, dial. *sulain* 'geschmolzene Stelle im Eis, schneeloser Fleck', 'Zeit der Schneeschmelze' < * *sulajain;* c) dial. *karkian* 'Flüchtling, Ausreißer' (vgl. *karata, karkaan* 'ausreißen'), dial. *maantaittian* 'Wasserscheide (in Gestalt eines Ås)' (vgl.

---

¹) Rapola: Vir. 1944 S. 340 f.
²) Auf diese Erklärung der Wörter der b)-, c)- und d)-Gruppe hat Prof. Martti Rapola Verfasser aufmerksam gemacht.

taittaa 'brechen, falten'), dial. *vääntiän* 'Bohrer'. – Bestandteile: *-ja, -jä* (§ 54.4) + *-in: -ime-* (§ 54.3). Das Wort *oljamet* aus der a)-Gruppe ist ein Zeugnis dafür, daß das Agens-Derivans ursprünglich an den Konsonantstamm angetreten ist. Die Wörter der b)-Gruppe wiederum sind Beispiele für den Schwund des intervokalen *j* in unbetonter Silbe (vgl. § 19). Die Wörter der c)-Gruppe sind offensichtlich analogische Bildungen solcher Derivativa von *e*-Stämmen wie *kulki(j)a(i)n* und *läksiä(i)n*.

4) **-jainen, -jäinen ~ -iainen, -iäinen.** Substantiva. a) Bezeichnung von Wesen (gewöhnlich Tieren), auch mythologischer Art: *ampiainen* 'Wespe' (*ampua* 'schießen', *ampaista* 'sich stürzen'), dial. *kasvajainen* 'Gewächs, z. B. an der Ferse', *kiiliäinen* 'Bremse', *noutajainen* 'Freund Hein' (= der personif. Tod), „der Abholer", *painajainen* 'der Alp(druck)', *pistiäinen* 'Insekt der Hymenoptera-Gruppe', dial. auch 'Kratzdistel', *polttiainen* dial. 'ein schmerzhaft stechendes Insekt', (= *polttajainen*) 'Nessel', (Neub.) 'zur Gruppe der cnidaria (Nesseltiere) gehöriges Hohltier', *pyöriäinen* 'delphinus phocaena', dial. 'Wirbelwind', *pörriäinen* 'ein dumpf summendes Insekt: Hummel', dial. *tukiainen* 'Stützpfahl des Zaunes', dial. *tuuliainen* 'Wirbelwind' (personif.), dial. *värviäinen* 'Muskelzittern' (als Wesen aufgefaßt: *värviä* 'zittern' [noch in der heutigen finnischen Gemeinsprache als *elohiiri* 'Lebensmaus, Bewegungsmaus' bezeichnet] = dial. *elättäjäinen*: *elää* u. a. = sich bewegen); Familiennamen: *Kääriäinen, Laulajainen, Lempiäinen, Parsiainen, Toiviainen, Tukiainen.* – Feste oder festl. Veranstaltungen (meist Gelage): b) in singularischer Form: *laskiainen* (früher *paastonlaskiainen*), 'Fastnacht' (wörtl. 'Gelegenheit des Sichherablassens', früher: 'des Fastenlassens', eig. 'des Sichherablassens zum Fasten'[1]), *loppiainen* 'Dreikönigsfest' eig. 'Abschluß' näml. der Weihnachtszeit (vgl. dial. *loppea* 'enden, beenden'), *pääsiäinen* das Fest, an dem man vom Fasten loskam: *päästä*)[2]; c) in pluralischer Form: *alkajaiset* 'Veranstaltung zum Beginn von irgend etwas, z. B. der Schulzeit', *harjannostajaiset* 'Richtschmaus': „Firsterrichtungsfeier", *lopettajaiset* 'Abschlußfeier', *läksiäiset* (= dial. *meniäiset*) 'Abschiedsfeier', *maahanpaniaiset* 'Gedenkfeier an einen Verstorbenen', *päättäjäiset* 'irgendw. Abschlußfeier', *ristiäiset* 'Kindtaufe', *rääpiäiset* 'Nachschmaus', wörtl. 'das Zusammenkratzen der Reste', *siantappajaiset* 'Schlachtfest', *tupaantuliaiset* 'Einzugsfeier in die neue Wohnung, zunächst: ins neu erbaute Haus', *vihkiäiset* 'Hochzeitsfeier', aber auch sonstige Einweihungsfeiern, z. B. Magisterschmaus, Ordinationsfeier u. ä.; beachte *arpajaiset* pro * *arpaajaiset* 'Lotterie, Auslosung' (*arvata*: *arpaan* 'auslosen'), *avajaiset* 'Eröffnungsfeier' = dial. *avaajaiset*, *hautajaiset* 'Begräbnisfeier' = dial. *hautaajaiset*, *kihlajaiset* 'Verlobungsfeier' = dial. *kihlaajaiset*. d) Bezeichnungen von Geschenk oder Belohnung: dial. *hengenrikkojaiset* 'Belohnung für die Erlegung (Vernichtung) schädlicher Tiere', *kaupantekiäiset* 'für Vermittlung eines Kaufes resp. Verkaufes', *kirnujaiset* (pro * *kirnuajaiset*) 'Geschenk in Gestalt von Butter beim Buttern' = dial. *pettäjäiset* (vgl. *pettää* = *pyöhtää* 'buttern'), *löytäjäiset* 'Finderlohn', *maistiaiset* 'Kostprobe', *myötäjäiset* (pro * *myötääjäiset*) 'Mitgift' (vgl. *myö-*

---
[1] Y. H. Toivonen: Vir. 1932 S. 368, 1933 S. 64.
[2] K. B. Wiklund: Vir. 1921 S. 29.

dätä: myötään 'nachgeben', „mitgeben"), *sopiaiset* = *hyvittäjäiset* 'Entschädigung, Sühne(ab)gabe', *suumtukkiaiset* „Mundstopfung", 'Bestechungsgeld', *tuliaiset* 'Mitbringsel bei der Ankunft'. e) Adjektive: *kuuliainen* 'gehorsam', *maatiainen* 'einheimisch, bäuerlich', dial. 'klein von Wuchs, untersetzt' (vgl. dial. *maataa* 'sich bis zum Boden erstrecken, auf dem Boden schleppen'); die folgenden sind sämtlich veraltet oder dial.: *armeliainen* 'gnädig, mitleidig', *avuliainen* 'hilfreich', *häveliäinen* 'schamhaft', *kituliainen* 'kränkelnd', *kohteliainen* 'höflich', *puheliainen* 'gesprächig', *uneliainen* 'schläfrig' (= *uneljainen*).

Das Derivans weist ursprünglich *j* auf; die Form ohne *j* (*-iainen*, *-iäinen*) geht aus von Derivativa mit *e*-Stamm, in denen das ursprünglich unmittelbar auf Konsonant folgende *j* zu *i* vokalisiert wurde, z. B. *laskiainen* < dial. *laskjainen*, *pääsiäinen* < dial. *pääsjäinen;* auf deren Analogie fußen *polttiainen, pistiäinen, ampiainen* u. a. Derivativa, die auf *a*-, *ä*- oder *u*-Stämmen fußen und die eigentlich *polttajainen, pistäjäinen, ampujainen* usw. lauten sollten. Bei den Derivativa von *i*-Stämmen ist das Fehlen von *j* eine rein orthographische Angelegenheit: *vihkiäiset* = *vihkijäiset*. Die in der c)-Gruppe angemerkten kurzvokaligen Formen von Kontraktionsverben *(hautajaiset* pro *hautaajaiset)* beruhen ebenfalls auf Analogie nach den ursprünglich kurzvokaligen Formen (wie z. B. *nostajaiset*). – Bestandteile des Derivans: *-ja, -jä* (§ 54.4) + *-inen* (§ 52.4).

5) **-kas, -käs.** Hierher gehören nur wenige Wörter; sämtlich Substantiva: *asukas* 'Bewohner', *istukas* 'Setzling' (Pflanze überhaupt o. speziell Rübe), *upokas* 'Metallschmelzform' (schon in Gananders Wörterbuch 1787; könnte vielleicht auch denominal sein: vgl. dial. *uppo* 'Versenkung, das Einsenken, einzusenkender Gegenstand'). Diese sind offenbar relativ spät nach dem Muster denominaler Bildungen, die dasselbe Derivans aufweisen, entstanden (§ 53.11); den Übergang des denominalen Derivans in ein deverbales haben solche auf deverbalen Substantiven fußende und daher recht deverbal anmutende Bildungen wie *ajokas* 'Kutschpferd' [das in Wirklichkeit zunächst von *ajo* 'Fahrt, Fuhre', nicht aber direkt aus *ajaa* 'fahren' gebildet ist], *paistikas* 'in Asche gebratene Kartoffel o. Rübe', *tulokas* 'Ankömmling', *vaihdokas* 'eingetauschtes Pferd' begünstigt.

6) **-ke'.** Nur Substantiva, die meist das Werkzeug bezeichnen: *eläke'* (altes Wort der Volkssprache; urspr. = das, womit man seinen Unterhalt verdient und so sein Leben fristet: *Henki on eläkkeen poika* 'Das Leben ist das Kind des Unterhalts', Sprichw.), *elvyke'* 'Anregung, Impuls', *heruke'* 'Kraftfutter zur Hebung des Milchertrags (bei Melktieren)', *imeke'* 'Saugpfropf', *kannike'* „Träger" als 'Riemen, Handgriff o. a.', *kastike'* 'Tunke, Sauce' (auch in der Volksspr.), dial. *kiehuke'* 'etwas Aufzukochendes', *kiinnike'* 'Klammer' (vgl. intrans. *kiinnitä* 'sich befestigen, festhaken'), *kuluke'* 'Ausgabe, Spesen' (ajank. 'Zeitvertreib'), *lohduke'* 'Trost, Tröstung' (vgl. dial. *lohtua* 'sich wohlfühlen, sich trösten'), *panike'* 'Türdrücker, Klammer' Bügel' (*kinnipanike'* = *kiinnike'*), *pidäke'* (*pidike'*) 'Spange, überh. etw. zum Halten von etw., Halter', dial. *pudoke'* 'Fall' (bei einer Wasserschnelle; auch im Terrain), 'Abfall', *selvike'* 'Klärmittel [z. B. zum Abklären des Kaffees] (vgl. *selvitä* 'sich klären'), *sytyke'* 'Feueranzünder, Impuls entzündendes Moment', *vahvike'* 'Verstärkungs(steifungs)mittel, Steifung, Stütze' (vgl.

dial. intr. *vahvian* : *vahvita*), *viihdyke'* 'Beruhigungsmittel', *viivyke'* 'verzögerndes, Aufenthalt mit sich bringendes Moment', *virike'* 'Anregung, Impuls' (vgl. *viritä* 'sich entzünden, gestimmt werden [Musikinstr.]'), *yllyke'* 'Aufreizung, Reizmittel, Triebfeder'; Kunstwörter: *kelluke'* 'Schwimmer (als Vorrichtung)', *korvike'* 'Surrogat, Ersatz, Kompensation', *säilyke'* 'Konserve', *tarvike'* 'Bedarfsartikel', *vastike'* 'Ersatz, Äquivalent, Pfand', *virvoke'* 'Erfrischung(smittel)'. – Das Derivans ist an den regelrechten Vokalstamm des Grundwortes angetreten (*elä-, kiehu-, pidä-, ylly-* usw.); bisweilen findet sich vor dem *-ke* ein zum Grundstamm nicht gehöriges *i* (*kanni-ke', kasti-ke'* usw.), das offensichtlich durch die Analogie der Instrumentalia auf *-in: -ime-* bewirkt ist; ein unregelmäßiger, offensichtlich ebenfalls durch irgendwelche Analogie bedingter Grundstamm findet sich in Fällen wie *selvike', vahvike'*. – Das *-k-* in *-ke'* (< *-kkeh*) ist identisch mit dem in den deverbalen Derivantia *-kka, -kkä* (§ 54.5) sowie *-kki* und *-kko, -kkö* (§ 55.7, 8); über das *-e'* siehe § 52.1. Auch Verwandtschaft mit dem denominalen Derivans *-ke'* (§ 53.12) mutet natürlich an.

7) **-kki.** Nur Substantiva. a) Bezeichnungen für Handlungen, Handlungsergebnis oder Gegenstand der Handlung: dial. *ammukki* 'Jagdbeute' („Schießbeute"), dial. *hämmekki* 'Verwirrung' (vgl. *hämmetä* 'in Verwirrung geraten'), *levikki* 'Verbreitung z. B. einer Zeitung' (Neub.), *menekki* 'Absatz', *pysäkki* 'Haltestelle' (Neub.); dial.: *etsikki* 'was gesucht wird', *hävikki* 'Verlust', *kaadukki* 'der Fall, Sturz', *kielläkki* 'Verbot', *kynnäkki* 'Acker' („Pflügung"), *käännäkki* 'das Gewendete', *neuvokki* 'Ratschlag, Beratschlagung, Konsultation', *panekki (vastaanpanekki)* 'Protest', *poltakki* 'Verbrennung, Brandwunde', *saakki* 'Beute', *seisokki* 'Stillstand', *tulekki (rahant.)* 'Einlaufen (z. B. von Geld)', *viekki* (z. B. *hyvä veden viekki* 'guter (Wasser-)Abfluß, Strömung', *viivykki* 'das Verweilen, die Geduld'; b) Bezeichnungen von Wesen: *asukki* (Neub.) 'Untermieter, Schlafbursche', *holhokki* (Neub.) 'Mündel', *lellikki* 'Nesthäkchen, verhätscheltes Kind', *lemmikki* 'Liebling', dial. *lypsikki* 'gute Milchkuh', *suosikki* 'Günstling', dial. *toivikki* 'Braut' (= 'verlobtes Mädchen'); Kuhnamen: *Juotikki, Syötikki*. – Die Wörter der a)-Gruppe sind besonders in den ingrischen Dialekten allgemein, und sie haben reichlich gebrauchte Entsprechungen in den estnischen Dialekten. – Bestandteile: *-kka, -kkä* (§ 54.5) + *-i* (§ 52.3; beachte § 23C), für das *-kk-* sind zu den deverbalen Suffixen gehörige Entsprechungen auch von außerhalb des Ostseefinnischen beigebracht worden. Die Gleichartigkeit mit dem in § 53.14 behandelten denominalen Derivans *-kki* ist sicherlich kein Zufall.

8) **-kko, -kkö.** Nur Substantiva. a) Nomina actionis: *ennakko* 'das Zuvorkommen, das Vorbeugen' eig. 'das Nochmitkommen, das Erreichen', *etsikko* veralt. 'Besuch' („Aufsuchen") (heute gew. nur: *etsikko-aika* 'Zeit der Heimsuchung'), *rynnäkkö* (vgl. dial. *ryntää* 'unerwartet attackieren') 'Sturmangriff', *ylläkkö* veralt. 'Gewalt, Unrecht', heute: 'plötzlicher, unerwarteter Überraschungsangriff' (vgl. *yltää* 'überraschen, überrumpeln'); b) Ergebnis der Handlung: *jäätikkö* 'Glatteis, Gletscher' (*jäätää* 'Eis bilden') (beachte die unregelmäßige Starkstufigkeit des Stammkonsonanten), *karsikko* 'eine zum Teil entästete Kiefer zum Gedenken an einen Verstorbenen o. an ein besonderes Ereignis; an einem solchen Baum ange-

brachte Gedächtnistafel an einen Verstorbenen', dial. *lorakko* 'Pfütze' (vgl. *lorajaa* 'rieseln'); c) Bezeichnungen für lebende Wesen: dial. *elikko* 'Tier, Stück Vieh', dial. *elikkö* 'Ochse, der nicht geschlachtet werden soll', „der am Leben bleiben darf", dial. scherzh. *hirnakko* 'Wieherer' = 'Pferd', *lepakko* 'Fledermaus' (* *leppa-; lepattaa* 'sich leise, sanft bewegen, flattern'), *uskalikko* 'Wagehals' (vgl. *uskaltaa* 'waagen', das morphol. Verhältnis zwischen diesem Verb und dem Derivativum ist unklar). – Bestandteile: *-kka, -kkä* (§ 54.5) + *-i* (§ 52.3; beachte § 23E). Vgl. § 53.15.

9) **-las, -läs.** Substantiva: dial. *saalas* 'neugeborenes Kind' (vgl. *saada* 'bekommen'), dial. *tutilas* 'Zittergreis' (*tutista, tutisen* 'zittern'); Kunstwörter: *kokelas* 'Aspirant', *oppilas* 'Schüler', *sotilas* 'Soldat', *toipilas* 'Rekonvaleszent'. Adjektive: *joutilas* 'müßig, frei, zur Verfügung stehend', dial. *juolas* 'trinklustig, gern einen trinkend' (auch Subst. 'Trinker'), *syöläs* 'von gesegnetem Appetit, viel vertilgend' (= estn. *söölas*, auch Subst.). – Das Derivans beruht wahrscheinlich auf Analogie nach dem homonymen denominalen Suffix (§ 53.19).

9a) **-le'**. Nur ganz wenige Beispiele: *nivele'* 'Gelenk', *repale'* 'Lumpen' (*repiä* 'zerreißen'), *taipale'* 'Wegstrecke'. Vgl. § 54.5a.

10) **-lis: -lii-**. Nur Substantiva, Bezeichnungen für den Gegenstand der Handlung: *saalis* 'Beute', dial. *syölis* '(Fisch-) Essen', *tuolis* 'Mitbringsel', Besuchsgabe (also: Gabe des Besuchers), *vielis* 'mitzunehmendes Geschenk'. – Bestandteile: ? *-l-* (§ 52.10) + *-(i)s* (§ 52.16; beachte die *-is*-Ausgänge, z. B. *nauris* 'Rübe', *ruumis* 'Körper').

11) **-mainen, -mäinen**. In der modernen Normalprosa nur im possessivsuffig. adess. pl. als Bezeichnung einer Tätigkeit, deren Eintritt gerade zu erwarten ist (sog. V. inf.): *kaatumaisillani* 'ich bin drauf und dran, hinzufallen', *lähtemäisilläni* 'fortzugehen', *menemäisillään* 'er ist gerade beim Weggehen', *saamaisillansa* 'er erhält gerade, will gerade in Empfang nehmen', *tulemaisillamme* 'wir sind gerade im Kommen', *viemäisillänne* 'ihr wollt gerade wegschaffen'. In der Volksdichtung begegnet die Gebrauchsweise *kuulemaisissani* = schriftspr. *kuultunani, kuulopiirissäni* 'in meinem Hörbereich', *vene venyy veistämäisillään* 'das Boot liegt auf der Bootswerft' (eig. 'auf dem Zimmerplatz'). Nur in der Volksdichtung kommt auch der Singular vor als Deminutivform des part. agentis: *antamainen* 'gegeben', *laittamainen* 'bereitet, hergestellt' usw. – Bestandteile: *-ma, -mä* (§ 54.6) + *-inen* (§ 52.4).

12) **-maton, -mätön**. Nur Adjektive, Bedeutung a) aktivisch: 'der nicht tut oder getan hat: *eksymätön* 'fehlerfrei, sich nicht irrend', *haihtumaton* 'nicht verdunstend, unverwischbar', *herkeämätön* 'unaufhörlich, ununterbrochen', *horjumaton* 'nicht schwankend, unerschütterlich', *juomaton* 'nicht trinkend', *itämätön* 'nicht keimend', *katumaton* 'keine Reue zeigend', *kelpaamaton* 'untauglich, nichtswürdig', *kestämätön* 'nicht durchhaltend, nicht stichhaltig' (Behauptung), *kokematon* 'unerfahren', *kuolematon* 'unsterblich', *kuulematon* 'taub', *käymätön* 'nicht gehend (Maschine, Uhrwerk)', *lakkaamaton* 'unaufhörlich', *lukematon* 'der nicht liest o. nicht gelesen hat', *lähtemätön* z. B. ein Fleck, der 'nicht weggeht', auch ein Schandfleck, der 'nie mehr schwindet', aber auch ein Gast, 'der sich absolut nicht empfehlen will', *näkymätön* 'unsichtbar', *olematon* 'nicht wirklich existierend', sondern 'bloß

eingebildet', *saamaton* 'nichts zustande bringend, unentschlossen', *sopimaton* 'unpassend', *syömätön* 'nüchtern, nicht essend', *tekemätön* 'nicht arbeitend [työtä tekemätön]', *vaatimaton* 'anspruchslos', *väsymätön* 'unermüdlich'; b) passivisch 'was nicht getan wird oder getan worden ist': *asumaton* 'unbewohnt', *hiomaton* 'ungeschliffen (insbes. übertragen)', *hoitamaton* 'ungepflegt, unbearbeitet, vernachlässigt', *jakamaton* 'unteilbar', *kastamaton* 'ungetauft', *keittämätön* 'ungekocht, roh', *koskematon* 'unberührt', *kutsumaton* 'ungeladen (Gast)', *käyttämätön* '(noch) ungebraucht', *odottamaton* 'unerwartet', *sammuttamaton* '(noch) nicht gelöscht, unlöschbar', *viemätön* '(noch) nicht weggeschafft, aufgeräumt u. ä.'; beachte das sekundäre Subst.: dial. *päivännäkemätön* „das Tageslicht nicht erblickend" = 'Knollen unter der Baumrinde'; c) (passiv) 'was man nicht tun kann': *arvaamaton* 'rätselhaft' „nicht zu erraten", 'unschätzbar', *auttamaton* '„unhelfbar" (verloren), unrettbar', *epäilemätön* 'zweifellos „unbezweifelbar"', *kieltämätön* 'unleugbar', *kiistämätön* 'unbestreitbar, unanfechtbar', *korvaamaton* 'unersetzlich', *kuvaamaton* 'unbeschreiblich', *lahjomaton* 'unbestechlich', *lukematon* 'unzählbar', *sanomaton* 'unsagbar', *sietämätön* 'unerträglich', *uskomaton* 'unglaublich', *voittamaton* 'unbesiegbar', *välttämätön* 'unausweichlich, unabdingbar, unvermeidlich'. – Von obigen Wörtern sind freilich nur diejenigen Wörter der a)-Gruppe eindeutig, deren Stammwort ein intransitives Verbum ist. Alle anderen können auch in der Bedeutung der anderen Gruppen verwendet werden; so kann z. B. *voittamaton* nach dem Satzzusammenhang auch zu Gruppe a) oder b) gehören: 'nicht siegend' resp. '(noch) nicht gesiegt habend' und 'nicht besiegt werdend' resp. '(noch) nicht besiegt worden'; ebenso verhält es sich mit *lukematon* 'nicht zählend o. lesend' resp. '(noch) nicht (z. B. sein Geld) gezählt habend', '(noch) nicht (die Zeitung) gelesen habend', 'nicht gezählt, gelesen werdend' resp. '(noch) nicht gezählt o. gelesen' usw.

Gegensatz der Bedeutung der a)-Beispiele ist das part. act. praes. oder praet.: *eksymätön* ~ *eksyvä, eksynyt*, bei der b)-Gruppe ist das part. praes. pass. resp. das part. praet. pass. das bedeutungsmäßige Gegenstück (*hoitamaton* 'nicht gepflegt werden resp. worden' ~ *hoidettava* 'gepflegt werdend' resp. *hoidettu* 'gepflegt (worden)'), bei den Ausdrücken der c)-Gruppe wäre als funktionelles Gegenstück am klarsten der iness. pl. des passiven Präsenspartizips anzusetzen: *auttamaton* 'unrettbar' ~ *autettavissa oleva* 'dem man noch helfen kann'. [Zwar würde auch das bloße part. praes. pass. zur Not ausreichen, aber dies wäre nicht eindeutig klar (*autettava* 'geholfen resp. gerettet werdend', aber auch 'der gerettet werden muß' und dann schließlich erst: 'dem geholfen werden kann').] An die Funktionen der b)-Gruppe schließt sich die Verwendung dieser Derivativa als negative Form des participium agentis an (§ 54.6), z. B. *kenenkään näkemätön* 'von niemand gesehen' (vgl. *jokaisen näkemä* 'von jedermann gesehen'). – Bestandteile: Kennzeichen von Inf. III -*ma*, -*mä* (§ 54.6) + -*ton*, -*tön* (§ 53.51).

13) -**minen** (= Kennzeichen von Inf. IV). Nur Substantiva: nomina actionis oder Gegenstand der Handlung. Man beachte z. B. folgende Gebrauchsweisen: *antaminen* 'das was gegeben wird', dial. *juominen* 'das Dünnbier', dial. *lyöminen* 'Schlägerei, Rauferei', dial. *oleminen* 'Eigentum',

dial. *puimiset* 'zu dreschendes Getreide', *saaminen* 'Guthaben', dial. 'Verdienst, Einkommen' (*syöminen on saamisessa* = 'das Essen hängt von dem ab, was man bekommt, d. i. verdient', wenn keine Ersparnisse vorhanden sind), dial. *sanominen* 'Streit', *tekeminen* 'Aufgabe, Arbeit'; beachte die pl. Ausdrücke: *olla tekemisissä jonkun kanssa* 'mit jemand zu tun haben', *mennä naimisiin* 'heiraten', *olla naimisissa* 'verheiratet sein'. – Bestandteile: *-ma, -mä* (§ 54.6) + *-inen* (§ 52.4), also dieselben wie bei *-mainen, -mäinen* (§ 55.11); die Verschiedenheit des Vokalismus nach *m* in diesen beiden Fällen ist im einzelnen nicht geklärt[1]).

14) **-mo, -mö**. Nur Substantiva. a) Ort der Handlung: *katsomo* 'Zuschauerraum', *kehräämö* 'Spinnerei', *kutomo* 'Weberei', *latomo* 'Setzerei', *leipomo* 'Bäckerei', *näyttämö* 'Bühne', *paahtamo* = *paahtimo* 'Rösterei', *panimo* 'Brauerei', *polttimo* 'Brennerei', *pukimo* 'Schneiderwerkstatt', *sitomo* 'Buchbinderei', *teurastamo* 'Schlächterei', *valimo* 'Gießerei', *(laivan)varustamo* 'Geschäft für Schiffsausrüstungen', *kaalamo* Gemeinspr. *kahla(a)mo* 'Furt, Viehschwemme', *uittamo* 'Viehschwemme', *veistämö* 'Werft'. Außer den drei letztgenannten dürften die übrigen Kunstwörter sein. *Veistämö* kommt schon bei Ganander (Wörterbuch von 1787) vor. Vergleichbar damit ist folgender Ausdruck in der Volksdichtung: *ei se vety veistämöisillensä* '(es wird nicht feucht) in loco fabricationis'. Das Wort *veistämö* scheint denn auch das Muster des ganzen schriftsprachlichen Derivationstyps abgegeben zu haben. Man vergleiche hiermit, daß auch mit dem denominalen *-mo* Bezeichnungen für Örtlichkeiten abgeleitet sind (s. § 53.32). – b) Besondere Beachtung verdienen *kuutamo* (vgl. dial. *kuutaa* 'scheinen, vom Mond'; s. § 67.6), *suurimo* 'Graupe' (= *suurima*, s. § 54.6), das aus den oft gebrauchten Pluralformen seines Synonyms abstrahiert sein kann, sowie das Kunstwort *laskimo* (*-suoni*) 'Vene, Schlagader'. – Bestandteile: *-ma, -mä* (§ 54.6) + *-i* (§ 52.3; beachte § 23 E). In solchen Wörtern wie *panimo, paahtimo* usw. ist das *i* vor dem *m* offensichtlich durch die Analogie der Instrumentalia (§ 55.3) auf *-in : -ime-* hervorgerufen.

15) **-mus, -mys**. Nur Substantiva. a) Nomina actionis: *antaumus* 'Hingebung, Ergebenheit', *katumus* 'Reue', *lankeemus* 'der (sittliche) Fall', *luopumus* 'Verzicht, Resignation', *pettymys* 'Enttäuschung', *pyrkimys* 'das Streben', *tutkimus* 'Forschung, Untersuchung' (*tutkimus asian johdosta jatkuu* 'die Untersuchung in der Sache geht weiter'), *uupumus* 'Erschöpfung', *vihkimys* 'die Weihe, Einweihung', *väsymys* 'Müdigkeit, Ermüdung', *ylösnousemus* 'Auferstehung', *ymmärtämys* 'Verständnis'; beachte die sekundär als Wesensbezeichnungen verwendeten Ausdrücke *kaitselmus* 'Vorsehung' und *sallimus* 'Fügung, Schicksal'. – b) Handlungsergebnis oder Gegenstand der Handlung: *ahdelmus* 'Garbenreihe auf den Dachsparren der Darrscheune', *anomus* 'Gesuch', *elämys* 'Erlebnis' (Neubild.), *kantamus* 'Traglast', *katselmus* 'Besichtigung' (schon in der Rechtssprache des 16. Jh.), *kertomus* 'Erzählung, Bericht', *kokemus* 'Erfahrung', *kysymys* 'Frage', dial. *laskemus* 'Falte', *luomus* 'Schöpfung', dial. *multimus* 'Erdböschung' (vgl. *multia* 'Erde schaufeln'), *näkemys* 'Vision', *olemus* 'das Wesen', *olettamus* 'Vermutung' (Neubild.),

---

[1]) Erkki Itkonen: SUST 98 S. 298.

perimys 'Erbschaft', *pitämys* 'Sitte, Auffassung', *tottumus* 'Gewohnheit', *vaatimus* 'Forderung'. – c) Handlungsort: *asumus* 'Wohnstätte', dial. *laskimus* 'Wuhne, bei der das Netz ausgeworfen wird', *nostamus* 'Wuhne, wo das Netz emporgezogen wird', *saattimus* 'Wuhne, wohin das Netz unter dem Wasser gebracht wird'. – d) Werkzeugbezeichnung: dial. *uimus* 'Flosse'. – e) Lebende Wesen: *aitomus* (= *aitimus;* vgl. *aitoa* 'über den Zaun springen') 'ein Pferd, das über den Zaun springt; Ausreißer', *huorimus* (vgl. dial. *huoria* 'huren') 'Hurenbock', dial. *menimys* 'Mensch von schneller Gangart', dial. *pillomus* 'Schadenstifter' (vgl. *pilloa* 'verderben'). – Bestandteile: *-m-* (§ 54.6) + *-(u)s*, *-(y)s* (§ 52.17, wo auch über den Ursprung des *u* resp. *y* gehandelt wird). Das *i* in *menimys* vor dem Derivans beruht zweifellos auf Analogie der zahlreichen denominalen Wesensbezeichnungen auf *-imus*. Vgl. denomin. *-mus*, *-mys* (§ 53.34).

16) **-nki.** Nur Substantiva. Nomina actionis oder des Ergebnisses der Handlung: dial. *elinki* 'Lebensunterhalt, Pension, Rente', *hämminki* = dial. *hämmenki* (vgl. *hämmetä* 'sich verwirren, in Unordnung geraten') 'Verwirrung', dial. *juotinki* 'Zecherei, Trinkgelage' (vgl. *juottaa* 'tränken'), *kulunki* 'Ausgaben, Spesen', *maininki* 'Wellengang' (vgl. dial. u. veralt. *mainia*)[1], *suopunki* (Grundst. lapp.) 'Wurfschlinge, Lasso', dial. *tasinki* 'Entschädigung, Verrechnung, Lieferung, Bezahlung' (vgl. *tasia* 'ausgleichen, (ver)teilen'), dial. *vanunki* 'Draht' (vgl. *vanua* 'sich zusammenziehen, einschrumpfen')[2]. – Bestandteile: anzusetzen finnischugrisch * *-nka*, * *-nkä* + *-i* (§ 52.3; beachte § 23C); vgl. *-nko* § 55.17. Entsprechungen zum mindesten in den permischen, evtl. auch in den ugrischen Sprachen. Vgl. denomin. *-nka* (§ 52.13), *-nki* (§ 53.38).

17) **-nko.** Nur Substantiva, dialektische, die Bedeutung wie beim letzten Punkt: *etsinko* 'das Suchen', *lepinko* 'der Erbanteil der Braut' (ausgezahlt bei deren Verheiratung) (= *lepinto;* vgl. dial. *leppiä*, schriftspr. *leppyä* 'beschwichtigt werden'), *tasinko* 'Entschädigung, Vergütung' (vgl. *tasia* 'ausgleichen, verteilen'). Dieselben Bestandteile wie beim vorigen Derivans; zum Lautlichen vgl. überdies § 23 E.

18) **-nne' : -ntee-.** Nur Substantiva. a) Terrainbezeichnungen: dial. *kaadanne'* 'schroffer Wegabhang (= *kaade'*), *kaivanne'* 'große Grube, Höhle', *painanne'* 'niedrige Stelle', dial. *sulanne'* 'geschmolzene Stelle auf dem Eis oder dem Boden', dial. *uponne'* 'Vertiefung auf dem Seegrund'; b) sonstige Wörter: dial. *elänne'* 'Eigentum, Lebensunterhalt', dial. *halanne'* : *kivi on halanteella* 'der Stein ist angeborsten', *jäänne'* 'Relikt, Überbleibsel', dial. *luonne'* : *silmän luonne* 'Blick' (die Bedeutung in der heutigen Gemeinsprache 'Charakter' ist künstlich geschaffen)[3], *perinne'* 'Tradition', dial. 'Erbe', dial. *saanne'* : *näillä saanteilla* 'in dieser Gegend'. Bestandteile: *-nta*, *-ntä* (§ 54.8) + *-e'* (< *-eb*; § 52.1).

---

[1] Rapola: Kalevalaseuran vuosikirja 31 (1951) S. 108 f. Die Bedeutung konnte beeinflußt sein durch dial. *laiminki* 'die Ruhe [eig. Beruhigung] nach dem Sturm'.
[2] Toivonen: FUF 28 S. 209.
[3] Rapola: Vir. 1948 S. 70 f., 196.

19) **-nnos, -nnös.** Nur Substantiva, nomina actionis, Ergebnis der Handlung oder Gegenstand der Handlung: dial. *juonnos* 'Trinken, Trinkgelage, Trunksucht', *jäännös* 'Rest', dial. *käynnös: oli täällä käynnökseltä* 'er hat im Vorübergehen mit vorgesprochen', *luonnos*, z. B. *verkon l.* 'angefangene Netzstrickerei', *(aikaan)saannos* 'das Zustandegebrachte', *syönnös* 'das Essen, die Mahlzeit; Speisematerial'. – Bestandteile: *-nto, -ntö* (§ 55.22) + *-s* (§ 52.17).

20) **-ntainen, -ntäinen ~ -nnainen, -nnäinen.** Substantiva, meist Ergebnis der Handlung: *herännäinen* 'der (religiös) Erweckte', *kasvannainen* 'Gewächs', *leivonnainen* 'Gebäck', dial. *pistäntäinen* 'eine Art Peitsche', *punonnainen* 'Geflochtenes: Schnur o. ä.', dial. *puutunnainen* '(in magischer Weise) angesteckte Krankheit' = *tartunnainen* (beide auch als Adj. 'ansteckend, angesteckt'), dial. *sulannainen* 'geschmolzene Stelle im Terrain', dial. *taitannainen* 'geknickter Baum'; neuere Kunstwörter: *hoennainen* 'Wiederholungsvers o. ä., Refrain', *johdannainen* 'Ableitung', *kaivannaiset* 'Boden-, Hackfrüchte', *kivennäinen* 'Mineral', *kudonnainen* 'Gewebe' (Biol.), *käännynnäinen* 'Proselyt, Konvertit', *liitännäinen* 'Prä-, Suffix'. – Adjektive, auf den angeführten substantivischen Bedeutungen fußend: *luontainen* 'natürlich', dial. *maadunnainen* (z. B.) *sade* „Landregen", 'Regen auf weitem Gebiet und lange Zeit anhaltend' (das Funktionsverhältnis zum Grundwort *maatua* unklar), *satunnainen* 'zufällig', *synnynnäinen* 'angeboren'; neue Kunstwörter: *kerrannainen* (z. B.) *ruusu* 'gefüllte (Rose)', *näennäinen* 'scheinbar', *olennainen* 'wesentlich', *perinnäinen* 'traditionell', *sovinnainen* 'konventionell', *teennäinen* 'gemacht, posierend, verstellt', *totunnainen* 'üblich, herkömmlich', *valinnainen* 'fakultativ'. – Bestandteile: *-nta,-ntä* (§ 54.8) + *-inen* (§ 52.4); über Schwachstufigkeit vor offener Silbe § 28 A 4. Die Kürze des *ä* in der 2. Silbe von *herännäinen* (statt *heräännäinen*) vielleicht durch *herännyt* veranlaßt.

21) **-nti.** Nur Substantiva, nomina actionis. a) Auf einsilbigen Vokalstämmen fußend: *juonti* 'Trinken', *käynti* 'Besuch', *luonti* 'Schöpfung, das Schaffen', *lyönti* 'Schlag', *myynti* 'Verkauf', *puinti* 'das Dreschen', *saanti* 'der Erhalt, Empfang', *syönti* 'das Essen', *tuonti* 'Import', *uinti* 'das Schwimmen', *vienti* 'Export', *vointi* 'das Wohlergehen'; b) auf dreisilbigen Vokalstämmen fußend: *ahkerointi* 'die Beflissenheit, Emsigkeit', *arviointi* 'Schätzung, Taxierung', *haravointi* 'das Harken', *numerointi* 'Numerierung', *tupakointi* 'Rauchen', dial. *muuttaunti* 'Umzug u. a.'; c) sonstige Wörter: dial. *kaanti* (vgl. *kaata* = gemeinspr. *kaataa* 'fällen') 'Holzschlag', *pyynti* (vgl. *pyytä* = *pyytää* 'fangen') 'Fang (von Fischen)', dial. *sounti* (vgl. *souta* = *soutaa* 'rudern') 'das Rudern'. – Zu den Beispielen der c)-Gruppe vgl. die im folgenden Punkt gegebene Erklärung betreffs *pyyntö* und *sääntö*. Bestandteile: *-nta, -ntä* (§ 54.8) + *-i* (§ 52.3; beachte § 23 C).

22) **-nto, -ntö.** Nur Substantiva: Nomina agentis, Ergebnis der Handlung oder Gegenstand der Handlung: *asento* 'Stellung, Lage des Körpers' (vgl. dial. Verb *asea* § 54.3), *asunto* 'Wohnung', *avanto* (? vgl. dial. *avaa* 'öffnen'; beachte jedoch die dial. Synonyma *avento* und *ahvento*, die in andere Richtung weisen können) 'Wuhne, Wake', *elanto* (< *elänto*) 'das Leben; Lebensmittel, Lebensbedürfnisse; Wohnort', *kaivanto* 'Grube, Kanal', *katsanto* 'Anblick, Ansicht, äußere Erscheinung', *käytäntö* 'Praxis', *liikunto*

'Bewegung, Ausarbeitung', *luonto* 'Natur'[1]), *olento* 'das Sein, Existieren', (sekundär u. künstl.) 'das Wesen, das Seiende', *pyyntö* (beachte den analogischen Grundstamm), *sovinto* 'Eintracht, Versöhnung', dial. *tapanto* 'behauener Balken' (vgl. *tappaa* 'einen Stamm behauen'; *tappaa* urspr. 'schlagen'). Beachte besonders *pyyntö* (pro *pyytö*) 'Bitte' und *sääntö* 'Regel' (pro *säätö*), die analogisch entstanden sind, wobei als Muster solche Derivativa wie *kääntö* 'das Wenden, die Wendung' und *vääntö* 'das Drehen, Winden u. ä.' gedient haben[2]); zu diesen vgl. § 55.21 c. – Die Bestandteile sind die gleichen wie beim vorigen Derivans; zur Lautentwicklung vgl. überdies § 23 E.

23) **-nut, -nyt: -nee-** an Stelle von *n* nach *l*, *r*, *s* diese Laute infolge Assimilation wiederholt (= Kennzeichen des part. praet. act. oder part. act. II). Adjektive, von denen einige sekundär auch als Substantiva verwendet werden: *hukkunut* 'ertrunken', *ihastunut* 'entzückt', *jäätynyt* 'vereist', *kaatunut* 'gestürzt', *kadonnut* 'verschollen, abhanden gekommen', *karissut* 'herniedergeprasselt', *kokenut* 'erfahren', *kuollut* 'gestorben', *kypsynyt* 'gereift', *mädäntynyt* 'verfault', *nainut* 'verheiratet', *oppinut* 'gelernt (habend), gelehrt', *rakastunut* 'verliebt', *suuttunut* 'erzürnt', *vettynyt* 'durchnäßt, vom Wasser gequollen'. Das Derivans hat zum mindesten in allen ostseefinnischen Sprachen Entsprechungen; dagegen sind die von außerhalb des Ostseefinnischen angeführten Entsprechungen vorläufig noch für unsicher anzusehen. Auch die Erklärung, daß das Derivans die Bestandteile *-n(a)*, *-n(ä)* (§ 54.7) + *-ut*, *-yt* (§ 52.20) aufweise[3]), ist noch nicht bindend bewiesen. Zur Lautentwicklung des Vokalstamms beachte, daß *-nee-* < noch dial. u. veralt. *-nue-*, *-nye-* < * *-nuδe-*, * *-nyδe-*; hier liegen also die Verhältnisse anders als bei *-ut*, *-yt*[4]).

24) **-o, -ö.** Substantiva: a) Nomina actionis: *ajo* 'Fahrt, Transport', *elo* 'Leben', *heitto* 'Wurf', *huuto* 'Ruf', *jako* 'Teilung, Verteilung', *karkelo* 'Spiel mit Tanz und Hüpfen', dial. *kelpo* 'Ordentlichkeit, Tauglichkeit' (*Maaten on unesta kelpo* 'Beim Ruhen ist (auch) der Schlaf von Nutzen'), *kielto* 'Verbot', *kosto* 'Rache', *kuolo* (Dichterspr.) 'Tod', *kylvö* 'Aussaat', *lakko* 'das Aufhören' (die Bedeutung 'Streik' natürlich erst neuzeitlich), *lento* 'Flug', *lepo* 'Ruhe', *luulo* 'Einbildung, Vermutung', *lähtö* 'Aufbruch', *meno* 'Abgang, Ausgabe (pl.)', *muistelo* (Dicht.) 'Erinnerung', *muutto* 'Umzug, Umstellung', *nosto* 'das Heben, Aushebung', *olo* 'das Sein, Verhältnisse (pl.)', *paino* 'das Drücken, der Druck', *pako* 'Flucht', *palo* 'Brand', *pelko* 'Furcht', *pisto* 'Stich', *riento* 'Bestrebung', *taistelo* (dicht.) 'Kampf', *taito* 'Fertigkeit',

---

[1]) Die Bedeutungsentwicklung dieses wichtigen Derivativums beleuchtet zu ihrem Teil folgende Stelle aus den alten Volksliedern: *Tuo on morseime mokoma, Tuo on laiska luavustuase, Lutka luontopäivästiäse* (VR XIII: 2 nr. 3942). 'Das ist ja eine schöne (iron.) Braut, faul seit ihrer Geburt, eine Dirne, seit sie geboren'. Man muß sich vor Augen halten, daß zu den alten Bedeutungen von *luoda* 'von sich wegstoßen, wegschieben' gehört, z. B. beim Gebären.

[2]) Ojansuu: Vir. 1917 S. 141 f.

[3]) Szinnyei: FUF 5 S. 64; Wiklund: Festskrift til rektor J. Qvigstad (Oslo 1928) 343, 346; vgl. Ravila: Lehtisalos Referat SUST 72 S. 348; E. Itkonen: Vir. 1945 S. 178.

[4]) Tunkelo: Vir. 1939 S. 165 f. (dtsch. Referat S. 313).

teko 'Tat', *tieto* 'Wissen' (*tieto on valtaa* 'Wissen ist Macht'), *tulo* 'das Kommen, Ankunft', dial. *tunko* 'Gedränge': *tunko-pyhä* 'Gedränge-Sonntag' (wenn die Kirche zum Bersten voll ist), *tunto* 'Tastsinn, Empfindung' [*omatunto* 'Gewissen'], *työntö* 'das Schieben', *veisto* 'Schnitzen, Bildhauerkunst, Skulptur', *voitto* 'Sieg'; beachte: *tahto* 'Wille', *toivo* 'Hoffnung', *usko* 'Glaube'; – b) Ergebnis der Handlung oder Gegenstand der Handlung: *heitto* 'Wurf', dial. 'eine Art Lachs- o. Schnepelnetz', beachte auch gemeinspr. *virkaheitto* 'aus einem Amt entfernter Beamter', dial. *huuto* 'eine Art Verwaltungsbezirk oder dessen Bevölkerung', *jakso* eig. 'das (Arbeits-) Maß, zu dem man auf einmal fähig ist; Periode, Zyklus' u. ä., *jauhot* 'Mahl', dial. *jouto* 'Muße, Fest, Feiertag', dial. *juotto*: *sormi-juotto* ein Kälbchen, das man am Finger saugen läßt', *kaivo* 'Brunnen', *kasvot* (vgl. *kasvaa* 'wachsen')[1]), *keitto* 'Suppe', *ketto* früher: 'alles, was abgehäutet ist', dann überhaupt 'Fell, Haut', *kevättö* 'im Frühjahr schwächer werdendes Tier o. Mensch' (vgl. impers. *kevättää* 'Frühjahrsschwäche hervorrufen'), *koko* 'Ausmaß, Größe, Haufen' (urspr. vielleicht das, was man durch Besichtigungen, d. h. durch Angelversuche bekommen hat, z. B. der Haufen erbeuteter Fische) [*kokea* 'besichtigen, nachsehen'], *kätkö* 'verborgene Stelle', *käärö* 'Bündel', veralt. *luodenkanto* 'zu früh geborenes Kind', *luettelo* 'Verzeichnis, Katalog' (Neubild.), *löytö* 'Fund' *muisto* 'Erinnerung', *palo* 'Schwende', *pidot* 'Schmaus', *piirto* 'Strich' (eingeritzter, gezeichneter), dial. *pätö* 'Tüchtigkeit, Fähigkeit, Nutzen' (vgl. *päteä* 'fähig sein'), *raato* 'Aas' (vgl. dial. *raataa* 'schlagen, in Stücke hauen')[2]), *sato*[3]) (vgl. dial. *ruis sataa tänä vuonna hyvin* 'der Roggen gerät dieses Jahr gut'), *säästö* 'Ersparnis', *säätö* 'eine Reihe auf der Tenne zum Dreschen ausgebreiteter Garben', *tieto* 'Nachricht, Information' (*viimeiset tiedot* 'letzte Nachrichten'), dial. *tuulenkaato* 'vom Wind gefällter Baum', dial. *vuolo* 'mit dem Messer geschnitzter dünner Stab'; beachte *halko* 'Scheit', dial. *katko* 'zer-, angebrochenes Ding, untauglicher Gegenstand o. Wesen', *kisko* 'abgespaltetes Stückchen, Splitter', *lohko* 'losgespaltenes Stück', *verso* 'Schößling', *(raaja)rikko* 'Krüppel, „Extremitätenbruch" (aufweisend. Mensch)', *(nisä)viero* „(Brust-)Entzug", 'entwöhnter Säugling o. Jungtier'; – c) Tätigkeitsmittel (Instrument) oder Fähigkeit zu der betreffenden Tätigkeit: *elo* 'Getreide' („Lebensunterhalt"), *haisto* 'Geruch(ssinn)', *jatko* 'Verlängerungsstück' („Fortsetzungsstück"), *johto* 'Leitung(srohr) o. ä. (Neubild.), *katto* 'Dach, Decke', *kuulo* 'Gehör', *näkö* 'Sehkraft', *peitto* 'Bekleidung (konkr.), Decke', *tukko* 'Stöpsel, Zapfen' (vgl. *tukkia* 'verstopfen'), dial. *uitto* 'Schwimmstange des Zugseiles am Eisnetz'; – d) Ort der Tätigkeit: *(kirja)paino* 'Buchdruckerei' (Neubild.), *piilo* 'Versteck' (wo etwas o. jemand versteckt ist), *pimento* 'dunkle Stelle', *puro* 'Bach', eig. 'das Plätschern [also Ort, wo ein Plätschern vernehmlich ist]', *sulatto* 'Schmelzofen; Gießerei' (Neubild.), *vietto* 'abschüssige Stelle'; – e) Adjektive, unflektierbar: dial. *itko* 'weinerlich', *kelpo* 'ordentlich' (vgl. das Subst. der a)-Gruppe *kelpo* 'Tauglichkeit', vgl. *kelvata* 'taugen'), *koko* 'ganz' (vielleicht aus dem Subst. der b)-Gruppe *koko* entwickelt, Grundw.

---

[1]) Jalo Kalima: Vir. 1911 S. 31.
[2]) E. Itkonen: Vir. 1938 S. 458.   [3]) 'Saatwuchs, Jahreswuchs'.

§ 55   Sekundäre deverbale Nominalsuffixe   155

kokea 'besichtigen, nachsehen'), dial. *laitto* 'getadelt', dial. *pisto* 'aufrecht' (vgl. dial. *pisty* [statt schriftspr. *pysty*]; Grundw. *pistää* 'stecken'), dial. *pätö* 'ausgezeichnet, tauglich' (oft iron.; sicher aus dem Subst. *pätö* der b)-Gruppe; Grundw. *päteä*), dial. *tunko* 'dicht' (vgl. das entspr. Subst. der a)-Gruppe). Vgl. auch dial. *epätieto*, schriftspr. *tietämätön* 'nicht wissend, ungebildet, unbekannt'. Es sei schließlich noch angemerkt, daß die Bedeutung des Adjektivs sich aus der eines determinierenden ersten Kompositionsgliedes entwickelt haben kann, vgl. z. B. *ajo-puu* 'Treibholz', *juotto-vasikka* 'Milch-, Mastkalb', *kanto-korvo* 'Zuber', *keitto-kota* 'Kochzelt', *lähtö-päivä* 'Abreisetag', *meno-matka* 'Hinfahrt', *osto-jyvät* 'gekauftes Getreide', *säästö-voi* 'ausgesparte o. aufgesparte Butter'. Ursprünglich drückte man sich vielleicht in der Weise aus, als ob wir heute sagen würden *kaivo-lähde* 'Grabe-Quelle', und nachdem die Bedeutung von *kaivo* in einem solchen Kompositum modifiziert worden war, konnte es sich als Bezeichnung für das Ergebnis der Tätigkeit in Form eines selbständigen Wortes aus dem Kompositum lösen [*kaivo* in der Bedeutung: 'Grube' als 'Loch' Ergebnis der Tätigkeit des Grabens. Freilich bedeutet *kaivo* ein ganz bestimmtes Loch, nämlich das 'Brunnenloch' oder einfach den 'Brunnen']. Siehe auch § 55b, c, d.

Die Lautentwicklung ist kaum so vor sich gegangen wie bei den Denominalia auf *o* (§ 23 E): -*o* < * -*oi* < * -*ai*, denn für das hypothetische *i* gibt es hier keine solchen Argumente wie in zahlreichen entsprechenden denominalen Fällen; vermutlich handelt es sich um eine Verschmelzung des frühurfinnischen * *v*-Derivans mit dem vokalischen Stammauslaut, wie § 24 ausgeführt ist; -*ö* seinerseits ist sicherlich erst später entstanden, nachdem es sich in gewissen vordervokalischen Wörtern an die Vokalharmonie angepaßt hatte – wie aus den Beispielen ersichtlich, ist diese Anpassung nicht geschehen, wenn in der ersten Silbe *e, i, ie* (< * *ee*), *ei* oder *ii* auftritt (vgl. noch § 55.30). Solche Derivativa wie *kelpo, lakko, lepo, pelko* fußen, da wohl als ihre Grundwörter die Kontraktionsverba *kelvata, lakata, levätä, pelätä* gelten müssen, nicht auf regulärer Lautentwicklung. Die in den Bemerkungen zu den Punkten a) und b) erwähnten Wörter (*tahto* usw., *halko* usw.), neben denen sich jeweils ein *o*-stämmiges Verbum findet, stimmen vollständig mit dem starken Vokalstamm dieser Verba überein; ohne spezielle Untersuchung läßt sich schwer entscheiden, ob Subst. und Verb in diesen Fällen Derivativa eines *a*-stämmigen Verbs sind (* *tahta-*, vgl. estn. *tahan* 'ich will', * *halka-*, vgl. dial. *halkaan* ich spalte' usw.) oder ob die Substantiva als solche von den *o*-stämmigen Verba 'losgebröckelt' sind (in welchem Falle das Verhältnis dasselbe wäre wie in dem Fall *tuule-, loppu-,* die gleichzeitig Substantiv- und Verbalstämme sind; s. § 32); vgl. § 55.30d. Zu den Komposita der *e*-Gruppe (*ajo-puu* usw.) vgl. unter den Denominalia entsprechende Fälle.

25) -*os*: -*okse-*, -*ös*: -*ökse-*. Nur Substantiva. a) Nomina actionis: dial. und dicht. *aatos* 'Gedanke' *(< ajatos)*, *kiitos* 'Dank', dial. *ostos* 'Kauf': *leipä on ostoksessa* 'Brot muß gekauft werden', dial. *panos: olut on panoksilla* 'das Bier ist angesetzt', *petos* 'Verrat, Betrug', dial. *teos: olla teoksilla* 'unter Arbeit sein', *tavattiin teoksiltansa* 'er wurde auf frischer Tat ertappt', *tungos* 'das Ge-

dränge', dial. *veistos: vene on veistoksillansa* 'das Boot wird gerade gezimmert', dial. *väitös* 'Anstrengung; Debatte, Wortgefecht'; dial. *ajatos* 'Gedanke', *lämmitös* 'das Wärmen', *naputos* 'das Klopfen', *yritös* 'das Unternehmen' usw.; b) das Ergebnis der Handlung oder der Gegenstand der Handlung: *ajos* 'Geschwür' (vgl. *ajaa* 'ein Geschwür „treiben"' [vgl. auch nhd. „die Auftreibung"]), *jatkos* 'Naht, Ansatzstück', *kaivos* 'Grube (Erz-, Kohlen-)', dial. u. a. 'Gruppe, Graben', *katos* 'Verdeck', *keitos* 'Gekochtes', *kylvös* 'das besäte Stück Acker', *kynnös* 'das Gepflügte', *käännös* 'die Übersetzung', *laskos* 'Falte', *liitos* 'Falz', *nietos* 'Schneewehe' (vgl. dial. *niettää* 'Schneewehen bilden'), *ostos* 'Einkauf', *paistos* 'das Gebratene, der Braten', *panos* 'Einsatz; Satz' (u. a. 'die auf einmal angesetzte Biermenge'), *piirros* 'Zeichnung, Gravierung', *salvos* 'Holzgerüst', *teos* 'Werk', *tulos* 'Ergebnis' (bei Ganander 1787: *vuoden tulokset* 'Jahresergebnisse'), *vaihdos* 'Schicht, Wechsel': *joutua vaihdoksiin* 'sich abwechseln', dial. auch = *vaihdokas* d. i. 'in magischer Weise ausgewechseltes Kind' (später Schimpfwort), *veistos* 'Schnitzerei, einzelne Skulptur'. – Bestandteile: *-o, -ö* (§ 55.24) + *-s* (§ 54.10); doch besteht auch die Möglichkeit, daß es sich um denominale *s*-Ableitungen (§ 52.17) deverbaler Substantive auf *-o, -ö* handelt. Diese beiden Möglichkeiten wiederum sind nur scheinbar verschieden, wenn das denominale und das deverbale *-s* ursprünglich identisch sind (s. § 54.10). Im Lappischen gibt es ebenfalls Deverbalnomina, die aus Labialvokal + *ks* bestehen[1]).

26) **-ri (-uri, -yri, -ari, -äri).** Nur Substantiva. a) Berufsbezeichnungen oder sonstige normale nomina agentis: *ajuri* 'Kutscher', *kuohari* 'Verschneider', *leipuri* 'Bäcker', *piiskuri* 'Auspeitscher', *sahuri* 'Sägearbeiter', *soturi* 'Soldat' (vgl. *sotia* 'Krieg führen'), *taikuri* 'Zauberkünstler' (vgl. *taikoa* 'zaubern'), *taituri* 'Virtuose'; gesondert noch zu nennen: *puhuri* 'heftiger Wind' (*puhua* 'blasen, wehen'), *vihuri* 'Windstoß, Wirbelwind' (dial. *vihura*, ? vgl. *vihistä* 'blasen vom Wind'), dial. *vinkuri* 'Sturm' (vgl. *vinkua* 'pfeifen, wimmern'); b) verächtliche Bezeichnungen lebender Wesen (Täter): dial. *itkuri* 'weinerliches Kind', *karkuri* 'Ausreißer', *kiskuri* 'Schröpfer, Wucherer', *kuhnuri* 'Zauderer, Trödler' (*kuhnia* 'trödeln'), *kulkuri* 'Herumtreiber', *nylkyri* 'Abdecker', *pelkuri* 'Feigling', *petturi* 'Betrüger', dial. *rappari* 'Räuber' (vgl. dial. *rapata* 'rauben, entreißen'), dial. *vaikuri* 'stiller, schlafmütziger Mensch' (*vaikenen* 'ich schweige'); c) Gegenstandsbezeichnungen: dial. *hakkuri* '1. Trog zum Hacken, Stampftrog (= *hakkura*), 2. Laubsichel, *huopari* 'kurzes Ruder, Steuerruder' (vgl. *huovata* 'mit dem kleinen Steuerruder rudern'), *vesuri* 'Axt zum Abschneiden von Schößlingen' (vgl. *vesata*), *veturi* dial. 'vom Schiläufer zu ziehender Schlitten', neue Bed.: 'Lokomotive'; Neubildungen: *heiluri* 'Pendel', *imuri* 'Saugapparat', *potkuri* '1. Propeller, 2. finnischer Stoßschlitten', *puskuri* 'Puffer', *tappuri* 'Schlächter', *viskuri* 'Kornschwinge'; d) Terrainbezeichnung: *hyppyri* 'kleine Erhebung auf einem Hügel, die den Schiläufer in Schwung zum Springen bringt (= dial. *hyppylä*), Sprungschanze'. – Am meisten zur Entstehung dieser Bildung (wenigstens der Gruppen a) und b)) dürfte das Vorbild der germanischen Lehnwörter auf *-ri* beigetragen haben; man beachte z. B. Wörter wie *mittari* 'der Messer',

---
[1]) E. Itkonen: Scandinavica et Fenno-ugrica (Uppsala 1954) S. 189.

§ 55   Sekundäre deverbale Nominalsuffixe   157

sorvari 'Drechsler', *ryöväri* 'Räuber', *viilari* 'Schlosser, „Feiler"', die wahrscheinlich als solche entlehnt sind, obwohl auch die entsprechenden entlehnten Stammverba vorhanden waren. Dagegen kann das Derivans *-ri* bei Gruppe c) echt finnisch sein = beachte neben *hakkuri* auftretendes *hakkura* – und in diesem Falle beruht wohl das *-ri* auf Analogie nach seinem denominalen Homonym und Synonym (§ 53.46).

27) **-tti.** Nur Substantiva. a) Die Person, auf die sich die durch das Stammwort bezeichnete Tätigkeit bezieht: *holhotti* 'Mündel' (= schriftspr. *holhokki*; vgl. dial. *holhoa* 'bevormunden'), *suojatti* 'Schützling', *turvatti* 'dass.', dial. *vierotti* 'gemiedenes Wesen, Kind', dial. *vihetti* 'verhaßtes Wesen'; b) sonstige Wörter: *ahmatti* (vgl. dial. *ahmata* 'verschlingen') 'Vielfraß', dial. *karvatti* 'Mensch mit stark behaarten Beinen, struppiges Tier' (? Grundw. das seiner Bedeutung nach unbekannte Verb * *karvata*), *kuratti* 'Durchfall' (*kurata* 'schmutzig machen'), *väätti* 'gekrümmte Gerte, Flockenknäuel' (vgl. *väätä* = *vääntää* 'krümmen, drehen'). – Das Derivans ist offensichtlich nach solchen Mustern wie *elätti* 'Pflegling' (vgl. *elättää* 'ernähren') und *kasvatti* 'Zögling' (vgl. *kasvattaa* 'erziehen') entstanden (andere Beispiele s. § 54.2), die *i*-Ableitungen (§ 54.2) von Verba auf *-tta-* sind. Hier wurde der Komplex *tti* irrtümlich als einheitliches Derivans aufgefaßt. Möglicherweise hat auch das part. praet. pass. (part. pass. II) die Bedeutung beeinflußt (vgl. *holhotti* ∼ *holhottu*, *väätti* ∼ *väätty* usw.).

28) **-tu, -ty, -ttu, -tty** (Kennzeichen des part. praet. pass. oder part. pass. II). Nur Adjektiva, selten sekundär aus ihnen entstandene Substantiva: a) *luotu* 'geschaffen', *lyöty* 'geschlagen', *myyty* 'verkauft', *naitu* 'verheiratet', *puitu* 'gedroschen', *saatu* 'erhalten, bekommen (worden)'; *haravoitu* 'gerecht (von 'rechen'), *kapaloitu* 'in Windeln gewickelt'; b) *nuoltu* 'geleckt', *nähty* 'gesehen', *pantu* 'gesetzt, gestellt, gelegt', *piesty* 'gepeitscht', *purtu* 'gebissen', *tehty* 'getan', *vuoltu* 'behauen'; *halkaistu* 'gespalten', *karkaistu* 'vertrieben', *valaistu* 'beleuchtet'; c) *hakattu* 'gehackt, gehauen', *kuivattu* 'getrocknet', *riivattu* 'behext', *tervattu* 'geteert', *vimmattu* 'rasend (gemacht), aus der Fassung (gebracht)'; *hillitty* 'beherrscht, zurückhaltend', *mainittu* 'erwähnt', *merkitty* 'vermerkt', *ravittu* 'wohlgenährt', dial. subst. *letty* 'Hexenschuß der Kuh, plötzliche Erkrankung des Viehes' (vgl. *letä* = *lentää* 'fliegen': *lehmä lettiin* 'die Kuh bekam den Hexenschuß'); dial. subst. *käätty : käätyt* 'gewendete und gesäumte Kinderschuhe mit weichen Sohlen' (*käätä* = *kääntää* 'wenden'); Propria: *Hyvätty(lä)*, *Karvattu*, *Nihattu*, *Rymätty*, *Salittu*, *Torittu;* d) *suljettu* 'geschlossen', *käsketty* 'befohlen', *laskettu* 'herabgelassen'; *ilmetty* eig. 'an den Tag gebracht, offenbart', gew. 'leibhaft, ganz ähnlich' (*ilmetä* 'sich zeigen', aber offensichtlich auch transitiv gebraucht); *hankittu* 'beschafft, angeschafft', *kuorittu* 'geschält', *peritty* 'geerbt'; *haudottu* 'gebäht, gebraten', *rikottu* 'zerbrochen, übertreten', *sidottu* 'gebunden'; *ammuttu* 'ge-, erschossen', *kutsuttu* 'eingeladen', *noiduttu* 'bezaubert, verhext'; e) *hoidettu* 'gepflegt', *kannettu* 'getragen', *keitetty* 'gekocht', *maksettu* 'bezahlt', *paistettu* 'gebraten', *poltettu* 'gebrannt', *tapettu* 'getötet'; *hävitetty* 'zerstört', *kadotettu* 'verloren', *kavallettu*, *menetetty* 'verloren', *opetettu* 'gelehrt (worden)'.

Sichere Entsprechungen in allen ostseefinnischen Sprachen; aber die außerhalb des Ostseefinnischen beigebrachten Entsprechungen bedürfen weiterer Klärung. Obgleich einige finnische und estnische Dialekte in die Richtung weisen, daß auf das *u* resp. *y* des Derivans früher *t* gefolgt ist, so ist es doch wahrscheinlicher, daß jene Formen mit Auslaut-*t* vom part. praet. act. (part. act. II) analogisch beeinflußt sind. Der Ursprung des Auslaut-*u* resp. -*y* ist ungeklärt; es ist u. a. die Vermutung geäußert worden, daß es sich um das -*u*, -*y* der deverbalen nomina actionis handelt (§ 55.30)[1]. Ebensowenig gibt es eine allgemein gebilligte Erklärung für die doppelte Gestaltung des Klusils *(t ~ tt)*. Die Anschauung, daß das fragliche Derivans ganz anderen Ursprungs sei als die übrigen Beugungsformen des Passivs, ist mit überzeugenden Gründen bekämpft worden. Siehe die Behandlung des Passivs in § 59, wo auch über den *e*-Vokal vor dem *tt* in der c)-Gruppe gehandelt wird.

29) **-tuinen, -tyinen.** Adjektive: *alituinen* 'immerwährend(er)' (Stammverb unbek.), *erityinen* 'besonder(er)' (Stammverb unbek.), dial. *ilmetyinen* 'offensichtlich' (= *ilmetty;* s. § 55.28 d), *luotuinen* (in der Redeweise: *ei sanonut luotuista sanaa* d. h. 'er sagte kein „geschaffenes" Wort, d. h. kein einziges Wort'), *omituinen* 'eigentümlich' (dial. = 'eigen, angeeignet'; vgl. *omia* 'haben, besitzen'), dial. *saatuinen:* dial. *vanhansaatuinen* '(ein Mensch, der) älter aussieht, als er ist', *suotuinen* 'gewünscht, ersehnt, angenehm' (Volksd. *sulhoseni, suotuiseni* 'mein Bräutigam, der du mir vergönnt bist'), *vasituinen* 'fest, beständig' (= dial. *vasittu;* Grundw. unbek.; vgl. dial. *vasiten* 'absichtlich'); Volksd.: *juoteltuinen* '(gut) getränkt', *köyretyinen* 'krumm, listig', *röyhetyinen* 'struppig, zottig, bauschig', *syöteltyinen* '(gut) gefüttert'. Substantiva, nur Familiennamen: *Janatuinen, Lemmetyinen*. – Bestandteile: -*(t)tu*, -*(t)ty* (§ 55.28) + -*inen* (§ 52.4); über die schwache Stufe des *tt* nach haupttonlosem Vokal s. § 28 A 4; vgl. § 59.

30) **-u, -y.** Meist Substantiva: nomina actionis: a) *alku* 'Anfang', *isku* 'Schlag', *itku* 'Weinen', *juoksu* 'Lauf', *juttu* 'Geschichte, Angelegenheit' (Grundw. **juttaa* ungebräuchlich; vgl. *juttelee* 'er erzählt'), *kasvu* 'Wachstum' (= dial. *kasvo*), *kulku* 'Gang, das Gehen', *kutu* 'das Laichen', *kylpy* 'das Bad(en)', *käsky* 'der Befehl', *lasku* (*karjan laitumelle lasku* 'das (Heraus)lassen des Viehes auf die Weide'), *loppu* 'das Ende = Zuendegehen' (dial. *loppea* 'enden'), *maksu* 'Bezahlung' (dial. *makso*), *nauru* 'das Lachen', *pesu* (= dial. *peso*) 'das Waschen', dial. *poimu* 'das Pflücken', *potku* 'das Treten, der Tritt', *suitsu* 'das Dampfen, Rauchen' (vgl. *suitsea* 'dampfen'), *ähky* 'das Ächzen, Gestöhne', jetzt gew. 'Kolik'; *ajelu* 'das Herumfahren', *hyväily* 'Liebkosung', *kilpailu* 'Wettkampf', *kuuntelu* 'das Hören, Abhören', *kävely* 'Spaziergang', *ottelu* 'Wettkampf' (dicht. *ottelo*), *puhelu* '(Telefon-) Gespräch', *tappelu* 'Schlägerei'; *halkaisu* 'das Spalten', *kirkaisu* 'Aufschrei', *lakaisu* 'das Kehren', *puhkaisu* 'Durchstich', *rankaisu* 'Bestrafung', *vetäisy* 'das (Her)ausreißen'; dial. *kallitsu* 'Kalthämmern', *rovitsu* 'Brennholzstapelung (auf dem Schwendenlande)', *levähty* 'das Verschnaufen', *löpisy* 'das Gefasel'; b) *hyppy* 'der Sprung' (*hypätä* 'springen'), *häpy* 'Scham' (*hävetä* 'sich schämen'), *karku* 'Flucht' (*karata* 'ausreißen'), *poru* 'das Geheul' (*porata* 'heulen, wimmern'),

---

[1] Paasonen: Vir. 1916 S. 34; Tunkelo: Vir. 1938 S. 451 f. (dtsch. Referat S. 520), 1939 S. 165 f. (dtsch. Referat S. 313).

§ 55   Sekundäre deverbale Nominalsuffixe   159

tavu 'Silbe' (*tavata : tavaan* 'buchstabieren', eig. „silbieren"); c) auf *-ise-* oder auf *-aja-* ausgehende deskriptive Verben liegen zugrunde: *humu* 'Getöse, Brausen' (*humisee, humajaa* 'es braust'), *hymy* 'das Lächeln' (vgl. dial. *hymäjää* 'lächelt'), *häly* 'Gepolter, Getöse', dial. *inu* 'Gepiepse' (best. kleinerer Haustiere), *kahu* 'Rascheln, Knistern': *kahujyvät* 'die Raschelkörner' sind das leichte und wertlose Korn, dial. *kihu* (= *kihupyhä*) 'Pfeifen, Zischen' (Zisch- u. Pfeiffesttag, an dem die Jugend sich austobt, eine Art 'Rummel' (vgl. *kihisee* 'es wimmelt'), *kitu* 'das kümmerliche Leben; Geiz' (*kitisee* 'winselt und wimmert'), *kohu* 'Sausen, Brausen', *kopu* 'dumpfer Laut', *(pitää) suukopu(a)* 'das Maulaufreißen' (*kopisee* 'poltert'), *kumu* 'Getöse, Gepolter', *kähy* 'heiseres Geschrei', *pöly* 'Staub' (*pölisee* 'es staubt'), *suhu* 'Zischen', *täry* 'Geklapper'; beachte bes. *taru*[1]) 'Fabel'; d) *haukku* 'das Bellen, Geschimpfe' (*haukkua* 'bellen, schimpfen', *hehku* 'Glut', dial. *hinku* 'leidenschaftliche Gier' (vgl. *hinkua* 'gierig nach etwas verlangen'), *ilkku* 'Hohn', *kaiku* 'Echo, Widerhall', *kutsu* 'Einladung', dial. *kypsy* (*uunissa on vaisu kypsy* d. h. 'es wird in dem Ofen schwach, langsam gar') 'das Garwerden, das Reifen u. ä.' [*kypsä* 'reif, gar u. ä.', *kypsyä* 'reifen, gar werden'], *loppu* 'das Ende', *synty* 'Geburt', *uhku* 'Eismatsch, Schneeschlamm'; e) Ergebnis oder Gegenstand der Handlung: *hyöty* 'Nutzen', urspr. u. dial. 'Schößling' (vgl. *hyötää* 'Schößlinge treiben'), *itu* 'Keim', *kettu* (urspr. wohl 'was mit einer Haut überzogen ist', dann 'Fell' und schließlich 'Tier mit einem guten Fell, canis vulpes'), *laulu* 'Gesang' [das nhd. wie das fi. Wort auch nomen actionis], *luku* 'Zahl' (im Fi. auch 'Zählen, Lesen', also auch nomen actionis), *niitty* = dial. *niittu*[2]) 'Wiese' als „das Gemähte", *pieksu* (= dial. *piekso*), urspr. = schriftspr. *pieksäminen* (so noch dial.), jetzt gew. Name eines bes. Schuhwerks, eig. „Gerblederschuh"[3]) (vgl. dial. *pieksää* 'gerben' (Leder)'), *poimu* 'Falte' (vgl. dial. *poimia* = *poimea* 'falten'), *polku* 'Steig, Pfad', *puru : sahanpuru* „Sägebiß", 'Sägemehl', *pääty* '(Zier-) Giebel, oberster Teil der Giebelseite eines Gebäudes' (= dial. *päätö : päätää* 'mit einem „Kopf", Ende, Gipfel, Spitze o. ä. versehen'), *solmu* 'Knoten' (*solmia* = dial. *solmea* 'knoten'), *sotku* 'heilloser Wirrwarr', dial. 'schmutzige Wäsche', *suku* 'Geschlecht' (vgl. dial. *sukea* = *sueta* 'gezeugt werden, geboren werden, zeugen'), *sääty* [heute 'Berufsgruppe, Stand' (Bauernschaft, Geistlichkeit usw., vgl. den alten Ständetag)], veralt. auch 'Bestimmung, Satzung'; Neubild. *julkaisu* 'Publikation' [z. B. eines Wissenschaftlers]; f) Mittel der Handlung, selten Fähigkeit: *hakku* 'Hacke, Haue' (*hakata* 'hacken, hauen'), *hely* 'Zier, Tand' (*helisee, heläjää* 'hell klingen, bimmeln'), *huisku* 'Staubtuch, Scheuerwisch, -bürste' (*huiskaa* 'schütteln'), *kyky* 'Fähigkeit' (vgl. dial. *kykeä* = *kyetä* 'vermögen, fähig sein'), *nielu* 'Schlund, Eingang in die Fischreusen' (also auch die Stelle des 'Verschluckens'), *puku* 'Anzug, Kostüm', *romu* 'Geröll, Gerümpel' (*romisee* 'poltert, klappert'), 'Schrott', dial. auch 'Glöckchen, Bimmel', *ruisku* 'Spritze' (Med., Feuerwehr; *ruiskia* 'spritzen'), dial. *räty*

---
[1]) Ex analogia entstanden aus *tarina* < russ. *старина*. Ein Grundverb *tarisee* existiert nicht, vgl. § 54.7 (*kohina : kohu* = *tarina : = taru*).

[2]) Kettunen: Suomen murteet III B S. 294.

[3]) Martti Niinivaara: Vir. 1934 S. 197 f.

'Schnarre, Rassel' (zum Verscheuchen von Tieren; *rätisee, rätäjää* 'schmettert, rasselt'), dial. *soudut* 'Ruderpaar mit Ruderbank und Ruderpflöcken', *sulku* 'Riegel, Damm, Wehr, Schranke, Schleuse' (dial. auch 'eine Art Lungenkrankheit'), beachte: *keinu* 'Schaukel', *kiikku* 'Schaukel(brett)', dial. *sytty* 'Anzünder = Anzündmittel', dial. *ylty* 'Reizmittel, Sporn'; g) A d j e k t i v e : dial. *jyry* 'nachdrücklich', „durchdrückend" (vom Menschen) (*jyrisee, jyräjää* 'brüllt'), *kuulu* 'berühmt', *pysty* 'aufrecht' < dial. *pisty* (= dial. *pisto;* vgl. *pistää* 'stecken'), *vieru* 'abfallend, geneigt' (*vierrä* 'vom Rande herabgleiten'), dial. *yry* 'verdrießlich, gereizt' (vgl. *yrisee, yräjää* 'brummen, anknurren'). Adjektivische Funktion dürfte auch dem determinierenden Kompositionsglied in solchen zahlreichen Fällen zukommen wie *itku-virsi* 'Klagelied', *kahu-jyvä* 'Rasselkorn' (s. c)-Gruppe), *kihu-pyhä* 'Pfeif- (o. Zisch-) Festtag' (c)-Gruppe), dial. *kuolu-paita* 'Sterbehemd', *nousu-aika* 'Aufstehenszeit', *pesu-vesi* 'Waschwasser', *soutu-vene* 'Ruderboot'; aus einer solchen Verbindung dürfte sich z. B. das vorstehende *jyry* losgelöst haben (vgl. etwa *jyry-mies* eig. 'brüllender Mensch, d. h. mit Gebrüll etwas durchsetzenderMann').

Über die Beispiele der d)-Gruppe (*haukku* usw.) ist dasselbe zu sagen wie in § 56.24 in der Bemerkung über die *o*-Derivativa vom Typ *tahto:* sie können Derivativa derselben, möglicherweise *a*-stämmigen Verba wie die gegenwärtig neben ihnen auftretenden *u*-Verba sein (*haukkua* usw.) oder aber sind es Abstraktionen aus diesen *u*-Verba; ähnliche Beispiele gibt es auch in den anderen Gruppen einigermaßen (u. a. f)-Gruppe). Die Wörter der b)-Gruppe (z. B. *karku*) und andere Beispiele auf kurzes *-u, -y* von Kontraktionsverba müssen als Analogieformen dieser Gruppe angesehen werden (der zu erwartende Typ *karkuu* usw. ist denn auch dial. in gewissen Fällen vorhanden; beachte auch *karkaus* usw.). – Die Lautentwicklung des Derivans ist parallel zu dem in § 55.24 behandelten *-o* vor sich gegangen, vermutlich in der Weise, wie in § 24 ausgeführt ist. Das jetzige Nebeneinander von *-u, -y* ~ *-o, -ö* (beachte das Nebeneinander auch im selben Derivativum *maksu* = dial. *makso, pesu* = dial. *peso* usw.) fußt auf analogischen Ausgleichungen. – Zu den angeführten Komposita der g)-Gruppe (*itku-virsi* usw.) vgl. das über den entsprechenden Ableitungstyp *ajo-puu* in § 55.24 Gesagte.

31) **-ue'**. Nur Substantiva, ihrer Bedeutung nach Kollektiva: *kulkue'* 'Zug, Prozession', *kiertue'* 'herumreisendes Ensemble von Künstlern', *lentue'* 'Fluggeschwader', *saattue'* 'Geleitzug, Konvoi, Suite'. Die einschlägigen, nur vereinzelten Wörter gehören sämtlich zur modernen Gemeinsprache (das älteste, schon um die Mitte des 19. Jh. künstlich gebildete Wort ist das erstgenannte Beispiel) und sind nach dem Muster der denominalen *-ue'*-Derivativa (§ 53.56) entstanden.

32) **-us : -ukse-, -ys : -ykse-.** Nur Substantiva. a) N o m i n a a c t i o n i s : *aavistus* 'Ahnung' (= dial. *aavistos*), *avaus* 'Eröffnung', *elatus* 'Unterhalt' (= dial. *elatos*), *erehdys* 'Irrtum' (= dial. *erehdös*), *erotus* 'die Unterscheidung' urspr. die konkrete 'Trennung, Abtrennung, z. B. der Renntiere voneinander', *hakkaus* 'das Abhacken, Hauen, Abholzung' (= dial. *hakkoos*), *harvennus* 'Sperrung, Durchschuß (Typ.), Holzeinschlag, Durchforstung', *hengitys* 'Atmung', *hengähdys* 'Atemzug, Luftzug', *hyppäys* 'Sprung', *jyrä(hd)ys*

'das Krachen', *kaipaus* 'Sehnsucht', *kalastus* 'Fischfang', *karkaus* 'das Weglaufen, hastiger Lauf', *kirous* 'Fluch', dial. *kohtaus* 'plötzlicher Krankheitsanfall', *kuljetus* 'Transport', *kumarrus* 'Verbeugung', *kyyditys* 'Beförderung' (dial. *kyyditän* 'ich befördere'), *leima(hd)us* 'das Aufblitzen', *metsästys* 'Jagd', *nyökkäys* 'das Nicken', *odotus* 'das Warten' (= dial. *odotos*), *palvelus* 'Dienst', *pama(hd)us* 'der Krach, der „Bums"' [*Viipurin pamaus* 'der Bums von Viipuri'] (= dial. *pama(hd)os*), *pimennys* 'Verfinsterung', z. B. '(Mond-) Finsternis', *poikkeus* 'Ausnahme', *puolustus* 'Verteidigung', *pyörrytys* 'Schwindel, Ohnmacht', *siivous* 'das Reinemachen, das Aufräumen', (veralt. u. dial.) *tappelus* 'Schlägerei', *tuulahdus* 'Luftzug', *uskallus* 'das Wagnis', *vaellus* 'Wanderung, Wandel', *vastustus* 'Widerstand', *villitys* 'Verwilderung' (vgl. dial. *villitän* 'verwildere' (trans.)), *viserrys* 'das Gezwitscher' (= dial. *viserrös*), *ymmärrys* 'Verstand', *yritys* 'Versuch' (= dial. *yritös*). – b) Ergebnis oder Gegenstand der Handlung: *aitaus* 'Umzäunung', *ennätys* 'das Erreichen, Vorsprung', neue Bed.: 'Rekord', *ilmaus* 'Ausdruck', *istutus* 'Pflanzung, Baumschule, Schonung', *jakaus* 'Scheitel' (vgl. dial. *jaata* 'teilen'), *kaiverrus* 'Gravierung', *kehräys : kehräykset* 'gesponnene o. zu spinnende Materialien' (= dial. *kehruukset, kehrookset*), *kiillotus* 'das Putzen u. Auf-Hochglanz-Bringen, z. B. der Schuhe' [also nomen actionis], *kirjoitus* 'Aufsatz, Artikel' (= dial. *kirjoitos*), *kokous* 'Versammlung', *laukaus* 'Schuß', *lyhennys* 'Kürzung, Abkürzung' z. B. von Wörtern, dial. *lypsys* 'Milchmenge von einem Melken, Melkresultat', *lähetys* 'die Sendung' (postal.), *maalaus* 'Gemälde', *otus* 'Wildbret' (urspr. Euphemismus; *ottaa* 'nehmen')[1], *putous* 'Wasserfall, Terrainabfall', *rakennus* 'Gebäude', *raudoitus* 'Eisenbeschlag', *rukous* 'Gebet', *saavutus* 'Leistung', *sekoitus* 'Gemisch, Mischung', *sisällys* 'Inhalt' (Neubild.), *sävellys* 'die Melodie', neue Bed.: 'Komposition' (Musik), dial. = 'Lärm, Geschrei', *tarjous* 'das Angebot', *varustus* 'Ausrüstung', *vastaus* 'Antwort', dial. *vetelys* 'Schlitten für Kinder' (*vetelen* '(spielerisch) ziehen'), *vihellys* 'Pfiff', *viljelys* 'Anbau, Kultur' (gärtn., landw.), *yhdistys* 'Vereinigung, Verein'. – c) Sonstige, sich am nächsten der vorigen Gruppe anschließende Wörter: *asetus* 'Verordnung', *erotus* 'Unterschied' ('das, was den Unterschied ausmacht'), *hallitus* 'Regierung', *kummitus* 'Gespenst' (= dial. *kummitos*), *kustannus* 'die Kosten, der Verlag', *makaus* dial. 'Bettzeug; Schlaf-, Ruheplatz' (= dial. *makuus*), *pyydys* 'Fanggerät' (veralt. 'Wildbret, „das zu Fangende"'), *todistus* 'Zeugnis', *vaatetus* 'Bekleidung', *väijytys* 'Hinterhalt, Falle'.

Bestandteile: -*u*, -*y* (§ 55.30) + -*s* (§ 54.10); das *u*, *y* kann auch von solchen Fällen stammen wie *kauhistus, kompastus, hengästys, menestys*, wo das Grundverb *u*-Stamm aufweist.

33) **-uu, -yy.** Nur Substantiva, nomina actionis, das Grundwort ist immer ein kontrahiertes Verb: *aituu* 'das Umzäunen, Einhegen', *epuu* (*evätä* 'abschlagen') 'Verbot, Weigerung', *haaskuu* 'Vergeudung', *hakkuu* 'das Fällen, Abholzen', *hautuu* 'Begräbnis' (gew. im Kompos. *hautuumaa*), dial. *härnyy* 'Verhöhnung, das Aufziehen', *kaipuu* 'Sehnsucht', *kehruu* 'das Spinnen', *kerjuu* 'das Betteln', *korjuu* 'Ernte, das Einernten, das Aufräumen', *kuivuu* 'das Trocknen, das Dörren', *leikkuu* 'das Schneiden, die Ernte', dial.

---

[1] R. E. Nirvi: Sanankieltoja (Tabuwörter, Helsinki 1944) S. 155 f.

lepuu 'die Ruhe', *makuu* 'das Ruhen, Schlafen', dial. *mittuu* 'Messung', dial. *multuu* 'das (Um)graben', *paluu* 'Rückkehr', *peluu* 'das Spielen', *perkuu* 'das Roden', dial. *siivuu* 'Säuberung, Reinigung', *takuu* 'Garantie, Bürgschaft', *vastuu* 'Verantwortung' (dial. 'Antwort', Gemeinspr. 'Verantwortlichkeit'), *veisuu* 'Choral- u. Litaneigesang', *viskuu* 'das Worfeln, Schleudern'. – Lautentwicklung: *-uu* < dial. *-uo* < dial. *-oo* < * *-ao* < * *-aðo*, wobei *-að-* zum Stamm des kontrahierten Verbums gehört und *-o* das § 55.24 behandelte Derivans darstellt; *-yy* muß als relativ späte Entwicklung nach dem Muster der hintervokaligen Form angesehen werden[1]. Dieses Derivans ist aus den Ostdialekten in die Schriftsprache gekommen.

    34) **-vainen, -väinen (∼ -painen)**. Adjektive: *ajattelevainen* 'bedacht(sam), vernünftig', *alistuvainen* 'sich (ein)fügend, fügsam', *epäileväinen* 'bedenklich, zweifelnd', *erehtyväinen* 'irrend, fehlend', *harkitsevainen* 'überlegend, bedacht', *horjuvainen* 'schwankend', *huomaavainen* 'aufmerksam, höflich, achtsam', *häilyväinen* 'flatterhaft', *katoavainen* 'vergänglich', *kuolevainen* 'sterblich', *luulevainen* 'mißtrauisch, argwöhnisch', *muuttuvainen* 'veränderlich', *näkyväinen* 'sichtbar', *opettavainen* 'lehrreich', *palvelevainen* 'dienstfertig, -bereit', *riippuvainen* 'abhängig', *suostuvainen* 'willfährig, geneigt', *suvaitsevainen* 'tolerant', *sääliväinen* 'mitleidig', *säästäväinen* 'sparsam', *taipuvainen* 'nachgiebig, biegsam', *tarkkaavainen* 'scharf achtgebend', *tuhlaavainen* 'verschwenderisch', *tulevainen* 'zukünftig', *tyytyväinen* 'zufrieden', *uhrautuvainen* 'aufopferungsfreudig, sich aufopfernd', *vaativainen* 'anspruchsvoll', *varovainen* 'vorsichtig', *ymmärtäväinen* 'verständnisvoll'; beachte: *hyvänsuopainen* 'wohlwollend'. – Substantiva (sekundäre, auch noch als Adjektive gebraucht): dial. *eläväinen* 'Insekt, Ungeziefer', *imeväinen* 'Säugetier', *imettäväinen* 'Säugling', dial. *itseoleväinen* 'Einlieger', dial. *kulkevainen* 'Landstreicher', veralt. *matkustavainen* 'Reisender, Passagier', *uskovainen* 'der Gläubige'; Familienname: *Tietäväinen*. – Bestandteile: *(-pa)*, *-va*, *-vä* (§ 54.9) + *-inen* (§ 52.4). Viele der oben angeführten Beispiele stammen aus der alten religiösen Literatur (*katoavainen, näkyväinen, tulevainen* u. a.); in diese dürften sie aus westlichen Dialekten gekommen sein, in denen sie in der Prosa allgemeiner sind als in den östlichen Dialekten. Daher rührt es, daß das Derivans *-vainen* in der heutigen Gemeinsprache eine etwas archaistische Nuance aufweist im Vergleich zum entsprechenden Partizip auf *-va* (*ajattelevainen* ∼ *ajatteleva*, *pysyväinen* ∼ *pysyvä* 'bleibend', *tulevainen* ∼ *tuleva*, *uhrautuvainen* ∼ *uhrautuva* usw.); bisweilen haben sich beide für verschiedene Funktionen spezialisiert (vgl. z. B. *huomaavainen* 'höflich, achtsam' ∼ *huomaava* 'aufmerksam, beobachtend', *kuolevainen* 'sterblich' ∼ *kuoleva* 'sterbend', *olevainen* 'seiend, real' ∼ *oleva* 'welcher irgendwo o. irgend etwas ist', *ymmärtäväinen* 'verständnisvoll' ∼ *ymmärtävä* 'verstehend').

56. Hier soll die Aufmerksamkeit auf einige besonders im Zusammenhang mit der Ableitungslehre auftretende, vorderhand bis auf weiteres noch nicht genügend geklärte Wechselverhältnisse der Quantität usw. der stammesschließenden Klusile, die (zum mindesten nicht direkt) mit dem gegenwärtigen Stufenwechsel, wie es scheint, nichts zu tun haben, gelenkt werden.

---

[1] Rapola: SUST 52 S. 227.

a) Es gibt zahlreiche Nomina, deren einfachem *k*, *t*, *p* zwischen erster und zweiter Silbe im Grundwort oder in einer anderen Ableitung *kk*, *tt*, *pp* entspricht, z. B. *aukea* 'offen, eben' ~ *aukko* 'Öffnung', dial. *heikeä* 'schwach' ~ *heikko* 'dass.', *hyöky* 'Seegang' ~ dial. *hyökkä* (vgl. *hyökätä : hyökkään* 'angreifen'), *kerkeä* 'flink, behend' ~ dial. *kerkko* 'bereit, geneigt', dial. *kirki : kirjen* 'Leidenschaft', urspr. 'Feuerfunke' ~ *kirkas : kirkkaan* 'hell, klar', *koukero* 'krumm, gebogen' = *koukku* 'Haken', *raukea* 'müde, schlaff' ~ *raukka* 'kläglich', *räikeä* 'grell' ~ *räikkä* 'Knarre, Klapper', *sakea* 'dicht' ~ *sakka* 'Bodensatz', *sankea* 'dicht' ~ *sankka* 'dass.', *sokea* 'blind' ~ *sokko* 'Blindekuhspiel', *sykerö* 'Knoten' ~ *sykkyrä* 'Fitz, verfitzter Zwirn', *synkeä* 'düster' ~ *synkkä* 'dass.', dial. *tilka* = *tilkku* 'Lappen, Zipfel', *valkea* 'weiß, hell' ~ dial. *valkko* 'weißes Pferd', *virkeä* 'lebhaft, aktiv' ~ *virkku* 'munter, flink'; *hento* 'zart' ~ dial. *hentto* = *henttu*, *hiisi (hiite-)* 'Waldgeist, Teufel' ~ *hitto* 'Teufel', dial. *hyde (hyteen)* = *hyttynen* 'Mücke', *kintere* 'Hintersehne am Fuß, Fußgelenk, Ferse' ~ *kinttu* 'Kniekehle', *käsi (käte-)* 'Hand' ~ dial. *kättö* 'einhändiger Mensch', dial. *lantea* 'niedrig' = *lantto*, *onsi (onte-)* 'hohl' ~ *ontto* 'Höhlung', *rento* 'lose hängend, ohne Haltung' = dial. *rentu* ~ *renttu* 'Lump(enkerl)', *vadelma* ~ *vattu* 'Himbeere'; *hyypiö* 'strix bubo' = *hyyppä*, *juopa* 'trinkend' ~ *juoppo* 'Säufer', *kimpale* 'Stückchen' ~ *kimppu* 'Bündel', *kääpiö* 'Zwerg' ~ *kääppä* 'Hügel, Anhöhe' (§ 53.6), *siipi* 'Flügel' ~ *(nahka)siippo* 'Fledermaus', *syöpä* 'essend, fressend, Krebs(leiden)' ~ *syöppö* 'Fresser', *ylpeä* 'stolz' ~ *Ylppö* (alter Personenname).

b) Man beachte auch solche, offensichtlich etymologisch miteinander verwandte Parallelformen wie *hereä* (= dial. *herkeä*) ~ *herkkä* 'empfindsam', *kolea* 'holperig, uneben' ~ *kolkko* 'öde, rauh, kalt', *peni (penikka)* 'Hündchen' ~ *pentu* (= dial. *penttu*) 'dass.' (auch scherzhaft von Kleinkindern), *pujo* 'langsam schmäler werdend, spitzig' ~ *puikea* 'oval, länglich' ~ *puikko* 'Stäbchen'[1]), *sojo* 'die gerade hervorstehende Stellung' ~ *soikea* 'länglich, oval, elliptisch' ~ *soikko* 'längliches Gefäß, Wanne', dial. *rasea* = *raskas* 'schwer', *sileä* 'glatt' (= *silkoinen*) ~ *silkka* 'lauter, rein, unvermischt', *silkko* 'das aus lauter Fichtenrinde gebackene Brot', *tiheä* 'dicht, häufig' ~ *tihku* 'fein' (z. B. Regen), *vireä* (= *virkeä*) 'lebendig, aktiv' ~ *virkku* 'munter, flink', in denen dem Fehlen des Klusils auf der einen Seite einfacher oder geminierter Klusil auf der anderen Seite entspricht. – Einen speziellen Fall stellen die jungen Derivativa *ykkönen* 'der Einer, die Eins (z. B. Straßenbahn nr. 1) und *kakkonen* 'der Zweier, die Zwei' dar[2]).

E. ÜBER DIE ABLEITUNGSSUFFIXE UND ENKLITIKA DER PARTIKELN

57. In der Flexions- und Derivationslehre der Nomina war schon die Rede von folgenden Partikelsuffixen: '(§ 48B1), *-itse*' (§ 48A), *-ja*, *-jä* (§ 52.6), *-n* (§ 48B3), *-s* (§ 48B2). Im folgenden werden noch eine Reihe anderer Ableitungssuffixe, die bei den heutigen Partikeln vorkom-

---

[1]) Kalima: Vir. 1945 S. 411 f.
[2]) Beispiele von solchen Klusilwechselfällen bietet reichlich Collinder, Die urgerm. Lehnwörter im Finnischen (Uppsala 1932) S. 131 f.

men, aufgezählt. Von den Derivativa sind die meisten Adverbia; wenn es sich nicht so verhält, wird dies jeweils besonders vermerkt.

1) **-kkain, -kkäin.** Bedeutung lokal-reziprok: *alakkain* 'der eine unter dem anderen' = *allekkain*, *jäljekkäin* 'der eine hinter dem anderen', *käsikkäin* 'einander bei der Hand festhaltend', *likekkäin*, *lähekkäin* 'nahe beieinander', *nenäkkäin* 'Nase an Nase', *peräkkäin* 'hintereinander im Gänsemarsch', *päällekkäin* 'aufeinander', *rajakkain* 'Grenze an Grenze', *sisäkkäin* 'der eine im andern (z. B. konzentrisch)', *sylikkäin* 'der eine im Schoß des andern', *vastakkain* 'gegeneinander', *vierekkäin* 'nebeneinander'. – Die frühere Gestalt des Derivans: * -kkahin, * -kkähin; Bestandteile: -kas, -käs (§ 53.11) + instr. pl. -in (§ 47H). Als ursprünglicher Typ sind z. B. solche Fälle wie *alakkain*, *peräkkäin* und als analogisch danach gebildete Formen solche wie *allekkain*, *päällekkäin* anzusehen. Über die Bedeutung vgl. § 57.14b, 15, 16.

2) **-li(')**: *mikäli* 'inwiefern', *sikäli* 'insofern' (über die Bedeutungen dieser beiden Partikeln und deren Entwicklung s. § 48 B 1), dial. *sekali* 'durcheinander'. Bestandteile: -*la*, -*lä* (§ 52.10) + -(*i*)*k* (§ 48 B 1); der Ursprung des *i* nach dem *l* ist unklar (vgl. -*lti'*, -*sti'*, -*ti'* weiter unten in diesem § sowie -*kin* § 58.4).

3) **-lti'.** Adverbielle Mengenbezeichnungen: *kosolti'* 'reichlich, haufenweise' (Grundw. das dial. Adj. *koso* 'reichlich'), *kyllälti'* 'zur Genüge', *laajalti'* 'weithin', *lavealti'* 'breit, umfänglich', *niukalti'* 'knapp', *ohuelti'* 'dünn', *paksulti'* 'dick', *paljolti'* 'viel', *pitkälti'* 'lang(e)', *syvälti'* 'tief', *viljalti'* 'reichlich', *leveämmälti'* 'breiter', *pitämmälti'* 'länger', *syvemmälti'* 'tiefer'. Besonders beachte man *silti'*, dial. u. veralt. 'darum', in der heutigen Gemeinspr.: 'dessenungeachtet, jedoch'. – An Stelle all dieser Derivativa kann in gleicher Bedeutung der abl. sg. des entsprechenden Grundwortes verwendet werden (*kosolta*, *kyllältä* usw.). Es ist denn auch offenbar, daß das -*lt*- des Derivans mit dem -*lt*- des Ablativs (§ 47F) identisch ist. -*lt*- pro * -*ll*-, d. h. die Starkstufigkeit des *t* im Anfang von geschlossener Silbe, ist sicher gerade vom Abl. -*t*-, das im Anfang von offener Silbe steht, analogisch bewirkt. -*i'* < -*ik*. Das *k* ist die Lativendung (§ 48 B 1). Der Ursprung des *i* ist unklar (vgl. oben Punkt 1). Durch die Bedeutung des Derivans schimmert immer noch der Synkretismus von Ablativ und Lativ durch; z. B. *leikkasi syvälti* = *syvältä* + *syvään*, *syvälle* 'er schnitt tief'; 'aus der Tiefe' und 'in die Tiefe'.

4) **-nne'.** Bedeutung lativisch: *jonne'* 'wohin', *jonnekin* 'irgendwohin', dial. *kunne'* 'wohin?', *minne'* 'wohin', *minnekin* 'irgendwohin', *sinne'* 'dorthin', *tuonne'* 'dorthin' (wohin ich zeige), *tänne'* 'hierhin' (ebenfalls zeigend); dial. *kahdanne'* = *kahtaanne'* 'in zwei Richtungen', *muuanne'* 'in andere Richtung', *samanne' (päin)* 'in die gleiche Richtung', *toisaanne'* 'in die andere Richtung', dial. *yhdänne'* = *yhtäänne'* 'in eine Richtung'. – Entsprechungen zu diesem *nn* treten in allen ostseefinnischen Sprachen auf. Somit ist das geminierte *n* hier als ursprünglich anzusehen (und z. B. nicht als aus * *nd* entstanden zu betrachten) und muß mindestens aufs Urfinnische zurückgeführt werden. Dieses Derivationselement, das mit dem *nn* im Derivans 5) und 6) identisch ist, ist seiner Herkunft nach unklar. -*e'* < -*ek*, wobei -*k* Lativzeichen (§ 48 B 1) und -*e*- unbekannter Herkunft ist (Ojansuu: Pronominioppia 138).

§ 57　　　Partikelderivantia　　　165

5) **-nnes.** Bedeutung terminativ: *kunnes* 'bis zu der Zeit, als, wenn' (Konjunktion); dial. Adv. *sinnes* (= *sinis*, s. folg. Punkt) 'bis zu der Zeit'. Bestandteile: dasselbe *-nne-* wie im Derivans 4) + Lativ-*s* (§ 48 B 2).

6) **-(n)ni(')** ~ **-(n)nis**. Die Bedeutung meist terminativ oder modal; dicht. u. dial. Konj. *sini–kuni* = *sinis–kunis* 'bis zu der Zeit, bis wenn', *tyy(n)ni* (viell. < *tyvennik*) 'gänzlich'; veralt.: *jonni* 'solange als (wie), wenn', *kaikenni* 'vollständig, ganz', *paremmanni* 'besser', dial. *mini* 'in welchem Maße, Grade', *täni* 'so viel', *saanni'*, *saannikka* Postpos. 'bis ... zu', Konj. 'wenn nur, wofern nur, um so mehr, gar nicht zu reden von' [z. B. 'das kann schon ein Kind tun, gar nicht zu reden von einem Mann': *saannikka mies*, schriftspr. *saatikka mies, saati sitten mies*] (vgl. karel. *šoane* 'wenn nur', estn. dial. *saani, saanik* 'bis', liv. *sǭńi* 'bis'), *sikemmänni* 'später'. Die Fälle mit Geminata-*n* sind ursprünglicher, und dieses nasale Element ist identisch mit dem von Derivans 4) und 5). Hinter *-(n)ni* folgt ein meist spurlos geschwundenes lativisches *-k; -s* ist ebenfalls Lativzeichen (§ 48 B 2). Der Ursprung des *i* ist unklar. Vgl. die estnische Terminativendung *-ni* (z. B. *linnani* 'bis zur Stadt').

7) **-oin, -öin** ~ **-en**. Die Zeit angebend: *ennen* (< noch dial. u. veralt. *ennein*) 'früher', *jolloin* 'als', *jolloinkin* 'irgendwann', *jolloinkulloin* = dial. *jollenkullen* 'bisweilen', *kulloinkin* 'jeweils', *milloin* 'wann', *muulloin* 'sonst', *silloin* 'da(mals)' = dial. *sillen, tuolloin, tällöin* 'da (mit *tämä*- resp. *tuo*-Deixis)', *muinoin* 'vor alten Zeiten' = dial. *muinen, taanoin* = *taannoin* und *tuonoin* = *tuonnoin* 'vor kurzem' (mit *tämä*- und *tuo*-Deixis), *viimein* 'zuletzt, schließlich', *eilen* 'gestern' = dial. *öylöin, äsken* 'neulich, kürzlich' = dial. *äsköin*; die Art und Weise: *muutoin* = *muuten* 'auf andere Weise, andernfalls', *vastoin* (Praepos., alte Postpos.) = *vasten* (Postpos. o. Praepos.) 'gegen, wider, zuwider'. – Entsprechungen in allen ostseefinnischen Sprachen. Die Erklärung[1]), nach der *-oin* auf den instr. pl. von *aika* 'Zeit', also *ajoin*, zurückgehen soll, kann nicht als genügend begründet angesehen werden; beachte besonders den Wechsel *-oin* (< *-ain*) ~ *-en* (< *-ein* < *-ain*)[2]). Auf jeden Fall scheint zutagezuliegen, daß in gewissen Wörtern das Element *-ll- (jo-ll-oin)* aus der Adessiv- und das *-n- (mui-n-oin)* aus der Essivendung stammt (bisweilen auftretendes *-m-* pro *-n-* ist sekundär). Weder Form noch Bedeutung bilden ein Hindernis für die Identifizierung des Auslaut-*n* mit der Instruktivendung (§ 47 H).

8) **-sti'**. Das allgemeinste Partikelderivans im heutigen Finnisch; mit ihm lassen sich von den meisten Adjektiven Adverbia bilden, besonders in den Dialekten auch von gewissen Substantiven. a) Die Art und Weise wird bezeichnet: *auliisti'* 'gern, freigebig', *helposti'* 'leicht', *hitaasti'* 'langsam', *huonosti'* 'schlecht', *hyvästi'* 'gut' (sekundär auch als Substantiv mit Auslaut-*i*: *hyvästiä sanomatta* 'ohne Lebewohl zu sagen', *heitti hyvästit* 'er sagte Lebewohl'), *ihmeesti'* (Grundw. ist das Subst. *ihme* 'Wunder') 'in wunderbarer Weise, merkwürdig, erstaunlich', *isosti'* 'großartig, sehr', *joltisestikin* 'ganz tüchtig, ganz ordentlich (mit leichter Ironie), so ziemlich, ganz schön', *kauniisti'* 'schön', auch iron., bes. bei imperat. 'ordentlich, artig, brav',

---

[1]) Jännes: Suomi III: 4 S. 286 f.
[2]) Ojansuu: Pronominioppia 45; Rapola: Suomi IV: 17 S. 354, Vir. 1920 S. 57f.

kiireesti 'eilig', *kovasti* 'tüchtig, ordentlich, sehr', *oppineesti* 'in gelehrter Weise, gründlich', *pahasti* 'bei Verba mit neg. Sinn wie 'sich irren' u. ä.: 'stark, mächtig' (danebenhaun o. ä.), 'schlimm, arg', *riittävästi* 'genügend, ausreichend', *sanottavasti* 'in nennenswertem Maße', *selvästi* 'klar, deutlich', dial. *siasti* [vom Subst. *sika* 'Schwein'] 'saumäßig', *taatusti* 'garantiert', *tavallisesti* 'gewöhnlich', *tiettävästi* 'soweit man weiß, soweit bekannt, bekanntermaßen', *tietysti* 'natürlich', *tottuneesti* 'in routinierter Weise', *tutusti* 'in bekannter Weise', aber auch 'in bekanntschaftlicher, vertrauter Weise', dial. *uskosti* 'andächtig, innig', *varmasti* 'sicher, gewiß'; b) wieviel Mal? zum wievielten Mal?: *kahdesti* 'zweimal', dial. *kerrasti* 'einmal', *kolmesti* = *kolmasti* 'dreimal' (< veralt. u. dial. *kolmaisti*), *monesti* = *monasti* 'vielfach, oftmals' (< veralt. u. dial. *monaisti*), *neljästi* 'viermal', dial. *paristi* 'ein paar Mal', *sadasti* 'hundertmal', *tuhannesti* 'tausendmal', *useasti* 'oft', *yhdesti* 'einmal'; *kolmannesti* 'das dritte Mal, zum drittenmal', *viidennesti* 'zum fünftenmal'; c) auf die Frage Wann? antworten (sämtl. dial.): *aamusti* 'am Morgen, des Morgens', *ehtoosti* 'am Abend, abends', *häisti* 'zur Hochzeit', *joulusti* 'zu Weihnachten', *kaikesti* 'zu allen Zeiten, immer', *käräjisti* 'zur Zeit der (Distrikts-) Gerichtssitzung, bei der Sitzung des Distriktsgerichts', *markkinoisti* 'zur Marktzeit, als Markttag war', *vapusti* 'am 1. Mai (resp. am Vorabend des 1. Mai, zur Walpurgisnacht)', *välisti* 'zwischendurch', *yösti* 'nächtlicherweile'. – Dial. und veralt., bisweilen auch in der Gemeinsprache, wird in den gleichen Funktionen der Elativ gebraucht (*lujasta* 'fest' adv. „feste", z. B. zuschlagen, *totisesta* 'wirklich, ernsthaft', *uskosta* 'fleißig, getreulich', *vahvasta* 'stark, kräftig', *välistä* 'bisweilen' [dies bes. häufig], *äkistä* 'plötzlich' usw.). Es ist wohl offensichtlich, daß *-sti* sich zum Elativ wie *-lti* (§ 57.3) zum Ablativ verhält. Dialektweise entsprechen dem Derivans *-sti* die Suffixe *-sten* und *-ste(')*: *helposten*, *helposte'* usw. Vermutlich *-sti* < dial. *-stik*, in dem *-k* Lativzeichen ist (§ 48 B 1); über *i* vgl. § 57.1, 3. Dial. *-ste(n)* dürfte auf Analogie nach dem Derivans *-ten* (§ 57.10) beruhen[1]). Seinem Alter nach geht *-sti* bis aufs Urfinnische zurück.

9) **-tellen**. Bedeutung distributiv: *paiko(i)tellen* 'stellenweise', *vuorotellen* 'abwechselnd', *vähitellen* 'allmählich', *yksitellen* 'je einer'; dial. *kingo(i)tellen* 'bündelweise' (*kinka* 'Bündel'), *kylitellen* 'dorfweise', *poikitellen* 'in die Quere', *kaksitellen* 'zu zweien', *kolmitellen, nelitellen, monitellen* 'zu dreien, vieren, vielen (also 'drei, vier, viele auf einmal'). – Das Derivans hat sich während der finnischen Sonderentwicklung vom inf. act. II instr. der *-ttele*-Verba aus verbreitet; den ursprünglichen Typ vertritt somit z. B. *vuorotellen* 'abwechselnd', neben dem sich das Verb *vuorotella* findet.

10) **-ten**. Beantwortet die Frage: auf welche Weise? oder (als Endung von zeitbezeichnenden Wörtern) wann?: *joten* 'auf welche Weise' relat., *jotenkin* 'auf irgendwelche Weise, in passabler Weise, so ziemlich', *jotenkuten* 'einigermaßen, so ziemlich', *kuten* 'wie' (relat.), *miten* 'wie' (interr.), *muuten* 'in andrer Weise, anderweitig, sonst, übrigens' = dial. *muiten* (= *muutoin*), *myöten* 'gemäß', heute meist Postpos. 'längs', *päiten*: *pilan päiten* 'spaßes-

---

[1]) Kettunen: Eesti Keel 1922 S. 37 f.

halber', *samaten* 'in gleicher Weise' = dial. *samoiten*, dial. *suiten* = *suuten*: *alas-suuten* „den Mund nach unten", 'gesenkten Kopfes', *toiste(n)* 'ein andermal', *tyyten* 'völlig, gänzlich' = dial. *tyysten* (? vgl. *tyvi* 'unteres Ende'; beachte *tyynni*, § 57.6), *täten* 'auf diese Weise', dial. *vasiten* 'einzig und allein, nur in der Absicht', dial. *väkisten* 'mit Gewalt'; von Komparativen und Superlativen: *enemmiten* 'zum größeren Teil, in der Mehrzahl der Fälle', *lähemmiten* 'in größerer Nähe', *nuoremmiten* (= *nuoremmuuten*) 'in größerer Jugend', *paremmiten* 'besser', *syksymmiten* 'tiefer hinein in den Herbst, wenn es schon länger Herbst ist', *vanhemmiten* (= *vanhemmuuten*) 'wenn man schon höher in den Jahren ist', *eniten, enimmiten* 'meist(ens), insbesondere', *helpoimmiten* 'am leichtesten', *hetimmiten* 'sofort', *kiireimmiten* 'in größter Eile', *lyh(y)immiten* 'möglichst kurz', *oikeimmiten* 'am richtigsten', *parhaiten, parhaimmiten* 'bestens', *pikimmiten* 'schnellstens', *useimmiten* 'am öftesten', *vähiten, vähimmiten* 'am wenigsten'. Beachte die bedeutungsmäßige Sonderentwicklung folgender Wörter: *etenkin* 'insbesondere', *etenkään* 'dass.' (in neg. Sätzen) (vgl. *e-ttä* 'daß', *e-llei* 'wenn nicht', dial. *e-llä* 'wenn'), *liiatenkin* 'insbesondere', *kuitenkin* 'jedoch' (vgl. *kukin* 'jedweder' [also *kuitenkin* eig. 'auf jedemögliche Weise, auf jeden Fall']). Von den übrigen Partikeln weicht *sitten* 'dann, danach' durch seine Form ab < dial. *siitten*, und zwar ist dieses wohl Resultat einer Kontamination: dial. *siittä* 'dann' + dial. *siiten* (?)[1]). – Die frühere Gestalt nach Vokal *-ĭten*. Das Derivans hat Entsprechungen in den meisten ostseefinnischen Sprachen, und so dürfte es zum mindesten aus dem Urfinnischen stammen, aber sein Ursprung ist unerklärt. Unmöglich ist es nicht, daß es in genetischem Zusammenhang mit dem inf. act. II instr. steht. Dessen Endung lautet nämlich oft *-ten* und ist dann mit unserem Derivans nicht nur homonym, sondern auch synonym: *arvatenkin* 'wie auch zu erwarten, wahrscheinlich, vermutlich', *jouten* 'müßig, zum Vergnügen', dial. *kaiten* (*kait/a, -sen* 'sich vorsehen, umgehen') 'außer, vorbei', *taiten* 'geschickt, in Ruhe', *tieten* 'wissend, wissentlich', *tietenkin* 'natürlich, selbstverständlich', *tuten: mies tuten* 'den Mann kennend', *nimi tuten* 'den Namen kennend'. Es ist auch bemerkenswert, daß z. B. neben dem Adverb *vasiten* noch ein deverbal anmutendes dial. *vasittu* (= *vasituinen* 'fest, beständig') vorkommt. Das Element *-t-* ist auf jeden Fall dasselbe wie in dem modalen Derivans *-ti'* (§ 57.12).

11) **-ti'**[1]. Die Bedeutung ist karitiv: *alasti'* 'nackt' (<? **alaiseti'*; Grundw. ? *alainen* 'Unterkleid'; lautl. vgl. [*varta*] *vasten* 'eigens wegen' < dial. *vasiten*), *huoleti'* 'ohne Sorge', *hengeti'* 'atemlos', *ääneti'* 'lautlos', dial.: *rahati'* 'ohne Geld', *suruti'* 'ohne Sorge, getrost', *antamati'* 'ohne zu geben', *sanomati'* 'ohne zu sprechen', *syömäti'* 'ohne zu essen', *tekemäti'* 'müßiggehend, nicht arbeitend'. – Frühere Lautgestalt *-ĭtik*, in dem das -ĭt- mit dem der Abessivendung *-tta, -ttä* (§ 47 G) identisch ist, das *k* ist lativisch (§ 48 B 1); betreffs des seinem Ursprung nach unklaren *i* vgl. § 57.1, 3, 8. Dialektisch (Süd-Häme und auch in einigem Umfang in Unter-Satakunta) tritt *-ti* als eigentliche Abessivendung auf. Entsprechungen in den meisten ostseefinnischen Sprachen, so daß zum mindesten urfinnischer Ursprung anzunehmen ist.

---

[1]) Ojansuu: Pronominioppia 37.

12) **-ti'**[II]. Bezeichnet die Art und Weise: *alati'* 'fortwährend' (Entwicklung etwa: 'der ganzen Ausdehnung nach' > 'durchgängig' > 'in einem fort, unaufhörlich'; vgl. dial. *alainen* 'fortwährend'), dial. *eniti'* 'am meisten', *iäti'* 'für immer' (eig. 'für das ganze Alter'), *kaiketi'* 'vielleicht, wohl', veralt. u. dial. 'in jeder Beziehung, gänzlich'[1]), danach 'sicher' und 'vielleicht' (man vgl. auch *varmaan* an sich 'sicher', aber auch = 'vielleicht' [wie auch im Nhd.: er ist s i c h e r krank (im gew. Sprechton, also ohne Emphase) = er ist w o h l krank, und auch dieses nhd. 'wohl' bedeutete einmal: 'sehr wohl, sicher', vgl. 'jawohl']), dial. *oiti'* = *oieti'* 'direkt', *olletikin* 'insbesondere, vor allem', *peräti'* 'völlig, gänzlich' (urspr. 'bis aufs letzte Ende'), *saati'* = *saatikka* (= dial. *saaten, saatenka* = dial. *saanni', saannikka;* alle diese sind sowohl Konjunktionen, 'nicht zu reden von', als auch Postpositionen, 'bis... hin'), dial. *samati'* 'in gleicher Weise, ebenso', dial. *toisti'* 'ein andermal', *vaiti'* 'still, verschwiegen' (? < * *vai'iti';* vgl. dial. *vaikean = vaikian =* schriftspr. *vaikenen* 'ich schweige'), dial. *vaseti'* 'eigens darum' (= dial. *vasiten*), *yhäti'* 'immer noch' (eig. Dialektform, in der Gemeinsprache wäre * *yhdäti'* 'zu erwarten). – Das Derivans ist aufs allerengste verwandt mit dem Suffix *-ten,* das unter Punkt 10 besprochen wurde, aber das lautliche Verhältnis ist unklar. Die frühere Gestalt war * *-ĭtik* oder vielleicht teilweise * *-ĭtin.* Entsprechungen in den meisten ostseefinnischen Sprachen, besonders reichlich im Estnischen (*ajuti* 'zeitweise, bisweilen', *kõigiti* 'in jeder Beziehung', *teisiti* 'anders' usw.). Auf Verbalstämmen scheinen *saati'* und *vaseti'* zu fußen (vgl. *vasiten, vasittu*).

13) **-tta, -ttä.** Die Art und Weise angebend, oder die heutige abweichende Bedeutung geht auf eine solche modale zurück: Konj. *että* 'daß', urspr. Adv. 'so'[2]) (Genaueres § 36), Konj. *jotta* 'damit', urspr. Adv. 'auf welche Weise', veralt. u. dial. *kutta* Adv. 'wie?' = dial. *kotta*[3]), Konj. 'als, wie'; hierher dürfte wohl auch dial. adv. *siittä, sittä* 'dann' (schriftspr. *sitten*) (urspr. viell. 'auf die Weise, so') gehören; zur Bedeutungsentwicklung vgl. *siis* 'in der Richtung' > 'deshalb' [*sentähden* 'mit dem Ziel'] > fi. Dial. u. estn. 'dann'. – Das Derivans stammt zum mindesten aus dem Urfinnischen, aber seine Geschichte ist unklar. – In diesen Zusammenhang gehören n i c h t: Postpos. *kautta* 'durch' (vermutl. part. sg. zu *kausi* 'Zeitraum'), Konj. *mutta* (< *muuta,* s. § 36), dial. *sekalutta* 'durcheinander' (viell. part. sg. von anzusetzendem Subst. * *sekalus;* vgl. dial. *sekali'* 'durcheinander') und

---

[1]) *Tämen ielkin iokainen... machta ia pitä itzens c a i c k e t i ia täydelisest asettaman ia oijendaman* (Befehl Johanns III. vom 1. XII. 1584 über die Beförderung (von Personen und Gütern) (nach Grotenfelt: Hist. asiakirjoja S. 22:)) 'Danach möge jeder sich in j e d e r B e z i e h u n g und vollständig richten und halten'; *perärauta on k a i k e t i p puuta* 'das „hintere Eisen" besteht voll und ganz aus Holz', Dialekt von Lohtaja.

[2]) In der kopulativen Doppelkonjunktion *sekä – että* ist die Bedeutung der zweiten Komponente wohl direkt (also nicht durch Vermittlung der subordinierenden Funktion) aus der adverbialen Bedeutung 'so' entwickelt; beachte dial. u. veralt. *sekä A että myös B* eig. 'sowohl A, s o auch B'.

[3]) Fehlt in gedruckten Quellen; Verf. hat dies zum mindesten in Nieder-Satakunta (Loimaa) gehört.

die dial. Postpos. *tautta* 'wegen' (urspr. part. sg. des vom Stamm *taka-* abgeleiteten Substantivs *taut;* vgl. weps. *tagut* 'wegen').

14) **-ttain, -ttäin.** a) Auf die Frage nach der Art und Weise antwortend: *erittäin* 'in besonderer Weise', *maalaisittain* 'in ländlicher Weise', *meikäläisittäin* 'in der Weise der Unsrigen', *nimittäin* 'nämlich', *puolittain* 'zur Hälfte', *suomalaisittain* 'wie es die Finnen halten', *verrattain* 'vergleichsweise'; b) in welcher Stellung (Lage)?: dial. *jäljettäin* 'hintereinander', *kulmittain* 'Ecke an Ecke', *nurkittain* 'Winkel an Winkel', *perättäin* 'einer hinter dem anderen', *pitkittäin* 'der Länge nach', *poikittain* 'der Quere', *päittäin* 'den Kopf vornweg, Kopf an Kopf', dial. *rinnattain* 'nebeneinander', *selittäin* 'Rücken an Rücken', *sivu(i)ttain* 'Seite an Seite, seitlich', *syrjittäin* 'seitlich'; c) auf die Frage: wann?: *hiljattain* 'dieser Tage', *äskettäin* 'kürzlich'; d) distributiv: wieviel auf einmal?: *ajoittain* 'zeitweise', *asteittain* 'stufenweise, gradweise', *hetkittäin* 'in einzelnen Momenten', *joukoittain* 'haufenweise', *kaksittain* 'zu zweien', *kapoittain* 'metzenweise', *kourallisittain* 'handvollweise', *kymmenittäin* 'zehnerweise', *kyynärittäin* 'ellenweise', *läjittäin* 'haufenweise', *osittain* 'teilweise', *parittain* 'paarweise', *peninkulmittain* 'meilenweise', *puuskittain* 'anfallsweise, ruckartig', *päivittäin* 'tageweise', *sadoittain* 'zu Hunderten', *tuku(i)ttain* 'im großen, en gros', *vuorokausittain* 'tageweise', genau: 'allemal Tag und Nacht hintereinander', *vuosittain* 'pro Jahr, jährlich', *vähittäin* 'in kleinen Mengen, en detail'. – Der Ursprung des Derivans ist unklar. Instruktive des inf. act. II können eventuell solche Adverbia sein wie *erittäin* (vgl. dial. *erittää* = schriftspr. *erottaa* 'unterscheiden'), *nimittäin* (vgl. *nimittää* 'nennen'), *osittain* (vgl. *osittaa* 'zerteilen, in Stücke zerlegen'), *pitkittäin* (vgl. dial. *pitkittää* 'sich langlegen'), aber sicher ist das nicht, und noch unsicherer ist es, diesen ganzen Derivationstyp, der sich so großer Allgemeinheit erfreut, nach dem Muster solcher Deverbalia zu erklären. Sowohl seiner Form als auch insbesondere seiner Bedeutung nach erinnert unser Derivans an *-ten* (§ 57.10) und *-ti*[II] (§ 57.11).

15) **-tuksin, -tyksin.** Die Bedeutung stimmt mit der von *-tusten, -tysten* (s. folg. Punkt), das in der Gemeinsprache mehr gebraucht wird, überein, ist also lokal-reziprok: *perätyksin* 'hintereinander, im Gänsemarsch, nacheinander', *rinnatuksin* 'nebeneinander', *vastatuksin* 'gegenüber', *vieretyksin* 'nebeneinander'. – Das Derivans, das erst während der finnischen Sonderentwicklung entstanden sein dürfte, hat sich offensichtlich auf Grund des instr. pl. gewisser Nomina auf *-us, -ys* herausgebildet (§ 52.17, § 55.32); das Element *-t-* (< * *-ĭt-*) kann auf dem Wege irgendwelcher Kontamination in das Suffix geraten sein, z. B. ausgehend von den Adverbia auf *-ttain, -ttäin* (beachte z. B. *perättäin* = *perätyksin, rinnattain* = *rinnatuksin*).

16) **-tusten, -tysten.** Bedeutung wie beim vorigen lokal-reziprok: *alatusten* 'untereinander', *laidatusten* 'Rand an Rand', *limitysten* 'mit den Enden o. Kanten doppelt übereinander', *lomatusten* = *lomitusten* 'in die gegenseitigen Ritzen hinein, zwischeneinander', *lähetysten* 'nahe an, beieinander', *perätysten* 'hintereinander', *pääksytysten* urspr. 'Kopf dicht an Kopf', danach: 'in einem fort' (vgl. dial. demin. *pääksy* 'Köpfchen'), *päälletysten* 'aufeinander', *rinnatusten* (beachte die Bedeutung: 'nebeneinander'), *vastatusten* 'widereinander, einander entgegen', *vieretysten* 'nebeneinander'. – Das *-us,*

-*ys* ist offensichtlich dasselbe wie das -*uks*-, -*yks*- im vorigen Punkt und -*ten* stimmt mit dem gleichlautenden Suffix von Punkt 10 überein. Über das -*t*- (< * -*ĭt*) vor dem -*u*, -*y* ist dasselbe zu sagen wie von dem entsprechenden *t* des Derivans vom vorigen Punkte.

58. Von den im folgenden genannten Anhängesilben sind alle diejenigen Adverbia, von denen nicht ausdrücklich etwas anderes gesagt ist. Über das erst spät aufgekommene angehängte -*s* (*onko-s* usw.) s. § 39.

1) -*han*, -*hän*: *Akkahan mies on aseetonna* 'Wie bekannt, ist der Mann ohne Waffe (nichts als) ein altes Weib'. *Tuoltahan hän tulee* 'Wie deutlich zu sehen, kommt er von dort'. *Olihan se odotettavissakin* 'Bekanntlich war das zu erwarten'. *Astuhan syrjään!* 'Geh mal beiseite' o. 'Du trittst doch mal beiseite', also freundliche Aufforderung. *Otathan vielä?* 'Du nimmst doch noch?'. Eigentlich war es zunächst eine verbindliche Aussage, die mit der Zeit als Frage aufgefaßt wurde: 'du nimmst noch, nicht wahr?'. *Kukahan tuolla soutaa?* 'Wer mag da wohl rudern?', eine höfliche Frage, mit deren Beantwortung man den andern nicht unbedingt bemühen will. – Diese Partikel, die der Volkssprache zum mindesten in Südwestfinnland völlig unbekannt ist, verwenden die östlichen Dialekte im Übermaß, und zwar auch noch in anderer Weise als in den angeführten Bedeutungen, um der Rede das Gepräge, den Stempel einer gewissen scheinbaren Gleichgültigkeit oder eines innerlich unbeteiligten Gleichmuts zu verleihen. Wie § 39 erklärt, ist diese Partikel ursprünglich mit dem Pronomen der 3. pers. sg. *hän* identisch. Außerhalb der Dialekte Finnlands und des Karelischen begegnet -*han*, -*hän* nur im Wepsischen, so daß sich ihr Alter kaum bis zum Urfinnischen zurückerstreckt. Der entsprechende, aber wesentlich beschränktere Gebrauch der 3. sg. vom Personalpronomen im Lappischen dürfte auf finnischer Einwirkung beruhen.

2) -*ka*, -*kä*. a) Eine Verstärkungspartikel, die in bestimmten Fällen den Sinn des Grundwortes überhaupt nicht ändert, sondern bisweilen der Rede nur eine vertraulichere Nuance verleiht: dial. *astikka* 'bis' (= *asti*), *jonneka* 'wohin' (= *jonne*), *jotenka* 'so daß' (= *joten*), dial. *kunneka* 'wohin' (= *kunne*), *minnekä* 'wohin' (= *minne*), *mitenkä* 'wie' (= *miten*), *saatikka* 'wenn nur; nicht zu reden von' (= *saati*), *tahikka* = *taikka* 'oder' (= *tai*). b) Bisweilen hat es sich mit seinem Grundwort zu einem festen Gebilde vereinigt, in dem der Bedeutungsanteil der Anhängesilbe nicht mehr festzustellen ist: *ehkä* (Grundw. unbek.; ? vgl. *e-ttä* 'daß', *e-llei* 'wenn nicht', veralt. *e-s* 'wenn'), Konj. *jahka* 'sobald, wenn nur, vielleicht' (? vgl. germ. Lehnpartikel *ja* < dial. u. urspr. *jah*), Postpos. *saakka* (vgl. dial. *saahka* und *saaden* 'bis', Grundw. Verb *saada* in der alten Bedeutung 'ankommen, reichen bis'), die kopul. Konjunktion *sekä* 'sowie' (Stammw. pron. *se;* beachte auch die Doppelkonjunktion *sekä – että* 'sowohl – als auch'), Konj. *vaikka* = dial. *vaihka* (vgl. *vai*', *vai* 'oder' [altern. fragend], beachte estn. *või* : *kas või* 'wohl' adv.). c) Die ans negative Verbum antretende Partikel -*kä* ist selbst Kopulativkonjunktion = 'und': *enkä*, *etkä*, *eikä*, *äläkä*, *älköönkä* usw. (s. § 36). – Diese Anhängepartikel ist vermutlich mit dem Denominalderivans -*ka*, -*kä* (§ 52.8) identisch.

3) **-(k)aan, -(k)ään.** Verstärkungspartikel in negativen Sätzen (auch in solchen ohne Negation, wenn nur der Sinn negativ ist). In positiven Sätzen entspricht *-kin*. Feste oder stehende Verbindungen: a) indefinite Pronomina: *kenkään* nom. sg. 'niemand' : *ketään* part. sg., *keneltäkään* abl. sg. = *keltään* abl. sg. usw., *kukaan* 'niemand' nom. sg. : dial. *kussaan* iness. sg. usw., *kumpikaan* 'keiner von beiden', *kumpainenkaan* 'dass.', *mikään* 'nichts' : *mitään* part. sg., *millään* adess. sg. usw. b) Partikeln: *ainakaan* 'wenigstens (das und das) nicht', *ensinkään* 'durchaus nicht, überhaupt nicht', *etenkään* 'besonders wenn nicht', *joskaan* 'wenn überhaupt', *koskaan* 'nie', *kuitenkaan* 'doch, trotzdem nicht', *kumminkaan* 'dass.', *lainkaan* (< * *lajinkaan*; vgl. *-lainen*, *-läinen* § 53.18), *milloinkaan* 'nie', *minnekään* 'nirgends hin', *mitenkään* 'in keiner Weise', *ollenkaan* 'überhaupt nicht', *olletikaan* 'dass., insbesondere nicht weil, vor allem nicht weil', *semminkään* 'um so mehr ... nicht, um so weniger', *suinkaan* 'überhaupt nicht' (< *suvuinkaan*, § 22 C), *varsinkaan* 'um so weniger, besonders nicht'. c) Gelegentliche Verbindungen kann das Anhängsel mit den meisten Wörtern und Flexionsformen der Sprache bilden; die Bedeutung ist dann ziemlich dieselbe wie bei dem selbständigen Adverb *myöskään* 'auch nicht': *alkukaan* 'auch nicht der Anfang', *aluksikaan* 'nicht einmal zu Beginn, auch nicht zu Beginn', *hänetkään* 'auch ihn nicht', *olekaan* 'ist auch nicht', *olinkaan* 'ob ich überhaupt auch [dort] war, [weiß ich nicht]', *oltukaan* 'man ist auch nicht gewesen', *nytkään* 'auch jetzt nicht' usw. Die frühere Lautgestalt war wie noch heute dial. *-kahan*, *-kähän* ∼ * *-γahan* : * *-γähän*; nach Vokal ist *k* eigentlich nur nach haupt- und nebenbetonter Silbe lautgesetzlich, hat sich aber analogisch auch in andere Stellungen ausgebreitet. *-ka-*, *-kä-* ist offensichtlich mit dem denominalen Derivans *-ka*, *-kä* identisch (§ 52.8), vgl. besonders solche Pronomina wie *kukaan* ∼ *kuka* 'niemand ∼ wer', *mikään* ∼ *mikä* 'nichts ∼ was'), und *-han*, *-hän* stimmt mit dem Poss.-Suffix der 3. Pers. (§ 49) überein und somit auch mit der Anhängepartikel *-han*, *-hän* (§ 58.1) und dem Personalpronomen der 3. sg. *hän*. Es bleibt dabei jedoch unklar, wie und warum *-kaan*, *-kään* gerade auf die negativen Äußerungen beschränkt geblieben ist. – Diese Verstärkungspartikel hat wie die im folgenden Punkt behandelte eine recht genaue Entsprechung im Mordwinischen[1]).

4) **-(k)in.** Verstärkendes Anhängsel, das in positiven Äußerungen (auch in formell negativen Fragesätzen, soweit eine positive Antwort auf sie erwartet wird) dem Adverb *-kaan*, *-kään* der negativen Sätze entspricht. Feste oder ständige Verbindungen: a) Indefinite Pronomina: *jokin* 'irgendeiner': *jokseenkin* transl. sg. poss. suff. 3. pers. 'ziemlich', *jota(k)in* part. sg., *jossa(k)in* iness. sg., usw., *kenkin* 'irgendeiner' (seltener nom. sg.): *kenenkin* gen. sg. usw., *kukin* 'jed(wed)er', *kumpikin* 'beide', *kumpainenkin* 'jeder von beiden', *mikin* 'was jeweilig, alles was jeweils' o. ä., 'alles mögliche'; b) Partikeln: *ainakin* 'wenigstens, jedenfalls, zum mindesten', *etenkin* 'besonders', *ilmankin* 'auch so', *jolloinkin* 'irgendwann', *joskin* 'wenn auch, obgleich', *joten(sa)kin* 'irgendwie, so ziemlich', *jonnekin* 'irgendwohin', *kaiketikin* 'wohl allenfalls', *kerrankin* 'endlich einmal', *kuitenkin* 'jedoch', *kummin-*

---

[1]) Toivonen: FUF 28 S. 210.

kin 'jedoch, immerhin doch', *liiatenkin* 'insbesondere, um so mehr', *milloinkin* 'irgendwann', *minnekin* 'irgendwohin', *mitenkin* 'irgendwie', *olletikin = semminkin* 'insbesondere, um so mehr', *sittenkin* 'doch, dessenungeachtet', *suinkin* 'irgendwie, irgendmöglich' (< *suvuinkin* § 22 C), *varsinkin* 'besonders', *vihdoinkin* 'schließlich', *viimeinkin* 'dass.', *viimeistäänkin* 'spätestens'. c) Gelegentlich kann *-kin* an jedes Wort antreten, das auch durch *myös* bestimmt werden könnte, und seine Bedeutung stimmt in den allermeisten Fällen mit der von *myös* überein; z. B. kann in folgendem Satz *-kin* theoretisch an jedes Wort je nach der Sinnfärbung angehängt werden: *Hänellä on nyt oma talo* 'Er hat jetzt ein eigenes Haus'. Beachte auch folgenden Fall: *Viivyttekö kauankin?* 'Bleiben Sie auch lange?', ein Satz, der in der heutigen Umgangssprache als Frage nach der Dauer des Aufenthalts aufgefaßt wird [also übliche kultursprachliche Entwicklung: Vermeidung allzu direkter Fragen]. d) Über die dial. zur Kopulativkonjunktion entwickelte Partikel *-kin* s. ob. § 36 (z. B. das Sprichwort: *Ihmisen pitää tietää sitäkin, tätäkin, tuotakin, taatakin*, d. i. *sekä sitä, että tätä, seka tuota että taata* (*taa* ist pron. demonstr., so ziemlich dasselbe wie *tämä* 'dieser'): 'Der Mensch muß sowohl das wie dies und auch jenes und das hier wissen).

Die frühere Lautgestalt der Anhängepartikel war wahrscheinlich * *-kik,* * *-γik;* *-n* ist wahrscheinlich durch den analogischen Einfluß von *-kaan, -kään* an die Stelle von Auslauts-*k* getreten, nachdem dieses in den meisten Dialekten geschwunden oder doch wenigstens zum bloßen konsonantischen Einsatz ' geschwächt worden war[1]. Das Anlaut-*k* der Silbe ist in der heutigen Gemeinsprache meist analogisch – anfänglich kann es nur in gewissen Stellungen nach Konsonant aufgetreten sein; in den Dialekten begegnet uns die auf γ-Spirant zurückgehende regelrechte schwachstufige Vertretung viel häufiger. Dieses *k*- und γ-Element hat natürlich denselben Ursprung wie das *k* der im vorhergehenden Punkt (§ 58.3) behandelten Anhängepartikel *-kaan, -kään;* der Ursprung des *i* nach dem Palatalkonsonanten ist unklar (zu dem Verhältnis *ki ~ ka* vgl. auch sonstiges Nebeneinander von *i ~ a* § 57.1, 3, 8, 11). Die Partikel hat Entsprechungen in allen ostseefinnischen Sprachen. – Als Sonderfall sei das gemeinsprachliche, der Funktion nach komparativische, in negativen Sätzen vorkommende Adverb *enää* < dial. u. veralt. *enäi* (Agr. *enäy*, lies: *enäi,* Schroderus: *enäi* 'plus') < * *enäγik;* erwähnt; in gleicher Weise hat sich eventuell in einigen Adjektiven auf dem Gebiete der westlichen Mundarten das verstärkende * *-γik* zum Komparativsuffix entwickelt, z. B. *ohee* 'dünner', *lyhyve* 'kürzer', *vanhei, vanhee* 'älter', *suureve* 'größer' usw., sämtl. indeclinabilia[2].

5) *-ko, -kö*. Fragepartikel, die a) in dem Adverb *joko* 'schon?, wirklich?, wäre es möglich?' und in den Konjunktionen *tokko* 'vielleicht, wäre es möglich, doch kaum' o. ä. (auch adv.; Stammwort dial. adv. *tok = toki* 'doch' < schwed.), *vaiko* 'oder' und dial. *josko* 'wenngleich, wenn auch' vorkommt, b) gelegentlich an das hervorgehobene Wort des Fragesatzes angehängt wird, z. B. *tuleeko hän tänne?* 'k o m m t er hierher?' (also: 'sollte er

---

[1] Kettunen: Vir. 1907 S. 133 f., Suomen murteet IIIB S. 61 f., S. 162 f.
[2] Ravila: FUF 24 S. 49 f.

wirklich kommen?'), *hänkö tänne tulee?* 'er sollte hierher kommen?', *tänneköhän tulee?* 'hierher kommt er?'. Der Ausdruck *montako* 'viele?' hat sich entwickelt zu 'wieviel?'. – Entsprechungen in allen ostseefinnischen Sprachen. Der Ursprung ist offensichtlich der gleiche wie von dem *ko-* in den Frageadverbien *koska* und *konsa* 'wann?', dial. *kotta* 'wie?' und der dial. Konjunktion *ko(n)* 'als, wie'; in diese Richtung weist zum Teil auch der Umstand, daß in vielen finnischen Dialekten das Enklitikon nur mit *o* auftritt, also ohne Vokalharmonie (z. B. *minäko?* 'ich?', *eiko?* 'nicht?', *mennäänko?* 'gehen wir nun?').

6) **-pa, -pä.** Verstärkende Partikel. a) In kopulativen Konjunktionen: *jopa* 'sogar' (das zugrunde liegende Adv. *jo* 'schon' ist germ. Lehnwort), *vieläpä* 'sogar' (das Grundw. *vielä* 'noch' < balt.); in anderer Bedeutung werden diese Wörter auch adverbiell gebraucht; b) einige feste adverbielle Verbindungen: *jospa* 'wenn nur' (wünschend) (das Grundw. *jos* ist Konjunktion: 'wenn'), *kunpa* 'daß.', also: 'wenn nur' (das Grundw. *kun* Konjunktion: 'wenn, als' < adv.); gelegentlich kann das Enklitikon an jedes betonte Wort im Satz anschließen: *Koirapa sieltä tulee* 'Ein Hund (und nicht etwa eine Katze) kommt von dort'; *sinäpä sen sanoit* ('gerade du hast das gesagt'), *onpa täällä lämmin* 'wie warm es hier ist' oder 'hier ist es ja doch warm (entgegen meiner früher erhaltenen Auskunft)', *kukapa tuon niin tarkoin tietää* 'wer überhaupt weiß das so genau' (hier erhält der Satz durch das *pa* eine gleichgültige, auf Antwort verzichtende Nuance). – Direkte oder indirekte Entsprechungen in den meisten ostseefinnischen Sprachen. Möglicherweise aus dem Baltischen entlehnt (die lettische Bindepartikel *-ba* und das litauische Adv. *bà, bè* bedeuten ungefähr dasselbe wie finnisch *-pa, -pä*).

F. DIE VERBALFLEXION

1. DAS PASSIV UND SEINE FORMANTIA

59. Das finnische Passivformans tritt in zwei Gestalten auf: a) In der einen Gestalt tritt der Hauptbestandteil starkstufig als *-t-*, schwachstufig als *-d-* auf (oder nach *l*, *r*, *n* zu diesen Lauten assimiliert, veralt. u. dial. außerdem als 0 (Null) oder eine andere sekundäre Entsprechung des *d*): *juosta-essa* inf. pass. II iness. von *juosta* 'laufen', *pääs-tä-isiin* cond. pass. von *päästä* 'hingeraten, freikommen', *juo-ta-koon* opt. pass. *juoda* 'trinken', *jää-tä-vä* part. pass. praes. *jäädä* 'bleiben', *juos-ti-in* pass. praet. *juosta* 'laufen', *saa-ti-in* pass. praet. *saada* 'bekommen', *juo-tu* part. praet. pass. *juoda* 'trinken', *näh-ty* part. praet. pass. *nähdä* 'sehen'; *juo-da-an* praes. pass. *juoda* 'trinken', *näh-dä-än* praes. pass., *tul-la-an* praes. pass. *tulla* 'kommen', *sur-ra-an* praes. pass. *surra* 'trauern', *men-nä-än* praes. pass. *mennä* 'gehen', *juo-du-t* part. praet. pass. nom. pl. *juoda* 'trinken', *näh-dy-ksi* part. praet. pass. transl. sg., veralt. *laskean* (lies *laskeaan* < * *laske-δa-hen*) heute *lasketaan* praes. pass. *laskea* '(herab)lassen', veralt. *käskiän* (lies: *käskiään* < * *käske-δä-hen*) heute *käsketään* praes. pass. *käskeä* 'befehlen', dial. *anta-u-ta* (< * *anta-δu-ta*) heute *annettua* part. praet. pass. part. sg. *antaa* 'geben', *kato-hu-a* (< * *kato-*

δu-δa) schriftspr. *kadottua* (in der Dialektform liegt jedoch ein Verbum *kadon : katoa* zugrunde) 'nach dem Verschwinden' part. praet. pass. part. sg. als 'absolute Verbalform', *kiertä-y-en* < * *keertä-δy-δen (kierretyn)* part. praet. pass. gen. sg. von *kiertää* 'drehen', *sata-u-taan* < * *sata-δu-tahen* schriftspr. *sadettuaan* part. praet. pass. part. sg. 3. poss. suff. 'nachdem es geregnet hat' absolute Verbalform (Sprichwort: *Sää selvä satautaan, ilma tyyni tuultuaan* 'Das Wetter ist klar, nachdem es sich ausgeregnet hat, die Luft ist ruhig, nachdem es sich ausgestürmt hat'). Beachte: in diese Gruppe kann man auch solche Fälle einordnen, in denen der Stammauslaut *t* mit dem Passivzeichen zu einer Geminate verschmolzen ist: *maat-ta-neen* pass. pot. *maata* 'ruhen' (vgl. *maat-koon* act. opt.), *maat-ti-in* praet. pass., *maat-tu* part. praet. pass., *kehrät-tä-män* inf. III pass. (dat.) gen. *kehrätä* 'spinnen', *kehrät-ti-in* praet. pass. *kehrätä, kehrät-ty* part. praet. pass., *tiet-tä-vä* part. pass. praes. *tietää* 'wissen' usw.; *antaut-ta-isiin* cond. pass. *antauta* 'sich ergeben', *antaut-ti-in* pass. praet., *antaut-tu* part. praet. pass., (*kaitsen* 'ich überwache':) *kait-ta-va* part. pass. praes., *kait-ti-in* praet. pass., *kait-tu* part. praet. pass., *ansait-ta-koon* pass. opt. *ansaita, ansaitsen* 'ich verdiene' usw., *maa-ta-an* praes. pass. < * *maγat-ta-hen, kehrä-tä-än* < * *kehrät-tä-hen* usw.

b) In der anderen Gestalt tritt der Hauptbestandteil starkstufig als *-tt-*, schwachstufig als *-t-* auf: *laske-tta-va* part. praes. pass. *laskea* '(herab)lassen', *laske-tti-in* praet. pass., *laske-ttu* part. praet. pass., *käske-ttä-vä* part. praes. pass. *käskeä* 'befehlen' usw., *kuoki-tta-essa* inf. II pass. iness. *kuokkia* 'hacken' usw., *hääri-ttä-essä* inf. II pass. iness. 'geschäftig sein, herumwirtschaften' usw., *ammu-tta-va* part. praes. pass. *ampua* 'schießen' o. *ammua* 'brüllen (wie eine Kuh)' usw., *pysy-tti-in* praet. pass. *pysyä* 'aufrecht stehen bleiben' usw.; *laske-ta-an* praes. pass. *laskea* '(hinab)lassen', *käske-tä-än* praes. pass. *käskeä* 'befehlen', *kuoki-ta-an* praes. pass. *kuokkia* 'hacken' usw.; beachte: *anne-tta-va* usw. part. praes. pass. *antaa* 'geben' (obwohl der Stamm an sich *anna-* (schw. Stufe) lautet), entspr. *kynne-tti-in* praet. pass. *kyntää* 'pflügen' usw., *rakaste-ttu* part. praet. pass. *rakastaa* 'lieben' usw., *yrite-ttä-vä* part. praes. pass. *yrittää* 'versuchen' usw.

Am Ende der finiten Formen (z. B. *juostaan, juostiin, juostaneen, juostaisiin, juostakoon*) haben wir im Passiv als sog. Personalendung: Vokaldehnung + *-n*. Diese Endung geht auf * *-hen* (< * *-ẓen*) zurück und weist den gleichen Ursprung auf wie die 3. sg. der dial. Reflexivkonjugation, die ebenfalls aus Vokaldehnung + *n* < *-hen* besteht (*laskiin* < *laskihen* 'er ließ sich herab', *käänsiin* < *käänsihen* 'er wandte sich um' usw.). Diese Endung ist auch identisch mit 3. (sg. pl.) poss.-suff.: *taloaan* < * *taloiδahen* part. sg. + 3. (sg. pl.) poss.-suff. *talo* 'Haus'; vgl. § 62g, e. Da die finiten Formen des finnischen Passivs, anders als in den indogermanischen Sprachen, eigentlich nur impersonale Formen sind, also nur auf ein unbestimmtes oder allgemeines Subjekt hinweisen (und so auch ein Objekt regieren können, was beim indogermanischen Passiv unmöglich ist), ist es ohne weiteres verständlich, daß im finnischen Passiv nur eine Personalendung [wie beim indogermanischen Impersonale] auftritt. So ist es aber nicht immer gewesen. Noch in der alten Schriftsprache treten Passivformen auf, die auf personalen Charakter schließen lassen, wie z. B. bei Agricola: *(he) tapettijt* 'sie wurden getötet' (< * *tappettihet*), *elot nijtehet* (lies: *niitähät* < * *niittähet*, konsonantstämmige Flexion, heute: *elot niitetään* 'das Getreide (im Original: Plural) wird gemäht), *he leuteisijt* (lies: *löyttäisiit* < * *leyttäisihet* 'sie würden gefunden werden'). Auch aus anderen Gründen ist es wahrscheinlich, daß die Vorstufe des heutigen finnischen Passivs nicht unpersönlich war und daß somit das jetzt als Objekt aufgefaßte Satzglied früher einmal als Subjekt auftrat (z. B. in einem solchen Fall wie (veralt.) *siemen quivettijn,* wo *siemen* 'Same' heute als Objekt aufgefaßt wird, während es ursprünglich Subjekt war: der Same trocknete (der intrans. Charakter durch reflexiven wiedergegeben)). [Also ursprüngliche Auffassung „der Same trocknete sich = wurde trocken", heutige Auffassung: „es wurde getrocknet = man trocknete den Samen"].

In den Präsensformen fällt die schwache Stufe des Präsenszeichens auf, weil sie am Anfang ursprünglich offener Silbe auftritt: *saada-an* < *saa-da-han* (vgl. *saa-ta-va*), *käske-tä-än* < *käske-tä-hän* (vgl. *käskettäessä*). Das Präsens hat ursprünglich gelautet * *saaðaksen, käskeľtäksen* usw. Dies läßt sich auf Grund des Wotischen, Wepsischen und Estnischen erschließen (vgl. estn. *saadakse, tullakse* praes. pass.); -*k*- ist altes Präsenszeichen (s. § 61 a), und * -*sen* war die starkstufige Entsprechung der Personalendung -*hen* (vgl. dial. Reflexivformen wie *käännäksen* 'er wendet sich', *vedäksen* 'er zieht sich (zurück o. ä.)' usw.). Das Imperfekt beeinflußte später das Präsens analogisch in der Weise, daß * -*ksen* durch * -*hen* ersetzt wurde, wobei jedoch die durch das ursprüngliche * -*ksen* bedingte Schwachstufe verblieb (obwohl ja die Silbe nunmehr offen geworden war). – Auch das -*tiin* des Imperfekts ist analogisch in Fällen wie z. B. *saatiin, vietiin, mentiin, tultiin;* denn nach § 27 E 1 wäre zu erwarten: * *saasiin,* * *viesiin,* * *mensiin,* * *tulsiin,* aber diese lautgesetzlichen Formen sind vor den analogischen Formen mit *t* zurückgewichen, deren Muster Formen wie *juostiin, tehtiin, kehrättiin* usw. abgaben.

Die zweite Merkwürdigkeit im Bau der Passivformen ist das vor dem Passivzeichen auftretende *e* an Stelle von *a* oder *ä* des Verbalstammes (vgl. die in der Bemerkung zur obigen b)-Gruppe aufgezählten Beispiele: *anne-taan* vgl. *anna-n*; *kynne-tään* vgl. *kynnä-n* usw.). Dieser *a* ~ *e*-Wechsel, der auch in der Ableitungslehre (§ 54.1) auftritt, hat noch keine allgemein befriedigende Erklärung gefunden. Es ist jedoch sehr wahrscheinlich, daß das betreffende *e* analogischen Ursprungs ist und daß es aus den *e*-Verba ins Passiv der *a*-, *ä*-Verba besonders zu der Zeit eingedrungen ist, als der Übergang von den früher allgemeinen konsonantstämmigen Passivformen (z. B. *taitaan, taittiin, käätään, käättiin, rietään, riettiin, tutaan, tuttiin, raketaan, rakettiin*) zu den vokalstämmigen stattfand (als somit z. B. *tutaan, tuttiin* und *raketaan, rakettiin* gegen die heute üblichen Formen *tunn-e-taan, tunn-e-ttiin, rakenn-e-taan, rakenn-e-ttiin* ausgetauscht waren, konnten nach diesen die Formen *taitaan, taittiin, käätään, käättiin, rietään, riettiin* usw., also die Passiva *a*-stämmiger Verba in *taid-e-taan, taid-e-ttiin, käänn-e-tään, käänn-e-ttiin, rienn-e-tään, rienn-e-ttiin* usw. umgewandelt werden)[1].

---

[1] Rapola: Kollaniuksen kielestä S. 138 f. Vgl. Kettunen: Vir. 1924 S. 65–70; Ravila: FUF 23 S. 37–38.

Es ist dabei zu beachten, daß konsonantstämmige Flexion außer in den *e*-stämmigen Verba nur noch bei *a*-Verba aufgetreten ist.

Problematisch und weiterer Spezialforschung bedürftig ist die **doppelte Vertretung des Klusils im Passivzeichen**: einerseits -*t*- ∼ -*d*-, andererseits -*tt*- ∼ -*t*-. Aus den obigen Beispielen geht klar hervor, daß diese Doppelheit nicht in irgendwelchen Betonungsverhältnissen der verschiedenen Silben ihre Ursache hat, wie dies beim suffixalen Stufenwechsel der Fall ist (§ 28 B). Von den bisherigen Erklärungen ist die am wahrscheinlichsten, daß das **Passivzeichen mit einfachem Klusil** (-*t*- ∼ -*d*-) **ursprünglich ist** und daß der Geminata-Typ sich erst sekundär von dem in der Bemerkung zur a)-Gruppe aufgeführten Verbtyp aus ausgebreitet hat, bei denen der auslautende Stammkonsonant *t* mit dem Passiv-*t* zu einer Geminate verschmolzen ist. Diese analogische Ausbreitung des Geminata-*t* betraf solche Fälle, in denen die Beibehaltung des einfachen Passiv-*t* im Laufe der lautgesetzlichen Entwicklung zu undurchsichtigen Passivformen geführt hätte, wie z. B. (* *antaδahen* >) * *antaan* 'es wird gegeben' (heute *annetaan*), *ei* (* *antaδak* >) * *antaa* 'es wird nicht gegeben' (heute *ei anneta*), (* *antaδihen* >) * *antaihin* 'es wurde gegeben' (heute *annettiin*), (* *antaδu* >) * *antau* oder * *antaa* 'gegeben' (heute *annettu*), (* *kulkeδu* >) * *kulkeu* oder * *kulkee* sozusagen: „[es ist] gegangen worden" (heute *kuljettu*), (* *sanoiδihen* >) * *sanoihin* 'es wurde gesagt' (heute *sanottiin*) usw.; man beachte jedoch, daß genaue Entsprechungen solcher lautgesetzlicher Formen von dem Passiv mit einfachem Klusil -*t*- ∼ * -*δ*- außer in vereinzelten Formen der alten Schriftsprache und dial. Belegen (wie wir von beiden ganz wenige Beispiele oben gegeben haben) reichlich in den ostkarelischen Dialekten und im Wotischen auftreten, einigermaßen auch im Wepsischen.

Über den Ursprung des Passiv-*t*. Sichere, lautgesetzlich genaue organische Entsprechungen sind außerhalb des Ostseefinnischen nicht beigebracht worden (auch im Livischen tritt nur das part. praes. u. praet. pass. auf). Viele Punkte weisen jedoch auf eine Erklärung hin, die die Entstehung des ganzen finnischen Passivs verständlich machen würde. Zuerst ist nämlich zu beachten, daß im Lappischen und im Ungarischen ein auf -*tt*-Formans zurückgehendes Passiv auftritt, das deutlich auf **Kausativbildungen** beruht[1]). Auch im Finnischen begegnet im Dialekt von Enontekiö ein vermutlich unter lappischem Einfluß entstandenes Passiv von der Art wie *koira puretteli* 'der Hund wurde gebissen'. Hier hat sich also an das kausative Verb *purettaa* 'beißen lassen' das **reflexive -*ele*-Derivans** angeschlossen (vgl. *lämmittelen* eig. 'ich wärme mich', *kierittelen* 'ich drehe mich im Kreise', *jaloittelen* „ich spaziere mich, ich führe mich selbst spa-

---

[1]) Im Mordwinischen gibt es ein Passiv, das auf ein solches mit * *t* zurückgeht und sich nicht mit den Kausativa derselben Sprache lautlich zusammenbringen läßt. Auf Grund dessen hat man auch das lappische und ungarische *tt*-Passiv von den Kausativa fernhalten und das passivische *-*tt* als solches auf die finnischugrische Ursprache zurückführen wollen. Auf dem mordwinischen Passiv darf man wohl so weitgehende Schlußfolgerungen nicht aufbauen, und es empfiehlt sich daher, noch die weiteren Ergebnisse der mordwinischen Spezialforschung in dieser Frage abzuwarten.

zieren"); *puretteli* also eig. 'er ließ sich beißen', woraus die heutige Bedeutung sich leicht entwickeln konnte (vgl. z. B. schwed. *bets* 'wurde gebissen', urspr. *bet sig* 'biß sich'). Wenn sich also das *-tt-* im finnischen Passiv als ursprünglich erweisen ließe, so läge Anlaß vor, den Ursprung desselben beim kausativen *-tt-*Derivans zu suchen. Da – wie oben gezeigt – dies nicht der Fall ist und die alte Gestalt des Passivzeichens wahrscheinlich gerade das einfache *-t-* ist, können wir unsere Aufmerksamkeit dem Kausativsuffix mit einfachem *t* zuwenden (§ 65.12), das z. B. in solchen Derivativa wie *nos-ta-n* 'ich hebe' (Grundw. *nousen* 'ich stehe auf'), *pääs-tä-n* 'ich lasse frei' (Grundw. *pääsen* 'ich komme frei') auftritt. Weder lautlich noch funktionell erscheint die Vermutung unmöglich, daß unser Passiv auf dieser Art von Kausativableitungen fußt. Es ließe sich sehr gut verstehen, daß z. B. * *päästäksen* ursprünglich eine Art Reflexivform von der Kausativableitung *päästän* des Grundverbs *pääsen* war mit der Bedeutung 'er veranlaßt sein Loskommen, er macht sich los' und daß sich auf diese Weise schließlich die Bedeutung 'er kommt frei' d. i. 'wird freigelassen' ergeben hat (vgl. den Gebrauch der heutigen 3. sg. praes. *kyllä tästä pääsee = päästään* 'aber sicher kommt man hier los' ('gibt es einen Ausweg aus dieser Lage' = 'werden wir hier befreit'); ebenso demgemäß *alettiin* < * *alent-ti-hen* 'er erniedrigte sich selbst, veranlaßte seine Erniedrigung' > 'er geriet in den Zustand der Erniedrigung' > 'es wurde in den Zustand der Erniedrigung geraten', „es wurde abgeglitten, heruntergekommen" o. „es wurde sich erniedrigt"). So wird also verständlich, warum in den Finitformen des finnischen Passivs sich die reflexive Personalendung sogar bei den Intransitiva findet – die Endung wäre nach dieser Herleitung ursprünglich immer nur an den transitiven Stamm getreten. Somit ist es auch kein Zufall, daß Präsens und Imperfekt gewisser heutiger (hauptsächlich dial.) Reflexivverba den entsprechenden Passivformen stark ähneln; vgl. z. B. *vedäksen* 'er entzieht sich einer Suche, zieht sich zurück' (Gemeinspr. *vetäytyy*) ~ urfi. * *veðeťäksen* [das auch heutigem *vedetään* nach der Passiventwicklung entsprechen könnte], *laskihen* 'er ließ sich herab' (Gemeinspr. *laskeutui*) ~ späturfi. * *laskettihen = laskettiin* (praet. pass. *laskea* 'herablassen'). Der Umstand, daß in den ostseefinnischen Sprachen das Passiv schon früh impersonell erstarrt ist, steht sicher damit in Zusammenhang, daß sich in diesen Sprachen die anderen Personen außer 3. sg. und teilweise 3. pl. in der reflexiven Konjugation erst relativ spät und nur unvollkommen entwickelt haben[1]). –

---

[1]) Über die ostseefinnische Reflexivflexion s. Tunkelo: SUST 52 S. 352–386; Rytkönen: Suomi-kirja erip. 1 (Neue Reihe). – Setälä: Vir. 1916 S. 63–64 und Tietosanakirja 9 Sp. 304 verknüpft von dem Obigen abweichend das finnische * -ta-: *-ða-Passiv u. a. mit dem -ða-Derivans der Reflexivverben, wie z.B. *hajoan* < * *hajoiðan* 'breche auseinander', *lämpiän* < * *lämpiðän*, und trennt von ihm vollständig das *-tta- : -ta-*Passiv, das seiner Meinung nach aus der finnisch-ugrischen Ursprache als ausgesprochenes Passiv-Derivans überliefert ist. Vgl. Lehtisalo: SUST 72 S. 306 f., 329 f. Wenn das finnische Passiv sich in der von Setälä dargestellten Weise aus den Reflexiva entwickelt hätte, wäre schwer zu verstehen, warum es nicht seinen persönlichen Charakter wie die (nach Setälä) in gleicher Weise abgeleiteten Reflexiva (*hajoan* usw.) erhalten hätte.

Die Nominalformen des Passivs wiederum haben sich direkt auf der Grundlage der Kausativa ohne irgendwelche Vermittlung irgendwelchen reflexiven Elementes entwickelt, vermutlich gleichzeitig mit den finiten Formen (oder kurz nach ihnen), in dem Maße, wie das passivische -*t*-Element sich funktionell von dem kausativen -*t*- immer deutlicher abzuheben begann.

Die Entstehung des finnischen Passivs über das Frühurfinnische hinaus weiter zurückzuverfolgen, dürfte also kein Anlaß vorliegen. Ebensowenig braucht man das lappische und das ungarische *tt*-Passiv als ein Zeugnis für den finnischugrischen Charakter des Passivs anzusehen: es konnte auf beiden Gebieten auf Grund desselben gemeinsamen Kausativderivans entstehen[1]).

2. MODI UND MODUSZEICHEN

60. A) Der Indikativ hat kein besonderes Moduszeichen.

B) Beim Imperativ lassen sich folgende drei Zeichen unterscheiden: 1) -' < noch dial. -*k*: *tuo*' < *tuok* < * *took* 'bring', *vie*' < *viek* < * *veek* 'schaff weg', *anna*' < *annak* < * *andak* 'gib', *ole*' < *olek* 'sei', *vastaa*' < * *vastaδak* 'antworte'; ebenso *älä tuo*' < *tuok* 'bring nicht', *älä vie*' 'schaff nicht fort' usw.; 2) -*ka*-, -*kä*-: *tuokaamme(')* = dial. *tuokame* 'laßt uns bringen', *viekäämme(')* = dial. *viekäme*, *antakaamme(')* 'laßt uns geben', *olkaamme(')* 'laßt uns sein', *vastatkaamme(')* 'laßt uns antworten'; die entsprechenden negativen Formen siehe 3. Gruppe; dial. *tuokaan* 'er möge bringen', *viekään* 'er möge wegschaffen' usw.; 3) -*ko*-, -*kö*- ~ -*o*-, -*ö*- (< * -*γo*-): *tuokoo-n*, -*t* 'er möge bringen, sie mögen bringen', *vieköö-n*, -*t*, *antakoo-n*, -*t*, *olkoo-n*, -*t*, *vastatkoo-n*, -*t*, *tuotakoon* 'es möge gebracht werden', *vietäköön* 'es möge weggeschafft werden', *annettakoon* 'es möge gegeben werden', *oltakoon* 3. sg. pass. imperat. von *olla* 'sein', etwa 'man (als Wiedergabe des Passivs) möge sein', *vastattakoon* 'es möge geantwortet werden'; *älköön* oder *älkäämme* oder *älkää tuoko(')* 'er soll nicht bringen, wir sollen nicht bringen, ihr sollt nicht bringen', *älkää viekö(')* 'schafft nicht weg', *ä. antako(')* 'gebt nicht', *ä. olko(')* 'seid nicht', *ä. vastatko(')* 'antwortet nicht', *älköön tuotako(')* 'es möge nicht gebracht werden'; sog. Optative: dicht. *tuo'os* 'du mögest bringen', *vieös* 'du mögest wegschaffen', *antaos* 'du mögest geben'; beachte: *ollos* 'du mögest sein', *tullos* 'du mögest kommen'. – Diese Moduszeichen sind eigentlich weiter nichts als eine Art alten Präsenszeichens (§ 61 A), ihrem *k*-Bestandteil nach nichts anderes als das in § 54.1 behandelte deverbale Nominalderivans -*(e)*' < -*(e)k;* der Imperativ ist denn auch ursprünglich ein deverbales Nomen, eine Art nomen agentis gewesen, das im syntaktischen Zusammenhang allmählich finiten Charakter annahm, wobei sich das Deri-

---

[1]) Zum Passiv vgl. Budenz: NyK 20 S. 258 f.; Kettunen: Vir. 1915 S. 107 f., 1916 S. 26, 99; Setälä: Vir, 1915 S. 129 f., 1916 S. 57 f.; Paasonen: Vir. 1916 S. 31; Posti: Vir. 1945 S. 355 f. (deutsches Referat S. 502); Posti führt das längere Formans -*tt*- auf das urfinn. frequentative Verbalsuffix *nt* zurück, das auf Grund von Überresten im heutigen Ostseefinn. und des Lapp. und Mordw. vorausgesetzt werden kann; das Lapp. zeigt außerdem den wichtigen Umstand, daß vor diesem Suffix im Verbalstamme statt des *a* ein *e* auftritt.

vans gleichzeitig zum ausgesprochenen Träger der imperativischen Modusfunktion entwickelte. Demgemäß hat *tuo'* < * *took* ursprünglich 'Bringer' bedeutet, danach 'bringend' und erst dann 'bring!'. Es ist bemerkenswert, daß der ind. praes. in vielen Sprachen Neigung zeigt, sich zum Imperativ zu entwickeln, z. B. in der finnischen Umgangssprache *mennään* [wörtl. „es wird gegangen"] 'gehn wir los!', estn. *lähme* 'dass.'. Ob in der 2. sg. imperat. nach dem ursprünglichen *k* noch ein Vokal früher einmal gefolgt ist, konnte bisher noch nicht geklärt werden. Die Doppelheit -*ka*- : -*ko*- konnte ebenfalls noch nicht zufriedenstellend erklärt werden. Dieses Nebeneinander dürfte zum mindesten bis aufs Frühurfinnische zurückgehen, da auch das Lappische die gleiche Doppelheit kennt. Das *k* in den auf Vokal ausgehenden Imperativzeichen ist, soweit es auf Vokal folgt, nur nach haupt- und nebentoniger Silbe lautgesetzlich, in Stellung nach unbetonter Silbe beruht es dagegen auf analogischer Verallgemeinerung: *antakaa* 'gebt', *antakoon* 'er möge geben'; dial. kommen jedoch hier die schwachstufigen Formen vor, deren Entsprechungen in gemeinsprachlicher Nachahmung *antaate* (pro *antakaa*) und *antaoon* (pro *antakoon*) lauten. Die Optativformen *ollos* 'du sollst sein' und *tullos* 'du sollst kommen', in denen -*ll*- < * -*lγ*-, sind eine durch die Volksdichtung vermittelte Entlehnung aus den karelischen Dialekten (vgl. karel. *jallat* < * *jalγat* 'die Füße' [Allgemeinspr. *jalat*] u. a.). Die Vokaldehnung im Imperativzeichen der 1. pl. (*saa-kaa-mme* 'laßt uns bekommen' usw.) beruht auf Analogie nach der 2. pl. (*saa-kaa* < * *saakaδa*), in der die entsprechende Dehnung nicht zum Moduszeichen gehört, sondern von der Personalendung herrührt; dial. begegnen denn auch den ursprünglichen Zustand repräsentierende kurzvokalige Formen (z. B. Kalev. 3: 131–2: *Ruvetkamme laulamahan, Saakamme sanelemahan* 'Beginnen wir zu singen, Fangen wir an zu sagen'). – Für das finnische Imperativzeichen -*k*, -*ka*-, -*kä*- sind gleichbedeutende Entsprechungen aus fast allen finnischugrischen Sprachen bis zum Ungarischen und Wogulischen angeführt worden. Dieses Moduszeichen scheint also seine Entwicklung auf die heutige Funktion hin schon sehr früh begonnen zu haben.

C) Potentialzeichen ist -*ne*- sowie durch Assimilation in bestimmten Fällen -*le*-, -*re*-, -*se*- (§ 27 H 10–12): *saanen* 'vielleicht bekomme ich' oder 'ich bekomme wohl', *kantanet* 2. sg. pot. *kantaa* 'tragen', *vastannee* 3. sg. pot. *vastata* 'antworten', *tullemme* 1. pl. pot. *tulla* 'kommen', *surrette* 2. pl. pot. *surra* 'trauern', *juossevat* 3. pl. pot. *juosta* 'laufen', *saataneen* pot. pass. *saada* 'man dürfte bekommen, es dürfte erhältlich sein', *kannettaneen* 'es wird wohl getragen werden', *vastattaneen* 'es wird wohl geantwortet werden' oder 'man wird wohl antworten'; beachte: *lienee* = dial. *ollee* 'er dürfte sein'. – Entsprechungen in und außerhalb des Ostseefinnischen, z. B. ungarischer Konditionalis -*na*-, -*ne*-. Somit dürfte ein etymologisch entsprechender Modus – entweder ein ähnlicher Potential wie im Finnischen oder zum mindesten eine Art Konjunktiv – schon in der finnischugrischen, vielleicht sogar in der uralischen Ursprache vorhanden gewesen sein. Im Unterschied zum Imperativ ist der Potential von Anfang an verbal; es wird angenommen, daß er von einem Verbalderivans -*ne*- mit eventuell frequentativer oder kontinuativer Funktion herrührt. So hat sich beispielsweise im Olonezischen das Frequentativderivans *-ele-* zu einer Art Konditionalzeichen entwickelt: *nouzettelin* 'ich wäre aufgestanden', *andel'* (= fi. *anteli*) 'er hätte gegeben', *pidel' männä* 'man hätte geben lassen'; beachte auch, daß im Finnischen mit Hilfe dieses Derivans Unsicherheit in solchen dial. Ausdrücken wie *tuntelen* 'ich glaube zu fühlen, mir kommt es so vor' (Norrbotten) oder *osteli* 'er wollte kaufen (kaufte aber noch nicht)' ausgedrückt wird; im Indogermanischen hat sich ebenfalls der Konjunktiv aus einem kontinuativen Verbalderivans entwickelt.

D) Das Konditionalzeichen ist regelmäßig *-isi-*: *saisin* 'ich würde bekommen', *veisit* 'du würdest fortschaffen', *antaisi* 'er würde geben', *potisimme* 'wir würden krank sein', *olisitte* 'ihr würdet sein', *vastaisivat* 'sie würden antworten', *saataisiin* 'es würde bekommen werden, man würde bekommen', *annettaisiin* 'es würde gegeben werden', *oltaisiin* 'man würde sein, es würde (z. B. dort) sich aufgehalten, d. h. Aufenthalt genommen werden' [z. B. auf der Partie würde man sich bis zum Abend im Freien aufhalten, dann würde man im Saale sein: *oltaisiin salissa*], *en saisi* 'ich würde nicht bekommen' (beachte: kein konsonantischer Einsatz am Schluß), *eivät olisi* 'sie wären nicht', *ei podettaisi* 'man würde nicht krank sein', „es würde nicht krank gemacht", *ei vastattaisi* 'es würde nicht geantwortet'. Man beachte, daß das praes. cond. in bezug auf die Personalendungen ganz wie das Imperfekt verfuhr, der Potential wie das Präsens (vgl. § 61 A 1, 2). – Die frühere Gestalt dieses Moduszeichens war vermutlich * *-ŋ́śe-* oder * *-ŋ́t́śe-* (s. § 21)[1]. Es hat Entsprechungen in allen ostseefinnischen Sprachen, außerhalb von diesen nur im Lappischen. Nach der Verbreitung zu schließen, kann also der Konditional jünger als der Potential sein. Auch der Konditional hat sich wahrscheinlich aus einem Verbalderivativ mit gleichem Suffix entwickelt (vgl. z. B. *valaise-n* < veralt. *valaitsen* 'ich beleuchte', *havaitsen* 'ich bemerke' u. ä., deren Derivans früher * *-ŋ́ś-* oder * *-ŋ́t́ś-* lautete). Auch der Umstand, daß das Konditionalzeichen dem denominalen Deminutivderivans *-ise-* (§ 52.4) entspricht, fand Beachtung, und es wurde dazu bemerkt, daß die Bedeutung des Konditionals einer ungewissen und nur möglichen Handlung sehr gut mit Hilfe eines deminutiven Suffixes ausgedrückt werden könne[2].

3. ÜBER DIE TEMPORA UND DIE TEMPUSZEICHEN

61. A) Gewisse Formen des Präsens haben kein Tempuszeichen, z. B. 3. sg. *hän saa* 'er bekommt', *jää* 'er bleibt', *tuo* 'er bringt', *vie* 'er schafft weg', *voi* 'er kann', *haravoi* 'er harkt'; ebenso in solchen Fällen, in denen die Personalendung an den reinen Verbalstamm oder Modusstamm tritt: *saan* 'ich bekomme', *saat* 'du bekommst', *vien* 'ich schaffe weg', *viet* 'du schaffst weg' usw., im Potential: *saanen* 'ich werde wohl o. dürfte bekommen',

---

[1] Estnisch (z. B. *saaksin* = fi. *saisin*), wotisch und livisch Konditional-*ksi* setzen das Ausgangsformans * *-ŋ́kśi* voraus, in dem sich der Klusil zwischen Nasal und Sibilant sekundär entwickelt hat (eine in der Phonetik wohlbekannte Erscheinung).

[2] Ravila: FUF 23.58.

vienen 'ich dürfte o. werde wohl fortschaffen' usw. In anderen Fällen kann man von einem besonderen **Präsenszeichen** sprechen. Es gibt deren zwei:
1) * *k.* Dieses ist in Formen wie den folgenden enthalten: a) in den Personalendungen *-mme(')* < * *-kme-*, *-tte(')* < * *-kte-*, ursprünglich nur zum praes. ind. und pot. gehörig: *saamme, saanemme* usw.; dieselben Endungen sind zwar heute auch im Imperfekt und daher auch in dem nach dessen Muster flektierenden Konditional und Imperativ in Gebrauch: *saimme* 'wir bekamen', *saitte* 'ihr bekamt', *saisimme* 'wir würden bekommen', *tulisitte* 'ihr würdet kommen', *saakaamme* 'laßt uns bekommen', veralt. *tulkaatte* 'kommt', aber dies ist etwas Sekundäres, das Ergebnis analogischer Ausgleichung – dialektisch und teilweise noch in der Gemeinsprache begegnen uns Formen, die noch die ursprünglichen Verhältnisse widerspiegeln, wie z. B. *tekimä* 'wir taten', *ottia* (< * *ottiδa*) 'ihr nahmt' (heute: *otitte*), *tulisia* 'ihr würdet kommen' (heute: *tulisitte*), *saakame* 'laßt uns bekommen', Gemeinspr. *tulkaa* 'kommt' (< * *tulkaδak*) und dial. *tulkai* (< * *tulkaδek*), in deren Personalendung keine Spur von jenem *k* enthalten ist; b) im Imperativ, der früher ind. praes. war, s. § 60B; c) am Schluß des negativen Präsens: *en saa'* 'ich bekomme nicht' < dial. *saak, et mene'* < dial. *menek* 'du gehst nicht', *ei anneta'* 'es wird nicht gegeben' < dial. *annetak, eivät saane'* 'sie werden wohl nicht bekommen, bekommen wohl nicht' < dial. *saanek, ei annettane'* 'es wird wohl nicht gegeben' < dial. *annettanek, älä tule'* 'komm nicht' < *tulek*; nach dem Zeichen *-ko-* des negativen Imperativs und nach dem negativen Konditional ist ein solcher dial. und einigermaßen auch in der Gemeinsprache vorkommender Schlußeinsatz oder *-k* sekundär und seinem Ursprung nach analogisch (somit z. B. *älköön saako'* ~ *saakok* 'er möge nicht bekommen', *saatako'* 'es möge nicht bekommen werden', *ei saisi'* 'er würde nicht bekommen'); d) im dial. reflexivischen Präsens: *käännäksen* 'er wendet sich', *vedäksen* 'er zieht sich zurück' u. a.; e) im hypothetischen, aus dem Finnischen verschwundenen praes. pass. * *saaδaksen* (§ 59: heute: *saaδaan*). – Dieses * *-k* ist ursprünglich dasselbe wie das Auslaut-*k* des deverbalen Derivans des nomen agentis *-e'* < *-ek* (§ 54.1). In der Präsensflexion findet sich die Entsprechung desselben auch außerhalb der ostseefinnischen Sprachen in den meisten finnischugrischen Sprachen.
2) *-pi* ~ *-va-, -vi* oder aus *-vi* entstandene Dehnung des Stammesauslautvokals. Dieses Zeichen begegnet in der 3. sg. pl. praes. ind. und pot. und wird heute als Personalendung oder Teil derselben aufgefaßt. Im archaisierenden Stil der Gemeinsprache sowie dial.: *saapi* 'er bekommt', *jääpi* 'er bleibt', *tuopi* 'er bringt', *ompi* 'er ist', *haravoipi* 'er harkt'; veralt. *ilmoittapi* 'er teilt mit', *ylistäpi* 'er preist', *tapahtupi* 'es geschieht', *lähestypi* 'er nähert sich'; dicht. *antavi* 'er gibt', *päästävi* 'er läßt los', *menevi* 'er geht', *saanevi* 'er dürfte bekommen', *antanevi* 'er dürfte geben', *särkenevi* 'er zerbricht wohl'; *antaa* 'er gibt', *päästää* 'er gibt frei', *tekee* 'er tut', *onkii* 'er angelt', *sanoo* 'er sagt', *astuu* 'er schreitet', *näkyy* 'er ist sichtbar', *saanee* 'er bekommt wohl', *antanee* 'er gibt wohl'; *saavat* 'sie bekommen', *jäävät* 'sie bleiben', *antavat* 'sie geben', *menevät* 'sie gehen', *saanevat* 'sie dürften bekommen', *mennevät* 'sie dürften gehen'. In der heutigen Sprache tritt *-va-, -vä-* auch in der 3. pl. von Imperfekt und Konditional auf: *saivat* 'sie bekamen', *tekivät* 'sie taten',

jäisivät 'sie würden bleiben', *tulisivat* 'sie würden kommen', aber dies beruht auf relativ spätem analogischem Einfluß des praes. ind.; in der älteren Sprache und dialektisch sind die ursprünglichen Formen gewöhnlich: *he sait* 'sie bekamen', *he teit* 'sie taten', *he jäisit* 'sie würden bleiben', *he tulisit* 'sie würden kommen'. – Die ursprüngliche Gestalt dieser Formantia lautete * -*pa*, * -*pä* ~ * -*βa*, * -*βä*; vgl. § 54.9; über die Lautentwicklung s. § 23 B, § 19. Die regelrechten lautgesetzlichen Entsprechungen werden auch außerhalb der ostseefinnischen Sprachen als Präsenszeichen in den meisten finnischugrischen Sprachen verwendet.

B) Imperfekt- oder Präteritumzeichen[1]) ist überall *i*: *sain* 'ich bekam', *toit* 'du brachtest', *vei* 'er schaffte fort', *annoimme* 'wir gaben', *otitte* 'ihr nahmt' (früher: * *antoimek*, * *ottiδek* s. § 61 A 1), *hakivat* 'sie holten' (früher: *hait*, § 61 A 2), *etsin* 'ich suchte' (< * *etsiin*), *kuokit* 'du hacktest', *repi* 'er riß', *juostiin* 'es wurde gelaufen' (< *juostihin*), *annettiin* 'es wurde gegeben' (< *annettihin*) usw. – Über den Einfluß des *i* auf den vorhergehenden Vokal s. § 23 E. – *i* oder auf *i* lautgesetzlich zurückzuführende Vertretungen finden sich als Imperfekt- (Präteritum-) Zeichen in den meisten finnischugrischen Sprachen einschließlich des Ungarischen. – Über die Bezeichnung des negativen Imperfekts (Präteritums) s. § 63 B.

C) Zusammengesetzte Tempora:
1) Perfekt. praes. act. von *olla* und part. praet. act. oder pass. (part. II act. oder pass.) des Hauptverbs (s. § 64 B): *olen saanut* 'ich habe bekommen', *lienet mennyt* 'du dürftest gegangen sein', *olkoon tullut* 'er möge gekommen sein', *on saatu* 'es ist bekommen worden', *olisi menty* 'es wäre gegangen worden', *olkoon tuotu* 'es möge gebracht worden sein'.
2) Plusquamperfekt. praet. act. von *olla* und part. praet. act. oder pass. (= part. II act. oder pass.) des Hauptverbs: *olin saanut* 'ich hatte bekommen', *olit mennyt* 'du warst gegangen', *oli saatu* 'es war bekommen worden', *oli menty* 'es war gegangen worden, man war gegangen'.

Das Partizip ist natürlich in diesen Fällen ursprünglich Prädikativ von *olla* gewesen. Obwohl Perfekt und Plusquamperfekt Entsprechungen in den anderen ostseefinnischen Sprachen haben, sind sie doch erst während der Entwicklung der Einzelsprachen zu eigentlichen zusammengesetzten Zeiten mit ihren heutigen speziellen Bedeutungsnuancen geworden. Das Finnische ist dabei speziell vom Schwedischen beeinflußt worden. Der syntaktische Gebrauch der finnischen Tempora entspricht genau der schwedischen Tempusverwendung[2]). Das entsprechende Perfekt des Lappischen (Hilfsverb + Verbalnomen) dürfte nach finnischem Muster aufgekommen sein; einen früheren eigenständigen Perfekttyp dürfte in vielen lappischen Dia-

---

[1]) Die eingebürgerte Bezeichnung Imperfekt ist eigentlich sachlich irreführend, lateinisch imperfectum bedeutet ja 'unvollendet', und Unvollendetheit resp. Fortdauer der Handlung ist für das finnische 'Imperfekt' nicht charakteristisch. Eine bessere Bezeichnung wäre Präteritum = (Tempus der) Vergangenheit. [In der deutschen Übersetzung ist denn auch der Terminus Präteritum ziemlich durchgängig verwendet worden].

[2]) Osmo Ikola: Annales Universitatis Turkuensis Ser. B. Tom. 34 S. 55 f., S. 171 f.

lekten das als Prädikatsnomen gebrauchte bloße Verbalnomen darstellen[1]). Auch im Finnischen begegnet man in der Volkssprache, besonders im Märchenstil, dem part. praet. ohne Hilfsverb als Prädikatsnomen in der Bedeutung des schriftsprachlichen Perfekts oder Plusquamperfekts (z. B. *Koira sanonut, että hän on suutari.* 'Der Hund gesagt, daß er Schuster ist'. *Se alkanut pyytää sitten saappaantekoon häntä koiraa susi.* 'Er begann (eig. „begonnen"), ihn dann zur Stiefelanfertigung zu bitten, den Hund der Wolf'.)[2]). Dies dürfte ebenfalls ein Rudiment eines uralten, eigenständigen Tempustyps sein.

3) Das **zusammengesetzte Präsens** besteht aus dem Präsens von *olla* und dem part. praes. (= I) act. des Hauptverbs: *olen koettava* 'ich bin dabei zu versuchen, ich werde versuchen', *lienet yrittävä* 'du bist wohl dabei zu versuchen, willst wohl versuchen', *olisi tuova* 'er wäre wohl dabei zu bringen, würde wohl bringen'.

4) Das **zusammengesetzte Präteritum** (das **zusammengesetzte Imperfekt**) besteht entsprechend aus dem Präteritum (Imperfekt) von *olla* und dem part. act. (= I) des Hauptverbs: *olin koettava* 'ich war dabei zu versuchen, wollte versuchen', *olit yrittävä* 'du warst dabei zu versuchen, wolltest versuchen', *oli tuova* 'er wollte bringen'.

Diese Konstruktionen haben ihre Grundlage in der Volkssprache (in den Mundarten), aber zu eigentlichen zusammengesetzten Tempora haben sie sich erst nach fremden Mustern relativ spät in der finnischen Schriftsprache entwickelt[3]).

4. ÜBER DIE PERSONALENDUNGEN

62. a) Die Endung der 1. pers. sg. ist *-n: saan* 'ich bekomme', *söin* 'ich aß', *vienen* 'ich dürfte fortschaffen', *toisin* 'ich würde bringen', < * *-m* (§ 27 C 1); die Entsprechung desselben begegnet uns in allen finnischugrischen Sprachen sowie auf samojedischem Gebiet (als *m* im Lappischen, Tscheremissischen, Ungarischen, Ostjakischen, Wogulischen sowie Samojedischen). Wie schon in anderem Zusammenhang hervorgehoben (§ 39), ist * *-m* wahrscheinlich aus der ersten Silbe des Pronoms *minä* hervorgegangen und ist ursprünglich identisch mit dem veralt. und dial. Poss.-Suff. der 1. sg. *-mi* (*poikami* 'mein Sohn'), s. § 49.

b) Die Endung der 2. Pers. sg. lautet *-t: tuot* 'du bringst', *joit* 'du trankst', *ottanet* 'du nimmst wohl', *näkisit* 'du würdest wohl sehen'; sie führt, aus der weiten Verbreitung ihrer regelmäßigen Entsprechungen zu schließen, ihren Ursprung schon auf die uralische Ursprache zurück und hat sich offensichtlich aus der ersten Silbe von *sinä*, das ursprünglich hintervokalisch war (< * *tinä*, § 26 E), entwickelt. Die Abwerfung des Vokals mußte natürlich schon vor dem Übergang *ti* > *si* geschehen sein; das Suffix der 2. sg. poss., das denselben Ursprung aufweist, hat dagegen an diesem Lautübergang

---

[1]) Erkki Itkonen: MSFOu 98 S. 302 f.
[2]) Suomalaisia kansansatuja I (Suom. Kirj. Seura, Hels. 1886) S. 153. Im selben Werk reichlich weitere Beispiele.
[3]) Osmo Ikola ibid. Tom. 32 S. 138 f., Tom. 34 S. 223 f.

noch teilgenommen wie auch das Personalpronomen selbst (§ 39, § 49). – Der Imperativ 2. sg. hat keine Endung: *tuo'* < noch dial. *tuok* usw. (über das *-k* s. § 60 B).

c) 1. pl. *-mme(')*: *saamme* 'wir bekommen', *otimme* 'wir nahmen', *nähnemme* 'wir dürften sehen, wir sehen wohl', *tekisimme* 'wir würden tun', *menkäämme* 'laßt uns gehn', < * *-mmek* < * *-kmek*, worin das *k* vor dem *m* Präsenszeichen ist (§ 61 A 1) und also nicht von Anfang an zur Personalendung gehört; * *-mek* wiederum ist offenbar = Personalpronomen *me(')* < * *mek*, das seinerseits von Anfang an das Pluralzeichen *k* (§ 44) und das Personalpronomen der 1. sg. ohne den Bestandteil *-nä* (s. § 39, Fußnote 2) zu enthalten scheint (ursprüngliche Bedeutung also die „ich's"). Das im dial. Imperfekt, Konditional und Imperativ auftretende *-ma, -mä, -me* (*ottima* 'wir nahmen' [schriftspr. *otimme*], *näkisimä* 'wir würden sehen' [schriftspr. *näkisimme*], *saakame* 'laßt uns bekommen' [schriftspr. *saakaamme*]) vertritt, was den Bestandteil *m* betrifft, den ursprünglichen Zustand gegenüber dem *-mm-* der entsprechenden schriftsprachlichen Formen.

d) Die Endungen der 2. pl.: 1) *-tte(')*: *suotte'* 'ihr gönnt', *löitte* 'ihr schlugt', *ottanette* 'ihr nehmt wohl', *veisitte* 'ihr würdet fortschaffen', < * *-ktek*, wo das erste *-k* wiederum Präsenszeichen ist (§ 61 A 1) und nicht von Anfang an zur Personalendung gehört. *-tek* hingegen dürfte eigentlich das Pronomen der 2. sg. ohne sekundäres *-nä* (§ 39, Fußn. 2), aber mit dem Pluralzeichen *k* (§ 44), sein, so daß vielleicht die ursprüngliche Bedeutung die „du's" war. Über die sonstige Entwicklung der Lautgestalt s. den vorst. Punkt b). Das im dial. Imperfekt (Präteritum) und Konditional begegnende *-ta, -tä, -a* (< * *-ðak*), *-ä* (< * *-ðäk*) (z. B. *saita* 'ihr bekamt' [schriftspr. *saitte*], *tulisia* 'ihr würdet kommen' [schriftspr. *tulisitte*]) repräsentiert, wie die im folgenden (2.) Punkt erwähnte Personalendung des Imperativs, ihrem dentalen Bestandteil nach einen ursprünglicheren Zustand als das *-tt-* der schriftsprachlichen Formen.

2) *-a* (< * *-ðak*), *-ä* (< * *-ðäk*): *juokaa* < * *jookaðak* 'trinkt', *juoskaa* 'lauft' *tehkää* 'tut'. Wie sich der hier anzutreffende Vokal *-a, -ä* (der auch in den oben genannten dial. Formen der 1. u. 2. pl. auftritt: *ottima* 'wir nahmen', *saita* 'ihr bekamt', *tulisia* 'ihr würdet kommen' u. a., ebenso im dial. Präs.: *annamma* 'wir geben', *menemmä* 'wir gehen') zu dem in denselben Endungen allgemeineren Vokal *e* verhält, ist bis auf weiteres ungeklärt. Auch im dial. Imperativ *-e-*: *tulukee* = *tulkai* < * *tulkaðe-*.

Kürzlich ist eine interessante Theorie vorgetragen worden, derzufolge in diesen Personalendungen wie auch in den entsprechenden Possessivsuffixen der *-e*-Stamm den Vokalismus des uralten Duals und der dial. auftretende *-a-, -ä*-Stamm den Vokalismus der Mehrzahl repräsentiert[1]).

e) Die 3. sg. ist immer endungslos im Imperfekt (Präteritum) und Konditional (*sai* 'er bekam', *antoi* 'er gab', *söisi* 'er würde essen', *kasvaisi* 'er würde

---

[1]) E. Itkonen: Vir. 1955 S. 161 f. (dtsch. Referat S. 175). Nach ihm erklärt sich auch der eigentümliche *u*-Stamm des Personalpron. 1. und 2. sg. (*minä : minu-*, *sinä : sinu-*) als Fortsetzung eines ursprünglichen Dualstammes, der sekundär zum Singularstamm geworden ist.

wachsen') sowie gewöhnlich endungslos im Präsens der einsilbigen Verba und der Verba auf *-oi, -öi* (*saa* 'er bekommt', *tuo* 'er bringt', *syö* 'er ißt', *haravoi* 'er harkt', *käräjöi* 'er prozessiert'). Sonst treten als Endung auf:

1) *-pi* ~ *-vi* oder die aus letzterem entwickelte Dehnung des Stammesauslautvokals; dies sind nicht von Grund auf Personalendungen, sondern Präsenszeichen (§ 61 A 2). –

2) *-sen* ~ *-hen* oder daraus hervorgegangene Dehnung des vokalischen Stammesauslauts + *-n*: dial., dicht. u. veralt. Reflexivbildungen: *käännäksen* 'er wendet sich', *muutaksen* 'er verändert sich', *vedäksen* 'er zieht sich zurück' (über das *k* vor dem *s* § 61 A 1 d), *laskihe(n)* = *laskiin* 'er ließ sich herunter', *loihe(n)* heute *loi itsensä* 'er warf sich nieder, ließ sich nieder, setzte sich (und begann zu...)', *panihe(n)* 'er ließ sich nieder'; im Imperativ: *saakoon* 'er soll bekommen' < dial. u. dicht. *saakohon, tehköön, vastatkoon* 'er soll tun, antworten'. *-sen* u. *-hen* (< *-ʒen*) sind gleichen Ursprungs wie das Poss.-Suff. der 3. Pers., das ebenfalls aus Vokaldehnung + *-n* besteht (z. B. *maata-an* (neben *maatansa*) part. sg. + 3. poss.-suff. *maa* 'Land'), und die Personalendung des Passivs (§ 59); vgl. auch § 58.1. Über Auslaut-*n* § 49. Entsprechungen in allen finnischugrischen Sprachen.

f) Die 3. pl. hat folgende Endungen: 1) *-vat, -vät*, worin *-va-, -vä-* eigentlich Präsenszeichen ist und nicht Personalendung (§ 61 A 2) und *-t* ursprünglich Zeichen des nominalen Plurals (§ 43); dasselbe *-t* tritt dial. und veralt. ohne das Element *-va-, -vä-* in solchen ursprünglicheren Imperf. (Prät.) und Konditionalformen auf wie *sait* 'sie bekamen', *saisit* 'sie würden bekommen'. –

2) Dehnung des vokalischen Stammesauslauts + *-t*: in den Imperativen *saakoot* 'sie mögen bekommen' < dicht. u. dial. *saakohot, viekööt* < *vieköhöt*, *haravoikoot* < *haravoikohot* 'sie mögen bekommen, fortschaffen, harken'. Frühere Lautgestalt war * *-het* < * *-ʒet;* der Bestandteil * *-ʒe-* hat denselben Ursprung wie in der entsprechenden Endung der 3. sg. (§ 62 e 2) und *-t* ist dasselbe Pluralzeichen wie das in dem vorhergehenden Punkt 1) erwähnte *-t*.

g) Über die Personalendung des Passivs (Vokaldehnung + *-n*, vor alters auch * *-sen*) s. § 59.

5. ÜBER DAS HILFSVERB UND DIE NEGATIVE FLEXION

63. A) In der Flexion des Hilfsverbs *olen* lenken die 3. Personen (also die 3. sg. *on* ebensogut wie die 3. pl. *ovat*) die Aufmerksamkeit auf sich. An deren Stelle wäre in Übereinstimmung mit dem übrigen Paradigma * *olee* und * *olevat* zu erwarten; auch die fernerstehenden Sprachen bis einschl. des Ungarischen weisen in der Richtung, daß in diesem Hilfsverb schon in der finnischugrischen Ursprache das *l* zum Stamm gehört hat. Es läßt sich also nicht als Derivans, das an einen hypothetischen * *o*-Stamm angetreten wäre, erklären. Nach dem übereinstimmenden Zeugnis der ostseefinnischen Sprachen wiederum ist *on* < * *om* hervorgegangen, und dies wiederum ist schon im Urfinnischen < * *oma* entstanden (evtl. durch Vermittlung von * *omi*, vgl. weps. *omik* 'ist?', fi. *onko?;* zu den regelmäßigen Fällen des mutmaßlichen *-i-* < *-a-*Wandels würde dieser Übergang freilich nicht zählen;

§ 23 B). Ebenso ist offenbar, daß an Stelle von *ovat* im Urfinnischen * *omat* stand und daß die jetzige Gestalt mit *v* entweder (und zwar ist dies die wahrscheinlichere Erklärung) analogisch nach der Endung *-vat* der sonstigen Verba analogisch aufgekommen ist oder daß sie infolge eines Überganges *m > v* entstanden ist. Dieses hypothetische * *oma* ist offensichtlich mit dem jetzigen Adjektiv *oma* identisch; es dürfte sich um ein altes Nomen handeln, das von dem Stamm *ole-* gänzlich fernzuhalten ist, ursprünglich wohl ein Substantiv, das nach Einverleibung in das Paradigma *ole-* zur finiten Verbalform geworden ist und eine abweichende Lautgestalt angenommen hat; soweit es aber von dem Verbalparadigma getrennt geblieben ist, hat es sich zum Adjektiv entwickelt wie die participia agentis auf *-ma*. Ob nun das Nomen *oma* seinerseits Derivativum auf *-ma* von einem unbekannten Verbalstamm *o-* ist, was an sich semasiologisch sehr wohl möglich wäre, ist bis auf weiteres ungeklärt[1]).

Der gegenwärtige gemeinspr. aktive Potential (dial. auch Fut.) *lienen*, *lienet*, *lienee*, *lienemme*, *lienette*, *lienevät* ist von dem sonst ungebräuchlichen Verbalstamm *lie-* gebildet, der außerhalb des Ostseefinnischen bis einschl. des Ungarischen Entsprechungen mit den Bedeutungen 'sein, esse' oder 'zu etwas werden' aufweist. Man beachte, daß dial. und dicht. die 3. sg. auch ohne Potentialzeichen auftreten und *lie(')* lauten kann, wobei die Bedeutung trotzdem = *lienee*, also potentialisch, ist; hier kann es sich um ein nomen deverbale mit dem Derivans *-k* (§ 54.1) handeln, eigentlich also um dieselbe Form wie die 2. sg. imperat. Dial. und im Passiv wird der regelmäßig gebildete Potential *ollen*, *ollet* usw., *oltaneen* verwendet.

B) In dem – im Vergleich zu anderen Verba recht defektiven – Indikativparadigma des negativen Verbs *en*, *et*, *ei*, *emme*, *ette*, *eivät* sind die 3. Personen unregelmäßig gebildet. In der 3. sg. wäre * *epi* zu erwarten, und diesem * *epi* entsprechende Formen finden sich denn auch in den verwandten Sprachen; auf dem Wege regulärer Lautentwicklung hätte aus * *epi* niemals *ei* hervorgehen können. Das *i* dieses * *epi* muß als Element unbekannter Herkunft angesehen werden. Dieses selbe *ei* bildet die Grundlage der 3. pl. *eivät*, das in analogischer Weise die frühere, dial. (z. B. in Uukuniemi) und veralt. (bei Agricola) noch begegnende Form *evät* beiseite gedrängt hat. Diese Form ihrerseits entspricht allen Erwartungen; sie ist ursprünglich nom. pl. des part. praes. *epä*, das freilich in der modernen Sprache nur als Präfix von Adjektiva verwendet wird (z. B. Volksd.: *Sanoi nurkasta sokia, kolkasta epänäköinen*: 'Es sprach aus der Ecke der Blinde, aus dem Winkel der „Nichtsehkräftige"'). – Nach dem Zeugnis der verwandten Sprachen hatte das negative Verb früher auch ein eigenes Präteritum, neben dem das Hauptverb unflektiert blieb wie im Präsens; einen relativ ursprünglichen Standpunkt vertritt z. B. estn. dial. *esin anna* 'ich gab nicht'. Als dieses Präteritum im Finnischen schwand, wurde es durch das Präsens des negativen Verbums ersetzt, und der präteritale Charakter wurde dadurch wiedergegeben, daß das Hauptverb in der Gestalt des präteritalen Partizips (je nachdem des aktivischen oder des passivischen) daneben gesetzt wurde; der estn. Satz

---

[1]) Julius Mark: Zum Verbum substantivum im Ostseefinnischen, Tartu 1935.

esin anna lautet also fi. *en antanut.* – Über die auf *-k* ausgehenden Formen des Hauptverbs, die in der negativen Deklination verwendet werden, s. § 60 B, § 61 A 1 c. –
Neben dem erwähnten Indikativ oder besser 'Universalmodus' des negativen Verbs weist dieses in der heutigen Sprache nur noch einen Imperativ auf: *älä* (dial. *älä'* < *äläk*), *älköön, älkäämme, älkää, älkööt.* Die Moduszeichen und Personalendungen stimmen übrigens mit denen des Imperativs der übrigen Verba überein, abgesehen davon, daß der 2. sg. in der Gemeinsprache (und in den meisten Dialekten) die übliche Weiterbildung des ursprünglichen *-k* fehlt. Aber der Stamm *äl-*, der exakte Lautentsprechungen zum mindesten im Estnischen und Livischen hat, weicht so stark von dem indikativischen *e*-Stamm ab, daß man beide Stämme nicht einmal ohne weiteres für etymologisch zusammengehörig ansehen darf; das mundartliche Imperativparadigma mit *-e: elä, elköön* kann nämlich eher als sekundär, als durch den *e*-Indikativ analogisch beeinflußt erklärt werden. Die übrigen Personen des negativen Imperativs außer der 2. sg. sind insofern tautologisch plump, als in ihnen das Imperativzeichen doppelt auftritt: *äl-kö-ön saa-ko* 'er möge nicht bekommen', *äl-kä-ämme saa-ko* usw., ebenso im Passiv: *äl-kö-ön saata-ko* 'es möge nicht empfangen werden' usw. – Dial. ist auch der instr. des II. inf. des neg. Verbums in einem solchen Adverbtyp wie *etenkehdaten* 'gleichgültig, es nicht übers Herz bringend' erhalten.

Der verbale Charakter der Negation und die daraus resultierende völlige oder teilweise Flexionslosigkeit von dessen Haupt- oder Bestimmungsverb ist ein uralter, aus der uralischen Grundsprache stammender eigentümlicher Wesenszug der uralischen Sprachgemeinschaft. Der verbale Charakter der Negation einerseits und der defekte Zustand besonders von deren Normalparadigma anderseits haben ebenfalls einige für das Finnische charakteristische Konstruktionen entstehen lassen, deren Behandlung jedoch am besten der Syntax vorbehalten bleibt.

6. ÜBER DIE NOMINALFORMEN DES VERBS

64. A) Die Infinitive. 1) Der I. Infinitiv. In der Gemeinsprache nur im Aktiv vertreten. Formantia: *-a-, -ä-, -da-, -dä-* (statt *d* oder dessen Vorläufer nach *l, r, n* dieser Laut durch Assimilation), *-ta-, -tä-*:

a) Sog. kürzere Form: *antaa'* < *antaδak* 'geben', *kuulua'* < *kuuluδak* 'zu hören sein', *kärsiä'* 'leiden' < *kärtiδäk, saada'* 'bekommen' < *saaδak*, *lyödä'* 'schlagen', *tulla'* 'kommen' < *tulδak*, *niellä'* 'verschlingen', *surra'* 'trauern' < *surδak, mennä'* 'gehen' < *menδäk, juosta'* 'laufen', *päästä'* 'freilassen', *vastata'* 'antworten', *kehrätä'* 'spinnen'; dial. u. veralt. *jouta'* 'Zeit o. Muße haben' < *jouťtak* [heute Vokalst.: *joutaa* < *jouta-δak*], *tietä'* < * *teeťtäk* 'wissen' [heute: *tietää* < *teetä-δäk*], *tuta'* 'fühlen, kennen' < * *tunťtak* [heute: *tuntea* < *tunte-δak*]; dial. bisweilen auch im Passiv: *naitaa'* < *naitaδak* 'verheiratet werden' (*Naitaa piika päänsä harjaa* 'das Mädchen kämmt sein Haar, um geheiratet zu werden'), *syötää'* < * *söötäδäk* 'gegessen werden' (*Tuollaisia sieniä ei taida syötääkään* 'Solche Pilze dürften nicht gegessen werden').

b) Die sog. längere Form: *kuuluakseni* '[ich sprach laut,] um hörbar zu sein, damit ich gehört würde', *kärsiäksesi* 'damit du leidest', *saadaksensa* 'damit er bekomme, damit sie bekommen', *lyödäkseen* 'damit er schlage, damit sie schlagen', *tullaksemme* 'damit wir kommen', *mennäksenne* 'damit ihr geht', *juostaksensa* 'damit sie laufen', *kehrätäkseen* 'damit er spinne, damit sie spinnen'. Das ' < -*k* nach dem kürzeren Infinitivzeichen ist das Lativsuffix (§ 48 B 1). – Das entsprechende Element -*kse*- der längeren Form ist wohl nach der alten und ganz natürlichen Anschauung trotz eines anderen Erklärungsversuches als Translativendung anzusehen[1]). – Dem I. Inf. ist außerhalb des Ostseefinnischen eine Entsprechung aus dem Lappischen an die Seite gestellt worden (auch dort lag ursprünglich der Lativ vor). Wenn das in den alleinstehenden deverbalen Adverbien wie *istualla* < *istuδalla* 'sitzend' und *seisoalla* < *seisoiδalla* 'stehend' vorliegende *-δa-, das Entsprechungen außerhalb der ostseefinnischen Sprachen sowohl im Lappischen als auch im Mordwinischen[2]) hat, gleichen Ursprungs ist wie das Zeichen des I. Inf., wofür die Wahrscheinlichkeit spricht, so kann man dieses Infinitivzeichen bis zum Mordwinischen verfolgen. Auch aus anderen verwandten Sprachen, sogar bis einschl. Samojedisch, sind Entsprechungen für den finnischen I. Inf. angeführt worden, aber hier müssen noch weitere Untersuchungen abgewartet werden[3]). Ebenso ist die ursprüngliche Bedeutung dieses Infinitivzeichens, also die Frage, ob es auf bloßem Zufall beruht, daß die Formantia des aktivischen I. Infinitivs und des Passivs identisch sind, und weiterhin der Umstand, daß doch der I. Inf. teilweise eine passivische Bedeutung aufweist, noch ungeklärt; vgl. z. B. *Hän on kaunis katsoa'* ∼ *katsottavaksi* 'sie ist schön anzusehen ∼ anzusehend'; *se kelpaa syödä'* ∼ *syötäväksi* 'das taugt zu essen' ∼ „zu einem zu Essenden", *ei pyyssä kahden jakaa'* ∼ *jaettavaksi* 'in (= an) einem Haselhuhn [ist nicht soviel dran als] zu zweien zu teilen ∼ zu einem für zwei zu Teilenden'; *onko teillä neittä myyä'* ∼ *myytäväksi?* 'Habt Ihr ein Mädchen zu verkaufen ∼ als Verkäufliches?'.

2) Der II. Infinitiv. Formantia: -*e* (> dial. -*i*-), -*de*- (nach *l, r, n* zu diesen Lauten assimiliert, also) -*le*-, -*re*-, -*ne*-, -*te*-. Aktivisch wird er im Inessiv und Instruktiv, passivisch nur im Inessiv verwendet: *antaessa* (dial. *antaissa*) < *antaδessa* 'beim Geben, als er gab, wenn er gibt', *joutuen* (= *joutuin*) 'irgendwohin geratend', auch adv. 'geschwind' < *joutuδen*, beachte: *kulkiessa* 'beim Gehen', *kulkien* 'gehend', *koskiessa* 'beim Berühren, als er berührte, während er berührt', *koskien* 'berührend', *lähtiessä* 'beim Aufbruch', *lähtien* 'im Fortgehen [sagte er]'; *saadessa* 'als er bekam, wie er gerade bekommt' < *saaδessa*, *surren* 'trauernd' < *surδen*, *tullessa* 'beim Kommen' < *tulδessa*, *mennen* 'gehend' < *menδen*, *(minun) nähteni* sozusagen „meines Sehens" d. i. 'vor mir als Augenzeugen [geschah das und

---

[1]) Mark: SUST 58 S. 154 f.; Uotila: Vir. 1946 S. 442 (dtsch. Referat S. 513 f.).
[2]) Ravila: Vir. 1932 S. 376.
[3]) Budenz: NyK 20 S. 282 f.; Szinnyei: Ny H 7 S. 86–87; Lehtisalo: SUST 72 S. 273 f.

das]', *jouttessani* 'wenn ich Zeit habe' < *joŭttessani (I. Inf. *jouta*'), *taiten* 'mit Geschick', „könnend" < * *taiŧten* (I. Inf. *taita*'), *tieten* 'wissend, mit Kenntnis davon' < * *teeŧten* (I. Inf. *tietä*'), dial. *leten* 'fliegend, schnell' < * *lenŧten*, *vastatessa* 'indem er antwortete' < * *vastaŧtessa; saataessa* (dial. *saataissa*) 'als man empfing, als empfangen wurde' < * *saataδessa, vaadittaessa* 'wenn gefordert wird' < * *vaaδittaδessa, tarvittaessa* 'wenn man braucht, im Bedarfsfalle' < * *tarβittaδessa*. – Der abweichende *i*-Stamm im vokalstämmigen aktiven II. Inf. der *e*-Verba (*kulkiessa* pro * *kulkeessa* usw.) konnte noch nicht zufriedenstellend erklärt werden[1]). Für den II. Inf. sind bis auf weiteres nur aus allen ostseefinnischen Sprachen Entsprechungen aufgezeigt worden, so daß dessen Geschichte nicht über das Urfinnische hinaus weiter zurück verfolgt werden kann. Das *-t-*, * *-δ-* des Formans des II. Inf. ist offensichtlich identisch mit dem des I. Inf.; der darauffolgende Vokal *-e-*, der somit mindestens bis ins Urfinnische zurückgeht, ist bis auf weiteres ohne allgemein anerkannte Erklärung[2]).

3) Der III. Infinitiv. Zeichen *-ma-, -mä-* (s. § 54.6). Vom eigentlichen Infinitiv (soweit er also syntaktischen Verbalcharakter trägt) werden im Aktiv nur die sg. Kasus iness., elat., illat., adess., abess. und – neben dem unpersönlichen *pitää* 'sollen, müssen' – instr. (oder, nach anderer Ansicht, der alte lat.)[3]), im Passiv nur der instr. sg. (ebenfalls neben dem unpers. *pitää*) gebraucht: *(työtä) tekemä-ssä, -stä, -än, -llä, -ttä*: beim Arbeiten (eig. „beim Tun die Arbeit" [nicht beim Tun o. Erledigen der Arbeit], also Objektskasus!), vom Tun die Arbeit, zum o. aus Tun die Arbeit, durch Tun die Arbeit, ohne Tun die Arbeit, man soll tun die Arbeit, es soll getan werden die Arbeit [auch hier syntaktischer Objektskasus, wenn er auch morphologisch bei totalem Charakter dem Nominativ gleich lautet, siehe Satzlehre].

Der Instruktiv (sowohl der vom aktiven als der vom passiven Infinitiv), der in der Volkssprache nur in den Westdialekten in Gebrauch ist und aus diesen seinerzeit in die alte finnische Schriftsprache übernommen wurde, wird in der heutigen Gemeinsprache als Bestandteil eines archaisierenden Stiles aufgefaßt und sowohl im Aktiv als im Passiv durch die kürzere Form des inf. I act. ersetzt (also *pitää tehdä* sowohl für *pitää tekemän* als auch für *pitää tehtämän*).

4) Der IV. Infinitiv. Zeichen *-minen;* s. § 55.13. Nur im Aktiv. Vom eigentlichen (nicht substantiv.) Infinitiv wird in der Gemeinsprache nur der nom. sg. und part. sg. gebraucht: *(Jokaisen on työtä) tekeminen* '(Jedem kommt es zu) Arbeit (Objektskasus!) zu leisten'; *(häneen ei ole) luottamista* '(Auf ihn ist nicht) zu vertrauen'. Dial. wird auch der illat. pl. oder sg. in Konstruktionen wie der folgenden verwendet: *lehmä tuli nostamisiin = nostamiseen* d. i. 'die Kuh geriet in einen solchen Zustand, daß man sie hochheben mußte'.

---

[1]) Rapola: Suomi V: 2 S. 294 Fußn., Vir. 1926 S. 195.
[2]) Kettunen: Vir. 1924 S. 62 f.
[3]) Setälä: Suomen kielen lauseoppi[13] (Finnische Satzlehre[13]) (1952) § 67. Sprachhist. Überblick 4.

5) Sog. V. Infinitiv. Zeichen -*mainen*, -*mäinen;* wird nur im adess. pl. und immer mit Poss.-Suffix verwendet; s. § 55.11.

B) Die Partizipien. 1) I. Partizip. Sowohl aktivisch als passivisch. Zeichen: -*pa*, -*pä* ~ -*va*, -*vä;* s. § 54.9; § 59.

2) Partic. praet. act. (= partic. act. II). Zeichen: -*nut*, -*nyt :* -*nee*- (wegen der Assimilation in bestimmten Stellungen -*l*-, -*r*-, -*s*- an Stelle von -*n*-); s. § 55.23.

3) Partic. praet. pass. (= partic. pass. II). Zeichen: -*tu*, -*ty* ~ -*ttu*, -*tty;* s. § 55.28; vgl. § 59.

G. DIE ABLEITUNGSSUFFIXE (DERIVANTIA) DER VERBA

65. Obwohl die Grenze zwischen deverbalen und denominalen Derivantia bei den Verben vielleicht noch schwankender ist als bei den Nomina und in vielen Einzelfällen eine Entscheidung bis auf weiteres unmöglich ist, soll zur Erleichterung des Überblicks auch bei den Verba diese Zweiteilung in deverbale und denominale Derivantia nach Möglichkeit durchzuführen versucht werden. Demgemäß werden zunächst die **einfachen deverbalen Verbalderivantia** behandelt. Aus praktischen Gründen muß dabei hie und da auch ein solches Verbum angeführt werden, bei dem das in Frage stehende Derivans jeweils an ein oder mehrere andere Derivantia angefügt ist.

1) -*ahta*-, -*ähtä*-. Bedeutung: momentan; die Derivativa sind meist intransitiv. a) Neben -*u*-, -*y*-stämmigen Kontinuativa: *haukahtaa* 'aufbellen' (vgl. *haukkua* 'bellen'), *horjahtaa* 'plötzlich schwanken', *huoahtaa* 'aufseufzen' (vgl. *huokua* 'seufzen', auch *huoata* 'dass.'), *istahtaa* 'sich schnell mal setzen müssen (vor Verblüffung)', *kajahtaa* 'widerhallen' (z. B. Schuß) (vgl. *kaikua* 'widerhallen, z. B. von Gesang', auch *kaikaa*), *livahtaa* 'entwischen' (vgl. *lipua* 'dahingleiten'), *onnahtaa* 'straucheln, plötzlich schwanken' (vgl. *ontua* 'hinken'), *parahtaa* 'aufschreien (plötzlich u. unerwartet)' (vgl. *parkua* 'dauernd jammern'), *räjähtää* 'explodieren' (eig. 'einen plötzlichen Knall von sich geben') (vgl. *räikyä* 'lärmen'; zu dieser Wortfamilie gehört auch *räikeä* 'gellend'), *säikähtää* 'aufschrecken' (vgl. *säikkyä* 'sich scheuen'), *tipahtaa* 'schnell herabtropfen' (vgl. *tippua* 'tropfen, lecken'), *venähtää* 'sich plötzlich „verdehnen", verrenken', *viivähtää* 'nochmals plötzlich u. kurz verweilen', *väsähtää* 'kurz von Müdigkeit befallen werden'; b) neben Kontinuativa auf -*ise*- oder -*aja*-, -*äjä*-*: helähtää* 'plötzlich erklingen' [meist von etwas Metallischem, insbes. wenn ein solcher Gegenstand zu Boden fällt, angestoßen wird, und ganz bes., wenn er dabei zerspringt, daher *helähtää* auch = 'klingend zerspringen'] (vgl. *helisee* = *heläjää* [z. B. von Münzenzieraten: klimpern, bimmeln (kleine Glöckchen)]), *jyrähtää* 'kurz u. drohend aufbrüllen', *tärähtää* 'erbeben und plötzlich krachen, knallen' [schweres Tor o. ä. beim Sturm, schwerer Gegenstand mit u. ohne Umfallen], *vavahtaa* 'plötzlich erbeben' [auch Menschen] (vgl. *vapisee* = *vapajaa* 'zittert, bebt'), *värähtää* 'plötzlich vor Schrecken erzittern'; c) neben (gew. kontinuativen) -*i*- und -*o*-Derivativen: *hengähtää* 'hastig einmal Atem holen' (vgl. *henkiä* 'atmen'), *kierähtää* 'sich plötzlich drehen', *pyörähtää* 'dass., auch plötzlich dabei entwischen', *vierähtää* 'hastig,

plötzlich herabrollen, seitwärts rollen', *yskähtää* 'plötzlich aufhusten o. sich räuspern', *katsahtaa* 'kurz aufblicken' (vgl. *katsoa*), *kimmahtaa* 'zurück-, aufschnellen' (vgl. *kimpoaa* 'zurückprallen'), *seisahtaa* 'plötzlich anhalten, zum Stillstand kommen', *singahtaa* 'plötzlich schleudern'; d) sonstige Verba: *elähtää* gew. nur part. praet. act. [*elähtänyt* 'bejahrt, alt geworden', vgl. aber *se elähti, kehen kolahti* 'der, welcher getroffen wurde, sprang auf' Erwast: Fi.-dtsch. Wb. 1888], *huudahtaa* (auch trans.)' 'plötzlich ausrufen, aufschreien', *hypähtää* 'aufspringen', *juolahtaa mieleen* 'einem plötzlich einfallen', dial. auch 'schnell noch einen Schluck nehmen', „einen genehmigen", *kavahtaa* 'plötzlich hochgehen', berlinisch: 'plötzlich auf der Palme sein' (vgl. *kavuta* 'klettern'; etymologisch verschieden ist *kavahtaa* 'vorsichtig sein', vgl. *kavala* 'listig'), *laulahtaa* 'plötzlich u. kurz einen trillern' [heute allerdings im Nhd. nur übertragen vom Schnapstrinken, wie auch 'einen schmettern'], *lennähtää* 'aufflattern', *levähtää* 'mal verschnaufen', *naurahtaa* 'auflachen', *ponnahtaa* 'aufschnellen, prallen' (vgl. *ponnistaa* 'sich anstrengen'), *revähtää* 'zerplatzen, in einem Ruck zerreißen' (*revetä* 'platzen'), dial. *syölähtää* 'herunterschlingen (das Essen)', *tuulahtaa* 'plötzlich einen Windstoß geben' (imper.), *virkahtaa* 'plötzlich etwas (trans.!) dazwischenwerfen o. überhaupt von sich geben'. – Frühere Lautgestalt * -ašta-, * -äštä- (§ 27 F 2); Entsprechungen gleicher Bedeutung in den meisten ostseefinnischen Sprachen und im Lappischen, Syrjänischen und Wotjakischen[1]. Ob -š- und * -t- ursprünglich verschiedenen Derivantia angehören, ist bis auf weiteres noch nicht geklärt; wäre dem so, dann wären sie offenbar spätestens in der wolgafinnisch-permischen Periode zusammengetreten.

2) **-alta-, -ältä-.** a) Von momentaner Bedeutung [der momentane Charakter dieser Gruppe gegenüber dem der vorigen ist insofern etwas abgeschwächt, als es sich zwar um rasche Ausführung, aber nicht um plötzlich unerwartetes Eintreten handelt, ferner ist demzufolge die Gewalt abgeschwächt, insofern, als die Handlung zwar oft auch noch mit Kraft und Nachdruck, aber doch nicht in explosiver Weise vor sich geht]: *kiskaltaa* 'rasch zerraufen' (vgl. *kiskoa* 'abreißen'), dial. *käännältää* 'rasch wenden' (*kääntää* 'wenden'), *nostaltaa* 'schnell u. kräftig heben' (*nostaa* 'heben'), *painaltaa* 'kräftig u. schnell drücken' (*painaa* 'drücken'), *porhaltaa* 'stürzen, eilen', *pyyhältää* 'rasch abwischen; eilen' (vgl. *pyyhkiä* 'abwischen'), *siirältää* 'rasch rücken', *sivaltaa* 'einen Streich versetzen' o. ä. (vgl. *sivellä* 'streifen, leicht berühren'); b) andere Verba: *oivaltaa* 'begreifen, gewahr werden' (vgl. estn. *oimata* 'verstehen')[2], *puhaltaa* 'blasen, wehen' (vgl. *puhua* urspr. u. noch heute: 'wehen, blasen', jedoch gew. 'sprechen'), dial. *punaltaa* 'rasch drehen', *uskaltaa* 'wagen' (vgl. *uskoa* 'glauben'). Wahrscheinlich sind auch die Wörter der b)-Gruppe ursprünglich momentan; z. B. ist *puhaltaa* erst dann kontinuativ geworden, als *puhua* seine heutige Bedeutung übernommen hat. – Das Derivans -*lt*- (< * -*ltt*-) hat gleichbedeutende Entsprechungen bis einschl. Ungarisch[3]. -*l*- und * -*tt*- (zu letzterem vgl. § 65.13) haben

---

[1] Zuletzt Uotila: SUST 65 S. 316; Lehtisalo: SUST 72 S. 227 f.
[2] Ojansuu: Vir. 1909 S. 26.
[3] Zuletzt Uotila: SUST 65 S. 334; Lehtisalo: SUST 72 S. 166.

möglicherweise ursprünglich zu verschiedenen Momentansuffixen gehört, die schon in der finnischugrischen Ursprache miteinander verschmolzen sind.

3) **-ele-, -ile-.** a) Von frequentativer oder kontinuativer Bedeutung (auf nicht abgeleiteten, jedenfalls einen solchen Eindruck machenden, Grundwörtern fußend): *ajella* 'herumfahren', auch: 'herumkutschieren' (mit diesem iron. Nebensinn), *arvella* 'meinen' (mit dem Nebensinn des unverbindlichen Meinens), *astella* 'herumspazieren, -stolzieren' (Grundw. * *astaa*, vgl. *astua*), *elellä* 'so daherleben', *haastella* 'daherreden', *jaella* 'verteilen' (Nebensinn: etwas Bedeutungsloses: Hühnerfutter o. dgl., dann aber iron. auch von Wichtigerem, aber angeblich nicht wichtig Genommenem), *jutella* 'daherreden' (wie beim vorig., auch von Wichtigem, aber iron. bagatellisiert) (Grundwort **juttaa* nicht in Gebrauch; vgl. das derivative nomen actionis *juttu*), *katsella* 'betrachten', *kuunnella* 'horchen, zuhören, lauschen' (< dial. *kunnella*, Grundwort * *kuntaa* 'fest nehmen'; das lange *u* beruht auf *kuulla* 'hören', das versch. Urspr. ist)[1]), *kysellä* 'Fragen stellen', *kävellä* 'spazieren' (vgl. *käydä* < * *kävδäk* 'gehen'), *ommella* 'nähen', *palella* 'frieren' (Grundw. *palaa* 'brennen'; beachte das Bedeutungsverhältnis), *palvella* 'dienen' (vgl. *palvoa* heute: 'demütig, kultisch dienen'), *raadella* 'zerreißen' (Grundw. *raataa* urspr. 'hauen, schlagen'), *sadella* '(leicht) regnen', *soudella* '(leicht) rudern (oft selbstiron. verkleinert; auf bereits abgeleiteten Wörtern fußend:) *arvailla* < dicht. *arvaella* (Grundw. *arvata*, Stamm * *arvaδa*-) 'raten', *epäillä* '(be)zweifeln' < dicht. *epäëlä* (Grundw. * *epäδä*-), *harhailla* 'herumirren', *keräillä* 'sammeln, eine (Geld-, Material-) Sammlung durchführen', *kiroilla* 'fluchen', *lankeilla* (Grundw. *langeta*, früherer Stamm * *lankeδa*- oder * *lankeδe*-) 'wiederholt, oft fallen o. stürzen', *lepäillä* 'ausruhen', auch: 'von der Berufsarbeit eine gewisse Zeit ausspannen', *makailla* 'sich mal niedergelegt haben', *runoilla* 'dichten' < dicht. *runoella* (Grundw. *runota*), *siekailla* 'zögern' (vgl. dial. *siekaan : siekajaa* 'er bewegt o. rückt hin u. her'), *voidella* 'schmieren'; *ajatella* 'denken' (Grundw. *ajattaa;* Bedeutungsgeschichte unklar), *arvostella* 'kritisieren', *haastatella* 'interviewen' (von Prof. Kannisto auf Grund der Volkssprache für die Gemeinsprache etwa 1907 vorgeschlagen), *houkutella* 'verlocken', *imarrella* 'schmeicheln' (Grundw. *imartaa*, vgl. *imara* 'süß'), *kalastella* 'fischen', *kastella* 'benetzen, gießen (mit der Gießkanne)', *koetella* 'versuchen', *muistella* 'sich erinnern, sich die Erinnerung an etwas wachrufen', *sovitella* 'probierend etwas zusammenpassen o. einfügen', *vaihdella* 'immer wieder auswechseln' o. ä., *valmistella* 'anfertigen' ('in wiederholten Ansätzen zufache bringen'); *jyrähdellä* 'wiederholt aufbrüllen', *kukahdella* 'immer wieder „Kuckuck" schreien', *laulahdella*' wiederholt mal lossingen', *säikä(hd)ytellä* 'immer wieder mal erschrecken', *tärä(hd)ytellä* 'immer wieder mal erschüttern', *äännähdellä* 'immer mal wieder einen Laut von sich geben'. Junge Analogiebildungen sind: *kokeilla* 'experimentieren' (vgl. *kokea* 'erfahren, prüfen'), *oleilla* 'sich aufhalten' (vgl. *olla*). – b) Reflexiv-frequentative Verba: *harjoitella* 'sich üben', *haukotella* '(hin u. wieder) gähnen', (die frequ. Note kann fehlen), *herkutella* 'sich an Leckerbissen o. sonstigen, auch edlen

---

[1]) Setälä: Vir. 1928 S. 251 f.

§ 65   Einfache deverbale Verbalsuffixe   193

Kunstgenüssen erfreuen', *herrastella* 'den Herrn spielen', *hidastella* 'zaudern, langsam handeln o. arbeiten', *huvitella* 'sich amüsieren', *ihmetellä* 'sich wundern', *jalvitella* 'spazierengehen, sich auslaufen', *kainostella* 'schüchtern sein o. tun, sich genieren', *kiskotella* 'sich recken u. strecken' (Grundw. vgl. *kiskoa* 'reißen'), *kuvitella* 'sich einbilden', *laiskotella* 'faulenzen', *lasketella* 'verschiedentlich etwas fahrenlassen (z. B. Scherzworte dem Munde entfahren lassen)', *leikitellä* 'witzeln', *luulotella* 'einreden (andern u. auch sich selbst)', *lähennellä* 'sich nähern' (oft in unliebsamer Weise sich an jmd. „heranmachen"), *lämmitellä* 'heizen' (evtl. mehrere Zimmer, dasselbe öfters), dial. *menetellä* 'angängig sein' [auch scherzh. in der Gemeinspr., üblicher schriftspr. Sinn: 'verfahren'], *mutkitella* 'Umschweife, Ausflüchte machen', *niskoitella* 'widerspenstig sein', *nöyristellä* 'vor jmd. demütig tun, kriegen', *opetella* 'etwas lernen' (das langwierigere Lernarbeit voraussetzt), *ponnistella* 'sich bemühen, anstrengen', *pysytellä* 'aufzuhalten suchen, beschwichtigen, sich (auf)halten', *pöyhistellä* 'sich aufblasen', *totella* 'gehorchen' (Grundw. unbek.: vielleicht mit *tottua* 'sich gewöhnen' verwandt), *totutella* 'sich gewöhnen an', *tungetella* 'sich aufdränge(l)n, aufdringlich sein', *ujostella* 'schüchtern sein o. tun', *vastustella* '(zum Schein o. des guten Tones wegen) sich zunächst weigern (bes. von jungen Mädchen), leichten, aber doch andauernden Widerstand leisten', *viekastella* 'schlau handeln, heucheln', *viisastella* 'vernünfteln', *viivytellä* 'sich verspäten, zögern', *vilpistellä* 'Täuschungsmanöver vornehmen', *voimistella* (Neubild.) 'turnen'. – c) R e z i p r o k - f r e q u e n t a t i v e Verba: *kiistellä* 'streiten', *otella* 'kämpfen, ringen', urspr. 'einander immer wieder greifen', dial. *painella* 'ringen', *taistella* 'kämpfen' (= dial. *takistella*, vgl. *takertua* 'verstrickt, verwickelt werden') also urspr. 'einander packen, in ein Handgemenge geraten', *tapella* 'kämpfen, sich schlagen, raufen' (Grundw. *tappaa* urspr. 'schlagen'), *väitellä* 'disputieren, ein Wortgefecht austragen' (Grundw. *väittää* '(die Kräfte) anspannen, sich anstrengen' von *väki* 'Kraft'), urspr. u. dial. 'untereinander streiten'. – d) Wörter, deren frequentative Bedeutung fast völlig verblaßt oder gänzlich geschwunden ist: *kannella* 'hintertragen', *päätellä* 'schlußfolgern' (Neubild.), *rukoilla* 'beten' (Grundw. unbetont; ? vgl. lat. *rogare*), *suudella* 'küssen' (hypoth. Grundw. * *suutaa*), *tiedustella* 'sich erkundigen', *uskotella* 'einreden', *valehdella* 'lügen', *vietellä* 'verführen'; beachte: *kaupitella* 'an den Mann zu bringen versuchen', *ostella* 'wegen Kaufes nachfragen, zu kaufen versuchen, [hie und da kaufen]', dial. *tunnella* 'zu kennen glauben, ein wenig kennen'.

Für den Bestandteil -*l*- sind gleichbedeutende Entsprechungen aus allen finnischugrischen Sprachen beigebracht worden; möglicherweise hat es auch im Samojedischen Verwandte. Das *e* vor *l* gehört ursprünglich nicht zum Derivans; betreffend dessen Auftretens an Stelle von -*a*, -*ä* des Grundstammes (*anta-: ante-le-* 'geben', *heittä-: heitte-le-* 'werfen', *arvaa-: arvae-le-* 'meinen', *ajatta-: ajatte-le-* 'denken', *jyrähtä-: jyrähte-le-* 'bisweilen aufbrüllen, aufbrausen') vgl. andere entsprechende *a* ~ *e*-Wechselfälle, über welche § 54.1; vor dem *l* des frequ. Derivans begegnet dieselbe Erscheinung auch im Lappischen, was ein Hinweis darauf ist, daß dieser Wechsel schon im Frühurfinnischen bekannt war. Das frequentative *l* läßt sich mit dem deminutiven *l* der Nomina vergleichen (§ 52.10): das Deminutivsuffix war gut dazu geeignet, die Nuance einer zurückhaltenden Unentschiedenheit, ja einer gewissen Saloppheit [s. eine Reihe der obigen, insbes. der ersten Worterklärungen], wie sie zur Bedeutung des Frequentativsuffixes noch heute gehört, zum Ausdruck zu bringen (vgl. z. B. *sataa : satelee, todistaa* 'er bezeugt': *todistelee* 'er argumentiert', *välttää* 'er vermeidet': *välttelee* 'er sucht zu umgehen, weicht aus, macht Ausflüchte'[1]). Vgl. in dieser Beziehung die Derivantia *-i-, -ks-* (§ 65.4, 8).

4) **-i-**[I]. Die Bedeutung ist kontinuativ: *hylkiä* 'verwerfen, verachten' (vgl. *hylätä*), *hyppiä* 'hüpfen', *hääriä* 'herumwirtschaften', *kuiskia* 'flüstern', *loikkia* 'große Sprünge machen', *lykkiä* 'knuffen, schieben', *moittia* 'tadeln' (vgl. dial. *moittaa = moitata* 'dass.'), *nykiä* 'zupfen', *oppia* 'lernen' (vgl. dial. *oppea = opeta : oppenen = oppeentua* 'dass.'), dial. u. veralt. 'besuchen', früher auch 'die Fanggeräte untersuchen', *painia* 'ringen' (= dial. *painella*), *pohtia* heute: 'erwägen', eig. 'wannen, schwingen' (= dial. *pohtaa*), *poimia* 'pflücken, abernten' (= dial. *poimea*), *potkia* 'treten' (vgl. dial. *potkata = potkaista* 'einen Tritt versetzen'), *pyyhkiä* 'wegwischen' (= dial. *pyhjetä*), *repiä* 'reißen', *sykkiä* 'rütteln, stoßen', *sysiä* 'stupfen, stoßen', *tahria* 'beflecken', *tukkia* '(ver)stopfen' (vgl. *tuketa*), *vieriä* 'auf die Seite gehen, sich wälzen' (vgl. *vierrä, vierähtää* 'herabrollen, -stürzen'). – Auf lautgeschichtlicher Grundlage läßt sich vermuten (beachte § 24), daß zu dieser Gruppe (oder zur Gruppe der denominalen *i*-Derivativa) auch solche *i*-stämmigen Verba gehören, deren Grundwort wir wenigstens aus dem Finnischen nicht mehr aufweisen können, z. B. *empiä*[2] 'zögern', *etsiä* 'suchen', *hankkia* 'verschaffen', *hiipiä* 'schleichen', *jyrsiä* 'nagen', *kosia* 'freien', *kärsiä* 'leiden', *pyrkiä* 'streben', *sallia* 'erlauben', *sopia* 'passen', *suosia* 'begünstigen', *sättiä* 'ausschimpfen', *tohtia* 'sich erdreisten', *vaania* 'verfolgen', *viitsiä* 'es für nötig halten zu tun'. – Entsprechungen bis einschl. obugrische Sprachen. Mit derselben Begründung, wie das frequentative Suffix *-ele-* mit dem deminutiven Nominalderivans *-l* im vorigen Punkt verglichen wurde, kann auch dieses kontinuative Derivans *-i-* mit dem deminutiven Nominalderivans *-i-* zusammengestellt werden (§ 52.3, § 54.2).

5) **-i-**[II] ~ **-(i)te-**. Bedeutung reflexiv. Findet sich nur in den östlichen Dialekten und in der einschlägigen Volksdichtung. Die Paradigmata sind gewöhnlich sehr defektiv und durch vielfache Analogie gestört. Beispiele: a) *hei(t)täin* 'ich werfe mich', *muu(t)taivat* 'sie ändern sich', *palkkait* 'du verdingst dich', *pistäitiin* 'es wurde ein Abstecher gemacht', *riisuin* 'ich ziehe mich aus'; b) *heitäte* 'wirf dich hin!', *muutatemme* 'wir verwandeln uns', *tungetet* 'du dringst ein'; c) Kalev. *käännäite* 'wende dich um!', *laskeite* 'laß dich nieder', *siirräite* 'rück fort, ab!', *veäite* 'zieh dich zurück!'. – *-i-* geht auf früheres * *-δe-* zurück: *palkkait* < * *palkkaδet* usw.; *-te-* weist auf ursprüngliches * *-ĭte-* (starkstufig * *-tte-*): *tungetet* < * *tungeťtet* usw.; *-ite-* ist eine Kontamination dieser beiden Derivansgestalten und enthält somit ein doppeltes Reflexivderivans: *käännäite* < * *käändäδeťtek* (die schwache Stufe von *-nt-* vor offener Silbe fußt auf einer Art Analogie). Das Lautverhältnis * *-δe-*

---
[1]) Ravila: FUF 23 S. 59.
[2]) Vgl. jedoch Martti Räsänen: Vir. 1936 S. 240, Toivonen: FUF 28 S. 210 und SKES S. 33.

§ 65   Einfache deverbale Verbalsuffixe   195

∼ * -tte- ist noch ohne überzeugende Erklärung wie auch die Verwandtschaftsverhältnisse dieser Derivantia[1]). Möglicherweise geht das in Frage stehende Dentalelement auf denselben Ursprung zurück wie das in dem allgemeineren reflexiv-translativen Derivans, das in Verba wie *raukean* < * *raukeðan* vorliegt (§ 67.1).

6) -ise-. Meist handelt es sich um Kontinuativa von onomatopoetisch-deskriptivem Charakter: *helisee, humisee, hymisee, hälisee, kalisee* 'es klingt hell, dumpf, es saust, es ertönt Gegröhle, Gepolter', *karisee* 'fällt ab' (der deskr. Charakter nicht mehr fühlbar), *kitisee, kopisee, kärisee, lirisee, lotisee, mutisee* 'winselt, gibt dumpfen Laut von sich (auch 'klopft, rasselt' u. ä.), ist heiser, murmeln (Gewässer), plätschern (Gewässer), murmeln', *napisee* 'murrt' (onomatopöet. Charakter geschwunden), *nurisee* 'murrt, jammert', *pakisee* 'plaudert' (deskr. Charakter geschwunden, urspr. vielleicht: 'bläst', vgl. estn. dial. *pagi, -na* 'Wind-, Regenstoß'; zur Bedeutungsentwicklung vgl. *puhua* 'blasen' > 'sprechen'), *rähisee* 'lärmt', *supisee, surisee* 'flüstert, summt', *tutisee* 'zittert', *ulisee* 'brüllt', *vapisee* 'zittert', *vilisee* 'wimmelt', *värisee* 'zittert'. – Obwohl von den Grundwörtern dieser Derivativa nichts bekannt ist, sind diese hier unter den Deverbalia auf Grund dessen aufgeführt worden, weil von denselben Grundstämmen ganz allgemein auch andere Derivativa mit solchen Ableitungssuffixen vorliegen, die man als deverbal betrachten kann (vgl. z. B. *helisee = heläjää ∼ helähtää*). Unter den Entsprechungen des Derivans -ise- in der älteren Literatur begegnen zum Teil auf *ts* weisende Formen (z. B. bei Agricola *wapitze* schriftspr. *vapisee* 'zittert', *napitzit* schriftspr. *napisivat* 'sie murrten'), ebenso in gewissem Umfang in den estnischen Dialekten (z. B. *väritsema* 'zittern', *käritsema* 'heiser lauten', *soritsema* 'summen'); auf Grund davon hat man gemeint, daß -ise- < * -itse- und daß der Wandel *ts* > *s* in unbetonten Stellungen unter zunächst noch mangelhaft bekannten Voraussetzungen vor sich gegangen sei. Es ist zu beachten, daß die in Rede stehenden Derivativa in allen anderen ostseefinnischen Sprachen, sei es mit *s* oder doch jedenfalls in einer nahen Entsprechung desselben, die ohne weiteres auf *s* rückführbar ist, auftreten. Vorläufig ist noch nicht geklärt, ob dieses -ise- ∼ -itse- mit dem im folgenden Punkt (§ 65.7) vorzuführenden kontinuativen Deverbalderivans -itse- zu vergleichen ist. – In der heutigen Gemeinsprache sind die Verba auf -ise- Synonyma der aus den entsprechenden Grundstämmen gebildeten Derivativa auf -aja-, -äjä- (z. B. *kohisee = kohajaa* 'braust'); die letztere Art Derivativa ist statt der ersteren besonders in den Ostdialekten üblich.

7) -itse-. a) Hierher sind vielleicht zunächst solche Kontinuativa mit vier-, seltener fünfsilbigem Vokalstamm zu zählen, die je ein gleichbedeutendes denominales *i*-Derivativum neben sich haben oder doch einmal gehabt haben, z. B. *ahkeroitsee* 'er ist fleißig', *aterioitsee* 'er speist', *elämöitsee* 'er schlemmt, tobt', *emännöitsee* 'sie übt Hausfrauenpflichten aus', *haparoitsee* 'scharrt zusammen', *haravoitsee* 'harkt', *hedelmöitsee* 'befruchtet', *hekumoitsee* 'schwelgt', *hopeoitsee* 'beschlägt mit Silber', *ikävöitsee* 'er sehnt sich', *isännöitsee* 'er spielt den Hausvater', *kipinöitsee* 'sprüht Funken', veralt. *kunnioitsee* 'er

---
[1]) Vgl. Tunkelo: SUST 52 S. 380 f.; Lehtisalo: SUST 72 S. 305 f., 328 f.

ehrt', *käräjöitsee* 'prozessiert', *lapioitsee* 'schaufelt', *liehakoitsee* 'schweifwedelt', *mellakoitsee* 'er lärmt, revoltiert', *murkinoitsee* 'frühstückt', *palmikoitsee* 'flicht (einen Zopf)', *penikoitsee* 'wirft Junge' (vom Hund), *penkaloitsee* 'manipuliert mit den Fingern', eig. „berührt mit dem Daumen", *piehtaroitsee* '(das Pferd) wälzt sich auf dem Boden', *pisaroitsee* 'tröpfeln', *salamoitsee* 'es blitzt', *vaikeroitsee* 'jammert', *vartioitsee* 'gibt acht', *viheriöitsee* 'grünt', *ympäröitsee* 'umgibt' (über die entsprechenden *i*-Derivativa *ahkeroi* 'er ist fleißig', *aterioi* 'er speist', *elämöi* 'er tobt' usw., auf denen die fraglichen Derivativa auf -*itse* vielleicht fußen, s. § 67.2). – b) Möglicherweise gehören hierher noch eine Reihe ebenfalls kontinuativer Verba mit dreisilbigem Vokalstamm, neben denen sich oft denominale Synonyma auf -*i* mit zweisilbigem Stamm von demselben Grundwort finden oder einmal gefunden haben, z. B. *harkitsen* 'ich erwäge' (= dial. *harkin*), *hillitsen* 'ich mäßige' (= dial. *hillin*), *himoitsen* 'ich habe eine Sucht nach' (= *himoan*), *häiritsen* 'ich störe' (= dial. *häirin*), *iloitsen* 'ich freue mich' (= *iloan*), veralt. *leikitsen* 'ich spiele' (= *leikin*), *mainitsen* 'ich erwähne' (= dial. *mainin*), *merkitsen* 'bezeichnen' (= dial. *merkin*), *naulitsen* 'nagle' (= dial. *naulin*), *raskitsen* 'bringe übers Herz' (= *raskin*), *ravitsen* 'ernähre' (vgl. estn. *ravin* 'ich pflege, füttere'), *ristitsen* 'taufe' (= *ristin*), *siistitsen* 'säubere' (= *siistin*), *tilkitsen* 'kalfatere, dichte ab' (= dial. *tilkin*), *valitsen* 'wähle' (= dial. u. estn. *valin*). Es ist ganz ungewiß, ob hierher oder zu den denominalen -*itse*-Derivativa (§ 67.3) folgende Beispiele gehören, z. B. *kaitsen* 'weide, behüte' (inf. *kaitsea* o. *kaita*), dial. *karvitsen* 'entblättere (Rüben)', dial. *loitsen* 'zaubere' (inf. *loitsea* o. *loita*), dial. *savitsen*[1] 'walke zusammen (Wolle)'.

In der heutigen Sprache flektieren sämtliche Verba auf -*itse*- in der Weise, daß im Aktiv Potential, die Imperativpers. außer 2. sg., Inf. I u. II nebst partic. praet. sowie im gesamten Passiv aus einem kons. *t*-Stamm gebildet werden (z. B. *harkinnen, harkitkoon, harkita, harkiten, harkinnut, harkitaan, harkittiin, harkittu* usw.). – Dieser Stamm ist seit jeher als durch die kontrahierten Verba *(huomata : huomatkoon)* analogisch beeinflußt angesehen worden, aber kürzlich ist die beachtliche neue Erklärung vorgebracht worden, daß * *tst* > * *tt* und * *tsn* > * *tn* in unbetonter Silbe lautgesetzlich ist und daß im Imperativ das *t* vor *k* (*havaitkoon* usw.) Analogie nach diesen lautgesetzlichen Formen ist[2]. – Die frühere Lautgestalt war * *ŋ́t́ś-;* Entsprechungen auch außerhalb des Ostseefinnischen. Die Grenze zwischen den hier behandelten und in § 67.3 zu besprechenden denominalen -*itse*-Verba ist bis auf weiteres unklar und dürfte noch eingehende Untersuchung erfordern (vgl. auch die -*ise*-Verba im vor. Punkt § 65.6). Das heutige Sprachgefühl faßt zumindest alle Verba der a)-Gruppe als denominal auf. Aber der lautliche Umstand, daß in einem solchen Falle das Auslaut-*a*, -*ä* des drei-(vier-) silbigen Stammnomens vor dem sekundären *i* des Formans -*itse*- hätte bewahrt bleiben müssen, spricht gegen eine solche Auffassung.

---

[1] Im Wörterbuch von Lönnrot ist die Bedeutung dieses Verbums falsch mit 'scheren' angegeben. Siehe Kustaa Vilkuna: Kotiseutu 1936 S. 157, Budkavlen 1934 S. 73 f.

[2] Lauri Posti: Vir. 1947 S. 248 f. und die dort erwähnte Literatur.

Immerhin können viele heutige Verba der a)-Gruppe analogisch direkt auf Grund eines *a-*, *ä-* oder *o-*stämmigen Nomens ohne Vermittlung des *i*-Derivans sekundär entstanden sein.

8) **-ks-**. Dieses frequentative Derivans tritt gegenwärtig nur mit anderen Derivantia vereinigt auf: a) -ks- + -i- (§ 65.4): *hyljeksiä* 'verschmähen', *hyreksiä* 'summen, trällern' (vgl. *hyristä, hyräillä*), *imeksiä* 'saugen', *kanneksia* 'oft hintragen, hin- u. hertragen', *kuljeksia* 'herumlungern', *laskeksia* 'ausrechnen', *lueksia* '(immer wieder mal kurz) lesen', *maleksia* 'herumfaulenzen, vagabundieren' (unbek. Grundwort), *nieleksiä* 'hin und wieder schlucken, schlucken und nicht hinunterbringen', *nuoleksia* 'nach etwas schlecken', *nureksia* 'im Ärger hin und wieder brummen über etwas' (vgl. *nurista, nurata*), *oleksia* 'weilen', *peseksiä* 'sich waschen' (eilig u. wiederholt ein bißchen, wie Vögel), *piileksiä* 'sich versteckt halten', *pureksia* 'beißen (immer mal ein bißchen kauend, Tabak, Süßigkeiten u. ä.)', *sureksia* 'voll Trauer ab u. zu gedenken', *syljeksiä* 'dauernd ausspucken', *tungeksia* 'sich langsam, mit Ausdauer in etwas drängen', *viereksiä* 'rollen', *viileksiä, vuoleksia* 'schnitzeln'; b) -ks- + -ele- (§ 65.3) oder -nt- (§ 65.9) + -ele-: dial. *käyksennellä* 'hin u. her gehen', dial. *saaksennella* 'ab u. zu bekommen', veralt. *teeksellä* 'heucheln, so tun als ob', dial. *uiksella = uiksennella* 'etwas hin u. her schwimmen', dial. *vieksellä* 'ab u. zu fortschaffen'.

Die Möglichkeit ist vorgebracht worden[1]), daß dieses -ks- metathetisch aus dem gleichbedeutenden -sk- (§ 65.11) entstanden sein könnte; vielleicht ist es tatsächlich so, soweit die vereinzelten Wörter der b)-Gruppe in Frage kommen, denn neben ihnen trifft man in allgemeiner Verbreitung *sk-*Formen: *käyske(nne)llä* usw. Aber speziell betreffs der Wörter der a)-Gruppe erscheint die Annahme einer Metathese schwierig; wahrscheinlicher ist es, daß es sich um dasselbe -ks- wie beim deminutiven Nominalderivans -ks- (§ 52.17, § 54.10) handelt, ebenso wie sich das frequentative -ele- und das kontinuative -i- mit den deminutiven Nominalderivantia -l und -i (§ 65.3) vergleichen lassen. Doch ist hier noch weitere Klärung im einzelnen erforderlich, ehe dies als sicher gelten kann.

9) **-nt-**. Dieses unproduktiv gewordene Derivans wird in folgenden Wörtern angenommen: a) z. B. in *oksentaa* 'sich übergeben' und *rakentaa* 'bauen' (vgl. ung. *rak* 'aufschichten, hinlegen'); b) mit anderen Derivantia vereinigt: -nt- + -ele- (§ 65.3): *huikentelen* 'bin wankelmütig' (vgl. dial. *huikkia* 'wechseln'), *juoksentelen* 'umherlaufen', veralt. *tarjentelen* 'ich drohe' (vgl. *tarjota* 'anbieten'); -sk- (§ 65.11) + -nt- + -ele-: *käyskentelen, teeskentelen* 'heuchle', *työskentelen* 'arbeite', *uiskentelen* 'schwimme'. Entsprechungen bis einschl. Ungarisch; die ursprüngliche Bedeutung scheint frequentativ gewesen zu sein.

10) **-pu-, -py- ~ -u-, -y-**. Bedeutung im allgemeinen reflexiv, translativ oder passiv: a) *elpyä* '(wieder)aufleben' (vgl. *elää* 'leben'; beachte die transl. Bedeutung), *juopua* 'betrunken werden', *luopua* 'sich lossagen von' (vgl. *luoda* 'von sich wegschieben'), dial. *lyöpyä* u. a. 'sich anpassen, gewöhnen' (vgl. *lyödä* 'schlagen' [auch nhd. 'sich zu einem Haufen schlagen u. dort

---

[1]) Budenz: NyK 18 S. 187.

mitmachen']), *saapua* 'ankommen' (vgl. *saada*, dial. u. a. 'wohin kommen'), *syöpyä* 'sich einfressen', aber auch: 'gemästet werden' sowie auch: 'abgefressen werden'; *voipua* 'ermattet werden, hinsinken' (? vgl. *voida* 'können'; unklare Bedeutungsentwicklung); b) meist nur dial. und dicht. *ajaun : ajaupi : ajaunut* 'treiben' intr., *antaun* 'ergebe mich', *heittäyn* 'werfe mich', *iskeyn* 'schlage mich', *jakaun* 'sich teilen', *jättäyn* 'bleibe nach o. zurück', *kaivaun* 'grabe mich ein', *kohottaun* 'erhebe mich', *kätkeyn* 'verberge mich', *laittaun* 'bringe mich in Ordnung, mache mich zurecht', *laskeun* 'lasse mich herab', *lyöttäyn* 'schlage mich wohin', dial. *ottaun* 'halte mich fest an', *painaun* 'drücke mich gegen o. an', *paneun* 'lege, setze mich', *pilaun* 'beschädige mich', *pistäyn* 'einbiegen (bei jmd.)', *ponnistaun* 'sich anstrengen', *sotkeun* 'sich verwickeln', *tekeyn* 'sich stellen als ob', *valmistaun* 'sich vorbereiten', *vetäyn* 'sich zurückziehen', *vääntäyn* 'sich drehen o. wenden'; c) meist dial. u. dicht. *arpeun* 'vernarbe', *hajaun* 'zerstreue mich', *halvaun* 'bekomme den Schlag', *hankaun* 'reibe mich', *hommaun* 'sich bemühen, sich einrichten', *hullaun* 'werde verrückt', *kasaun* 'sich häufen', *keräyn* 'sich sammeln', *kihlaun* 'verlobe mich', *kiusaun* 'ärgere mich', *kokoun* 'sich versammeln', *korjaun* 'bessere mich', *leipäyn* 'bekomme genug', *lisäyn* 'vermehre mich', *majaun* 'quartiere mich ein', *mukaun* 'passe mich an', *nojaun* 'stütze mich', *nuhraun* 'beschmutze mich', *paiskaun* 'schmeiße mich', *palkkaun* 'verdinge mich', *peräyn* 'ziehe mich zurück', *raivaun* 'ausgerodet, mit den Wurzeln herausgerissen werden', *rampaun* 'werde zum Krüppel', *salpaun* 'eingezäunt werden', *sekaun* 'verwirrt, hineingemengt werden', *sukeun* 'entstehen, beginnen', *syrjäyn* 'trete zur Seite, gerate zur Seite, werde verdrängt', *tallaun* 'werde zu Boden getreten', *tempaun* 'werde mitgerissen', *turvaun* 'suche Zuflucht', *umpeun* 'sich verschließen, verwachsen, zu (verstopft) werden', *vaivaun* 'bemühe mich', *vikaun* 'komme zu Schaden'; d) *astua* 'schreiten', *asua* 'wohnen' (Bedeutung abweichend; beachte jedoch veralt. u. dial. 'sich niederlassen, zu etwas schreiten, beginnen'), *ehtyä* 'versiegen', *eksyä* 'sich verirren', *haihtua* 'verdunsten', *kuihtua* 'verwelken, hinsiechen' (§ 66.5), *kysyä* 'fragen', *kulua* 'abgenutzt werden, vergehen', *liikkua* 'sich bewegen', *paisua* 'aufschwellen', *pysyä* 'verweilen, fest stehen' (< dial. *pisyä;* vgl. *pistää* '(fest) stecken'), *ryhtyä* '(an eine Arbeit) herangehen' (dial. u. früher: 'festhaften': *savi ryhtyy lapioon* 'der Lehm klebt am Spaten fest'), *sammua* 'verlöschen', *solua* 'allmählich gleiten o. schreiten', *sujua* 'gut vorwärts schreiten', *suuttua* 'zürnen', *syntyä* 'geboren werden', *säilyä* 'erhalten bleiben, bewahrt werden', *tarttua* 'anfassen, sich festhalten', *väsyä*[1] 'ermüden'; beachte *ampua* dial. u. viell. urspr. 'geschleudert werden, fliegen, prallen' (*kalikka ampui sääreen* 'der Knüttel traf ans Bein', dann trans. 'schleudern, mit dem Bogen fliegen lassen' usw.); *istua* 'sich setzen' und auch: 'sitzen'. Letztere Bedeutung scheint sekundär zu sein; e) *hyytyä* (vgl. *hyytää*) 'erstarren, gerinnen', *jatkua* 'weiter andauern', *joutua* 'wohin geraten, Zeit finden, reif werden', *juontua* 'sich herleiten, herstammen', *jäätyä* 'zu Eis frieren', *kaikua* 'widerhallen', *kastua* 'feucht werden', *kostua* 'feucht werden, anschwellen, infolge Feuchtigkeit wieder in den Zustand des Turgors zurückkehren (Pflanzen)', urspr. 'zurückkehren', zu *kostaa*

---

[1] FUF 29 S. 113 f.

'zurückgeben'[1]), *kumartua* 'sich verbeugen', *kuulua* 'gehört werden, hörbar sein, lauten, gehören zu', *kääntyä* 'sich wenden', *löytyä* 'sich finden', *maatua* 'zu Erde werden', *mieltyä* 'Gefallen finden an', *näkyä* 'sichtbar sein', *paleltua* 'erfrieren', *sattua* 'sich stoßen, verletzen' (vgl. dial. *sattaa* 'verletzen'), *siirtyä* 'übergehen zu, sich verschieben', *sortua* 'zusammenbrechen, untergehen', *soveltua* 'passen, angemessen sein, sich fügen', *syöksyä* 'sich stürzen', *särkyä* 'zerbrechen' intr., *säästyä* 'verschont bleiben, (auf)gespart werden, erhalten bleiben', *takertua* 'sich verstricken, aneinander kleben bleiben', *tuntua* 'fühlbar sein', *vaihtua* 'wechseln', *valua* 'fließen, rinnen'; *alentua* 'niedriger werden, sich herabsenken' (vgl. *alentaa*), *harventua* 'licht(er) werden, sich lichten', *hämmentyä* 'verwirrt werden', *kuumentua* 'heiß werden', *myöntyä* 'nachgeben', *parantua* 'heilen', *tointua* 'wieder zu sich kommen' (vgl. dial. *tointaa*, Grundw. *toimi* 'Vernunft, Umsicht, Ordnung'), *tyhjentyä* 'sich leeren', *vanhentua* 'altern, veralten'; Neubild. *hermostua* 'nervös werden' (schwed. Einfluß: nervös), *hidastua* 'langsamer werden, sich verlangsamen', *kaunistua* 'sich verschönen', *pelastua* 'gerettet werden', *rakastua* 'sich verlieben', *sairastua* 'krank werden'; *alistua* 'sich unterwerfen, sich fügen in', *hämmästyä* 'verblüfft werden', *ihastua* 'entzückt sein', *ilostua* 'froh werden', *jalostua* 'veredelt werden', *kukistua* 'gestürzt werden', *litistyä* 'plattgedrückt werden', *maistua* 'schmecken' intr., *muistua* 'einfallen, in den Sinn kommen', *myöhästyä* 'sich verspäten', *onnistua* 'glücken', *tulistua* 'sich ereifern, zornig werden', *tutustua* 'bekannt werden', *vahvistua* 'erstarken', *vilustua* 'sich erkälten', *vääristyä* 'sich krümmen, sich krumm verziehen'; beachte: *rohkaistua* 'sich ermannen, Mut fassen' (als Grundw. anzusetzen: * *rohkaistaa* 'Mut einflößen', mit dem man veralt. *rangaistaa* 'bestrafen' [heute *rangaista* wie auch *rohkaista*] vergleiche; dial. *potkaistaa* statt schriftspr. *potkaista* 'einen Tritt versetzen u. a.'); *havahtua* 'zu sich kommen', *pakahtua* 'zerspringen', *pysähtyä* 'anhalten, stehenbleiben', *seisahtua* 'zum Stillstand kommen'; *asettua* 'sich setzen, legen' (vgl. *asettaa* 'setzen, legen'), *jähmettyä* 'erstarren', *kovettua* 'sich verhärten, härter o. strenger werden', *kuivettua* 'austrocknen, verdorren, verkümmern', *muuttua* 'sich verändern', *päättyä* 'enden' intr., *täyttyä* 'sich füllen', *ulottua* 'sich erstrecken', *varttua* 'erstarken', *vettyä* 'feucht werden, vom Wasser quellen'.

Zur Lautentwicklung des Derivans vgl. § 23 J. Die Wörter der b)- und c)-Gruppe haben jetzt ein suppletives Paradigma: sie weisen konsonantstämmige Flexionsformen auf, die von Reflexivverba mit den sonst unbekannten Stämmen *-unte-*, *-ynte-* herrühren, wie z. B. von dem veralt. *ilmaunnen* 'ich erscheine, tauche auf': inf. I *ilmauta*, *lisäynnen* 'ich vermehre mich': *lisäytä*[2]), z. B. *ajauta, ajauttu, ajautkoon;* durch Vermittlung derartiger Formen kam man in Analogie nach den kontrahierten Verba weiterhin zu einem Imperfekt auf *-si*: *ajausin, antausin, levittäysin* usw.[3]). – Die als Grundwörter der d)-Gruppe anzusetzenden transitiven Verba sind in der heutigen Sprache unbekannt; somit können unter den Beispielen auch denominale

---
[1]) Vir. 1940 S. 43 f.
[2]) In diesen finden sich eigentlich 3 reflexiv-translative Derivantia übereinandergeschichtet: *-u-* + *-n-* (§ 67.4) + *-te-* (§ 65.5).
[3]) Setälä: ÄH 393, Vir. 1915 S. 134.

sein. Das Derivans ist denn auch mit dem entsprechenden denominalen identisch (§ 67.5). Beachte auch *-untu-, -ynty-* und *-utu-, -yty-* (§ 66.13, 15).

11) **-sk-**. Bedeutung frequentativ; begegnet gegenwärtig nur mit anderen Derivantia zusammen: a) *-sk-* + *-ele-* (§ 65.3): *astuskella* 'schreiten' [im folgenden wird darauf verzichtet, durch Wiederholung immer wieder derselben Wörter den besonderen frequentativen Charakter doch nur unvollkommen nachzuahmen; nur wenn im Neuhochdeutschen ein besonders charakteristisches Stammverb für die frequentative Nuance vorliegt, wird es angeführt], *etsiskellä* 'suchen', *haeskella* 'suchen', *imeskellä* 'saugen, lutschen', *istuskella* 'herumsitzen', *kehuskella* 'prahlen', *kuljeskella* 'herumstreifen', *käyskellä* 'hin u. her gehen', *liikuskella* 'herumstreifen', *lueskella* 'lesen', *nieleskellä* 'schlucken', *nouseskella* 'aufstehen', *oleskella* 'sich aufhalten', *opiskella* 'studieren', *paniskella* 'ringen', *piileskellä* 'sich verbergen', *pureskella* 'knabbern', *seisoskella* 'herumstehen', *uiskella* 'schwimmen'; b) *-sk-* + *-(e)nt-* (§ 65.9) + *-ele-*: *käyskennellä* 'hin u. her gehen', *myyskennellä* 'verhökern', *uiskennella* 'schwimmen', eig. eher ein hilfloses Herumgeplätschere'; die reflexive Bedeutung ist üblich für *teeskennellä* 'sich stellen'. – Frühere Lautgestalt * *-śk-;* Entsprechungen bis einschl. Ungarisch. Vgl. § 65.8 (*-ks-*).

12) **-ta-, -tä- ∼ -a-, -ä-**. Bedeutung meist kausativ, d. i. die Derivativa bezeichnen die Veranlassungen der durch das Grundwort genannten Tätigkeit: teilweise ist die Bedeutung kurativ (in gewissen Wörtern der d)- und f)-Gruppe), d. h. das Derivativum bezeichnet das Ausführenlassen der betreffenden Tätigkeit. a) *haistaa* 'riechen' (als Sinnestätigkeit) (vgl. *haisee* 'es verbreitet Duft o. Gestank'), *karistaa* 'abschütteln' (vgl. *karisee* 'mit Geprassel niederfallen'), *kolistaa* 'Gepolter verursachen', *kukistaa* 'stürzen' (vgl. estn. *kukkuda* 'fallen'), *käristää* 'einen heiseren Laut hervorbringen' (*kärisee* 'heiser klingen'), *nostaa* 'heben' (*nousee* 'steht auf', inf. dial. auch *nosta* 'sich erheben'), *pudistaa* 'schütteln' (vgl. dial. *putisee* 'es fällt ab'), *puristaa* 'pressen', urspr. wohl 'ein Brodeln verursachen' [so noch Erwast: Fi.-dtsch. Wb. 1888] (*purisee* 'es brodelt, zischt'), *päästää* 'freilassen' u. ä., *rutistaa* 'ein Knistern, Knacken (*rutisee*) o. ä. verursachen', 'zusammendrücken', *täristää* 'zum Klappern bringen' (vgl. *tärisee*); veralt. *rangaistaa* 'bestrafen', davon nomen deverbale *rangaistus* 'Strafe', vgl. *rankaisen* 'züchtigen'), veralt. *valaistan* 'beleuchte' (davon *valaistus* 'Beleuchtung'), veralt. *häväistää* 'schänden' (davon: *häväistys* 'Schändung'), dial. *halaistan* 'spalte', dial. *potkaistan* 'trete'; b) *alentaa* 'erniedrigen' (vgl. *alenee* 'niedriger werden, sich senken'), *enentää* 'vermehren' (*enenee* 'sich vermehren'), *huonontaa* 'verschlechtern', *hämmentää* 'verwirren', *keventää* 'erleichtern', *kuumentaa* 'heiß machen, erhitzen', *lieventää* 'mildern', *lähentää* 'nähern', *ojentaa* 'geraderichten' (*oikenee* 'wird gerade'), *parantaa* 'heilen', *suurentaa* 'vergrößern', *tyhjentää* 'leeren', *vaimentaa* '(ab)dämpfen', *ylentää* 'erhöhen'; c) *kiertää* 'drehen, winden' (*kieriä* 'sich drehen'), *pyörtää* 'herumdrehen' (*pyöriä* 'sich herumdrehen'), *kiiltää* 'blinken, glänzen', vielleicht urspr. Kausat. zu *kiilua* 'glimmen, leuchten' (also ein Leuchten, Glimmen hervorrufen), *kirveltää* 'schmerzen machen, brennen' trans. (*kirvelee* 'schmerzen, wehe tun, brennen' intr.), *paleltaa* 'frieren machen' (*palelee* 'friert'), dial. *siveltää* 'bestreichen, pinseln' (*sivelee* 'leicht berühren, zunächst mit Finger o. Hand'), *viiltää* 'Scheiben schneiden' (*viilee*

ist dial. noch intransitiv = 'gleiten'); d) dial. *kerittää* 'scheren (Schaf)' (*keritsee*, Kons.-St. *kerit-* 'scheren'), *kestittää* 'bewirten' (*kestitsee*, Kons.-St. *kestit-*), *kyydittää* 'per Fuhre befördern' (*kyyditsee*), *sepittää* 'schmieden, fertigen' (*sepitsee*), dial. *tarvittaa* 'bedürfen' (*tarvitsee*), dial. *villittää* (beachte deverb. Subst. *villitys; villitsee, villitä*) [jeweils nur das eine der paarweisen Verba übersetzt, da heute der Bedeutungsunterschied der verschiedenen Morpheme verwischt ist]; *haravoittaa* (daneben *haravoitsee* 'harken, rechen), *hedelmöittää* 'befruchten' (*hedelmöitsee* 'in Blüte stehen'), *kapaloittaa* (*kapaloitsee* 'in Windeln wickeln'), *katkeroittaa* 'verbittern', *kunnioittaa* (= veralt. *kunnioitsee*) 'ehren', *raunioittaa* 'in Ruinen verwandeln', *vahingoittaa* (= veralt. *vahingoitsee*) 'schädigen', dial. *vihavoittaa* 'es brennt auf der Haut' (= *vihavoitsee*); e) *herättää* 'aufwecken' (*herätä* 'erwachen', Kons.-St. *herät-*), *pelättää* 'erschrecken' trans. (*pelätä, pelät-* 'fürchten'), *erottaa* 'unterscheiden' (*eroaa, erot-* 'ist verschieden'), *hajottaa* 'zerstreuen, auseinandertreiben' (*hajoaa, hajot-* 'auseinanderfallen'), *ilmoittaa* 'mitteilen' (Grundw. * *ilmota* < * *ilmoïtak*, Stamm * *ilmoit-*; vgl. das faktische Parallelbeispiel *ilmetä* < * *ilmeïtäk*, von dem das veralt. *ilmeittäpi* 'er teilt mit'[1]) abgeleitet ist), *inhottaa* 'Abscheu erwecken' (vgl. *inhoaa, inhot-* 'verabscheuen'), *janottaa* 'Durst erwecken' (*janoan, janot-* 'dürsten'), *kadottaa* 'verlieren' (*katoaa* 'geht verloren'), *korottaa* 'erhöhen' (dial. *korkoaa-, korot-* 'wird höher'), *lihottaa* 'mästen, dick machen' (*lihoaa, lihot-* 'dick werden'), *liottaa* 'einweichen, auslaugen' (*likoa-, liot-* 'eingeweicht werden'), *turvottaa* 'zum Schwellen bringen' (*turpoaa, turvot-* 'anschwellen'), *ulottaa* 'ausstrecken' (*ulkoaa, ulot-* 'hinausgehen'), *upottaa* 'versenken' (*uppoaa, upot-* 'einsinken'), *vajottaa* 'zum Sinken bringen, versenken' (*vajoan, vajot-* '(ver)sinken'), *virvo(i)ttaa* 'erfrischen' (*virkoaa, virot-*, dial. *virvot-* 'er lebt wieder auf'); *hävettää* 'es beschämt' (*häpeää, hävet-* 'schämt sich'), *langettaa* 'fällen' (z. B. Urteil) (*lankeaa, langet-* 'fällt'), *livettää* 'zum Ausgleiten bringen' (*lipeää, livet-* 'ausgleiten'); *hellittää* 'lockern (den Zugriff)' (*heltiää, hellit-* 'sich lockern'), *hävittää* 'zerstören' (vgl. *häviää, hävit-* 'zerstört werden, zugrunde gehen'), *kehittää* 'entwickeln' trans. (*kehkiää, kehit-* 'sich auffasern, aufgewickelt, entwickelt werden'), *kutittaa* 'jemanden kitzeln' (*kutiaa, kutit-* 'es kitzelt'), *levittää* 'verbreiten' (*leviää, levit-* 'sich ausbreiten'), *lämmittää* 'wärmen' (*lämpiää, lämmit-* 'warm werden'), *selittää* 'erklären, klarmachen' (*selkiää, selit-* 'klarwerden'), *selvittää* 'deutlich, einsichtig machen, ins Reine bringen' (*selviää, selvit-* 'klar- u. deutlich werden, ins Reine kommen'), *siittää* 'zeugen' (*sikiää, siit-* 'gezeugt werden'), *silittää* 'glatt machen, glätten, plätten' (*siliää, silit-* 'eben, glatt werden'), *virittää* 'in Stimmung bringen, anregen' (*viriää, virit-* 'belebt, entzündet werden, in Stimmung kommen'); *haluttaa* 'Lust machen, es macht mir Lust zu singen' (*haluaa, halut-* 'Lust haben'), *käryttää* 'Brandgeruch verursachen, vollqualmen' (*käryää, käryt-* 'es ist brenzlig, brennt etwas an'), *pyryttää* 'es wirbelt den Schnee herum' (z. B. der Sturm) (*pyryää, pyryt-* '(der Schnee) wirbelt herum'), *pölyttää* (*pölyää, pölyt-* 'stauben'), *ruiskuttaa* (*ruiskuaa, ruiskut-* 'spritzen'), *savuttaa* (*savuaa, savut-* 'rauchen'), *suitsuttaa* (*suitsuaa, suitsut-*) 'räuchern', *tuiskuttaa* (*tuiskuaa, tuiskut-*) 'stöbern (lassen)', *uh(k)uttaa* (*uhkuaa, uh(k)ut-*

---

[1] Rapola: Suomi IV: 17 S. 176.

'hervorquellen, (auf)sprudeln'; f) *aiheuttaa* 'veranlassen' (*aiheuta, aiheut-* 'entstehen, hervorgerufen werden'), *harhauttaa* 'irreführen' (*harhauta, harhaut-* 'in der Irre gehen'), *hätyyttää* < *hätäyttää* 'aufscheuchen' (*hätäytä, hätäyt-* 'aufschrecken'), *keräyttää* 'ansammeln' (*keräytä, keräyt-* 'sich sammeln'), *keskeyttää* 'unterbrechen' (*keskeytä, keskeyt-* 'aussetzen'), *korjauttaa* 'reparieren lassen' (*korjauta, korjaut-* 'sich korrigieren'), *leikkauttaa* > *leikkuuttaa* 'schneiden lassen, operieren lassen, ernten lassen' (*leikkauta, leikkaut-* 'sich schneiden, geerntet werden'), *palauttaa* 'zur Rückkehr veranlassen, (einen Brief) zurückschicken' (*palauta, palaut-* 'zurückkehren'), *peräyttää* 'zur Rückkehr bringen, zum Rückzug zwingen' (*peräytä, peräyt-* 'zurückgehen, -kehren'), *raivauttaa* 'roden' (*raivauta, raivaut-* 'gerodet werden'), *syrjäyttää* 'beiseite drängen' (*syrjäytä, syrjäyt-* 'beiseite geschoben werden'), *toteuttaa* 'verwirklichen' (*toteuta, toteut-* 'Wirklichkeit werden'), *vaikeuttaa* 'erschweren' (*vaikeuta, vaikeut-* 'sich erschweren, schwieriger werden'), *vakauttaa* > *vakuuttaa* 'versichern' (*vakauta, vakaut-*), *vapauttaa* 'befreien' (*vapauta, vapaut-*), *vikuuttaa* < **vikauttaa* 'in Unordnung bringen, beschädigen' (*vikauta, vikaut-* 'Schaden nehmen'); nach derartigen Mustern sind entsprechende Derivativa auch neben solchen transitiven Kontraktionsverben entstanden, von denen eventuell keine solchen *-u-, -y*-Derivativa vorhanden waren, die als Grundstamm eines *-ta-, -tä-*Derivativums hätten angesehen werden können: *hakkauttaa* > *hakkuuttaa* 'abholzen lassen, ausholzen lassen' (*hakata* 'fällen, schlagen (Bäume)'), *hauskuuttaa* 'belustigen' (dial. *hauskata* 'Spaß machen'), *mestauttaa* 'hinrichten lassen' (*mestata* 'hinrichten'), *orjuuttaa* 'versklaven' (*orjata* 'Sklavendienst leisten, wie ein Sklave arbeiten'), *saarnauttaa* 'predigen lassen' (*saarnata* 'predigen'), *hapattaa* 'säuern' (*happanee*, Kons.-St. *hapat-* 'sauer werden'), *kalvettaa* (z. B. *kalvetustauti* 'Bleichsucht') 'blaß werden' (*kalpenee, kalvet-* 'erbleichen'), *mädättää* 'zum Faulen bringen, vermodern lassen, Fäulnis hervorrufen' (*mätänee, mädät-* 'faulen'); g) *kuivata : kuivaan* < **kuivaδan* 'trocknen' trans. (vgl. *kuiva* 'trocknen' intr.), dial. *kylmätä : kylmään* < **kylmäδän* 'Abkühlung verursachen' (vgl. *kylmää* 'kalt werden, abfrieren'), dial. *sulata : sulaan* 'schmelzen' trans. (vgl. *sulaa* 'schmelzen' intr.); die Wörter der g)-Gruppe lassen sich jedoch vielleicht ebensogut als direkte Ableitungen von den entsprechenden Grundadjektiven (*kuiva* 'trocken', *kylmä* 'kalt', *sula* 'geschmolzen, aufgetaut') erklären (§ 67.6).

Auch außerhalb des Ostseefinnischen Entsprechungen, jedenfalls im Lappischen und Mordwinischen, vielleicht auch in entfernteren Sprachen. In den Wörtern der d)-, e)- und teilweise auch f)-Gruppe empfindet das moderne Sprachgefühl die Komplexe *-tta-, -ttä-* als Suffix und demgemäß als Grundwort das Substantiv, das dem wirklichen Grundwort, dem Grundverb auf *-ta-,* zugrunde liegt: *kesti-ttä-ä* ~ *kesti, kunnioi-tta-a* ~ *kunnia, vahingoi-tta-a* ~ *vahinko, ero-tta-a* ~ *ero, inho-tta-a* ~ *inho, inha, liho-tta-a* ~ *liha, selvi-ttä-ä* ~ *selvä, halu-tta-a* ~ *halu, mädä-ttä-ä* ~ *mätä* usw. Später sind dann auch nach solchen (scheinbaren) Mustern wahrscheinlich direkt u. a. von zweisilbigen Nomina entsprechende Derivativa ohne Vermittlung von *t*-stämmigen Verba gebildet worden, vermutlich beispielsweise solche Wörter wie *verottaa* (~ *vero*) 'besteuern ~ Steuer', *harmittaa* (~ *harmi*) 'ärgern ~ Ärger', *huvittaa* (*huvi*) 'vergnügen (Vergnügen)', *rummuttaa (rumpu)* 'trommeln (Trommel)', *löylyttää (löyly)* 'jmd. Dampf geben, verhauen (Badedampf)' usw., aber die Grenze zwischen solchen analog gebildeten, sekundären *tt*-Kausativa und solchen Kausativa, die möglicherweise ursprüngliches *-tta*-Derivans aufweisen, ist bis auf weiteres mangels spezieller Untersuchungen unklar. Auf jeden Fall erscheint es sicher, daß ein sehr großer Teil der gegenwärtigen *tt*-Kausativa direkt oder indirekt seinem Derivans nach ursprünglich einfaches *t* aufwies. – Das Derivans *-ta-, -tä-, *-δa-, *-δä-* hat, wenn man nur die Deverbalia ins Auge faßt, außerhalb des Ostseefinnischen Entsprechungen auf jeden Fall im Lappischen und Mordwinischen, möglicherweise auch anderswo; da dieses Derivans jedoch ursprünglich mit dem homonymen denominalen Suffix (§ 67.6) identisch ist, kann man für dasselbe klare Verwandte aus allen finnischugrischen Sprachen und wahrscheinliche Entsprechungen auch aus dem Samojedischen anführen. Über das Verhältnis zum Passivzeichen s. § 59.

13) *-tta-, -ttä-*. Ihrem Bedeutungsgehalt nach unterscheiden sich diese Derivativa wenig von ihren Grundwörtern. Sie sind gewissermaßen deren intensivere Bedeutungsäquivalente, bisweilen geradezu deren Synonyma: *eh(d)ättää* 'eilen' (vgl. dial. *ehtää* 'etwa dass.'), *ennättää* 'zurechtkommen' (vgl. dial. *entää* 'eilen'), *hengittää* 'atmen' (vgl. *henkiä* 'dass.', *hyvittää* 'freundlich aufnehmen, gut behandeln' (vgl. dial. *hyviä* u. a. 'freundlich behandeln'), *johdattaa* 'einführen' (vgl. *johtaa* u. a. 'dass.'), *kannattaa (jää kannattaa miehen* 'das Eis trägt einen Mann'; *kantaa* 'tragen' [das Derivativum also: 'tragen' im übertr. Sinne, z. B. eine Partei o. eine pol. Persönlichkeit 'unterstützen', sozusagen 'moralisch tragen']), *koettaa* 'versuchen' wie *kokea (koetti tehdä* = veralt. u. dial. *koki tehdä* 'versuchte zu tun'), *koskettaa* 'berühren' (*koskea* 'dass.'), *laskettaa* o. *laskea mäkeä* 'rodeln' = 'den Abhang herabgleiten', *lujittaa* 'festigen' (daneben *lujia 'zu erwarten'; mit diesem vergleichbare Derivativa § 67.2), dial. *mutkittaa* = *mutkia* 'Biegungen o. Krümmungen machen', *nostattaa* u. *nostaa vihaa* 'Haß erregen (= zum Aufsteigen bringen)', *noudattaa* u. (veralt. u. dial.) *noutaa jonkun mieltä* 'jmd. folgen', *ojittaa* (= *ojia*) 'mit Gräben versehen', *pidättää* („*pidätti sen itselleen*" = 'behielt das für sich' = „*piti sen itselleen*"), *piirittää* (vgl. dial. *piiriä* 'dass.') 'umzingeln, umringen', *rei'ittää* (= dial. *reikiä*) 'mit Löchern versehen', *taluttaa* (= veralt. u. dial. *talua*) 'an der Hand führen', *tuudittaa* (vgl. *tuutia*) 'wiegen, das Kind einschläfern', *viettää* (*rinne viettää* 'der Abhang fällt ab' (*viedä* neben 'fortschaffen' auch speziell: 'herabführen, abfallen'), *voittaa* 'siegen, besiegen' (aber z. B. dial. *syö loppuun, kylläs sen vähän voitat* = *voit* 'das schaffst du noch', also: 'das kannst, bewältigst du noch' [somit ergab sich auch die Grundbed. von *voittaa*: 'siegen' aus 'bewältigen, vermögen, können']); auf *-o(i)tta-: haavoittaa* (= veralt. *haavoa* < * *haavoiδak*) 'verwunden', *kirjoittaa* (vgl. *kirjoa*) 'bunt machen, schmücken, schreiben', *lahjoittaa* (= veralt. u. dial. *lahjoa*) 'schenken', *pahoittaa* (= dial. *pahoa*) 'beleidigen, verärgern', *paloittaa* (= dial. *paloa*) 'zerstückeln', *pyhittää* (= dial. *pyhiä*) 'heiligen', *raudoittaa* (= dial. *rautoa*) 'mit Eisen beschlagen', *suorittaa* (= *suoria*) 'geraderichten', *tasoittaa* (= dial. *tasoa*) 'ebnen, schlichten', *teloittaa* 'hinrichten' (vgl. dial. *teloa* 'verlieren'; zum Semasiol. vgl. estn. *hukata* 'hinrichten'), *varoittaa* 'warnen' (= veralt. *varoa*),

velvoittaa 'verpflichten' (vgl. *velkoa*, schon veralt.), *viitoittaa* 'mit Wegzeichen versehen' (vgl. *viittoa*).

Als Verwandte des Derivans dieser Wörter können in den meisten verwandten Sprachen auftretende, lautlich entsprechende Suffixe von der Art betrachtet werden, daß sie sich auf finnischugrisch * *tt* zurückführen lassen und entweder noch momentane oder eine solche Funktion aufweisen, die aus der momentanen ableitbar ist[1]. Auch die „intensive" Bedeutung der finnischen Derivativa würde sich leicht aus einer früheren momentanen herleiten lassen, und außerdem gibt es unter den Derivativa auch immer noch direkte Momentanverba. Die Grenze zwischen diesen und den im folgenden § 66.11 zu behandelnden Verba auf *-tta-, -ttä-* ist natürlich verwischt und in vielen Fällen (wenigstens solange keine Monographien vorliegen) unmöglich zu ziehen.

66. Zusammengesetzte oder auch sonst sekundäre deverbale Verbalderivantia:

1) **-a(hd)utta-, -ä(hd)yttä-.** Bedeutung momentan-kausativ: *eläh(d)yttää* 'beleben' [die jeweils momentane Tönung wird nur bei Vorhandensein besonderer entsprechender Verbalstämme wiedergegeben], *hava(hd)uttaa* 'aufschrecken lassen', *heila(hd)uttaa* 'zum Schwingen bringen', *helä(hd)yttää* 'erklingen lassen', *hieva(hd)uttaa* 'leicht bewegen', *horja(hd)uttaa* 'ins Schwanken bringen', *ilah(d)uttaa* 'erfreuen', *jyräh(d)yttää* 'aufbrüllen lassen', *kaja(hd)uttaa* 'erschallen lassen', *keika(hd)uttaa* 'etwas schaukeln, schwenken', *liika(hd)uttaa* 'schwingen, schwenken', *läikä(hd)yttää* 'schwappen', *maiska(hd)uttaa* 'schmatzen', *pama(hd)uttaa*, *pauka(hd)uttaa* 'krachen lassen (Tür zuschlagen, auch Knallfrösche loslassen u. dgl.)', *pysä(hd)yttää* 'zum Halten bringen', *pyörä(hd)yttää* 'herumschwenken (das Mädel beim Tanz)', *räjä(hd)yttää* 'zur Explosion bringen', *seisa(hd)uttaa* 'zum Stehen bringen', *säikä(hd)yttää* 'erschrecken', *tipa(hd)uttaa* 'tröpfeln lassen (z. B. Medizinfläschchen)', *tukah(d)uttaa* 'ersticken', *tärä(hd)yttää* 'erzittern lassen', *valah(d)uttaa* 'überschwappen lassen, plätschern', *vavah(d)uttaa* 'erbeben lassen', *venäh(d)yttää* 'verrenken', *vila(hd)uttaa* 'schimmern', *välä(hd)yttää* 'blitzen'. – Bestandteile: *-ahta-, -ähtä-* (§ 65.1) + *-u-, -y-* (§ 65.7) + *-tta-, -ttä-* (§ 66.11). Die auch in der Gemeinsprache häufig gebrauchten Formen ohne *d* stammen aus den Ostdialekten, in denen die Entsprechung des *d* regelmäßig geschwunden ist; die weite Verbreitung solcher Formen ohne *d*, ja auch ohne *h* (*pamauttaa, räjäyttää* usw.) hat der den Westdialekten vertraute Ableitungstyp *-autta-* < * *-aðutta-, -äyttä-* < * *-äðyttä-* gefördert: *hakkauttaa, kehräyttää* usw. (§ 65.12 f.).

2) **-aise-, -äise-.** a) Momentane Verba [in der Übersetzung wird die momentane Nuance nur bei besonderem entsprechenden neuhochdeutschen Verbalstamm wiedergegeben!]: *henkäistä* 'atmen', *hipaista* 'streifen', *kirkaista* 'aufschreien', *kiskaista* 'zupfen, reißen', *kysäistä* 'fragen', *käväistä* 'gehen', *nielaista* 'schlucken', *nykäistä* 'zupfen', *potkaista* 'treten', *puraista* 'beißen', *repäistä* 'reißen', *sitaista* '(ver)binden', *survaista* 'stampfen', *tekaista* 'zurecht-

---

[1] Vgl. Budenz: NyK 18 S. 222 (*johdattaa, kannattaa, noudattaa, pidättää*). Siehe auch § 65.2 (*-alta-, -ältä-*). Zuletzt W. Krause: Ural-Alt. Jb. 1956 S. 174 f. – Korr.-Note.

schustern, -pfuschen', *tempaista* 'reißen', *vetäistä* 'ziehen', *vilkaista* 'blinzeln'.
– b) Sonstige, insbesondere kausative und gleichzeitig kontinuative
Verba: *aukaista* (= *avata*) 'öffnen', *ehkäistä* 'verhindern' (= dial. *ehkätä*),
halkaista 'spalten', *herpaista* 'lähmen, schwächen', *häikäistä* 'blenden', *häpäistä*
∼ *häväistä* 'schmähen, schänden', *ilmaista* 'ausdrücken', *julkaista* 'veröffentlichen', *karkaista* '(ab)härten' (vgl. dial. *karjeta* : *karkenee* 'rauh o. hart werden'), *katkaista* 'abbrechen', *lakaista* 'kehren' (= dial. *lakoa*; urspr. vielleicht
'glätten', vgl. *lakea* 'eben'), *läpäistä* 'durchkommen', *oikaista* 'recht machen,
korrigieren', *rangaista* 'strafen', *ratkaista* 'entscheiden', *raukaista* 'müde und
schläftig machen', *rohkaista* 'ermutigen', *sokaista* 'blenden', *tympäistä* 'Widerwillen erregen', *valaista* 'beleuchten', *valkaista* 'bleichen, weißen'. – Diese
Derivativa, die direkte Entsprechungen außerhalb des Finnischen (einschl.
der karelischen und ingermanländischen Dialekte) nur in den südestnischen
Dialekten haben[1]), sind wahrscheinlich aus den Verba auf -*itse*- hervorgegangen (§ 65.7). Man beachte z. B., daß bei Agricola solche Formen begegnen wie *rangaitze* 'er bestraft' (heute: *rankaisee*), *reweitze* (heute: *repäisee*)
'er reißt', *soghaitze* (*sokaisee*) 'blendet', *yleswalghaitze* 'er erleuchtet' und in
den ingermanländischen Liedern solche Formen wie *valaitsemassa* 'beim Bleichen'. Aus den ursprünglichen *ts*-Stämmen haben sich solche mit *s* entwickeln können, z. B. * *rangaitstak* > *rangaista*, * *rangaitsnut* > *rangaissut*, * *rangaitstu* > *rangaistu*, * *rangaitstapa* > *rangaistava*, * *rangaitstizen*
> *rangaistiin* usw. (s. § 27 E3), und aus solchen Formen hat sich der *s*-Stamm
analogisch auch in andere Stellungen auf Kosten des *ts* ausgebreitet. So hat
sich aus dem früheren Paradigma *rangaitsen* : *rangaitsin* : *rangaista* das Paradigma *rankaisen* : *rankaisin* : *rangaista* entwickelt. Teilweise hat man gemeint,
auch in vokalstämmigen Formen regelrechte *ts* > *s*-Entwicklung in tonlosen Stellungen ansetzen zu können (zur Lautentwicklung der Verba und
der Nomina auf -*ise*- s. § 52.4, § 65.6)[2]).
3) -*aja*-, -*äjä* ∼ -*a*-, -*ä*-. a) Onomatopöetisch-deskriptive Kontinuativverba: *helätä* : praes. *heläjää* 'hell klingen, bimmeln', *horata* : *horajaa* 'knurren, undeutlich reden', *jyrätä* : *jyräjää* 'brüllen', *murata* : *murajaa* 'unzufrieden
murren', * *pa'ata* : *pakajaa* 'plaudern' (über die Bedeutungsentwicklung
§ 54.7: *pakina*), *pimata* : *pimajaa* 'tönen', *pirata* : *pirajaa* 'rieseln', *rähätä* : *rähäjää* '(„heiser u. röchelnd") brüllen', *rämätä* : *rämäjää* '(„zitternd u. heiser")
klingen', *suhata* : *suhajaa* 'zischen', *tärätä* : *täräjää* 'knallen, schmettern',* *vavata* : *vapajaa* 'zittern'. – b) Ihrer Bedeutung nach heterogene Transitiva und
Intransitiva: *avata* : praes. *avaa* ∼ veralt. sowohl dicht. u. dial. *avajaa* 'öffnen', *hakata* 'hacken, schlagen' : *hakkaa* (∼ *hakkajaa*), *halata* 'umarmen, sich
sehnen' (∼ *halajaa*), *huoata* 'seufzen' : *huokaa* (∼ *huokajaa*), *hylätä* 'verwerfen'
: *hylkää* (∼ *hylkäjää*), *kaivata* 'vermissen' : *kaipaa* (∼ *kaipajaa*), *korjata* 'verbessern' : *korjaa* (∼ *korjajaa*), *lykätä* 'vorwärts schieben' : *lykkää* (∼ *lykkäjää*), *osata* 'können' : *osaa* (∼ *osajaa*), *pelätä* 'fürchten' : *pelkää* (∼ *pelkäjää*),
sysätä 'stoßen' : *sysää* (∼ *sysäjää*), *temmata* '(weg)reißen' : *tempaa* (∼ *tempa*-

---
[1]) Mägiste: Studia Linguistica (Lund) I: 1 S. 63 f.
[2]) Diese Erklärung folgt Rapola: Suomi IV: 17 S. 322 f., Vir. 1922 S. 85 f.
Anders Setälä: ÄH 138 (vgl. FUF 4 S. 65, Kielentutkimus ja oikeakielisyys S. 125).
Vgl. auch Posti: Vir. 1947 S. 248 f.

jaa), *varata* 'Mittel vorschießen, Platz bereiten' : *varaa* (∼ *varajaa*), *viskata* schleudern' : *viskaa* (∼ *viskajaa*), *äkätä* 'gewahr werden' : *äkkää* (∼ *äkkäjää*); *herätä* 'erwachen' (∼ *heräjää*), *hypätä* 'springen' : *hyppää* (∼ *hyppäjää*), *karata* 'entfliehen' : *karkaa* (∼ *karkajaa*), *lakata* 'aufhören' : *lakkaa* (∼ *lakkajaa*), *levätä* 'ruhen' : *lepää* (∼ *lepäjää*), *palata* 'zurückkehren' : *palaa* (∼ *palajaa*; urspr. u. noch dial. 'wenden', später: 'sich zurückwenden').

Die Wörter der a)-Gruppe sind einem großen Teil der Westdialekte unbekannt. Sie verwenden statt derselben Wörter auf -*ise*- (§ 65.6). Von diesen Wörtern (der a)-Gruppe) sind die oben genannten I. Inf. relativ wenig in Gebrauch: *helätä* usw.; statt dessen lautet auch der Inf. dialektisch *heläjää*. – Die frühere Lautgestalt des Derivans war * -*aiδa*-, * -*äiδä*-. Nach Schwund des Spiranten begann man zu flektieren *avaita : avajan : avaisin* (heute: *avata : avaan : avasin*); da die *i*-Diphtonge in unbetonter Silbe ihr *i* in den meisten Dialekten verloren und überdies zwischenvokalisches *j* regelmäßig schwand[1]), entwickelten sich insbesondere die Wörter der b)-Gruppe zu ihrer heutigen Gestalt, d. h. ganz nach Art ursprünglicher * -*aδa*-Stämme. – Für das fragliche Derivans sind außerhalb des Finnischen (einschl. der karelisch-olonezischen Dialekte) Verwandte angeführt worden aus dem Wepsischen, den lüdischen Dialekten und dem Estnischen. Der *ai*-Diphtong konnte natürlich zur Zeit des -*ai*- > -*oi*-Überganges noch nicht existiert haben (§ 23E). – Wahrscheinlich sind die -*aiδa*-, -*äiδä*-Verba Analogiebildungen, zu denen die Sprache auf Grund der in § 65.7 (vgl. § 66.2) behandelten konsonantenstämmigen Formen der -*aitse*-, -*äitse*-Verba gelangt ist. Also * *potkaitsen* : * *potkaitak*, danach * *makaitak* : * *makaδan* = * *potkaitak* : * (= * *potkaiδan*). So würde sich auch der befremdliche -*ai*-, -*äi*- Diphtong erklären[2]).

4) -**elehti**-. Reflexive Verba mit momentan-frequentativer Nuance: *ajelehtia* 'hin u. her treiben' intr., *heittelehtiä* 'hin u. her geworfen werden', *hyppelehtiä* 'herumhüpfen', *kiemurtelehtia* 'sich hin u. her krümmen', *kääntelehtiä* 'sich hin u. her wenden', *levittelehtiä* 'sich breitmachen', *muuttelehtia* 'sich dauernd ändern', *paiskelehtia* 'sich hin u. her schmeißen', *pujottelehtia* 'hie und da schnell hineinschlüpfen', *työntelehtiä, vääntelehtiä* 'sich selbst hervorschieben, herumdrücken, herumdehnen'. – Bestandteile: -*ele*- (§ 65.3) + -*ht*- (§ 65.1) + -*i*- (§ 64.4). Diese Verba bringen mit größter Sorgfalt gleichzeitig eine Häufung kleinster Handlungsdetails zum Ausdruck und bieten dabei eine recht anschauliche Probe von Suffixhäufung, besonders wenn noch andere Derivantia daneben auftreten, z. B. *levittelehtiä* : hier außerdem noch translat. -*t*- (§ 67.1) und kausat. -*t*- (§ 65.10), also insgesamt fünf Derivantia. Die Wörter dieser Gruppe sind aus den Ostdialekten in die Gemeinsprache gekommen; wenigstens sind sie den meisten Westdialekten unbekannt.

5) -**htu**-, -**hty**-. Translative Bedeutung (findet sich in sehr wenig Wörtern): *kuihtua* 'verwelken, hinsiechen' (vgl. dial. *kujua* 'in schlechter Ver-

---

[1]) Ojansuu: FUF 11 S. 155.
[2]) Lauri Posti: Vir. 1947 S. 252 f.; über die estnischen Entsprechungen J. Mägiste: Studia Linguistica (Lund) I: 1 S. 64.

fassung sein, kärglich leben'), *menehtyä* 'untergehen, in Verfall geraten' (vgl. *mennä*), *tukehtua* 'erstickt werden, ersticken (intr.)' (vgl. *tuketa, tukkia*), *tyrehtyä* 'gehemmt werden' (vgl. *tyrtyä* 'abgestumpft werden'). Obwohl *menehtyä* eine genaue Entsprechung auch im Estnischen hat (dial. *minestümä* 'ohnmächtig werden' = estn. schriftspr. *minestama*), ist es doch offensichtlich, daß es sich um eine Wortgruppe handelt, die nach Analogie denominaler Verben mit dem gleichen Derivans entstanden ist (§ 68.2); außerdem können von den erwähnten Beispielen die übrigen außer *menehtyä* vielleicht auch direkt von uns vorläufig unbekannten Grundnomina hergeleitet sein.

6) -ntele-. § 65.9.

7) -o-. a) Bedeutung frequentativ: *aukoa* 'aufmachen', *haukkoa* 'schlukken, schnappen', *halkoa* 'spalten', *huitoa* 'schwenken', *katkoa* 'zerbrechen', *laukoa* 'sprengen', *leikkoa* 'zuschneiden', *lohkoa* 'abspalten', *mittoa* 'messen', *oikoa* 'geraderichten', *paiskoa* 'schleudern', *penkoa* 'durchwühlen' (vgl. dial. *penkaa* = *pengata* 'graben'), *puhkoa* 'durchbohren', *ratkoa* 'zertrennen', *riuhtoa* 'heftig schlagen o. reißen, überhaupt etwas heftig tun', *talloa* 'treten', *tempoa* 'reißen', *vihloa* 'schneiden, stechen, reißen', *viskoa* 'schleudern'. – b) Bedeutung kontinuativ: *kertoa* 'erzählen', urspr. 'wiederholen' (vgl. *kerrata*, dial. = 'klatschen'), *kietoa* 'umwinden, umgarnen', *seisoa* 'stehen' (vgl. estn. *seisan*), *tahtoa* 'wollen' (estn. *tahan* 'dass.'), *valvoa* 'wachen' (vgl. estn. *valvan* 'dass.'), *varoa* 'sich hüten' (vgl. karel. Dial. *varajan* 'ich fürchte mich'). – Die frühere, dial. u. veralt. noch erhaltene Lautgestalt ist -oi-, in dem das -i- mit dem § 65.4 behandelten Kontinuativderivans identisch ist. Somit ist das in in Frage stehende -o- kein eigentliches Derivans, sondern setzt das Stammesauslaut-a fort (über ai > oi s. § 23 E), das erst nach Schwund des *i* im Sprachbewußtsein zum Ableitungselement wurde. Das Verhältnis ist also genau dasselbe wie bei den entsprechenden Nominalderivantia -i, -o (§ 52.3, § 53.44, § 54.2, § 55.24). Als analogisch sind z. B. solche Formen anzusehen wie *huitoa* pro *huitia* (oder *huisia*), *lohkoa* pro *lohkia*, *puhkoa* pro *puhkia* (s. § 23 C). Vgl. weiterhin denomin. -o- (§ 68.6).

8) -skele-. Siehe § 65.11.

9) -skentele-. § 65.11, 9.

9a) -sta-, -stä-. Nur wenige Beispiele: *katsastaa* 'besichtigen' (vgl. *katsoa* 'schauen'), *kurkistaa* 'den Hals recken u. gaffen' (vgl. *kurkkia*), *väistää* 'weichen' (< *vääjistä-, vgl. *vääjätä*[1] 'aus dem Wege gehen'). Vgl. § 68.3.

10) -stu-, -sty-. Translative Bedeutung: *hengästyä* 'außer Atem kommen' (vgl. *hengätä* 'atmen, keuchen'), *pelästyä* 'ängstlich werden' (vgl. *pelätä* 'fürchten'), *viivästyä* 'zufälligerweise dazu kommen, einen Aufenthalt zu machen' (vgl. *viipyä* 'verweilen'); besonders beachte: *menestyä* (schon bei Agricola) 'gedeihen, gelingen'. Wegen der geringen Anzahl der Derivativa ist wohl anzunehmen, daß es sich hier um analogische Bildungen handelt nach den Denominalverba mit -stu-, -sty-, wie *kauhistua* 'erschrecken', *hämmästyä* 'verblüfft werden' (vgl. -(i)sta-, -(i)stä-, § 68.3).

11) -tta-, -ttä-. a) K a u s a t i v a: *asettaa* 'setzen, stellen, legen' (vgl. dial. *asea* 'sein, liegen', § 54.3), *eksyttää* 'irreleiten', *elvyttää* 'erfrischen', *elättää*

---
[1]) E. Itkonen: FUF 30 S. 54.

'unterhalten (das Leben)', *erehdyttää* 'zum Irrtum verleiten', *haukottaa* 'zum Gähnen bringen' (vgl. *haukkoa*), *heiluttaa* 'schwenken', *hukuttaa* 'ertränken', *huolestuttaa* 'Sorgen bereiten', *hypittää* 'hüpfen lassen', scherzh. 'zum Tanze führen', *idättää* 'zum Keimen bringen', *ihastuttaa* 'entzücken' trans., *imettää* 'säugen', *istuttaa* 'setzen (Pflanzen)', *jouduttaa* 'beschleunigen', *juottaa* 'tränken', *juovuttaa* 'betrunken machen', *jyskyttää* 'laut klopfen', *järkyttää* 'erschüttern', *jättää* (Lautentwicklung vielleicht *jättä-* < **jäktä-* < **jaŋktä-* < **jäŋtä-;* vgl. *jäädä* 'bleiben')[1] '(zurück)lassen', *jäähdyttää* 'abkühlen', *kasvattaa* 'erziehen', *kengittää* '(Mensch) beschuhen, (Pferd) beschlagen' (vgl. *kenkiä* 'Schuhe anziehen'), *kolkuttaa* 'klopfen, an' (*kolkkua* 'absol.'), *kostuttaa* 'feuchten, Anschwellen (Turgor) o. Fettheit o. Zuwachs verursachen', *kukittaa* 'mit Blumen schmücken o. bepflanzen' (*kukkia* '(auf)blühen'), *kuolettaa* 'töten' (auch die Schmerzempfindung), *kuuluttaa* 'feilbieten, ausrufen', *kylvettää* 'baden' trans. [die Saunaangestellte, Baderin, den Badegast], *käyttää* „gehen lassen", dann 'gebrauchen' (*käytti lasta lääkärissä* 'ließ das Kind beim Arzt vorsprechen (gehen)', *käyttää myllyä* 'die Mühle gehen lassen', *käyttää jyviä myllyssä* 'Korn auf die Mühle gehen lassen', *käytti rahansa siihen* 'er ließ sein Geld dorthin gehen = gebrauchte es dazu'), *laihduttaa* 'abmagern' trans., *lauhduttaa* 'besänftigen', *lennättää* „fliegen lassen" = 'telegraphieren', *lievittää* 'lindern' (vgl. dial. *lieviä* 'gelinder werden'), *lähettää* 'schicken' (dial. u. urspr. *lähdettää* „gehen lassen", *lähteä* '(ab)gehen'), *menettää* 'verlieren', *miellyttää* 'gefallen', *naittaa* 'verheiraten', *näyttää* 'zeigen', *osoittaa* 'zeigen' (Grundw. unbek.; vgl. *osata* 'können'), *puhuttaa* 'jmd. „zum Reden bringen", d. h. in einer Sache sprechen', *pysyttää* 'errichten', *päihdyttää* 'in einen Rausch versetzen', *riiputtaa* 'kritzeln', *saattaa* 'geleiten' (vgl. *saada* dial. u. a. 'wohin gelangen'), *soittaa* „erklingen [*soida*] lassen", heute fast nur: 'klingeln, (an)klingeln = telephonieren u. ein Instrument spielen', *sytyttää* 'anzünden', *syöttää* 'füttern', *syövyttää* 'ätzen', *taivuttaa* 'beugen, flektieren', *teroittaa* 'schärfen, spitzen' (*teroa* 'scharf werden'), *totuttaa* 'gewöhnen an', *tukehduttaa* = *tukah(d)uttaa* 'ersticken' trans., *tuulettaa* 'lüften', *uuvuttaa* '(die Kräfte) erschöpfen', *valvottaa* '(die Nacht) durchwachen (lassen)', *varoittaa* 'warnen', *vieroittaa* 'entwöhnen, entfremden', *vioittaa* 'beschädigen' (vgl. *vikoa* 'infolge eines Naturfehlers sich übel befinden, Schmerz fühlen, einen Fehler bekommen'), *vuodattaa* 'fließen lassen, vergießen (Blut)', *väittää* 'behaupten', dial. u. a. 'düngen, mästen', auch 'sich anstrengen' (vgl. *väkiä* 'Stärke bekommen')[2], unpers. *(minua) itkettää* sozusagen: 'es „weinert" mich, es bringt (mich) zum Weinen', *naurattaa* 'bringt zum Lachen', *okse(nnu)ttaa* 'es reizt zum Brechen', *pyörryttää* 'macht schwindlig', *ryittää* 'Husten erregen', *surettaa* 'stimmt traurig', *suututtaa* 'erzürnt', *säälittää* 'erweckt Mitleid', *väsyttää* 'ermüdet', *yskittää* 'reizt zum Husten'. Beachte dial. *kuolettaa* 'einen Todkranken pflegen, beim Sterben zugegen sein'. – b) Kurative Verba: *ajattaa* 'fahren o. treiben lassen', *ammuttaa* 'erschießen, schießen lassen', *haettaa* 'holen lassen', *huudattaa* „rufen lassen", also: 'abstimmen lassen (zunächst durch Zuruf), ausbieten bei der Auktion', also: 'Angebote rufen lassen'

---

[1] E. Itkonen: Vir. 1937 S. 309 f.
[2] Vir. 1935 S. 449 f.

§ 66   Sekundäre deverbale Verbalsuffixe   209

u. ä., *jauhattaa* 'mahlen lassen, vermahlen', *kutsuttaa* 'einladen lassen, zu sich beordern', *käskettää* 'zwingen, befehlen', *käännättää* 'wenden lassen (z. B. Kleid), übersetzen lassen', *laulattaa* 'zum Singen bringen' (z. B. der Wein den Menschen), aber auch z. B. die Soldaten 'singen lassen', *lyöttää* 'schlagen lassen', *neulottaa* 'nähen lassen', *panettaa* 'legen usw. lassen; besäen lassen; behexen, verzaubern; verleumden', *pesettää* 'in die Wäsche(rei) geben', *sidottaa* 'binden lassen', *soitattaa* 'spielen lassen (auf einem Instrument ein bestimmtes Musikstück), anrufen lassen', *tapattaa* 'schlachten lassen', auch 'dreschen lassen', *teettää* 'machen lassen', *tuottaa* 'importieren, produzieren', zunächst „bringen lassen" (*tuotti suoloja kaupungista* 'ließ Salz aus der Stadt bringen'). Weitere Beispiele in § 66.14 (aus der *-utta-, -yttä-*Gruppe).
   Es ist für möglich gehalten worden, daß das Derivans derartiger Verba entweder auf * *-kt-* oder * *-pt-* zurückgeht, und für ein solches Derivans sind Entsprechungen aus allen finnischugrischen und auch aus den samojedischen Sprachen angeführt worden[1]. Da jedoch in einer umfangreichen Gruppe der jetzigen finnischen *-tta-, -ttä-*Verba dieses *-tt-* aus einer Verschmelzung des Auslaut-*t* des Grundstammes und des *t* vom (Kausativ-) Derivans *-ta-, -tä-* zu erklären ist (§ 65.12), muß auch die Möglichkeit ins Auge gefaßt werden, daß das so entstandene *-tta-, -ttä-* sich analogisch wenigstens auf einen Teil der hier aufgezählten Derivativa ausgebreitet hat. Ein anderer Teil der obigen Verba konnte auch nach dem Muster der momentanen *-tt-*Verba aufkommen (§ 65.13). Vgl. denomin. *-tta-, -ttä-* (§ 67.7).
   12) *-tu-, -ty-*. Bedeutung reflexiv-translativ: a) *ahavoitua* 'sonnenverbrannt u. wetterhart werden' (vgl. *ahavoida* 'bräunen' u. ä.), *autioitua* 'veröden', *elävöityä* 'aufleben, lebhaft werden', *katkeroitua* 'verbittert werden', *koteloituu* 'sich einpuppen', *kyyneloityä* 'in Tränen ausbrechen, von Tränen überströmt werden', *mataloitua* 'verflachen, seicht werden', *rappioitua* 'verfallen' (auch übertr.), *sammaloitua* 'von Moos überzogen werden', *siiviloityä* 'durchgeseiht o. filtriert werden', *vakavoitua* 'ernst o. gesetzt werden', *väkevöityä* 'kräftig werden'; b) *runneltua* 'gequetscht werden' (*runnella* 'quetschen'), *turmeltua* 'verdorben werden', *tärveltyä* 'verdorben werden', *varjeltua* 'bewahrt o. geschützt werden', *vilijeltyä* 'bebaut o. kultiviert werden'; c) *ehkäistyä* 'verhindert werden' (*ehkäisen* 'ich verhindere'), *häikäistyä* 'geblendet werden', *rohkaistua* 'ermutigt werden'; d) dial. *karvettua* 'behaart werden' (als Grundw. das Synonym * *karveta : * karvenen* anzusetzen), dial. *parrettua* 'sich mit einem Bart überziehen' (Grundw. * *parreta : * partenen*), *vanhettua* 'älter werden' (Grundw. *vanheta : vanhenen* 'älter werden'). – Das Derivans hat sich offensichtlich von solchen Fällen losgelöst wie *alentua* 'niedriger werden', *ylentyä* 'erhöht werden', *valmistua* 'fertig werden', *rypistyä* 'faltig, runzlig werden', *humaltua* 'betrunken werden', *kyyneltyä* 'verweint werden' (s. die Bemerkung über diese in § 66.14); die Derivativa der c)-Gruppe konnten sich jedoch auf dem in Dialekten auftretenden Typ, wie *rangaistaa* 'strafen', *halaistaa* 'spalten', aufbauen (§ 65.12a). – Vgl. § 66.15 *(-utu-, -yty-)*.
   13) *-untu-, -ynty-* ∼ Vokaldehnung + *-ntu-, -nty-*; die letztere Variante hat in der gegenwärtigen Gemeinsprache fast gänzlich die erstere

---

[1] Zuletzt Uotila: SUST 65 S. 287 u. die dort angeführte Literatur.

verdrängt. Bedeutung reflexiv-translativ: bei den meisten Zeitwörtern handelt es sich um einen Vorgang, der sich über längere Zeit erstreckt: *avaantua* 'sich öffnen, aufgehen', *hajaantua* 'sich zerstreuen', *halvaantua* 'vom Schlag gerührt werden', *hankaantua* '(auf)gerieben werden', *hautaantua* 'sich einsenken, im Erdboden versinken, ver-, begraben werden', *hurmaantua* 'hingerissen werden', *häiriintyä* 'gestört werden', *jakaantua* 'sich (ver)teilen' (vgl. dial. *jaata* 'teilen'), *järkiintyä* 'zur Vernunft kommen', *kasaantua* 'sich aufhäufen', *kerääntyä* 'sich sammeln', *kiusaantua* 'peinlich berührt sein, Ärgernis nehmen an' u. ä., *kokoontua* 'sich versammeln, sich ansammeln', *korjaantua* 'sich selbst korrigieren', *kuoleentua* 'absterben', *kääriintyä* 'sich einhüllen', *lamaantua* 'gelähmt werden, ermatten, entkräftet werden, niedergeschlagen werden', *likaantua* 'beschmutzt werden', *lisääntyä* 'sich vermehren', *loukkaantua* 'sich verletzen, sich beleidigt fühlen', *mukaantua* 'sich anpassen' (vgl. dial. *muata* 'anpassen'), *perääntyä* 'einen Rückzieher machen, nachgeben' (vgl. dial. *perätä* 'widerrufen'), *pilaantua* 'verderben' intr., *purkaantua* 'entladen werden, gelöscht werden, annulliert werden' (vgl. dial. *purata* 'auflösen'), *riitaantua* 'sich verzanken, in Unfrieden geraten', *ruhjoontua* 'zermalmt werden, zerquetscht werden', *ryöstääntyä* '(mit der Zeit) ausgeplündert werden', *sotkeentua* 'verwirrt werden, in heillose Verwirrung geraten', *tasaantua* 'ausgeglichen werden', *tukkeentua* 'sich verstopfen (mit der Zeit)', *uusiintua* 'sich erneuern', *vakaantua* = *vakiintua* 'sich konsolidieren, ständiger Brauch o. feste Tradition werden, gesetzt werden', *vetääntyä* 'aus- weichen, sich von einem Vorhaben zurückziehen', *villiintyä* 'immer ausgelassener werden'.

Neben diesen meisten Formen oder statt derselben fanden sich vor einigen Jahrzehnten in der Schriftsprache entsprechende Ableitungen mit *-untu-*, *-ynty-*: *hajauntua*, *jakauntua*, *kokountua*, *peräyntyä*, *vetäyntyä* usw., die mundartlich auch noch heute in Gebrauch sind und zum mindesten teilweise den früheren Lautstand der oben angeführten Formen aufweisen; unter diesen Umständen ist es durchaus möglich, daß z. B. *halvaantua* > *halvauntua*, *lisääntyä* < *lisäyntyä* usw. Die frühere Lautgestalt des Derivans wäre in diesem Fall * -δuntu-, * -δynty-, dessen * δ dann aus dem Derivans *(-ta- ~) * -δa-, (-tä- ~) -δä-* des als Grundwort anzusetzenden Transitivums (§ 67.6) stammen würde: neben *halvaantua* gibt es ja *halvata*, neben *lisääntyä* tritt *lisätä* auf usw. Aber der mundartliche Typ *halvaintua, lisäintyä*, der auf die Formen * *halvaδentu-*, * *lisäδenty-* zurückgeht und aus dem sich der langvokalige Typ *halvaantua, lisääntyä* usw. ebenfalls teilweise hat entwickeln können, enthält das reflexive Derivans * -δe- (§ 65.5); und da dieses seinerseits auch in gewissen andern Fällen neben den translativen * -δa-, * -δä- (§ 67.1) auftritt, dürfte es nicht unmöglich sein, daß auch er an der Entstehung des Typs: langer Vokal + *-ntu-*, *-nty-* einigen Anteil hatte. Auf Grund von Wepsisch und Wotisch wurde überdies auch eine Entwicklung für möglich gehalten wie: *viluuntua* < * *viluγantuδak* 'sich erkälten', *hätääntyä* < * *hätäγäntyδäk* und die Vermengung eines solchen Typs mit den genannten * δ-Formen. Diese Fragen sind vorläufig noch nicht im einzelnen geklärt[1].

---

[1] Vgl. Setälä: ÄH 100; Lehtisalo: SUST 72 S. 351 f.; Rapola: Suomi IV: 17 S. 19–20, 166, 185.

– Die übrigen Bestandteile des fraglichen Derivans sind: -u-, -y- (§ 65.10), -n- (§ 67.4) und -tu-, -ty- (§ 66.12). Über das gegenwärtig allgemein verbreitete Synonym *halvautua* des Typs *halvaantua* s. § 66.15.

14) **-utta-, -yttä-.** a) Kurativa: *kirjoituttaa* 'schreiben lassen' (*kirjoittaa* 'schreiben'), *odotuttaa* 'warten lassen' (*odottaa*), *sammuttuttaa* 'löschen lassen' (*sammuttaa*), *suomennuttaa* 'ins Finnische übersetzen lassen' (*suomentaa*), *tarkastuttaa* 'prüfen lassen, durchsehen lassen' (*tarkastaa*), *teurastuttaa* 'schlachten lassen' (*teurastaa*), *todistuttaa* 'bezeugen lassen' (*todistaa*), *toimituttaa* 'besorgen lassen' (*toimittaa* 'besorgen, erledigen'); *kerityttää* 'scheren lassen' (vgl. selt. *kerittää* 'dass.'), *punnituttaa* 'wägen lassen' (vgl. dial. *punnittaa* 'wägen'), *valituttaa* 'wählen lassen' (das vorauszusetzende Grundw. *valittaa ist nicht in Gebrauch); Kausativa: *aivastuttaa* 'Niesreiz hervorrufen' (*aivastaa* 'niesen'), *askarruttaa* 'beschäftigen (auch: die Gedanken)'; über den Typ *hakkauttaa* (= *hakkuuttaa*), *hätyyttää* s. § 65.12f. – b) Kurativa: *ajeluttaa* 'fahren lassen, viel herumreisen', *esittelyttää* (Neubild.) 'sich vorstellen lassen', *kuunteluttaa* 'zum Zuhören anhalten, belauschen', *kasteluttaa* 'gießen lassen, berieseln', *kävelyttää* 'zum Gehen anhalten, insbes. beim Laufenlernen'; Kausativa: *ajatteluttaa* 'zu denken geben' (vgl. *ajatella* 'denken'), *arveluttaa* 'bedenklich stimmen', *epäilyttää* 'Zweifel erwecken', *hymyilyttää* 'zum Lächeln zwingen, ein Lächeln hervorrufen'. – c) Kausativa: *heila(hd)uttaa* 'schwenken' (vgl. *heilahtaa* 'schwingen', *helä(hd)yttää* '(er)klingen lassen' (*helähtää* 'erklingen'), *horja(hd)uttaa* 'zum Schwanken bringen', *huma(hd)uttaa* 'mit Gepolter fallen lassen, auf die Pauke hauen u. ä.', *kaja(hd)uttaa* 'widerhallen lassen', *keika(hd)uttaa* 'schaukeln lassen, hin und her spielen lassen', *kila(hd)uttaa* 'bimmeln lassen', *kohauttaa* 'zucken mit den Schultern' (*olkapäitään*; vgl. dial. *kohahtaa* 'plötzlich emporgehen'), *kola(hd)uttaa* 'poltern', *kula(hd)uttaa* 'einen Schluck nehmen', *liika(hd)uttaa* 'sich etwas bewegen, sich rühren', *pama(hd)uttaa, pauka(hd)uttaa* 'auf die Pauke hauen, knallen', *pyörä(hd)yttää* 'herumschwenken (z. B. das Mädel beim Tanz)', *räjä(hd)yttää* 'etwas zur Explosion bringen, Knallfrösche loslassen', *tipa(hd)uttaa* 'tropfen lassen', *tärä(hd)yttää* 'mit gewaltigem Knall (die Tür) zuschlagen', *välä(hd)yttää* 'aufblitzen lassen'. – d) *helisyttää* 'erklingen lassen' (*helistä* 'erklingen'), *jyrisyttää* 'zum Poltern u. ä. bringen (einen Gegenstand durch kräftiges Pochen o. Rütteln)', *narisuttaa* 'zum Knarren o. ä. bringen', *rapisuttaa* 'leicht kratzen', *tärisyttää* 'bumsen', *tömisyttää* 'trampeln, durch Trampeln den Schnee abstampfen', *vapisuttaa* 'erbeben lassen (vor Schreck o. ä.)'; Kurativa: *aukaisuttaa* 'öffnen lassen' (*aukaisen* 'ich öffne'), *katkaisuttaa* 'unterbrechen (lassen), ausschalten, (die Beziehungen) abbrechen (lassen)', *oikaisuttaa* 'geraderichten lassen, reparieren lassen', *rankaisuttaa* 'bestrafen lassen'. – Die vorstehenden Derivativa fußen analogisch auf solchen Verba, in denen -tta-, -ttä- (§ 66.11) an ein auf -u-, -y- abgeleitetes Wort (§ 65.10) angetreten ist, also z. B. auf Wörtern wie *erehdyttää, huolestuttaa, kuuluttaa, paisuttaa*.

15) **-utu-, -yty-.** Bedeutung reflexiv-translativ: a) *halvautua* 'vom Schlage gerührt werden', *hankautua* 'sich (auf)reiben', *hautautua* 'vergraben werden (z. B. unter Schneewehen), einsinken u. ä.', *keräytyä* 'sich sammeln', *kokoutua* 'sich ansammeln', *korjautua* 'sich von selbst korrigieren', *lamautua* 'entkräftet

werden', *likautua* 'beschmutzt werden', *lisäytyä* 'sich vermehren', *lupautua* 'sich verpflichten', *lykkäytyä* 'aufgeschoben werden', *nojautua* 'sich stützen', *palautua* 'zurückkehren, wieder beginnen', *palkkautua* 'sich verdingen', *patoutua* 'sich aufstauen', *pilautua* 'verderben' intr., *pohjautua* 'fußen auf', *repeytyä* 'zerreißen' intr., *suuntautua* 'gerichtet sein auf, sich richten gegen', *tuhoutua* 'zugrunde gehen', *turvautua* 'seine Zuflucht suchen', *uhrautua* 'sich aufopfern', *uppoutua* 'untersinken, untergehen', *vaivautua* 'sich bemühen'; b) *ajautua* 'festfahren, zusammengetrieben werden (von Wind, Wasser), sich häufen', *antautua* 'sich ergeben, sich hingeben (einer Leidenschaft, einer Bestrebung u. ä.)', *eläytyä* 'sich einleben', *hankkiutua* 'sich fertigmachen, Anstalten treffen', *heittäytyä* 'sich werfen', *hioutua* 'sich abschleifen', *hirttäytyä* 'sich aufhängen', *häiriytyä* 'gestört werden', *imeytyä* 'sich festsaugen', *iskeytyä* 'sich festklammern an, sich schlagen zu', *jättäytyä* 'sich fügen, zurückbleiben', *kaivautua* 'sich eingraben', *kantautua* 'geschleudert werden, so und so weit sich erstrecken (Einfluß, Gerücht u. ä.)', *kieltäytyä* 'sich weigern, sich versagen', *kunnostautua* 'sich hervortun', *kätkeytyä* 'sich verbergen', *kääriytyä* 'sich einhüllen, sich zusammenschnüren', *laskeutua* 'sich herablassen', *levittäytyä* 'sich ausbreiten, sich breitmachen', *lukeutua* 'sich rechnen zu', *näyttäytyä* 'sich zeigen', *painautua* 'sich stützen auf, sich verziehen (nach rückwärts)', *paneutua* 'sich niederlegen', *periytyä* 'sich vererben, sich weiter vererben', *peseytyä* 'sich einnisten', *pistäytyä* 'einen Abstecher machen', *pukeutua* 'sich kleiden', *punoutua* 'sich untereinander verfitzen, sich zusammendrehen', *puolustautua* 'sich verteidigen', *pureutua* 'sich festbeißen, sich verbeißen', *purkautua* 'sich Luft machen, sich entladen, ausbrechen (Vulkan)', *rikkoutua* 'gestört werden (Harmonie, Eintracht), kaputtgehen', *sitoutua* 'sich verpflichten, sich verbindlich machen', *sotkeutua* 'in Verwirrung geraten (eine Menge)', *sulkeutua* 'sich verschließen', *tekeytyä* 'sich verstellen, so tun als ob', *tunkeutua* 'sich eindrängeln, sich aufdrängeln, durchdringen', *työntäytyä* 'sich vorwärts schieben, hervorragen', *valmistautua* 'sich vorbereiten, sich fertig machen', *vetäytyä* 'sich zurückziehen, sich beiseite halten'. Als Grundwörter der Derivativa der a)-Gruppe sind die entsprechenden -*ta*-, -*tä*-Kausative anzusehen, so daß z. B. *halvautu-* < * *halvaδutu-* (vgl. *halvaa* < * *halvaδa-*), *keräyty-* < * *keräδyty-* (vgl. *kerää* < * *keräδä-*), die Grundwörter der Derivativa der b)-Gruppe dagegen hatten kein * δ. Als Synonyma beider Gruppen gebraucht das heutige Finnisch in vielen Fällen Derivativa des Typs Vokaldehnung + -*ntu*-, -*nty*-: *halvautua* = *halvaantua*, *keräytyä* = *kerääntyä* usw. (§ 66.13); seltener, heutzutage meist auf die dicht. Sprache und die Dialekte beschränkt ist der ebenfalls synonyme Typ *halvauta*, *keräytä* (§ 65.10b). - Bestandteile: -*u*-, -*y*- (§ 65.10) + -*tu*-, -*ty*- (§ 66.12).

67. Einfache denominale Verbalderivantia:
1) -*a*-, -*ä*- : -*t*-. Bedeutung meist translativ, d. h. die Derivativa zeigen eine Umwandlung an oder geraten in den Zustand, der durch das Grundwort bezeichnet wird (Beispiele in der 3. sg.):
a) *eriää* 'sich absondern', imperat. *eritköön* (vgl. *eri*), *eroaa* 'sich unterscheiden', imperat. *erotkoon*, *hajoaa* 'zerfallen' (vgl. *haja*), *heltiää* 'sich lockern' (vgl. dial. Adj. *helteä* 'locker, zart'), *herkeää* 'nachlassen' (vgl. dial. *herkeä*

'empfindlich'), *herpoaa* 'erschlaffen' (dial. *herpo* 'matt, entnervt'), *hikoaa* 'schwitzen' (vgl. *hiki* 'Schweiß' = dial. *hiko*), *häviää* 'verlieren' (= dial. *häveää*), *kaikkoaa* 'verschwinden', *katoaa* 'dass.', *kehkiää* 'ausgefasert werden, aufge-, entwickelt werden' (dial. *kehkeä* 'aufgebraucht, lose'), *kerkeää* = *kerkiää* 'zurechtkommen' (dial. *kerkeä* 'schnell, leicht'), *kihoaa* '(durch)sikkern' (dial. *kiho* 'kleine Blase'), *kirpoaa* 'abprallen', *kohoaa* 'sich erheben' (vgl. *koho* 'Schwimmkork'), *lahoaa* 'verfaulen' (*laho* 'faul, morsch'), *laukeaa* 'sich lockern, sich entladen, schwach o. welk werden' (dial. adv. *lauki* 'völlig, ganz'), *leviää* 'sich verbreiten' (vgl. *leveä* 'breit'), *lämpiää* 'warm werden' (dial. *lämpeä* 'warm', *lämpi* 'Wärme'), *pehmiää* 'weich werden' (*pehmeä* 'weich'), *poikkeaa* '(in die Quere) abweichen' (adv. *poikki* 'quer'), *putoaa* 'fällt herab' (dial. *putu* 'der Abfall, Schutt, das Fallaub'), *ratkeaa* 'aufgetrennt werden, zerspringen, platzen' (adv. *ratki* 'vollends'), *raukeaa* 'müde werden, hinsinken' (adj. *raukea* 'müde, matt'), *rupeaa* 'beginnen' (veralt. u. dial. 'greift zu, packt an'), *selkiää* 'sich aufklären, deutlich werden' (*selkeä* 'klar, hell'), *selviää* 'klar o. deutlich werden' (*selvä* 'klar, rein'), *sikiää* 'sich fortpflanzen, entstehen', *sinkoaa* 'ausgestreut werden, herumfliegen', *taukoaa* 'aufhören' (dial. *taukea* 'still, gleichmütig'), *turpoaa* '(an)schwellen' (*turpea* 'angeschwollen, üppig wachsend'), *uppoaa* 'sinken, ertrinken', *vajoaa* 'einsinken' (*vajava*, *vajaa* = *vaja* 'Mangel, Defizit'; *vaipua* 'versinken'), *viriää* 'in Stimmung kommen' (*vireä* 'angeregt, lebhaft'), *virkeää* 'genesen, wieder aufleben' (*virkeä* 'gesund, munter'), *virkoaa* 'wieder aufleben, sich erholen, gelabt werden'.

b) *aukeaa* 'aufgehen, sich öffnen', imperat. *auetkoon* (adj. *aukea* 'offen (und weit)', adv. *auki* 'offen'), *halkeaa* 'bersten', imperat. *haljetkoon* (adj. *halki* 'entzwei'); *häpeää* 'sich schämen' (in der heutigen Sprache nicht immer transl.: 'beginnen Scham zu empfinden', sondern auch überhaupt 'sich schämen'), *ilkeää* 'sich nicht schämen, abgebrüht genug sein, diese o. jene Gemeinheit zu begehen' (*ilkeä* 'scheußlich, ekelhaft, widerlich, frech'), *katkeaa* 'entzweibrechen, abgebrochen werden' (dial. adv. *katki* 'kaputt'), *lankeaa* 'um-, niederfallen', *lohkeaa* 'losgehen, in Stücke zerfallen' (adv. *lohki* 'los, abgesondert von etwas'), *oikeaa* 'gerade werden, ausgestreckt werden' (adj. *oikea* 'gerade'), *puhkeaa* 'platzen, knospen' (adv. *puhki* '(quer) durch, entzwei'), *repeää* 'bersten'.

Frühere Lautgestalt in den Wörtern der a)-Gruppe * -δa-, * -δä-, in den Wörtern der b)-Gruppe * -δe-[1]); die letzteren sind teils durch regelmäßige Lautentwicklung, teils auf analogischem Wege mit den ersteren völlig gleichlautend geworden. Die Geschichte eines solchen Reflexivderivans mit * δ ist für die vorurfinnische Zeit noch völlig unaufgeklärt; und doch wurde die Meinung geäußert, daß es sogar aus der finnischugrischen Ursprache ererbt sei[2]).

2) -i- ~ -(o)i-, -(ö)i-. Allen Gruppen ist gemein der kontinuative Charakter der Handlung (nur vereinzelte Wörter bilden eine Ausnahme).

---

[1]) Rapola: Annales Univ. Turkuensis B I: 4 S. 50 f.
[2]) Setälä: Vir. 1916 S. 64.

a) **Privativa** (Entfernung des vom Grundw. bezeichneten Gegenstandes): *juuria* 'Wurzeln ausroden, ausrotten', *kesiä* 'die äußere Haut abschuppen' (*kesi* 'äußere Haut'; beachte auch *kettää* 'abhäuten, schinden'), dial. *kukkia* 'die Blüten (z. B. aus dem Tabak) entfernen', *kuoria* 'abschälen', *kyniä* 'Federn pflücken, mausern' (*kynä* 'Feder'), *oksia* 'Äste absägen', *ruotia* 'entgräten' (*ruota* 'Gräte'), *suomia* 'schuppen, die Schuppen entfernen' (daraus die heutige gemeinspr. Bedeutung 'gründlich verhauen'; Grundw. * *suomi* 'Schuppe, Fischhaut')[1].

b) **Kausativa**: *huolia* veralt. u. urspr. 'Kummer verursachen', *juhlia* 'feiern', *kukkia* 'blühen', *kuplia* 'Blasen werfen', *louhia* 'große Steine *(louhi, -en)* abbrechen', *munia* 'Eier legen', *märkiä* 'eitern' (dial. *märkä* 'Eiter'), *ojia* 'Graben auswerfen', *pesiä* 'nisten, Nest bauen', *piimiä* 'zu *piimä* Sauermilch werden', *poikia* 'Junge werfen', *porsia* 'ferkeln' (das Verhältnis zum Grundw. *porsas* 'Ferkel' unregelmäßig), *solmia* 'einen *solmi* Knoten knüpfen', *tulvia* 'fluten', *tuumia* 'ratschlagen', *tuuma* 'Rat schaffen', *tähkiä* 'in Ähren *(tähkä)* schießen', *vuonia* 'lammen'; *elämöidä* 'ein tolles Treiben, *(elämä)* „Leben" aufführen', *hedelmöidä* 'Früchte tragen', *hulinoida* 'ein tolles Treiben *(hulina)* aufführen', *ikävöidä* 'sich sehnen', *kapinoida* 'einen Aufstand machen', *kipinöidä* 'Funken sprühen', *mellakoida* ‚Unruhen hervorrufen', *pakinoida* 'eine Plauderei *(pakina)* schreiben', *penikoida* 'Junge werfen (vom Hund)', *pisaroida* 'tropfen', *salamoida* 'blitzen', *säkenöidä* 'Funken sprühen', *tarinoida* 'Märchen *(tarina)* erzählen'.

c) **Instrumentale Verba** (sie bezeichnen eine Tätigkeit, die mit dem vom Grundwort benannten Gegenstand als Instrument ausgeführt wird): *kieliä* 'klatschen, hinterbringen', *kuokkia* 'hacken', *kynsiä* 'kratzen, krallen', *lempiä* 'Liebe erweisen', *luutia* 'kehren', *mieliä* 'Gefallen finden, willens sein', *nokkia*, *noukkia* (*noukka* = *nokka* 'Schnabel') 'hacken, picken', *nuijia* 'mit der Keule schlagen', *onkia* 'angeln', *pyöriä* 'kreisen', *ruoskia* 'peitschen', *ryömiä* 'kriechen' (*ryömä* 'Pfote'), *sorkkia* 'mit gespaltenen Hufen gehen' (*sorkka* 'gespalteter Huf'), *sotia* 'Krieg führen', *sukia* 'bürsten', dial. *syrjiä* 'auf der Seite liegen', *toimia* 'tätig sein' (*toimi* 'Vernunft, Ordnung'), *tutkia* 'untersuchen' (*tutka* 'Spitze'), *yskiä* 'husten' (*yskä* 'Brust', dann 'Brustkatarrh'); *aterioida* 'speisen', *haravoida* 'rechen', *käräjöidä* 'prozessieren', *lapioida* 'schaufeln', *murkinoida* 'frühstücken', *peukaloida* 'manipulieren', „fingerieren", *rusikoida* 'mit der geballten Faust *(rusikka)* schlagen', *siivilöidä* 'seihen', *tiirikoida* 'mit einem Dietrich aufschließen', *tupakoida* 'rauchen'.

d) **Faktitiva** (zu dem machen, was das Grundwort anzeigt): *omia* 'als eigen wiedererkennen', *pieniä* 'verkleinern, klein machen (z. B. Torfstücke)', *suoria* 'gerade machen', *uusia* 'erneuern'.

e) **Instruktive Verba** (sie bezeichnen die Ausrüstung mit dem vom Grundwort genannten Gegenstand): *hopeoida* 'mit Silber beschlagen', *kapaloida* 'in Windeln wickeln', *kuparoida* 'mit Kupfer überziehen', *naamioida* 'maskieren', *nikkelöidä* 'vernickeln', *numeroida* 'numerieren', *otsikoida* 'mit einer Überschrift versehen', *palmikoida* 'Zöpfe flechten', *saippuoida* 'ein-

---

[1] Hakulinen: Suomalainen Suomi (Helsinki) 1953 S. 203 f. (Über den Namen Suomi).

seifen', *satuloida* 'satteln', *seppelöidä* 'bekränzen', *sinetöidä* '(ver)siegeln, mit seinem Siegel versehen', *sokeroida* 'zuckern', *ympäröidä* 'umgeben' (als Grundwort vielleicht *ympärä anzusetzen).

f) Essentialia (sie bezeichnen das Auftreten in der vom Grundwort genannten Rolle): *emännöidä* 'als Hausfrau wirken', *hätiköidä* 'kopflos handeln' (*hätikkö* 'kopfloser Mensch'), *isännöidä* 'den Hausherrn spielen', *mestaroida* 'andere schulmeistern', *nikkaroida* 'tischlern', *vartioida* 'bewachen', *vihannoida* 'grünen', *viheriöidä* 'dass.'.

g) Das Bedeutungsverhältnis zum Grundwort ist unklar: veralt. u. dial. *huomia* 'bemerken' (vgl. *huoma*[1]) 'Obhut, Aufsicht'), *matkia* 'nachahmen' (vgl. *matka* 'Reise'; urspr. Bedeutung wohl 'folgen'; beachte karel. *jällesti matata = matkia* 'nachahmen'), *periä* 'erben' (vgl. veralt. *perät* 'Erbschaft').

Gleichbedeutende Entsprechungen sind aus den meisten finnischugrischen Sprachen angeführt worden, ja sogar aus dem Samojedischen. Vgl. denominal -o- (§ 68.6). Über das Verhältnis des Vokalismus der ersten Silbe zu dem Nebeneinander von -i- ~ -o- ist dasselbe zu sagen wie betreffs der gleichlautenden *(-i ~ -o)* Nominalderivantia; s. die Verweisungen in § 66.7. Ein solcher Fall wie *matkia* (pro *matkoa*) ist also analogisch. In einem solchen Fall wie *penikoida, elämöidä* faßt das moderne Sprachgefühl -*oi*- resp. -*öi*- als Derivans auf, aber das *o* vor *i* ist natürlich aus dem Auslaut-*a* hervorgegangen (§ 52.3, § 23 E), und das *ö* der vordervokalischen Wörter ist selbstverständlich relativ späte Analogie.

3) -*itse*-. a) Von instrumentaler Bedeutung (über diesen Terminus § 67.2c): *ansaitsen* (? vgl. *ansa*)[2] 'verdiene', *hallitsen* 'regiere, verwalte' (vgl. *haltu), *kaupitsen* 'handle (mit Waren)' (*kauppa* 'Handel'), *keritsen* 'schere' (vgl. altskand. *skære* 'Schere'), *kiukuitsen* 'zürne' (*kiukku* 'Zorn'), veralt. *kuurnitsen* 'ich seihe, siebe' (*kuurna* 'Trog'), *kyyditsen* 'ich befördere per Fuhre' (*kyyti* 'Fuhre'), *lukitsen* 'verschließe' (*lukko* 'Schloß'), *palkitsen* 'belohne' (*palkka* 'Lohn'), *parkitsen* 'gerbe' (*parkki* 'Gerberlohe'), *punnitsen* 'wiege' (*punta* 'Pfund'), *riemuitsen* 'juble' (*riemu* 'Jubel'), *suvaitsen* 'geruhe', dial. 'liebe' (vgl. dial. *suvallaan* 'in Brunst'), *tarvitsen* 'bedarf' (*tarve* 'Bedürfnis'), *tuomitsen* 'verurteile' (die Verdrängung des anzusetzenden Grundwortes, des Lehnworts *tuomi : *tuomin durch das deverbale Derivativum *tuomio* 'Urteil' dürfte durch das Vorhandensein eines einheimischen Homonyms, nämlich *tuomi* : *tuomen* 'Ahlkirschbaum' veranlaßt sein); *haravoitsen* 'harke', *lapioitsen* 'schaufle', *tupakoitsen* 'rauche' (vgl. § 67.2c); b) Essentialia: *emännöitsen* 'die Hausfrau darstellen', *hätiköitsen* 'kopflos handeln', *isännöitsen* 'den Hausherrn spielen', *liehakoitsen* 'schmeicheln' (*liehakko* 'Schmeichler'), *vartioitsen* 'bewache' (§ 67.2f); c) Instruktiva: *hopeoitsen* 'beschlage mit Silber', *palmikoitsen* 'versehe mit Zöpfen', *seppelöitsen* 'be-

---

[1] Über die wahrscheinliche Bedeutungsentwicklung dieses Wortes s. SF I 2 S. 207, 209, 210.
[2] Thomsens Etymologie, nach der *ansaitsen* ein altes germanisches Lehnwort sei, wäre in dem Fall abzulehnen, wenn sich als Grundwort *ansa* 'Name eines Fanggerätes' ergibt. In diesem Fall wäre die ursprüngliche Bedeutung des Verbs: 'ich fange mit dem Gerät *ansa*', sozusagen: ich 'angle' mir. Vgl. *ansio* § 53.7.

kränze' (§ 67.2e); d) **Faktitiva**: dial. *siivitsen* 'säubere, reinige' (*siivo* 'rein', dial. auch 'eben, glatt'), *villitsen* 'versetze in ausgelassene Stimmung' (*villi* 'ausgelassen', „wild"), veralt. *vimmitsen* 'in Raserei *(vimma)* versetzen'; e) sonstige Verba: *havaitsen* 'beobachte' (< * *haamaitsen*[1]), vgl. *haama* = *haamu* 'verdämmerndes Licht, Schatten' u. a.), veralt. *huomaitsen* 'ich bemerke' (vgl. *huoma* 'Obacht, Obhut'), *kallitsen* 'kalt hämmern' ('die Schneide einer Waffe dünner machen') (der Stamm < russ.), veralt. *taritsen* 'ich biete an'; beachte: *sijaitsen* 'befinde mich' (Neubild. aus den 1890er Jahren, Bedeutung Ausnahmefall). – Das Derivans ist identisch mit dem in § 65.7 besprochenen deverbalen *-itse-*, und – wie gesagt – die Grenze zwischen deverbalen und denominalen *-itse-* Derivativa ist in vielen Punkten unklar. Unter den hier angeführten Beispielen sind beachtlich viel Verba, deren Grundwort entlehnt ist (über 50%); auch bei diesen ist es in einigen Fällen ungeklärt, ob das Grundwort ein Substantiv war oder ob das finnische Derivans direkt an den fremden Verbal'stamm' angetreten ist (z. B. *hallitsen, keritsen, kallitsen, taritsen*).

4) **-ne-**. a) Bedeutung im allgemeinen **translativ**, d. h. es wird das Werden zu dem, was das Grundwort bezeichnet, angezeigt: *alenee* 'niedriger w.', *aukenee* 'sich öffnen', *enenee* 'sich vermehren', *erkanee* 'sich trennen' (unbek. Grundw.), *etenee* 'vorwärts schreiten', *halpenee* 'billig(er) w.', *harvenee* 'selten(er) w., undicht w., sich lichten', *heikkenee* (= *heikkonee*) 'schwach w.', *hiljenee* 'still w.', *himmenee* 'matt w.', *huononee* 'schlecht(er) w.', *hupenee* 'hinschwinden' (vgl. *hupa* 'bald zu Ende gehend, wenig'), *hälvenee* 'abnehmen, nachlassen' (unbek. Grundw.), *kalpenee* 'blaß w.', *kevenee* 'leicht(er) w.', *korkenee* 'höher w.', *kovenee* 'hart w.', *kuumenee* 'heiß(er) w.', *kylmenee* 'kalt, kälter w.', *laajenee* 'weit(er) w.', *laimenee* 'matt w.', *levenee* 'breiter w.', *liikenee* 'übrigbleiben', *liukenee* 'glatt w.', *loittonee* 'sich entfernen', *lyhenee* 'kürzer w.', *lähenee* 'sich nähern', *lämpenee* 'warm o. wärmer w.', *mustenee* 'schwarz w.', *mätänee* 'faulen', *nuorenee* 'sich verjüngen', *ohenee* 'dünn(er) w.', *oikenee* 'gerade w.', *pahenee* 'schlimm(er) w.', *paksunee* 'dick(er) w.' (= dial. *paksenee*), *paranee* 'sich bessern, genesen', *pehmenee* 'weich(er) w.', *pienenee* 'klein(er) w.', *pimenee* 'dunkel o. dunkler w.', *pitenee* 'länger w.', *raukenee* 'müde o. matt w.', *rohkenee* 'mutiger w.', *sakenee* 'dichter w. (Nebel)', *selkenee, selvenee* 'klar(er) w., deutlich(er) w.', *suurenee* 'größer w.', *synkkenee* 'düster w., sich umdüstern', *syvenee* 'tiefer w.', *tummenee* 'dunkeln, nachdunkeln' (z. B. Haar, Stoff), *tyhjenee* 'sich leeren', *ulkonee* 'heraus-, vorstehen (aus einer Fassade)', *urkenee* 'auf den Weg kommen, abreisen' (Grundw. unbek.), *vaalenee* 'hell w. (Haar, Stoff), verblassen', *vahvenee* 'erstarken', *vaimenee* 'gestillt o. gehemmt w., aufhören (z. B. Sturm)', *vaikenee* 'verstummen, schweigen' (Grundw. unbek.; vgl. estn. adv. *vaiki* 'still, stumm'), *valkenee* 'es wird Tag, weiß w.', *vanhenee* 'älter w.', *vähenee* 'sich verringern', *ylenee* 'sich erheben, höher w., aufgehen'; b) die heutige Bedeutung ist von anderer Art (Grundw. unbek.): *kykenee* 'vermögen, imstande sein, können', *pakenee* 'fliehen', *tarkenee* 'nicht frieren, die Kälte ertragen'.

---

[1]) Vgl. estn. dial. *hamadze* 'ich nehme wahr, bemerke'. Betreffs des Semasiologischen vgl. z. B. dial. *hämäröitän* 'ich sehe undeutlich' ~ *hämärä* 'dunkel; Zwielicht', dial. *valaisen* 'ich sehe' ~ *valo* 'Licht'. Siehe SF I 2 S. 205–215.

Die Wörter dieser Gruppe haben ein suppletives Paradigma: ihren Konsonantstamm (auf -*t*) haben sie von den ursprünglichen -*nte*-Derivativa, wie *happanee : happani : hapata* 'sauer w.', urspr. * *hapantee* (* *hapantepi*) : *hapansi* (Agricola) : *hapata* < frühurfi. * *šappanĭtak*¹). Nach einer Erklärung, die allgemeine Billigung gefunden hatte, aber noch weiterer Untersuchungen bedarf, lautete das -*ne*-Derivans früher * -*me*-, worauf die bis auf diesen Lautumstand (eben *m* statt fi. *n*) gut als Entsprechung für das finnische Derivans passenden Ableitungssuffixe anderer Sprachen bis ins Obugrische, ja sogar ins Samojedische hinein, schließen lassen; die Verdrängung des alten -*m*- durch -*n*- ließe sich für das Finnische auch sehr gut als analogischer Vorgang begreifen; Ausgangsbasis für das spätere *n* wären das part. praet. act. (part. II act.) (*alen-nut* < * *alemnut*) und die -*t*- Kausativa (*alentaa* < * *alemtaðak*) gewesen. In diesen Formen wäre das *n* durch regelmäßige Lautentwicklung aufgekommen²).

5) -**pu**-, -**py**- ∼ -**u**-, -**y**-. Bedeutung reflexiv, translativ oder passiv: a) *haipua* (vgl. *haja*- 'zerstreut', *haihtua* 'verdunsten') = *häipyä* (vordervok. Variante des ersteren) 'aufhören, verschwinden', dial. *suupua* 'verstopft werden (Mund), ersticken' (*suu* 'Mund'), *taipua* (Grundw. unbek.; vgl. *taittaa* 'biegen, brechen, falten'), *toipua* 'sich erholen' (Grundw. unbek.; vgl. *toimi, tointua* 'zu sich kommen'), *uupua* 'erschöpft werden' (vgl. dial. *uupiintua* 'müde werden'), *vaipua* 'vor Mattigkeit niedersinken' (vgl. *vaja(a)* 'Defizit, Mangel', *vajota* 'niedersinken'), *viipyä* 'dauern, verweilen' (irgendwo), dial. u. urspr. inchoat. 'wo("hin") zurückbleiben, verschwinden' (? Grundw. * *vii* 'Rand, Ende'; vgl. *viimeinen*)³), *yöpyä* 'übernachten'. – b) *kuivua* 'trocknen' intr. (*kuiva* 'trocken'), *kypsyä* 'reifen' intr. (*kypsä* 'reif'), *leppyä* 'versöhnlich w.' (*leppeä* 'mild, sanft'), *mustua* 'schwarz w.', *notkua* 'fortwährend (wie Schwankmorast) schwanken u. sich biegen', *riippua* 'herunterhangen' (*riippa* 'Last, Senkgewicht'), *ruostua* 'rosten', *saastua* 'verseucht w.', *tippua* 'tropfen', *torkkua* 'schaukelnd u. nickend einschlummern', *tummua* 'dunkel w. (Haar, Stoff usw.)', *turtua* 'unempfindlich u. gefühllos w.', *tylsyä* 'abstumpfen', *täytyä* 'müssen', dial. u. urspr. 'voll werden, sich (er)füllen' (*täysi* 'voll'), *yhtyä* 'sich zusammenschließen' (vgl. *yksi* 'eins'). – c) Verba, die meist mit Naturerscheinungen verknüpft sind, das Hervorrufen eines Lautes oder

---

¹) Setälä: Vir. 1915 S. 134. Vgl. Rapola: Suomen kielen äännehistorian luentojen pääkohdat (Hauptzüge der Vorlesungen über die finnische Lautgeschichte, Vervielfältigung der Universität Helsinki, 1945), S. 76–77, wo eine etwas andere, aber sehr mögliche Erklärung gegeben wird.
²) Ramstedt nach Setälä: Vir. 1917 S. 37–38. (Anders Szinnyei: Ny H⁷ 69; Lehtisalo: SUST 72 S. 129 f.) Abgesehen vom part. praet. act. kann man außer auf pot. act. und auf alle Passivformen insbesondere auch auf den *k*. Imperativ verweisen, in Zusammenhang mit dessen *k* die Entwicklung * -*mk*- > * -*ŋk*- vor sich gegangen wäre, und dieses * -*ŋ*- hätte natürlich analogisch für die Verallgemeinerung des *n* wirken können. Aber man muß sich doch die Frage vorlegen, ob auch diese Analogiequellen ausgereicht hätten. Man muß ja in Betracht ziehen, daß Potential- und alle Passivformen von derartigen Verba offensichtlich relativ wenig in Gebrauch waren.
³) Wichmann: FUF 14 S. 119, 16 S. 209.

einer Bewegung schildern, sekundär aber oft transitiv gebraucht werden, meist onomatopoetischen oder deskriptiven Charakters, deren derivativer Ursprung bis auf weiteres so ungenügend bekannt ist, daß ihre Zugehörigkeit zu dieser Gruppe bei den meisten nicht gesichert erscheint: *hehkua* 'glühen' (vgl. dial. *hehka* 'Flamme, Glut, Glanz', estn. *õhk* 'Luft'), *helskyä* 'knistern, prasseln usw.', *herua* 'langsam rinnen, mehr Milch geben' (*hera* 'Milchwasser, Molken'), *hihkua* 'vor Freude aufschreien', *hiiskua* 'einen schwachen Laut von sich geben, mucksen', *hirnua* 'wiehern', *hosua* 'prügeln, nachlässig u. eilfertig etwas tun' (vgl. dial. *hosa* 'Keule, Laubzweig als Prügelwerkzeug'), *huokua* 'schnaufen, tief atmen', *hyrskyä* 'brausen, zischen u. wallen', *jyskyä* 'krachende u. klopfende Laute von sich geben' (wie eine ratternde Kleinbahn), *karjua* 'brüllen (wie der Hengst nach der Stute)', *kerskua* 'prahlen', *kiehua* 'zischend sieden', *kiljua* 'hell schreien', *kirkua* 'aus vollem Halse schreien', *kirskua* 'knirschen' (Zähne), *korskua* 'seinen Stolz zeigen, prusten', *kuohua* 'schäumen, brausen' (dial. *kuoha* 'Schaum, Brandung'), *lausua* 'aussprechen' (Grundw. viell. germ. Lehnw.)[1], *loiskua* 'plätschern', *narskua* 'knistern', *naukua* 'wie eine Katze miauend winseln o. quäken (z. B. von einem ewig querulierenden Menschen)', *parkua* 'wie ein Säugling aus vollem Halse brüllen', *paukkua* 'knattern, schmettern', *puhkua* 'schnaufen, keuchen', *puhua* 'sprechen' (dial. u. urspr. 'hauchen, blasen'), *purskua, pursua* 'sprudeln, ausgespritzt werden', *pärskyä* 'prusten', *raakua* 'krächzen', *riekkua* 'brüllen', *rouskua* 'krachen', *ryskyä* 'krachen, tosen', *rääkyä* 'krächzen u. heulen', *tihkua* 'durchsickern, schluchzen', *tirskua* 'kichern', *torjua* 'abwehren', *torua* 'schelten' (vgl. *tora* 'Zank, Schelte'), *tuiskua* 'stöbern', *uhkua* 'hervorquellen' (*uhka* dial. Aufwasser, Eisbrei'), *vinkua* 'quietschend knarren' (z. B. Brunnenschwengel), *ärjyä* 'ärgerlich losbrüllen'; *heilua* 'schwingen, pendeln', *horjua* 'schwanken', *huljua* 'schwabbern, schlotternd latschen', *huojua* 'wanken, schwanken', *keikkua* 'schaukeln (von dem leichten, schlanken Körper eines jungen Mädchens)', *keinua* 'schaukeln', *kiikkua* 'schaukeln (ein Brett überkant)', *killua* 'lose niederhangen', *lerppua* 'baumeln', *nukkua* 'schlafen', *nuokkua* 'nicken (wie ein Schlummernder)', *soljua* 'allmählich dahinrieseln', *torkkua* '(sich) schaukelnd u. nickend ein Schläfchen machen', *tutjua, värjyä* 'zittern'; von unklarer semasiol. Entwicklung ist auch *noitua* 'zaubern, hexen' (*noita* 'Zauberer'). – Es handelt sich hier natürlich um dasselbe Derivativum, das als deverbales bereits in § 65.10 behandelt wurde. Entsprechungen sind bis einschl. der ugrischen Sprachen vorgebracht worden.

6) -ta-, -tä- ~ -a-, -ä-. Eins der häufigst gebrauchten Verbalderivantia. Bedeutung meist kausativ, faktitiv, instruktiv, instrumental, bisweilen auch essential und privativ (die Bedeutung dieser Termini ist in den Punkten 2) und 3) erläutert worden).

a) *hyytää* 'mit Eis bedeckt werden' (*hyy* 'Eisbrei'), *jäätää* 'dass.', dial. *kuutaa* 'matt schimmern', dies wird vorausgesetzt von *kuutamo, kuutama = kuudan* 'Mondschein', dial. *luutaa* 'zehren, nagen (am Knochen)', dial. *maataa* 'in Erde umwandeln', dial. **piitää*, das von *piitämä* 'Webfehler infolge fal-

---

[1] Mägiste: Eesti Keel 1924 S. 83 f.

§ 67   Einfache denominale Verbalsuffixe   219

scher Placierung der Ketten in den Zahnlücken des Weberkammes [Webfehler, wobei ein Faden in der Anschere fehlt]' vorausgesetzt wird, *suotaa* 'durchsickern, triefen' (wie der 'Morast' *suo*), dial. *suutaa* 'keilen, mit einem Keil die 'Lücke', den 'Mund' *suu* zupfropfen', *syytää* 'werfen, schmeißen, schleudern' (vgl. dial. *syy* 'Strähne, Faden'), also: 'wie einen Faden ausziehen', *säätää* 'in Ordnung bringen, regulieren' (vgl. dial. *olla säällänsä* = 'in Ordnung sein', *säällinen* 'ordentlich'), *tietää* 'wissen' (? vgl. *tie* 'Weg'; die frühere Bedeutung könnte sein 'den Weg wissen'), *vuotaa* 'ausfließen, lecken' (vgl. *vuo* 'Strom, Strömung'; urspr. 'eine Strömung verursachen', dann intr. 'fließen, rinnen'; vgl. *virrata : virta* 'strömen : Strom'); *hiiltää* 'Kohle brennen', *huoltaa* 'Sorge tragen' (dial. u. a. 'trauern'), *imeltää* 'süßen' (*imelä* 'süß'), *kavaltaa* 'verraten' (*kavala* 'hinterlistig'), *kieltää* 'verbieten' (*kieli* 'Zunge', urspr. viell. nur 'sprechen'), *madaltaa* 'niedriger machen', *mieltää* 'gewogen machen', *puoltaa* 'verteidigen', *sammaltaa* dial. u. a. 'Wandfugen mit Moos abdichten', *suoltaa* urspr. 'einen Darm auszuziehen', heute überh. 'allmählich heraus- o. wegziehen (z. B. Heu o. Holzscheite hervorziehen)', *säveltää* 'komponieren', urspr. 'lärmen, schreien'), *taivaltaa* 'eine Wegstrecke zurücklegen', dial. auch 'ein Boot über eine Landstrecke ziehen; einen Baum durch den Wald zum Wege schleppen', *tuultaa* 'mit Hilfe des Windes reinigen (Körner)', *viiltää* 'eine Scheibe schneiden' (vgl. dial. *viili* 'das Messer zum Scheibenschneiden'), *yltää* '(bis nach oben) reichen' (*yli, ylen* 'das oben Befindliche'); c) *ahertaa* 'sich befleißigen' (vgl. *ahkera* 'fleißig'), *askartaa* 'sich (mit Hausarbeiten) beschäftigen', *hämärtää* 'dämmern', *kaartaa* 'einen Bogen bilden' (*kaari* 'Bogen'), *kiertää* 'herumgehen' (vgl. *kierä* 'etwas Gewundenes'), *kovertaa*[1]) 'aushöhlen', *kumartaa* 'neigen', *kähertää* 'kräuseln, frisieren' (dial. *kaherä* = gemeinspr. *kähärä* 'Locke'), *musertaa* 'zermalmen' (dial. *musera* 'Kies'), *piirtää* 'zeichnen, einen Strich ziehen' (*piiri* 'Kreis'), *pyörtää* 'herumschwenken' (*pyörä* 'Rad'), *saartaa* 'umzingeln' (*saari* 'Insel'), *siirtää* 'verschieben, verrücken' (Grundw. *siiri : siiren* 'Kante, Rand')[2]), *tannertaa* 'den Boden harttreten', *vasartaa* 'hämmern', *viertää* '(fort)rollen, abschüssig sein' (*vieri, -en* '(Graben-) Rand'), *vihertää* 'grünen' (dial. *viherä* 'grün'), *ymmärtää* 'verstehen' (urspr. 'umgeben'[3]); als Grundw. kann das Subst. *ympärä, vgl. Partik. *ympäri* 'um-herum'); d) *ammentaa* 'schöpfen' (vgl. dial. *ammen* 'Brunnenmantel'), *höyhentää* (beachte die privative Bedeutung: 'Federn abrupfen'), *juontaa* 'leiten, führen' (*juoni* 'Linie, Spur'), *jäsentää* '(zer)gliedern', *murentaa* 'zerkrümeln' (*muren* 'Krume'), *paimentaa* 'weiden, hüten', *rientää* 'eilen, sich beeilen', veralt. u. urspr. transl. 'beschleunigen' (vgl. dial. *rikenehen* 'schnell'), *siementää* 'säen', *ääntää* 'aussprechen' (*ääni* 'Stimme'); e) *alustaa* 'den Grund legen, grundieren' (*alus* 'Grundlage, Fundament'), *ennustaa* 'vorhersagen', *evästää* 'mit Wegkost versorgen' (auch übertr. 'Ermahnungen mit auf den Weg geben'), *hammastaa* dial. u. a. 'die Zähne zeigen; streiten, schmähen',

---

[1]) Nach diesem Muster ist deverb. *kaivertaa* 'gravieren' (vgl. *kaivaa* 'graben') entstanden.
[2]) J. Mägiste: Eesti Keel 1936 S. 129 f.
[3]) Zuletzt Aarni Penttilä: Õp. Eesti Seltsi Toim. 30 S. 499 f., Peltola: Vir. 1950 S. 115 (franz. Referat S. 209).

harrastaa 'sich beschäftigen mit, betreiben', *hidastaa* 'verlangsamen, verzögern', *illastaa* 'Abendbrot essen' (*iltanen* 'Abendessen'), *joustaa* 'federn, nachgeben' (*jousi* '(Metall-) Feder(ung)'), *julistaa* 'bekanntmachen, proklamieren' (*julkinen* 'öffentlich'), *jänistää* 'Hasen jagen; ausreißen', *kangastaa* 'kimmen, in der Ferne hervorschimmern', zunächst: 'höher erscheinen' (*kangas* '(sandige) Anhöhe'), *kannustaa* 'die Sporen geben, anspornen', *kastaa* 'anfeuchten' (dial. *kas/i, -en* 'Feuchtigkeit, Befeuchtungsmittel'), *kaunistaa* 'verschönern', *keihästää* '(mit dem 'Speer' *keihäs*) durchbohren', *kinostaa* 'Schneewehen aufwerfen', *kirkastaa* 'verklären', *lunastaa* 'auslösen' (dial. *lunas* = schriftspr. *lunnas* 'Lösegeld'), *opastaa* '(als Cicerone) führen', *orastaa* '(auf)keimen', *pa(k)kastaa* 'frieren' (*pakkanen* 'Frost'), *paljastaa* 'enthüllen', *perustaa* 'gründen', *puolustaa* 'verteidigen' (vgl. dial. *puolus* = schriftspr. *puoli* 'die eine Seite, die eine Partei'), *pyydystää* 'fangen mit Falle o. anderem Gerät', *päällystää* 'mit Überzug versehen', *rakastaa* 'lieben', *ratsastaa* 'reiten', *sairastaa* 'krank sein', *seivästää* 'mit Pfählen versehen', *suistaa* 'zäumen' (vgl. *suitset* 'Zaum, Mundstück am Zaum'), *suomalaistaa* 'fennisieren', *suomustaa* 'abschuppen' (beachte die privative Bedeutung), *suurustaa* 'frühstücken', *teurastaa* 'schlachten', *tiedustaa* 'sich von etwas unterrichten' (vermutl. Grundw. * *tiedus* „Wissensstoff", vgl. *tunnustaa* 'bekennen' ~ *tunnus* 'Kennzeichen'), *tiivistää* 'dicht machen, enger zusammenschließen', *toistaa* 'wiederholen' (*toinen* 'zweiter'), *tunnustaa* 'bekennen' (*tunnus*), *tähystää* 'spähen' (< * *tähðystää*; vgl. *tähti* 'Fleck'), *valjastaa* 'anschirren', *varastaa* 'stehlen', *vastustaa* 'sich widersetzen', *veistää* 'schnitzen', *vierastaa* 'zu Gaste sein, als fremd ansehen, sich genieren, fremd tun', *yleistää* 'verallgemeinern', *äestää* 'eggen'; beachte: *edistää* 'fördern' = dial. u. veralt. *edestää* (vgl. adv. *edes* 'nach vorn')[1], *poistaa* 'entfernen' (vgl. adv. *pois* 'weg'), *ulostaa* 'cacare' (vgl. adv. *ulos* 'hinaus'); f) *armahtaa* 'begnadigen' (vgl. *armas : arma(h)an* 'gewogen'), *kiiruhtaa* 'sich beeilen' (vgl. dial. *kiiru' : kiiruhun* 'Eile'), *kiirehtää* 'beschleunigen' (vgl. dial. *kiireh* 'Eile'), *tervehtää* 'grüßen' (vgl. dial. *terveh* 'gesund'), *vapahtaa* 'befreien, retten' (vgl. veralt. *vapah : vapahan* 'frei'); g) *hirttää* 'henken' (*hirsi* 'Balken' für 'Galgen'), *kettää* 'abhäuten' (vgl. *kesi* '(Ober-) Haut'), dial. *kättää* 'die Hand geben', *köyttää* 'anseilen' (*köy/si, -den* 'Seil'), *täyttää* 'füllen', *vaatettaa* 'bekleiden, einkleiden', *varttaa* 'mit Schaft versehen'; h) *aitaan* 'umzäunen' (*aita* 'Zaun'), *haaskaan* „veraasen", 'vergeuden', *haittaan* 'schädigen', *haluan* 'Lust haben, mögen' (*halu* 'Lust'), *harjaan* 'bürsten', *hautaan* 'begraben', *hoivaan* 'pflegen', *huhuan* 'heimlich erzählen, das Gerücht verbreiten', *hukkaan* 'verschwenden', *huomaan* 'bemerken' (vgl. *huoma* 'Obacht'), *hurmaan* 'hinreißen, berücken', *höylään* 'hobeln', *jyryän* 'stark tosen', *jyrään* 'donnernd brüllen; walzen', *kasaan* 'aufhäufen', *kehrään* 'spinnen', *kelaan* 'aufspulen, aufwickeln', *kertaan* 'wiederholen', *kerään* 'sammeln', *kihlaan* 'verloben', *kirjaan* dial. 'verzieren, schmücken, sticken, bunt weben' (vgl. *kirja* 'Ornament, Dekoration; auch einzelne Linien und Punkte'), *kisaan* 'Reigen und Tanzspiele aufführen', *kiusaan* 'necken, ärgern', *kiveän* '(mit einer Steinschicht) bedecken, pflastern' (dial. privativ: 'Steine lesen, z. B. auf dem Felde'), *kokoan* 'sammeln', *korvaan*

---

[1] Rapola: Vir. 1942 S. 143.

§ 67 Einfache denominale Verbalsuffixe 221

'ersetzen'[1]) (*korva* 'Ohr'), *kultaan* 'vergolden', *kuoppaan* 'vergraben', *kuormaan* 'aufladen', *kuvaan* 'schildern', *käkeän* 'beabsichtigen' (urspr. wahrscheinlich: 'ich betätige mich als Kuckuck und prophezeie wie ein Kuckuck', also: 'ich prophezeie, verspreche, verkünde, drohe, beabsichtige')[2]), *lainaan* 'entleihe', aber auch: 'verleihe', *laukkaan* 'galoppiere', *leimaan* 'stemple', *likaan* 'beschmutze', *lisään* 'füge hinzu', *matkaan* 'reisen', *meluan* 'lärmen', *mittaan* 'messen', *multaan* 'mit Erde bedecken', *murhaan* 'ermorden', *mustaan* 'schwärzen', 'anschwärzen', *naulaan* 'nageln, festnageln, anzwecken', *nimeän* 'nennen', *nokean* 'mit Ruß beschmieren' [aber auch privativ: 'vom Ruß reinigen'], *ohjaan* 'leiten, lenken', *paikkaan* 'flicken, Flicken aufsetzen', *palkkaan* 'dingen, entlohnen', *pilaan* '(scherzen, verspotten,) verpfuschen', *pilkkaan* 'verspotten' (urspr. 'mit einem Fleck versehen'), *pohjaan* 'besohlen, den Boden erreichen, einen Boden einsetzen', *punaan* 'rot bemalen o. färben', *raivoan* 'wüten', *rasvaan* 'schmieren', *rosvoan* 'räubern, rauben, plündern', *saarnaan* 'predigen', *sahaan* 'sägen', *salaan* 'verheimlichen', *salpaan* 'verriegeln', *savean* 'mit Lehm beschmieren', *savuan* 'rauchen', *seuraan* 'folgen' (urspr. essentiale Bedeutung 'als Gesellschaft(er) fungieren, Gesellschaft leisten'; vgl. *seura* urspr. 'Genosse, Kamerad'), *soimaan* 'schelten', *suojaan* 'schützen', *suolaan* 'salzen', *surmaan* 'ermorden', *tahraan* 'beflecken', *tarkkaan* 'achtgeben' (dial. u. a. 'zielen'; vgl. *tarkka* urspr. 'Ort, Stelle')[3]), *tasaan* 'ausgleichen', *tervaan* 'teeren', *tuhoan* 'vernichten', *uhkaan* '(be)drohen', *uhmaan* 'trotzen', *vaivaan* 'bemühen', *vastaan* 'antworten', *vertaan* 'vergleichen', *vihaan* 'hassen', *viittaan* 'verweisen, ein Zeichen geben, winken', *vimmaan* 'wütend machen, aus der Fassung bringen', *virtaan* 'fließen, strömen', *vuokraan* 'mieten', aber auch: 'vermieten', *älyän* 'begreifen, kapieren').
Die frühere Lautgestalt der klusillosen Variante (Beispiele der h)-Gruppe) * -δa-, * -δä-. Entsprechungen in allen finnischugrischen Sprachen, evtl. auch im Samojedischen[4]). Vgl. § 65.12 (deverb. -ta-, -a-). Über solche Fälle wie *savustaa*, eig. *savuistaa* s. § 68.3.

7) -tta-, -ttä-. a) Bedeutung meist instruktiv, faktitiv o. instrumental (die Bedeutung dieser Termini in den Punkten 2) u. 3)): *auttaa* 'helfen' (< * *avuttaa*; vgl. *apu* 'Hilfe'), *ehdottaa* 'vorschlagen', *havuttaa* 'mit feingehackten Nadelbaumzweigen bestreuen', *huvittaa* 'belustigen', *kesyttää* 'zähmen', *kiskottaa* 'Schienen legen', *kouluttaa* 'schulen', *kurittaa* 'züchtigen', *käsittää* 'begreifen', *liputtaa* 'flaggen', *lohduttaa* 'trösten', *löylyttää* 'Dampf geben, verdreschen', *muuttaa* 'ändern, umziehen', *myrkyttää* 'vergiften', *pilkuttaa* 'markieren, bezeichnen, interpungieren', *pommittaa* 'bombardieren, beschießen', *puukottaa* 'mit dem Heftmesser (*puukko*) zustechen', *päättää* 'beschließen, beenden', *rokottaa* 'impfen' (Neubild.), *rummuttaa* 'trommeln', *rypyttää* 'knit-

---

[1]) Der heutigen Bedeutung liegt vielleicht dial. 'ich verschiebe den Zugriemen des Jochs näher nach dem Ohr des stärkeren Ochsen zu'; durch ein „Nach-dem-Ohr-Verschieben" wurde also das Kräftemißverhältnis beim Ochsendoppelgespann ausgeglichen; s. Kustaa Vilkuna: Varsinais-Suomen historia III 2 S. 133. Die Bedeutungsentwicklung bedarf jedoch noch gründlicher Klärung.
[2]) Vir. 1944 S. 250, 313.
[3]) Y. H. Toivonen: Vir. 1932 S. 53.
[4]) Zuletzt Lehtisalo: SUST 72 S. 287 f.

tern, falten', *sakottaa* 'in Geldstrafe nehmen', *syyttää* 'anklagen, verklagen', *sälyttää* 'jemandem etwas aufladen, aufhalsen (Last, lästiges Amt)', *verottaa* 'besteuern', *vyöttää* 'umgürten'; b) onomatopoetische Wörter (meist kausativ) oder sonstige Deskriptiva: *ammottaa* 'klaffen, gähnen' (vgl. *ammollaan* 'weit offen stehend'), *hohottaa* 'aus vollem Halse lachen', *huohottaa* 'schnaufen, stöhnen', *hölköttää* 'traben', *jankuttaa* 'sich streiten, bissige Reden führen', auch: 'immer wieder dass. vorbringen', *jöröttää* 'brummen, knurren, verdrießlich sein', *kaakattaa* = *kaakottaa* 'gackern, schnattern', dial. *kahittaa* 'sich wundern' (eig. *kah*! sagen, *kah* = 'sieh an!, siehe da!'), *kikattaa* 'kichern', *koputtaa* 'an die Tür klopfen, anklopfen', *kotkottaa* 'gackern', *kököttää* = *kyyröttää* 'kauern', *laputtaa* 'abhauen, türmen', *lepattaa* 'aufflammen, flackern, lodern, herumfliegen', *lerpattaa* 'hängen, baumeln', *läpättää* 'baumeln, pendeln', *läähättää* 'keuchend atmen', *mäkättää* 'brüllen, muhen, blöken', *nakuttaa* 'klopfen, pochen, hämmern', *nalkuttaa* 'knacken, belfern, keifen', *naputtaa* 'gelinde klopfen, hacken', *nilkuttaa* 'hinken, lahm gehen', dial. *nohittaa* 'antreiben' (*noh* „‚los! biss'l dalli!" sagen'), *papattaa* 'schwatzen, quatschen', *rimputtaa* 'ein Musikinstrument mißhandeln, darauf herumklimpern', *räkättää* 'fortwährend krachen, kreischen, quaken, schwatzen', *räpyttää* 'mit den Augenlidern „klappern"', auch 'blinzeln, mit den Flügeln schlagen', *röhöttää* 'keuchen, außer Atem kommen', *sipsuttaa* 'trippeln', *sopottaa* 'flüstern, tuscheln', *taputtaa* 'klatschen (in die Hände, z. B. Beifall klatschen, o. auf der Schulter als Anerkennung, aus Freundschaft)', *tikittää* 'ticken' (Uhr), *tykyttää* 'zum Hüpfen, Zittern bringen, schlagen', *törröttää* 'abstehen, hervorstehen, zu Berge stehen (die Haare)', *voivottaa* 'jammern', *änkyttää* 'stottern'; am nächsten auf Mustern dieser Art fußt *jonottaa* 'Schlange stehen, durch Schlangestehen sich etwas verschaffen' (von A. Kannisto 1907 vorgeschlagen und im ersten Weltkrieg eingebürgert).

Man glaubte zu der Annahme auch eines denominalen Derivans berechtigt zu sein, das *-tt-* (< *-kt-* oder *-pt-*) enthalte und auf die finnischugrische Ursprache zurückgehe; dieses Derivans kann in den obigen Derivativa auftreten, und es lassen sich für dasselbe Entsprechungen aus allen finnischugrischen Sprachen – und zwar gleichzeitig laut- wie auch bedeutungsgeschichtliche – bis einschl. der ugrischen Sprachen beibringen. Doch ist eine solche Annahme, solange keine detaillierte Untersuchung stattgefunden hat, nicht für sicher anzusehen. Auch die Möglichkeit muß ins Auge gefaßt werden, daß es sich hier um Analogie nach den entsprechenden deverbalen Derivativa handelt; und diese Deverbalia ihrerseits können, wie § 65.12 gezeigt wurde, wenigstens zum großen Teil als ursprüngliches Derivans nur ein *-t-* aufweisen. Teilweise können auch die im vorstehenden aufgezählten Verba und andere ähnliche Bildungen, die dem heutigen finnischen Sprachgefühl denominal erscheinen (z. B. *jännittää, kivittää, koittaa, miehittää, nimittää, pönkittää, rauhoittaa, siivittää* u. a.), direkt zunächst einmal auf Verba basieren, die im heutigen Finnischen unbekannt sind.

68. Zusammengesetzte oder sonst sekundäre denominale Verbalderivantia:

1) **-(eh)ti-.** a) Von kausativer Bedeutung: *aallehtia* 'wogen' (*aalto* 'Woge'), *elehtiä* 'gestikulieren', *hilsehtiä* 'sich mit Hammerschlag bedecken',

§ 68   Sekundäre denominale Verbalsuffixe   223

ilvehtiä 'grimassieren', *kiirehtiä* 'eilen', *lainehtia* 'wogen', *liekehtiä* 'flammen' (*liekki* 'Flamme'), *liikehtiä* 'sich rühren, sich in Bewegung setzen', *pelehtiä* 'spielen' (*peli* 'Spiel'), dial. *perehtiä* 'eine Familie gründen' (dial. *pereh* 'Familie'), *porehtia* 'mit Blasen bedeckt werden, Risse, Sprünge bekommen', *sädehtiä* 'strahlen', *tiinehtiä* 'trächtig werden', dial. *viljehtiä* 'Ertrag bringen, gut gedeihen' (*nauris viljehtii hyvästi palossa* 'die Rübe gedeiht auf dem Schwendenland gut'; *vilja* 'Getreide'), *välkehtiä* 'schimmern, flimmern' (*välke* 'Schimmer'); b) instrumental: (§ 67.2, 3) *einehtiä* 'frühstücken', *huolehtia* 'sorgen für' (*huoli* 'Sorge'), *murehtia* 'trauern, sich grämen' (dial. *mureh* = schriftspr. *murhe* 'Trauer, Kummer'), *märehtiä* 'wiederkauen' (dial. *märeh* = *märhe* 'Wiedergekäutes'), *purjehtia* 'segeln'; c) instruktiv: *kahlehtia* 'fesseln', dial. *turvehtia* 'mit Torf o. Rasenstücken bedecken', *vannehtia* 'mit Reifen beschlagen, bereifen'; d) sonstige Verba: *ahnehtia* 'gieren nach', *kadehtia* 'mißgünstig sein', *luonnehtia* 'entwerfen, charakterisieren' (Neubild.), *suvehtia* (Neubild. nach dem folg. Wort) 'den Sommer verbringen', *talvehtia* (Neubild.) 'überwintern'. – Eigentliche Ableitungssuffixe sind *-t-* (§ 67.6) + *-i-* (§ 65.4); vor diesen ist *-(e)h-* aus den das Grundwort bildenden Substantiva auf *-eh-* zu dem Suffix hinübergezogen worden (vgl. ob. *laineh* ~ *laineh-ti-a*, *mureh* ~ *mureh-ti-a* usw., aber andererseits *liekka* = *liekki* ~ *liek-ehti-ä*, *vilja* ~ *vilj-ehti-ä*, *peli* ~ *pel-ehti-ä*). – Mit dem Nebeneinander von *tervehtiä* = *tervehtää* vgl. dial. *kalastia* = *kalastaa* 'fischen'.

2) *-(h)tu-*, *-(h)ty-*. Bedeutung translativ: *erehtyä* 'sich irren' (vgl. *erä* 'entlegener Ort', *eri* 'verschieden'; frühere Bedeutung: 'für sich, abseits geraten'), *haihtua* 'zerstreut werden, verdunsten' (*haja* 'auseinander'; morphol. Beziehung unklar), *hairahtua* 'sich unversehens irren' (dial. adv. *hairaan* 'in die Irre'), *homehtua* 'schimmeln' (dial. *homeh* 'Schimmel'), *ilahtua* 'sich erfreuen, plötzlich froh werden' (*ilo* 'Freude', Grundw. * *ila*), *läkähtyä* 'außer Atem kommen, sich verschlucken' (? vgl. dial. *läkä* 'Schleim der Atmungsorgane'), *perehtyä* 'bekannt werden mit, sich aneignen, sich gewöhnen' (*perä* 'der äußerste o. hinterste Teil von etwas'; die urspr. Bedeutung offensichtlich: 'der Sache auf den Grund kommen'), *punehtua* 'erröten, rot werden' (vgl. *puna* 'rot'), *päihtyä* 'betrunken werden' (? vgl. *pää* 'Kopf'; die morphol. Beziehung ist unklar), *tulehtua* 'sich entzünden' (*tuli* 'Feuer'), *ummehtua* 'muffig werden; Verstopfung bekommen' (*umpi-* 'der zugeschlossene, zugestopfte Zustand'), *unohtua* < *unehtua* 'vergessen werden' (vgl. *uni* 'Schlaf')[1], *viihtyä* 'sich wohl fühlen' (? vgl. * *vii* 'Kante, Rand, Ende[2]'; die urspr. Bedeutung des Verbs könnte sein: 'enden', beachte Lönnrot Wörterbuch s. v. *vihtyä* 'endgültig geschehen'), *väljähtyä* 'schal werden, verduften, abgestanden werden' (*väljä* 'weit, geräumig'). – Eigentliche Ableitungssuffixbestandteile sind *-t-* (§ 67.6) + *-u-*, *-y-* (§ 65.10); das *-h-* davor (und bisweilen noch das *-e-* vor dem *h*) haben sich an das Suffix angeschlossen aus den Grundwörtern auf *-eh* (vgl. z. B. *homeh* ~ *homehtua*), und somit hat dieses *eh* keinerlei etymologischen Zusammenhang mit dem *h* des momentanen Derivans *-ahta-*, *-ähtä-* (§ 65.1), obwohl sich gelegentliche analogi-

---
[1] Vir. 1935 S. 101 f.
[2] Wichmann: FUF 14 S. 119, 16 S. 209.

sche Bedeutungsbeeinflussung durch dieses Momentanderivans nicht leugnen läßt. – Vgl. deverb. *-htu-, -hty-* (§ 66.5).

3) **-(i)sta-, -(i)stä-**. Bedeutung im allgemeinen **faktitiv** oder **kausativ**, bisweilen instruktiv oder instrumental (über die Termini § 67.2, 3): a) *arvostaa* (Neubild.) 'kritisieren, taxieren, beurteilen, würdigen', *avustaa* 'unterstützen' (? Neubild.; fehlt im Wörterbuch von Lönnrot, steht aber in dessen Supplement), *eristää* 'isolieren' (Neubild.), *heijastaa* 'widerspiegeln' (vgl. dial. *heika* 'Widerspiegelung'), *herrastaa* 'als Herr auftreten' (essentiale Bedeutung), *innostaa* 'begeistern', *jalostaa* 'veredeln', *jutustaa* 'sich unterhalten', *järjestää* 'organisieren' (*järki* 'Vernunft'), *kalustaa* 'möblieren', *korostaa* 'betonen', *kunnostaa* 'in Ordnung bringen', *kuulostaa* 'lauschen, zuhören', *kuulustaa* 'verhören', dial. auch 'bekannt machen', *kuvastaa* 'widerspiegeln, reflektieren', *maustaa* 'würzen', *muodostaa* 'bilden, formieren, schaffen', *mykistää* 'stumm machen' (*mykkä* 'stumm'), *näpistää* 'kneifen, „fingerieren", stibitzen' (*näppi* 'Fingerspitze'), *painostaa* 'drücken, bedrücken, unterstreichen', *rinnastaa* 'vergleichen', *samastaa* 'identifizieren' (Neubild., auch *samaistaa*), *saostaa* 'kondensieren, verdichten', *savustaa* 'räuchern', *selostaa* (Neubild.) 'referieren', *tarkastaa* 'mustern, durchsehen, kontrollieren', *tutustaa* 'bekannt machen' (gew. *tutustuttaa*), *varjostaa* 'verdunkeln, abtönen, verschleiern'; „beschatten" = „überwachen", *veltostaa* 'erschlaffen' (gew. *veltostuttaa*), *äänestää* 'abstimmen' (diese Bedeutung aber erst neu; dial. 'lärmen'); Impersonalia: *arastaa* 'wehe tun, empfindlich sein' (*arka* 'empfindlich'), *herrastaa* (*häntä herrastaa* 'ihn kitzelt der Herrendünkel', auch persönlich gebraucht), *hiestää* = *hiostaa* 'zum Schwitzen bringen', *kainostaa* 'es geniert, beschämt', *kajastaa* 'sich aufklären', *kiinnostaa* 'interessieren' (künstl. gebildet; von V. Saukkola 1924 vorgeschlagen), *oudostaa* 'befremden' (gew. *oudostuttaa*), *ujostaa* (gew. *ujostuttaa*) 'genieren, beschämen', *vilustaa* (gew. *vilustuttaa*) 'frösteln'; – b) *ahdistaa* 'bedrängen' (*ahdas* 'eng'), *alistaa* 'unterwerfen' (dial. u. a. 'fällen'; vgl. *ala* 'das Untere'), *herkistää* 'die Empfindlichkeit schärfen', *hätistää* 'jemandem hart zusetzen' (*hätä* 'Not'), *irvistää* 'grinsen' (adv. *irvellään* 'grinsend'), *jäykistää* 'steif machen, stärken (Wäsche)', *kallistaa* 'beugen, neigen, einschenken', „einen genehmigen" (adv. *kallellaan* 'schräg'), *kangistaa* '(den Nacken) steifen' (*kanki* 'Eisenstange', *kankea* 'steif'), *kiristää* 'erpressen' (*kireä* 'straff'), *kohdistaa* 'richten' (*kohta* '(rechte) Stelle'), *koristaa* 'schmücken' (*koru* 'Schmuckstück'), *koukistaa* 'krümmen, biegen' (dial. *koukka* = schriftspr. *koukku* 'Haken'), *kouristaa* 'mit Fäusten drücken, zukneifen, klemmen' (*koura* 'Faust'), *kovistaa* 'hart behandeln, zusetzen', *kutistaa* 'zusammendrücken, pressen' (dial. *kutea* 'zusammengeschrumpft, eng'), *kyykistää* 'sich ducken, niederhocken' (dial. adv. *kyykällään* 'hockend'), *kärjistää* 'zuspitzen', *käyristää* 'krümmen, biegen', *laimistaa* 'beruhigen, mäßigen, schwächen', *lannistaa* 'niederdrücken' (dial. *lansi : lannen* 'niedrig, Niederung'), *litistää* 'pressen, zusammendrücken', *lävistää* 'ein Loch bohren', *maistaa* 'kosten' (*makea* 'schmackhaft, süß')[1], *monistaa* 'vervielfältigen' (Neubild.), *mutkistaa* 'komplizierter machen', *mykistää* 'stumm machen', *nipistää* 'kneifen, zwicken' (vgl. dial. *nippa* 'Fingerspitze'), *notkistaa* 'biegen, weich

---

[1] Tunkelo: Vir. 1945 S. 374 f., 504.

o. gelenkig machen' (dial. *notka* schriftspr. *notko* 'Krümme, Biegung'), *nyrpistää* 'rümpfen' (dial. adv. *nyrpällä nenin* 'mit gerümpfter Nase'), *omistaa* 'besitzen' (beachte die dial. Bedeutungen 'sich aneignen, als eigen reklamieren, anerkennen'; diese dial. Bedeutungen sind ursprünglicher als die unter fremdem Einfluß entstandene heutige Bedeutung), *pitkistää* 'in die Länge ziehen, verzögern', *ponnistaa* 'sich anstrengen, die Kräfte anspannen', *puhdistaa* 'reinigen' (dial. *puhdastaa*), *pullistaa* 'aufblasen, aufgedunsen machen' (*pullo* 'Blase', *pullea* 'aufgeblasen, aufgedunsen'), *pyöristää* 'abrunden' *pyörä* 'Rad', *pyöreä* 'rund'), *pöyristää* 'Haare o. Federn aufrichten, sich brüsten' (vgl. dial. adv. *pöyryllään* 'zottig, mit gesträubtem Haar', *pöyreä* 'zottig'), *raaistaa* 'verrohen', *rynnistää* 'anstürmen gegen' (= *rynnätä*, welches das Subst. **ryntä* voraussetzt, vgl. *ryntäät* 'Brust'), *rypistää* 'falten, knittern' (vgl. *ryppy* 'Falte, Runzel', dial. *ryppy : rypön* (sic!), die frühere Deklination zeigt wohl estn. *rüpp : rüpe* 'Schoß, Busen'), *sievistää* 'verschönern, zurechtmachen, aufputzen', *sitkistää* 'zähe machen, zähflüssig o. viskös machen', *sivistää* 'kultivieren, aufklären' (vgl. *siveä, siivo* dial. 'glatt, eben'), *somistaa* 'schmükken', *suoristaa* 'geraderichten, geradebiegen', *supistaa* 'beschränken' (vgl. *suppu, suppea* 'zusammengezogen, -gedrängt'), *synkistää* 'verdüstern', *todistaa* 'bezeugen', *tukistaa* 'bei den Haaren ziehen', *ummistaa* 'zudrücken (Auge), schließen, zustopfen', *uudistaa* 'erneuern', *vahvistaa* 'bestätigen, verstärken', *valistaa* 'aufklären' (vgl. *valkea, valo* 'Licht'), *varmistaa* 'bestätigen, sichern, bekräftigen', *virkistää* 'erfrischen', *voimistaa* 'mit Stärke o. Kräften versehen, stärken', *vääristää* 'fälschen, verdrehen, krummbiegen', *yhdistää* 'vereinigen', *ylistää* 'preisen' (veralt. u. urspr. 'heben, erhöhen'[1]); vgl. *ylä-* 'ober-'); Impersonalia: *kauhistaa* 'es ruft Schrecken hervor' (vgl. *kauhu* 'Schrecken', *kauhea* 'schrecklich', urspr. 'blaß', vgl. *kauhtua* 'verblassen' > 'zornig werden'; vgl. *kauhu* § 53.54), *kivistää* 'Schmerzen verursachen, plagen' (vgl. *kipu* 'Schmerz, *kipeä* 'schmerzhaft', urspr. 'bitter, herb, nicht süß', vgl. dial. *kipistyä* 'scharf o. beißend sauer werden', estn. *kibe* 'bitter, herb'), *luonnistaa* 'passen, tauglich sein, gelingen' (vgl. *luonto* 'Natur'); — c) kaptativ ('Fangen o. Sammeln' des vom Grundw. Bezeichneten): *kalastaa* 'fischen', *linnustaa* 'Vögel fangen', *marjastaa* 'Beeren sammeln', *metsästää* 'jagen' (beachte, daß *metsä* 'Wald' euphemistisch für 'Wildbret' steht)[2]), *rahastaa* (Neubild.) 'kassieren, finanzieren', *sienestää* 'Pilze sammeln'.

Das ursprüngliche Derivanselement ist nur *-ta-, -tä-* (§ 67.6); das *s* vor diesem *t* und das *-is-* der Gruppe stammen von solchen Fällen her, wo das Grundwort *-(i)s-*stämmig oder irgendein anderes Nomen auf *-s-* war: *kuvastaa*, eig. **kuvaistaa* ~ *kuvainen* 'nachgebildet, ähnlich', *savustaa*, eig. *savuistaa* ~ *savuinen* 'rauchig'; betreffs der c)-Gruppe beachte solche Vorbilder wie *saalistaa* ~ *saalis* 'erbeuten ~ Beute', *pyydystää* ~ *pyydys* 'fangen ~ Fanggerät, Falle'.

4) -ksi-. a) Censive Verba. Diese bringen eine Beurteilung zum Ausdruck, die durch den Sinn des Grundworts deutlich gemacht wird: *halveksia* 'geringschätzen' (*halpa* 'billig'), *kummeksia* 'für sonderbar halten,

---

[1] Arvo T. Inkilä: Vir. 1932 S. 402 f.
[2] Nirvi: Sanankieltoja S. 148.

sich wundern über' (*kumma* 'sonderbar'), *paheksia* 'für schlecht halten, mißbilligen' (*paha* 'schlecht'), *väheksiä* 'geringschätzen' (auch *väheksyä;* vgl. *vähä* 'wenig'). – b) Instrumental: *haaveksia* 'träumen' (vgl. dial. *haama* 'Gespenst'; vgl. *haave* § 52.1), *uneksia* 'träumen'. – Das *-ks-* des Derivans dürfte auf dem Translativsuffix fußen (§ 47D), und das *-i-* ist ein bekanntes Kontinuativderivans (§ 67.2, § 65.4). Dieses *-ksi-* ist auch einem großen Teil der finnischen Dialekte unbekannt und bewußtermaßen auch allen übrigen ostseefinnischen Sprachen; außerhalb des Ostseefinnischen dürfte es nur eine Entsprechung im Lappischen haben[1]). Dort aber ist das Derivans weit in den verschiedenen Dialekten verbreitet und auch von häufigerem Gebrauch als im Finnischen. Dieser Umstand verbietet es, das Suffix wegen seines beschränkten Gebietes etwa für jung anzusehen. Das *e* vor dem Derivans an Stelle des auslautenden *a* oder *ä* des Grundworts ist sicherlich analogisch: vgl. *kantaa : kanneksia* u. ä. Fälle (§ 54.1). Die Wörter der b)-Gruppe haben offensichtlich semasiologischen Einfluß von den deverbalen Kontinuativa auf *-ksi-* erfahren (§ 65.8). Vgl. *-ksu-, -ksy-* (§ 68.5, also folg. Punkt).

5) *-ksu-, -ksy-*. a) Bedeutung censiv, wie beim vor. Punkt: *halveksua* 'gering achten', *huonoksua* 'für schlecht halten', *hyväksyä* 'billigen', *kammoksua* 'für schrecklich halten, Abscheu bekommen', *kummeksua* 'für sonderbar halten' (bisw. *kummaksua*), *oudoksua* 'befremdlich finden', *paheksua* 'mißbilligen', *paljoksua* 'für (zu)viel halten', *pieneksyä* 'für klein halten', *pitkäksyä* 'für zu lang ansehen', *suureksua* 'für groß, wichtig ansehen', *vieroksua* 'für fremd halten, schamhaft sein, verabscheuen' (veralt. *vieraksua*), *väheksyä* = *vähäksyä* 'für gering halten, geringschätzen'; beachte *kainoksua* 'schüchtern sein', *omaksua* 'sich aneignen, als eigen anerkennen'. – b) Bedeutung nahezu instrumental: *haaveksua* 'träumen, phantasieren', *uneksua* 'träumen'. – Über Alter, Ursprung und Verwandtschaftsbeziehungen des Derivans ist dasselbe zu sagen wie im vor. Punkt (§ 68.4) über das synonyme *-ksi-*. *-ks-* dürfte also aus dem Translativ stammen; *-u-, -y-* ist ein ursprünglich reflexivpassives Derivans (§ 67.5), das sich in dieser Verbindung sekundär zu einem transitiven Derivans entwickelt hat (vgl. mit einigen in § 67.5c erwähnten Beispielen, wie *puhua, lausua, noitua*). Die größere Verbreitung dieses censiven *-u-, -y-*Derivans gegenüber seinem Synonym mit *-i-* dürfte so zu erklären sein, daß das Sprachgefühl auch mit morphologischen Mitteln die Censivverba von den *-ksi-*Kontinuativa klar zu trennen versuchte (*kuljeksia* u. a. § 65.8). Beachtlich ist, daß das Auslaut-*a*, -*ä* in diesen Derivativa vielfach vor dem analogischen Übertritt in *-e* bewahrt worden ist *(hyväksyä, kummaksua, pitkäksyä, omaksua).* Dieser Umstand stützt zu seinem Teil die Ansicht, daß es sich um eine derivative Bildung auf der Basis des Translativs handelt. In *vieroksua* beruht das *o* wohl auf Analogie nach dem synonymen Verbum *vieroa*. Die besondere Bedeutung der Derivativa der b)-Gruppe rührt sicher von deren in § 68.4b erwähnten Synonyma her. Nach der Analogie der erwähnten Denominalia ist das deverbale *otaksua* 'vermuten' entstanden (eig. 'nehmen' oder „begreifen" als etwas); vielleicht

---

[1]) Zum Beispiel Nielsen: Lærebok i lappisk I, § 309.

handelt es sich hier um ein Übersetzungslehnwort; vgl. schwed. *antaga*, nhd. *annehmen*.

6) **-o-**. a) Kausativa: *haaroa* 'sich verzweigen' (*haara* 'Zweig'), veralt. *haavoa* 'verwunden', dial. *hilloa* 'zerschmettern' (vgl. *hilla* 'Schneebrei, Trümmer'), *kirjoa* 'schmücken, bemalen' (vgl. *kirja* 'Fleck, Ornament'), *leipoa* 'backen' (*leipä* 'Brot'), *liuskoa* 'Streifen o. Scheiben schneiden' (*liuska* 'Streifen, Scheibe'), *pensoa* 'sich verzweigen, buschig werden' (der Stamm unregelmäßig, das Grundwort *pensas*), *pirstoa* '(zer)splittern' (*pirsta* 'Splitter'), dial. *rankoa* 'Brennholz machen' (eig. 'Wurzeln u. Äste entfernen u. so den Baum zum *ranka* machen'), dial. *ratoa* 'in einem fort gehen', eig. 'eine *rata*, d. h. eine Bahn o. einen Pfad treten', *rikkoa* 'zerbrechen, entzweimachen' (? vgl. *rikka* 'Kehricht'), *sanoa* 'sagen' (*sana* 'die gesprochene Äußerung'), *silpoa* 'die äußerste glatte Rinde von einem Baume abschälen' (*silpa* 'feine Rinde'), dial. *teloa* 'verderben' (vgl. *tela* 'Schaden, Unfall'), *teroa* 'scharf werden' (eig. 'Schärfe verursachen', *terä* 'die Schneide'), *varsoa* 'Füllen *(varsa)* werfen', *vesoa* 'Schößlinge treiben' (*vesa* 'Schößling'), *vihmoa* 'stark staubregnen' (*vihma* 'Staubregen'); b) instrumental: *aitoa* 'über den Zaun *(aita)* springen', *arpoa* 'losen' (*arpa* 'Los'), *haroa* 'mit der Schwendenegge *(hara)* eggen', *kauloa* 'rollen, mangeln' (Wäsche), *meloa* 'mit dem Steuerruder *(mela)* rudern', *neuloa* 'nähen' (*neula* 'Nadel'), dial. *pauloa* 'mit der Schlinge *(paula)* fangen', *saunoa* 'ein *sauna*-Bad nehmen', *sauvoa* 'mit dem Stab *(sauva)* vorwärtsschieben', *seuloa* 'sieben' (*seula* 'Sieb'), *taikoa* 'wahrsagen, zaubern' (*taika* 'Zauber'), *velkoa* 'die Zahlung einer Schuld fordern', *vihtoa* 'mit dem Badequast *(vihta)* bearbeiten', *viittoa* 'winken, mit Wegezeichen *(viitta)* versehen', *vitsoa* 'die Rute *(vitsa)* geben'; c) instruktiv: dial. *kihloa* 'sich verloben' (*kihla* 'Verlobungsring'), *lahjoa* 'bestechen' (dial. 'schenken', *lahja* 'Geschenk'), dial. *rahoa* 'die Verlobung festsetzen durch Zahlung der Verlobungssumme'; d) Privativa: dial. *kermoa* 'die Milch abrahmen' (*kerma* 'Sahne'), dial. *latvoa* 'die Wipfelspitzen abbrechen' (*latva* 'Wipfel'), *nuohoa* „Ruß wischen" = 'die Esse kehren' (*nuoha* 'feiner Staub'); e) censive Verba (vgl. § 68.4): *pahoa* 'für schlecht ansehen, übelnehmen' *(paha)*, *vieroa* 'für fremd (*vieras*, unregelm. Stamm) ansehen, sich scheuen, sich fernhalten'. – Die frühere, dial. u. veralt. Lautgestalt ist *-oi-*, in der *-i-* das eigentliche Derivans (§ 67.2) und *-o-* die Fortsetzung des Auslaut-*a* des Grundwortstammes darstellt. Die oben genannten Derivativa stehen also vom historischen Standpunkt aus mit den in § 67.2 behandelten *i*-Derivativen auf völlig gleicher Stufe; einige lautliche Fragen werden dort erklärt. Vgl. noch § 66.7 (deverbales *-o-*).

7) **-rta-, -rtä-**. Essentiale Bedeutung (die Derivativa bedeuten das Sein von der Art, wie das Grundwort anzeigt): *kellertää* 'gelb schimmern' (*kelta* 'gelb'), *punertaa* 'rot erscheinen' (*puna* 'rot'), *sinertää* 'ins Blaue spielen' (*sini* 'blau'). – Eigentliches Derivans ist nur *-ta-, -tä-* (§ 67.6), *-r-* hat sich aus dem Wortzusammenhang von *viherä* 'grün' in *vihertää* 'grünen' heraus an das Derivans vorn angeheftet, da *vihertää* aus natürlichen Gründen das häufigste Verbum der besagten Bedeutungsgruppe ist.

7a) **-sta-, -stä-**: s. ob. § 68.3.

8) **-ti-**. Siehe *-(eh)ti-*: § 68.1.

9) **-tu-, -ty-**. Translative Bedeutung: *kauhtua* 'verschießen, verblassen', dial. 'zürnen' (vgl. dial. *kauha* = gemeinspr. *kauhu* 'Schrecken'; s. § 53.54), *köyhtyä* 'verarmen' (*köyhä* 'arm'), *laihtua* 'abmagern' (*laiha* 'mager'), *lauhtua* 'gelinde werden, nachlassen' (vgl. *lauha* 'mild, gelinde'), *löyhtyä* 'schlaff werden' (vgl. *löyhä* 'schlaff'), *nuortua* 'sich verjüngen' (*nuori* 'jung'), *nöyrtyä* 'sich demütigen' (*nöyrä* 'demütig'), *sydäntyä* 'zornig werden' (*sydän* 'Herz'), *vertyä* 'blutig werden, aufgefrischt o. neubelebt werden' (*ver/i, -en* 'Blut'). – Bestandteile: *-t-* (§ 67.6) + *-u-, -y-* (§ 67.5). Das Derivans stammt von solchen Fällen her, in denen mit dem ursprünglicheren *-ta-, -tä-*-Derivans deverbales *-u-, -y-* verschmolzen ist: *maataa* ~ *maatua* 'in Land, Erde verwandeln ~ in Land, Erde verwandelt werden', *tervehtää* ~ *tervehtyä* 'grüßen [eig. „gesund machen", näml. 'Gesundheit wünschen'] ~ gesund werden', *rakastaa* ~ *rakastua* 'lieben ~ sich verlieben, verliebt werden' usw. Möglicherweise hat es auch neben einigen oben genannten Intransitiva früher die entsprechenden transitiven *-ta-, -tä*-Derivativa gegeben, auch ist es möglich, daß solche entsprechenden *-ta-, -tä*-Transitiva noch mundartlich vorkommen.

H. ALLGEMEINE BEMERKUNGEN ZUR DERIVATIONSLEHRE

69. Im vorstehenden sind an denominalen Nominalderivantia 24 einfache und 63 sekundäre, an deverbalen Nominalderivantia 11 einfache und 35 sekundäre aufgezählt worden. An deverbalen Verbalderivantia gibt es 13 einfache und 16 sekundäre, denominale Verbalderivantia gibt es 7 einfache und 10 sekundäre. Dabei darf jedoch nicht außer acht gelassen werden, daß eine bedeutende Anzahl sowohl von [ursprünglichen] Nominalderivantia als auch von [ursprünglichen] Verbalderivantia ebensogut an Nomina wie an Verba antritt, so daß die gegenseitigen statistischen Beziehungen zwischen denominalen und deverbalen Derivantia keinen charakteristischen Wert besitzen.

Knut Cannelin hat berechnet, daß von den Schlagwörtern eines modernen finnischen Wörterbuches 12%[1]) Grundwörter, 44% Derivativa und ebenfalls 44% Komposita sind. In diesen Zahlen spiegelt sich jedoch der Anteil der Grundwörter an der Ökonomie der Sprache nicht richtig wider, insofern, als er hier viel geringer erscheint, als er in Wirklichkeit ist. Nach Berechnungen, die Verf. an einem finnischen Prosatext von 1210 Wörtern angestellt hat (es handelte sich dabei um homogenen Text ohne Propria), treten dort 647 Grundwörter auf, ihr Anteil betrug also etwa 53,5%. Dieses Ergebnis, daß sich kaum bei Zugrundelegung umfangreicheren Materials ändern dürfte, läßt deutlich erkennen, daß die meistgebrauchten

---

[1]) Die Prozentzahl dürfte etwas zu hoch gegriffen sein, da C. nach seiner eigenen Angabe als Grundwörter Adjektive auf *-ea, -eä, -ra* und *-la* sowie Substantive mit unbekanntem Stamm, wie *kataja* 'Wacholder', *kamana* 'Türsims' u. ä. als 'Grundwörter' gezählt hat. Siehe Vir. 1931 S. 186 f.

Wörter der Sprache im allgemeinen die Grundwörter, d. h. die unabgeleiteten und nicht zusammengesetzten Wörter sind.

Bei einer Durchmusterung der obigen umfangreichen Gruppen von Derivantia kommt man zu der Feststellung, daß es unabgeleitete, aus echtem finnischugrischem Erbgut stammende Nominal- und Verbalstämme kaum außerhalb folgender Bereiche gibt: nämlich der (heute) einsilbigen Wörter, wie: *maa* 'Land', *pää* 'Kopf', *pii* 'Kieselstein, Zahn', *puu* 'Baum, Holz', *pyy* 'Haselhuhn', *tuo* 'jener', *työ* 'Arbeit', *tie* 'Weg'; *saan* 'ich bekomme', *jään* 'ich bleibe', *myyn* 'ich verkaufe', *vien* 'ich schaffe weg', *luon* 'ich stoße weg, werfe, schaffe', *lyön* 'ich schlage'; und der zweisilbigen a-, ä- und e-Stämme, wie: *sana* 'Wort', *paha* 'schlecht', *hätä* 'Not', *märkä* 'feucht, Eiter', *tuli* 'Feuer', *veri* 'Blut', *suuri* 'groß', *pieni* 'klein'; *annan* 'ich gebe', *jaan* 'ich teile', *elän* 'ich lebe', *pidän* 'ich halte', *tulen* 'ich komme', *menen* 'ich gehe', *kosken* 'ich berühre', *teen* 'ich tue'. Man vergleiche das mit dem, was oben in § 24 über die Stammvokale der nichtersten Silbe gesagt worden ist.

Es ist nur natürlich, daß die Sprache nicht alle ihre Möglichkeiten zur Wortableitung ausnützt. Ein Faktor, der in dieser Hinsicht einschränkend wirkt, ist das Streben nach Vermeidung störender Homonyme. So erwartet man auf dem Gebiet der deverbalen Substantive, daß nach solchen Mustern wie *(humisee:) humu* '(rauscht:) das Rauschen', *(jyrisee:) jyry* '(brüllt:) Gebrüll', *(kohisee:) kohu* '(saust:) Sausen' auch solche Substantive wie *(kalisee:)* * *kalu* '(klirrt:) Klirren', *(karisee:)* * *karu* '(prasselt:) Geprassel', *(korisee:)* * *koru* '(röchelt:) Röcheln', *(murisee:)* * *muru* '(brummt:) Gebrumme', *(narisee:) naru* '(knirscht:) Knirschen', *(pirisee:)* * *piru* '(sickert:) Sickern', *(surisee:)* * *suru* '(schwirrt:) Schwirren', *(solisee:)* * *solu* '(sprudelt:) Sprudel', *(vilisee:)* * *vilu* '(wimmelt:) Gewimmel', *(älisee:) äly* '(wimmert:) Wimmern', *(natisee:)* * *natu* '(knistert:) Knistern' entstanden wären, aber die aus anderen Wortstämmen hervorgegangenen zufälligen Homonyma *kalu* 'Gerät', *karu* 'unfruchtbar', *koru* 'Schmuck', *muru* 'Krume', *naru* 'Strick', *piru* 'Teufel', *suru* 'Trauer', *solu* 'Zelle', *vilu* 'Frösteln', *äly* 'Verstand', *natu* 'Energie' haben [besonders da sie eine hohe Frequenz in der heutigen Gemeinsprache aufweisen, jedenfalls alle bis auf *natu*] entweder von vornherein die Entstehung jener deskriptiven Deverbalia verhindert oder standen doch ihrer weiteren Ausbreitung in der Gemeinsprache im Wege. Nur in den Dialekten treten einzelne von ihnen, wie *naru* 'das Knirschen' und *äly* 'wimmerndes Geheul', auf.

Die obigen zahlreichen Zusammenstellungen der mannigfachsten Derivativa mit ihrem Grundwort dürfen natürlich nicht zu einer simplifizierenden Auffassung über die Beziehungen zwischen diesen beiden Grundfaktoren der Ableitungslehre verführen. Würden wir z. B. nur den Savodialekt des Kirchspiels Juva kennen, in dem das Verb *ammattaa (ammattoo)* 'nützen, bewerkstelligen' vorkommt (*Mitäs se ammattaa? Se ei ammata mittää* 'Was nützt das? Das nützt nichts'), so würden wir es wohl für selbstverständlich halten, daß das Substantiv *ammatti* 'Amt, Beruf' das i-Derivativum dieses Verbums ist, genauso wie *kasvatti* 'Zögling' und *elätti* 'Pflegekind, Zuchtkalb' Derivativa von *kasvattaa* 'aufziehen, erziehen' und *elättää* 'unterhalten, pflegen' sind. Aber vor einem weiteren Hintergrund erweist sich dieses Dialektwort aus Juva umgekehrt als das Sekundäre: das Verbum ist erst spät analogisch neben dem primären, aus dem Germanischen entlehnten Substantiv *ammatti* (vgl. z. B. ahd. *ambahti* 'Beschäftigung, Amt') aufgekommen. Und prinzipiell gleichgeartete, sozusagen ins Gegenteil umgekehrte Verhältnisse zwischen „Grundwort" und „Derivativum" wie in dem Fall *ammattaa : ammatti* können sich auch sonst noch hinter üblichen und speziell auch eigenständigen Wörtern verbergen, obwohl wir mangels historischen Materials solche Fälle meist nicht mehr aufklären können[1]).

---

[1]) So verhält es sich auch in der indogermanischen Forschung; siehe z. B. Elof Hellquist: Svensk etymologisk ordbok (Lund 1922) S. L–LI.